Kohlhammer

Why love matters for justice.
(Martha Nussbaum)

Ethische Reflexion macht nicht gut; ethische Reflexion macht besser.
(Otfried Höffe)

Eva Steinherr

Werte im Unterricht

Empathie, Gerechtigkeit und Toleranz leben

Verlag W. Kohlhammer

Dieses Werk einschließlich aller seiner Teile ist urheberrechtlich geschützt. Jede Verwendung außerhalb der engen Grenzen des Urheberrechts ist ohne Zustimmung des Verlags unzulässig und strafbar. Das gilt insbesondere für Vervielfältigungen, Übersetzungen, Mikroverfilmungen und für die Einspeicherung und Verarbeitung in elektronischen Systemen.

Die Wiedergabe von Warenbezeichnungen, Handelsnamen und sonstigen Kennzeichen in diesem Buch berechtigt nicht zu der Annahme, dass diese von jedermann frei benutzt werden dürfen. Vielmehr kann es sich auch dann um eingetragene Warenzeichen oder sonstige geschützte Kennzeichen handeln, wenn sie nicht eigens als solche gekennzeichnet sind.

1. Auflage 2017

Alle Rechte vorbehalten
© W. Kohlhammer GmbH, Stuttgart
Gesamtherstellung: W. Kohlhammer GmbH, Stuttgart

Print:
ISBN 978-3-17-031777-2

E-Book-Formate:
pdf: ISBN 978-3-17-031778-9
epub: ISBN 978-3-17-031779-6
mobi: ISBN 978-3-17-031780-2

Für den Inhalt abgedruckter oder verlinkter Websites ist ausschließlich der jeweilige Betreiber verantwortlich. Die W. Kohlhammer GmbH hat keinen Einfluss auf die verknüpften Seiten und übernimmt hierfür keinerlei Haftung.

Inhalt

Einleitung 9
    Was Sie in diesem Buch erwartet 9
    Zum Aufbau dieses Buches 12
        Gliederung der Einleitung 12
        Gliederung des Hauptteils 13

1   **Ist eine Wertebildung nur Ausdruck des relativen Kontextes, innerhalb dessen sie stattfindet?** 20
    1.1   Autoritäre und antiautoritäre (= laissez-faire) Erziehung als zwei Varianten des Wertrelativismus in der Pädagogik .. 30
        1.1.1 Zur Verbreitung eines Wertrelativismus in unserer Gesellschaft 30
        1.1.2 Reicht gesellschaftlicher Konsens zur Begründung der Mündigkeitserziehung aus? 31
        1.1.3 Inwiefern führt Wertrelativismus zu autoritären bzw. antiautoritären Erziehungspraktiken? 35
    1.2   Mündigkeitserziehung auf der Grundlage allgemeingültiger Werte 41
        1.2.1 Was versteht man unter allgemeingültigen Werten? 42
        1.2.2 Wie kann eine Wertebildung durch allgemeingültige Werte begründet werden? 45
        1.2.3 Die Unterscheidung von (Grund-)Werten und Normen als Ziel der Werteerziehung 53
        1.2.4 Leistet die Annahme allgemeingültiger Werte einem Kulturimperialismus Vorschub? 55
        1.2.5 Die Unterscheidung von (Grund-)Werten und Normen als Ziel der interkulturellen Werteerziehung 57

2   **Führt Werteerziehung zu verantwortungsvollem Handeln?** 59
    2.1   Der Mensch als Einheit von Wissen, ethischer Urteilsfähigkeit und Verantwortungsübernahme 59
        2.1.1 Infragestellung des Zusammenhangs zwischen ethischen Urteilen und Handlungen 62
        2.1.2 Entdeckt die Kompetenzorientierung die Werteerziehung neu? 67
    2.2   Die Stärkung des ethischen Reflexionsvermögens durch das Unterrichtsgespräch 70

		2.2.1 Das sokratische Gespräch	71
		2.2.2 Die Dilemma-Diskussion Kohlbergs	75
3	**Liebe als Grundlage aller Werte**		**87**
	3.1	Was versteht man unter Liebe?	89
		3.1.1 Liebe als Verstehen	89
		3.1.2 Liebe als Leidenschaft	91
		3.1.3 Wie aber kommt Empathie und Vernunft in die erotische Liebe?	93
		3.1.4 Lieben und Geliebt-Werden	96
	3.2	Beispiele	97
		3.2.1 Literarische Texte über die Liebe	97
		3.2.2 Zitate zum gemeinsamen Nachdenken über die Liebe	98
		3.2.3 Ausgeführtes Unterrichtsbeispiel	99
4	**Freundschaft**		**103**
	4.1	Was versteht man unter Freundschaft?	104
		4.1.1 Freunde erkennen wechselseitig den Wert des anderen und tun sich gegenseitig Gutes	104
		4.1.2 Freunde lassen sich nicht von egoistischen Affekten hinreißen, sondern handeln uneigennützig und freundlich	112
		4.1.3 Freunde sind vertrauenerweckende Menschen und erfahren soziale Wertschätzung	113
		4.1.4 Freunde finden die Balance zwischen Nähe und Distanz, Geben und Nehmen	114
	4.2	Beispiele	115
		4.2.1 Unterrichtsvorschläge zum Thema Freundschaft	115
		4.2.2 Ein literarischer Text über die Freundschaft	117
		4.2.3 Zitate zum gemeinsamen Nachdenken über die Freundschaft	118
		4.2.4 Ausgeführtes Unterrichtsbeispiel	119
5	**Empathie**		**122**
	5.1	Was versteht man unter Empathie?	123
		5.1.1 Ein empathiefähiger Mensch versetzt sich in die (Not-)Lage anderer und geht gegen ihr Leid ebenso vor wie gegen sein eigenes	123
		5.1.2 Ein empathiefähiger Mensch lässt sich emotional ansprechen	131
		5.1.3 Ein empathiefähiger Mensch erfährt soziale Wertschätzung	132
		5.1.4 Ein empathiefähiger Mensch findet die Balance zwischen Nähe und Distanz, und ihm ist sowohl Egoismus als auch Verzicht um des Verzichtes willen fremd	133

		5.2	Beispiele	134

			5.2.1 Unterrichtsvorschläge zum Thema Empathie	134
			5.2.2 Literarische Texte über die Empathie	139
			5.2.3 Zitate zum gemeinsamen Nachdenken über die Empathie	140
			5.2.4 Ausgeführtes Unterrichtsbeispiel	141
6	Gerechtigkeit			147
	6.1	Was versteht man unter Gerechtigkeit?		148
			6.1.1 Ein gerechter Mensch bemüht sich um die Kenntnis und Umsetzung gerechter Maßnahmen	148
			6.1.2 Ein gerechter Mensch bleibt sachlich und handelt nicht aus dem Affekt heraus	171
			6.1.3 Ein gerechter Mensch wird geliebt	171
			6.1.4 Gerechtigkeit ist die Bezeichnung für das rechte Maß	172
	6.2	Beispiele		173
			6.2.1 Unterrichtsvorschläge zum Thema Gerechtigkeit	173
			6.2.2 Literarische Texte über die Gerechtigkeit	177
			6.2.3 Zitate zum gemeinsamen Nachdenken über die Gerechtigkeit	180
			6.2.4 Ausgeführtes Unterrichtsbeispiel	181
7	Toleranz			**184**
	7.1	Was versteht man unter Toleranz?		185
			7.1.1 Ein toleranter Mensch achtet andere und setzt sich ohne Gewaltanwendung mit ihnen auseinander	185
			7.1.2 Ein toleranter Mensch bleibt sachlich und handelt nicht aus dem Affekt heraus	192
			7.1.3 Offenes Zugehen auf andere Menschen und Frustrationstoleranz sind Eigenschaften, die soziale Wertschätzung erfahren	193
			7.1.4 Ein toleranter Mensch meidet die Extreme Fanatismus und Gleichgültigkeit	193
	7.2	Beispiele		194
			7.2.1 Unterrichtsvorschläge zum Thema Toleranz	194
			7.2.2 Ein literarischer Text über die Toleranz	196
			7.2.3 Zitate zum gemeinsamen Nachdenken über die Toleranz	197
8	Dankbarkeit			**198**
	8.1	Was versteht man unter Dankbarkeit?		198
			8.1.1 Ein dankbarer Mensch erkennt, dass es nicht selbstverständlich ist, dass andere ihm etwas Gutes tun	198
			8.1.2 Ein dankbarer Mensch schätzt das Wohlwollen anderer richtig ein und überwindet egozentrische Affekte	201
			8.1.3 Ein dankbarer Mensch erfährt soziale Wertschätzung	204

		8.1.4 Ein dankbarer Mensch zeigt weder übertriebenes noch mangelndes Eigenständigkeitsstreben	206

8.2 Beispiele 207
    8.2.1 Unterrichtsvorschläge zum Thema Dankbarkeit 207
    8.2.2 Literarische Texte über die Dankbarkeit 207
    8.2.3 Zitate zum gemeinsamen Nachdenken über die Dankbarkeit 211

9 Heiterkeit und Humor 212
  9.1 Was versteht man unter Heiterkeit und Humor? 214
    9.1.1 Für einen heiteren oder humorvollen Menschen ist die traurige Realität nicht unbedingt unabänderlich .. 214
    9.1.2 Ein heiterer oder humorvoller Mensch widersteht Anflügen von Traurigkeit, weil er glaubt, dass der Optimismus letztlich Recht behält 217
    9.1.3 Ein heiterer oder humorvoller Mensch ist beliebt 218
    9.1.4 Ein heiterer oder humorvoller Mensch ist weder humorlos noch albern, er vermeidet die Lüge aus Höflichkeit und die offene Brüskierung 220
  9.2 Beispiele 221
    9.2.1 Unterrichtsvorschläge zum Thema Heiterkeit und Humor 221
    9.2.2 Literarische Texte über die Heiterkeit und den Humor 222

Literatur 225

Einleitung

Was Sie in diesem Buch erwartet

Im Unterricht wird über die Flüchtlingsströme nach Europa gesprochen. Sophia erzählt, dass sie am vergangenen Wochenende beim Empfang der Flüchtlinge am Bahnhof dabei gewesen sei, um Essen und Kleidung zu verteilen. Anja meldet sich zu Wort: »Meiner Meinung nach zeigt sich bei Sophia halt ein Helfersyndrom.«
Sophia ist gekränkt über Anjas skeptische Bemerkung, weil sie merkt, dass diese damit ausdrücken will: »Dir geht es letztlich gar nicht um die Flüchtlinge, sondern nur um das eigene Wohlbefinden. Du fühlst dich eben nur glücklich, wenn du für andere da bist.«

Generalisiert man Anjas Aussage, heißt das: Menschen kann es nur um Befriedigung ihrer eigenen Vorlieben, Bedürfnisse und Interessen gehen. Altruismus ist Schein, denn er kann (immer) auf egozentrische Motive zurückgeführt werden.

Da menschliches Tun vieldeutig ist, kann eine solche Interpretation wie diejenige Anjas manchmal ein Körnchen Wahrheit enthalten, sie lässt sich aber auch in Frage stellen: Verwechselt Anja bei Sophias Handlungsmotiv vielleicht Ursache und Wirkung? Ist Sophias Zufriedenheit mit sich nicht eher Folge statt Antrieb des Handelns? Und finden wir Einsatz für andere nicht auch dann gut, wenn das Glückserleben danach ausbleibt? Allgemeiner lässt sich mit der Klasse reflektieren: Was meint ihr? Handeln wir eher nach persönlichem Geschmack, Bedürfnissen oder Interessen – d. h. aus dem Zwang der Notwendigkeit – oder aus der Einsicht, was gut ist, aus Freiheit?

Wertebildung im Unterricht meint vor allem die Unterstützung von Kindern und Jugendlichen bei der Herausbildung eigenverantwortlichen Handelns auf der Grundlage einer ethischen[1] Denkschulung. Das Fallbeispiel zeigt, dass in der Schule immer wieder Problemfragen auftauchen, die Anlass für eine Wertediskussion bieten. Ich werde daher dieses Beispiel zu Beginn des ersten Kapitels noch eingehender betrachten und einen Bezug zu philosophischen Theorien herstellen. So bietet dieses Buch nicht nur Unterrichtsanlässe, sondern zugleich die Möglichkeit für Lehrende, sich Standpunkte zu erarbeiten und sich ihrer eigenen ethischen Haltung bewusster zu werden.

---

1 Die Begriffe ethisch und moralisch werden in diesem Buch als Synonyme verwendet.

Anjas Reaktion scheint exemplarisch für eine allgemein verbreitete Haltung, die Symptome diagnostiziert, dabei aber Gefahr läuft, sich selbst nicht mehr von einem Problem betreffen zu lassen. Die analytischen Fähigkeiten werden nicht mehr zur Entwicklung einer Lösung herangezogen, was auf Dauer lähmend wirken kann.

> »Die Aufklärung scheint als letztes Resultat einen Typ von Intellektuellen hervorgebracht zu haben, der alles zu durchschauen und endlich verstanden zu haben glaubt, dass Erkenntnis der Wirklichkeit ebenso wenig möglich sei wie die normative Auszeichnung einer Handlungsalternative vor einer anderen.« (Hösle 1997, S. 14)

Was hier von einem führenden Philosophen unserer Zeit mit beunruhigend heftigen Worten kritisiert wird, ist ein modernes wertrelativistisches Wissenschaftsideal, das unsere Gesellschaft – und somit auch die Schule – weltanschaulich geprägt hat.

Die weite Teile der Gesellschaft beherrschende Meinung, in einem *Pluralismus* an Werten und Normen, der in demokratischen Gesellschaften gegeben ist, müsse man sich jeglicher ethischer Stellungnahme enthalten, da diese von vornherein egozentrischer oder ethnozentrischer Natur und somit Dogmatismus sei, möchte ich in diesem Buch in Frage stellen. Die Vielfalt an Positionen, die höchstwahrscheinlich durch die anschwellende Migration in noch ungeahnter Weise zunehmen wird, soll als *Chance* für eine fruchtbare Auseinandersetzung über Werte und Normen, die zu einem sensibleren ethischen Bewusstsein führen, begriffen werden – und gerade die Schule erweist sich als wichtiger Ort einer solchen Diskussion. Die Irritation, die durch die Konfrontation mit dem Fremden entsteht, kann ein konstruktives Nachdenken auslösen und der Wertklärung dienen. Das Gespräch, auch das Streitgespräch über Werte sollte deshalb als ein Zuwachs an Freiheit betrachtet werden gegenüber einer nicht hinterfragten Weitergabe von Traditionen. Freiheitsgewinn bedeutet zugleich größere Humanität für alle am gemeinsamen Gespräch Beteiligten.

Uneinigkeit bis Pessimismus herrscht allerdings darüber, ob *das Theoretisieren* den innerstaatlichen Zusammenhalt einer pluralistischen Gesellschaft stärken, ja mehr noch, gegen die ungerechten Verhältnisse auf der Welt etwas ausrichten kann. Dieses Ohnmachtsgefühl wird verstärkt durch die Komplexität und scheinbare Unbeherrschbarkeit vieler aktueller Krisen – man denke an das globale Auseinandergehen der Schere zwischen Arm und Reich, Umweltzerstörung, ungehinderten Banken-Kapitalismus, religiösen Fanatismus und Terrorismus, Rassismus, ethnische Unterdrückung, Kriege und die daraus resultierenden Flüchtlingswellen.

In diesem Buch wird für einen Optimismus der ethischen Vernunft plädiert – für einen Optimismus bezüglich der Wirksamkeit von Argumenten. Zwar können diese nicht fundamentale Erfahrungen ersetzen, die sich uns »in Akten der Freude und Trauer, der Verehrung, der Verachtung, der Liebe, des Hasses, der Furcht oder der Hoffnung [erschließen]« (Spaemann 2009, S. 38), doch sie können uns sicherer in der Klärung und Beurteilung des Erlebten machen. In diesem Sinne gilt hoffentlich:

»Ethische Reflexion macht nicht gut; ethische Reflexion macht besser.« (Höffe 1996, S. 90)

Ich knüpfe damit an eine Grundüberzeugung des klassischen philosophischen Denkens an, das seit den Anfängen der griechischen Philosophie den argumentativen Dialog hochschätzt und Theorie und Praxis in einer Einheit sieht.

»Wenn jemand beispielsweise aufgrund einer falschen Auffassung über die Gerechtigkeit bestimmte Handlungen für gerecht hält, die gar nicht gerecht sind, dann wird er dementsprechend falsch handeln und dadurch sein eigenes Glück unmöglich machen.« (Bordt 1999, S. 58)

Zu zeigen, dass die Schule als Subsystem der Gesellschaft bei der Beseitigung theoretischer Defizite eine in ihrer Wichtigkeit kaum abzusehende Aufgabe hat und dass dadurch auch in praktischer Hinsicht die Verantwortungsbereitschaft und ethische Handlungsfähigkeit der Schülerinnen und Schüler gestärkt werden kann, ist das Anliegen dieses Buches. Da eine *Wertebildung* weder als reine *Wissensvermittlung* noch als bloß äußerliche *Einübung von Gewohnheiten* gut gelingen kann, möchte ich zeigen, dass sie am besten *im Unterrichtsgespräch* erfolgt. Abgesehen davon, dass es besonders wichtig ist, die Werthaltungen heranwachsender Menschen zu fördern, damit sie später ihr Leben verantwortungsvoll gestalten und kompetent und selbstständig an demokratischen Prozessen teilnehmen können, ist die Schule für eine argumentative Auseinandersetzung besonders gut geeignet, weil hier unterschiedliche Wertvorstellungen, die für eine Gesellschaft repräsentativ sind, aufeinandertreffen. Die Schule ist aufgrund der Heterogenität der beteiligten Personen eine *embryonic society* (Dewey 1899).

Die *Kompetenzorientierung* der neuen Lehrpläne verlagert den Schwerpunkt auf die *verantwortungsvolle* Nutzung von Fähigkeiten und Fertigkeiten unter Vermeidung nur abfragbaren, *träge* bleibenden Wissens. Nach der Phase der *Wissenschaftsorientierung* des Unterrichts, die ihren Höhepunkt in den 1970er-Jahren hatte, bietet diese Neuorientierung die Chance einer Wiederanknüpfung an die *klassische Bildungstheorie*, die den Menschen als Einheit von *Wissen, ethischer Urteilsfähigkeit* und *Verantwortungsübernahme* ansieht (vgl. Kap. 2.1). Dabei steht eine schulische Wertebildung nicht nur in Übereinstimmung mit der abendländischen Freiheits- oder Mündigkeitserziehung mindestens seit der Aufklärung, sondern es ergeben sich auch Anknüpfungspunkte an die auf Einsicht bedachten Tugendlehren der Antike, die miteinander in Zusammenhang stehen: Sokrates (470–399 v. Chr.) war Lehrer Platons (428/427–348/347 v. Chr.), dieser Lehrer des Aristoteles (384–322 v. Chr.). Von Sokrates wissen wir nur, weil Platon, erschüttert durch das Todesurteil, das seinen Lehrer traf, ihm ein Denkmal setzte, indem er ihn zur Hauptfigur in seinen Dialogen machte. Sokrates fungiert hier als Mentor, der die Erkenntnis des rechten Handelns bei seinen Schülern vorantreibt, indem er verschiedene Ansichten gegeneinander abwägen und so auf ihren Wahrheitsgehalt hin überprüfen lässt. Viele platonische Tugenddialoge enden aporetisch und fordern dadurch zum selbstständigen Weiterdenken auf, also eigentlich zur Teilnahme der Zuhörenden oder Lesenden an der Unterhaltung. Ich greife zur Anregung des Lesers für eigene Denkwege die sokratische Tradition einer Werteerziehung, die als Gespräch stattfindet, auf, indem ich zum Einstieg in das Buch Auszüge aus Platons Dialog *Gorgias* gekürzt und in moderner Sprache darstelle und interpretiere (Kap. 1) sowie in den Anhängen zu den ersten Kapiteln des Hauptteils beispielhaft protokollierte Unterrichtsgespräche unter Kindern und Jugendlichen wiedergebe.

Aristoteles bezeichnete das tugendhafte Handeln als ein vernünftiges Mittleres zwischen zwei emotional geprägten Lastern (vgl. das vierte Merkmal eines *(Grund-)Wertes* im *Kasten* S. 15). Bei der Wertebildung ist ein Abwägen des Für und Wider gefragt, das im Dialog besonders gut gelingen kann.

Zum Aufbau dieses Buches

Das Buch besteht aus zwei Teilen, einer *Einleitung* und einem *Hauptteil*:

- Die *Einleitung* besteht aus zwei Kapiteln, in denen jeweils ein zentraler kritischer Einwand, der das Vorhaben einer schulischen Wertebildung grundsätzlich in Frage stellen könnte, diskutiert und geklärt wird, nämlich der *wertrelativistische* Einwand und der Einwand einer *fehlenden Theorie-Praxis-Verbindung*.
- Der *Hauptteil* besteht aus sieben Kapiteln, in denen jeweils ein Grundwert, der den Schulalltag prägt, anhand eines strukturierten Vorgehens reflektiert wird. In jedem Kapitel folgt auf einen Theorieteil ein Praxisteil mit Unterrichtsanregungen.

Gliederung der Einleitung

- In Kapitel 1 wird unter Bezugnahme auf platonische Dialoge der *wertrelativistische* Einwand diskutiert, *interessebedingtes* Handeln sei nicht vom *guten* Handeln zu unterscheiden. Wäre dem so, erwiese sich eine *Freiheits- oder Mündigkeitserziehung* (= autoritative Erziehung) als hinfällig, denn diese kann nicht an relativen Kontexten wie persönlichen Vorlieben, Bedürfnissen und Interessen, dem eigenen sozialen Milieu oder dem historisch-gesellschaftlichen Kulturkreis ausgerichtet werden, sondern nur an *zeitüberdauernder* und *kulturübergreifender Humanität*. In Kapitel 1.1 wird gezeigt, dass eine wertrelativistische Position entweder *autoritären* oder *antiautoritären* Erziehungspraktiken Vorschub leistet. Beides führt zu inhumanen Konsequenzen, ersteres zu Appellen, sich bestehenden Rechts- und Gesetzesvorschriften diskussionslos zu beugen, letzteres zur Ausbreitung einer allgemeinen Gleichgültigkeit in der Gesellschaft. Beides ist mit *Mündigkeitserziehung* unvereinbar. Nachdem der Einwand des *Wertrelativismus* entschärft wurde, wird in Kapitel 1.2 *Freiheits-* oder *Mündigkeits-* bzw. *autoritative* Erziehung auf der Grundlage *allgemeingültiger* Werte dargestellt. Die berechtigte Kritik des Relativismus, der auf die Gefahr einer *Ideologisierung* hinweist, wird dabei aufgenommen. Auf sie wird mit der Unterscheidung *zeitüberdauernder* und *kulturübergreifender (Grund-)Werte* und *historisch-gesellschaftlich bedingter* bzw. *individueller Normen* reagiert (vgl. Kap. 1.2.3).

- In Kapitel 2 wird der *Theorie-Praxis-Zusammenhang* zwischen ethischen Urteilen und Handlungen und damit die außerschulische Relevanz einer unterrichtlichen Thematisierung von Werten in Frage gestellt. Ethische Diskussionen haben nur dann einen Sinn, wenn sie auch zu verantwortlichem Handeln in der Gesellschaft führen. In Kapitel 2.1. werden die Chancen der Wirksamkeit in Pro und Contra dargestellt. In Kapitel 2.2 wird ein Konzept zu einer möglichst gut gelingenden *Theorie-Praxis*-Verknüpfung entworfen, das den berechtigten kritischen Punkten des Einwands Rechnung zu tragen versucht. Thematisiert wird das *offene Unterrichtsgespräch* als zentrale Methode einer Erziehung zur Mündigkeit.

Gliederung des Hauptteils

Gliederung in Einzelkapitel

Sieben Grundwerte, die den Schulalltag prägen, werden im *Hauptteil* (Kap. 3–9) dargestellt. Ihre Verwirklichung fordern auch die Lehrpläne, oft werden sie aber nur schlagwortartig genannt und nicht genauer reflektiert. Das Buch soll hier Abhilfe schaffen, indem Lehrenden Texte als Anregung zur eigenen Wertklärung und als Hintergrundwissen für den Unterricht bereitgestellt werden.

Der *Liebe als Grundlage aller Werte* (Kap. 3) folgen die *Freundschaft* (Kap. 4) und die *Empathie* (*Mitleid*; Kap. 5) als Facetten der Liebe. Die Gliederung richtet sich nach Kant, der in seinem Alterswerk *Die Metaphysik der Sitten* die *Pflichten gegen andere* in *Liebespflichten* und *Pflichten der Achtung* unterteilte. Als letztere wird die *Gerechtigkeit* (Kap. 6) gedeutet, die um eine modernere *Pflicht der Achtung*, nämlich die *Toleranz* (Kap. 7) ergänzt wird. Die Kardinaltugend der *Gerechtigkeit* wird umfangreich dargestellt, weil viele einzelne Werte, wie z. B. ökologisch sinnvolles Verhalten (= *Gerechtigkeit* gegenüber der nachkommenden Generation) unter sie subsumiert werden können. Den Schluss des Buches bilden die ›kleineren‹ Tugenden der *Dankbarkeit* (Kap. 8) sowie der *Heiterkeit* und des *Humors* (Kap. 9).

Die Kapitel können unabhängig voneinander gelesen werden, denn keines hat die vorhergehenden zur Voraussetzung. Weil die alles durchdringende *Liebe* nicht als einzelne Bestrebung gelten kann, wird das Kapitel *Liebe als Grundlage aller Werte* (Kap. 3) wie ein *Vorwort* vorangestellt. Auf die Gliederung nach den vier Merkmalen der Tugend wird bei der *Liebe* verzichtet (vgl. folgendes Kapitel). *Liebe* ist ein so umfassender Wert, dass die Einzelwerte sich aus ihr ergeben und Zusammenhänge zwischen ihnen und der *Liebe* sowie untereinander immer wieder zu Sprache kommen. So kann z. B. *Gerechtigkeit* auf *Liebe* bzw. *Freundschaft* als deren Vervollkommnung bezogen werden, aber auch z. B. auf *Toleranz*.

Gliederung jedes Kapitels in einen Theorie- und Praxisteil

> »Unsern Schulen fehlt fast durchgängig etwas, was doch sehr die Bildung der Kinder zur Rechtschaffenheit befördern würde, nämlich ein Katechismus des Rechts. Er müsste Fälle enthalten, die populär wären, sich im gemeinen Leben zutragen, und bei denen immer die Frage ungesucht einträte: ob etwas recht sei oder nicht?« (Kant 1803/1995, S. 751)

Das pädagogische Anliegen, das Kant in diesem knappen Ausspruch fast nebenbei äußert, lässt sich als Zielrichtung einer schulischen Wertebildung deuten. Demgemäß gliedern sich die Kapitel zu den (Grund-)Werten in einen *Theorie-* und *Praxisteil*. Der Theorieteil entspricht der Forderung Kants nach einem *Katechismus*, der Praxisteil beinhaltet die *Fälle*.

- Im *Theorieteil* erfolgt nach einer Einleitung anhand eines schulischen Fallbeispiels die Darstellung des jeweiligen (Grund-)Wertes (*Was versteht man unter ...?*). Die Klärung erfolgt nach einem gleichbleibend viergliedrigen, an Aristoteles angelehnten Raster (außer bei der *Liebe*) und unter Bezugnahme auf klassische und moderne Autoren. Manches Zitat aus dem Theorieteil eignet sich sicher auch als Grundlage für eine unterrichtliche Diskussion.
- Im *Praxisteil (Beispiele)* folgen *Unterrichtsvorschläge, literarische Texte* und *Zitate zum gemeinsamen Nachdenken* als Anregung für eigene unterrichtliche Umsetzungsideen. Die Praxisteile der ersten vier Kapitel (*Liebe, Freundschaft, Gerechtigkeit, Empathie*) beinhalten jeweils ein ausgeführtes Unterrichtsbeispiel.

Theorieteil (Was versteht man unter ...?): Die Darstellung von (Grund-)Werten nach vier Merkmalen

Aristoteles führt in der *Nikomachischen Ethik*, insbesondere im zweiten Buch, die Hauptmerkmale von Tugend aus (Aristoteles, *Nik. Eth.* II, 1–9, 1103a–1109b). In folgender Definition werden sie zusammengefasst:

> Eine »Tugend ist eine erworbene Haltung, die soziale Wertschätzung erfährt; sie bezieht sich auf die Art und Weise, wie wir uns zu unseren Emotionen und Affekten verhalten, und liegt ungefähr in der Mitte zwischen zwei Extremen. Selbstbeherrschung bzw. Willenskraft und klarer Verstand sind für den Aufbau von Tugenden die wichtigsten Voraussetzungen.« (Kesselring 2012, S. 54)

Ordnet man die Aussagen in dieser Definition ein wenig um, so lassen sich Aristoteles zufolge *vier Merkmale einer Tugend* (= eines Wertes) identifizieren, die einen guten Menschen auszeichnen:

1. Ein guter Mensch erkennt das Gute und setzt es in die Tat um.
2. Ein guter Mensch lässt sich nicht von Emotionen hinreißen, sondern handelt besonnen.
3. Ein guter Mensch erfährt soziale Wertschätzung.
4. Ein guter Mensch findet die vernünftige Mitte zwischen zwei Extremen.

Die *vier Merkmale* sollen hier noch kurz erläutert werden:

1. *Ein guter Mensch erkennt das Gute und setzt es in die Tat um.*
   Dieses erste zentrale Merkmal wird jeweils mit einem sichtlich größeren Textumfang dargestellt als die drei anderen Merkmale, die ja aus ihm folgen.
   Eine ethische Haltung ist tief im Charakter verwurzelt; sie beinhaltet sowohl *Kenntnis* als auch *Handeln*, d. h., sie hat sowohl einen kognitiven als auch einen motivational-volitiven Aspekt und entspricht damit der modernen Kompetenz-Definition (vgl. Weinert 2001, S. 27–28; vgl. auch S. 67, Anm. 10). Der Mensch muss also ganzheitlich gesehen werden, sowohl seine Urteils- als auch seine Willenskraft gilt es zu entwickeln. Untugenden beruhen entweder auf Unkenntnis oder auf Entschlussschwäche.
   Das Wort *éthos* wird bei Aristoteles im Sinne von »Gewohnheit« gebraucht (vgl. Aristoteles, *Nik. Eth.* II, 1, 1103a). Entsprechend definiert Aristoteles Tugend als eine *erlernte Handlungsgewohnheit*. Sein *Learning-by-Doing*-Ansatz ist hochaktuell, indem er der eher intellektualistischen Idee widerspricht, die Einsicht, was gut und böse ist, reiche aus, um gut zu handeln (diese wird eher Platon bzw. Sokrates zugeschrieben, vgl. Platon, *Menon*, 77d/e). Andererseits kann man Aristoteles vorwerfen, er vernachlässige etwas die kognitive Komponente ethischen Tuns zugunsten einer praktischen Einübung. Doch stehen das *überlegte Streben*, die guten Absichten durchaus auch im Fokus der aristotelischen Tugend-Definition: Durch sie werden angemessene Entscheidungen ermöglicht. (Der gute Wille wird auch durch Irrtum oder Erfolglosigkeit aufgrund widriger Umstände nicht in Frage gestellt.) Damit ethisches Handeln jedoch nicht einseitig als Einübung von Gewohnheiten ausgelegt werden kann, findet die Anknüpfung an die antike Denktradition in diesem Buch häufig nicht nur durch Aristoteles, sondern vor allem auch durch Sokrates/Platon statt.
2. *Ein guter Mensch lässt sich nicht von Emotionen hinreißen, sondern handelt besonnen.*
   Nicht der seine Leidenschaften ›authentisch‹ Auslebende, nicht der Fanatiker ist nach Aristoteles besonders tugendhaft, sondern der überlegt Handelnde. Reiz-Reaktions-Automatismen können durchbrochen werden, wenn der Stimme der Vernunft Gehör geschenkt wird.

3. *Ein guter Mensch erfährt soziale Wertschätzung.*
Das griechische Denken geht hier vom Regelfall aus, dass wahrheitsliebende und gerechte Menschen beliebter und in der Polis anerkannter sind. (Wie das Beispiel des Sokrates zeigt, steht allerdings oft auch alleine da, wer Recht hat. Dennoch hält Platon Sokrates in seiner Souveränität für glücklicher als den nicht tugendhaft Handelnden.)
In gerechten, demokratischen Gemeinschaften sollten Menschen mit Charakter anerkannt und z. B. gegen Mobbing verteidigt werden. Eine gute Klassengemeinschaft kann mit einer wohlgeordneten Polis durchaus verglichen werden. Indikator der wertschätzenden Atmosphäre, der ›herrschenden Vernunft‹ könnte der Beliebtheitsgrad verantwortungsbewusster, freundlicher, empathiefähiger, gerecht urteilender, toleranter, dankbarer und humorvoller Schülerinnen und Schüler durchaus sein.
4. *Ein guter Mensch findet die vernünftige Mitte zwischen zwei Extremen.*
Dieses letzte Kennzeichen des rechten Maßes zwischen einem Zuwenig und einem Zuviel hat Aristoteles am breitesten ausgeführt. Er bringt viele Beispiele, u. a. das des Mutigen, der weder feige noch tollkühn, oder das des Freigebigen, der weder geizig noch verschwenderisch ist (vgl. Aristoteles, *Nik. Eth.* II, 7, 1107b). Diese lassen sich um moderne erweitern: So ist z. B. der Hilfsbereite weder rücksichtslos noch aufdringlich, der Respektvolle weder unterwürfig noch herrschsüchtig, der Versöhnliche weder nachtragend noch harmoniesüchtig (vgl. diese und weitere Beispiele bei Kesselring 2012, S. 59). Häufig steht die »Mitte« für Überlegtheit, Besonnenheit, Impulskontrolle, während die Extreme *affektiv* geprägt sind (vgl. das zweite Merkmal) oder auch mit dem *autoritären* bzw. *Laissez-faire*-Erziehungsstil korrespondieren. So wird z. B. eine *tolerante* Haltung durch eine freiheitliche Erziehung mit vernünftigen Grenzsetzungen gefördert, während ein *autoritärer* Stil *Intoleranz* verkörpert, ein *Laissez-faire*-Stil dagegen eine übertriebene Bereitschaft zur Akzeptanz aller möglichen Handlungsweisen bzw. eine zu Konformismus neigende *Gleichgültigkeit* ihnen gegenüber (vgl. Kap. 7 über Toleranz).

Der Gedanke des Aristoteles, dass Extremisten dazu neigen, den Vertreter der Mitte in Richtung des gegnerischen Extrems zu denunzieren – den Mutigen greift der Feige als tollkühn an, der Tollkühne hält den mutig, aber überlegt Handelnden dagegen für feige (vgl. Aristoteles, *Nik. Eth.* II, 8, 1108b) – kann weiter in dem Sinne ausgeführt werden, dass das Zentrum der *Ausgeglichenheit* als *situations-* und *personen*variabel gedacht werden sollte, ohne damit ›rein subjektiv‹ zu werden.

> »So liegt z. B. zwischen Geiz und Verschwendung nicht schlicht die Mitte, sondern die Mitten Sparsamkeit und Großzügigkeit. Das wird hier angeführt […], weil die Gefahr besteht, dass der Großzügige den Sparsamen für geizig, der Sparsame umgekehrt ihn für verschwenderisch zu halten geneigt ist. In beiden Fällen würde die Gerechtigkeit verletzt.« (Splett 2009, S. 48)

In der konkreten Situation gibt es oft aufgrund der ›doppelten Mitte‹ kein einfaches Rezept, welche Handlung die ethisch angemessene ist. Verlangt ist ein Oszillieren zwischen zwei Ansprüchen:

> »So, als müsstest du sterben, gib aus das Erworbene, so als lebtest du noch lang, geh sparsam mit ihm um. Weise ist, wer beide Möglichkeiten bedenkend, Sparsamkeit und Verschwendung [gemeint ist Großzügigkeit, Anm. E. St.] übet im richtigen Maß.« (Thomas Morus)

Die ethische Beurteilung fremder Handlungen verlangt *Kontextsensitivität* und *Empathievermögen*. Gerade im Zusammenhang einer schulischen Wertebildung ist dieser Hinweis wichtig, denn er enthält die Aufforderung zur *Toleranz*. Die Situation des Aufeinanderpralls unterschiedlicher, aber vertretbarer Meinungen bietet eine Lernchance für die unvoreingenommene Wahrnehmung von *Multiperspektivität*. Dogmatisches Verharren auf der eigenen Position oder Vorwürfe an den Gegner, er habe ›fundamentalistische‹ Ansichten bzw. eine Position, die von mangelnder Integrität zeuge, werden vermieden, wenn eine faire Gesprächsführung dem anderen nicht schlechtere Motive und Argumente für seine Position unterstellt, als er hat und selbst äußert. In der Tradition des philosophischen Gesprächs kennt man den *Einschub der zusammenfassenden Wiederholung der gegnerischen Position*, deren Richtigkeit der Gegner erst bestätigen muss, bevor zu widerlegenden Argumenten ausgeholt werden darf. Dies erscheint mir als eine sinnvolle Gesprächspraxis, die auch in der Schule wiederaufleben könnte. Gleichzeitig wird im Diskurs klarer, welches die wirklich inhumanen Positionen sind, die nicht toleriert werden sollten.

Wie schon beim ersten Merkmal erwähnt, ist die Tugendlehre des Aristoteles nicht intellektualistisch geprägt. Sie hat einen kognitiven wie auch einen motivational-volitiven Aspekt. Aristoteles lehnt also nicht die Leidenschaften ab, sondern das unbedachte Handeln aus Leidenschaft. Das Hinzukommen der Reflexion bleibt bis heute ein guter Ratschlag für eine konstruktive Konfliktbewältigung.

> »Leidenschaft erschließt Wertqualitäten, aber nicht deren Rangordnung. Das ist der Grund des Rates, nicht unmittelbar im Zorn zu handeln. Der Zorn kann gerecht sein, er kann notwendig sein und mich aus der Stumpfheit gegen über einem Unrecht reißen. Aber der Zorn belehrt mich nicht, was zu tun ist. Er verführt deshalb zu neuem Unrecht [...]. Das gleiche gilt für Mitleid. Auch das Mitleid macht sehend für fremdes Leid; aber es belehrt nicht über das, was zu tun ist. Aus Mitleid kann jemand etwas ganz Unvernünftiges tun, etwas, was dem Leidenden in Wirklichkeit gar nicht gut tut.« (Spaemann 2009, S. 44)

Praxisteil: Beispiele (Unterrichtsvorschläge, literarische Texte, Zitate zum gemeinsamen Nachdenken)

Im *Praxisteil* werden *Beispiele* unterrichtlicher Anlässe für die mündliche, schriftliche und kreative Auseinandersetzung aller Art vorgestellt, durch die Schülerinnen und Schüler aller Schulformen angeregt werden, ihren Erfahrungen Ausdruck zu verleihen, über diese zu reflektieren und für ihre Meinungen Argumente zu finden. Natürlich sollten auch konkrete Erfahrungen und Situationen der Kinder und Jugendlichen als ›Aufhänger‹ für Gespräche genutzt werden, über die dieses Buch nicht Auskunft geben kann.

Die Darstellung der *Beispiele* in diesem Buch erfolgt in drei Schritten:

1. *Unterrichtsvorschläge*
   Schülerinnen und Schüler sollen sich ihre eigenen Erlebnisse und Erfahrungen bewusstmachen, ihnen Ausdruck verleihen und über sie reflektieren. Die Beispiele sind Vorschläge, wie Lehrende selbstständiges Nachdenken mit anschließendem Austausch im Gespräch initiieren können.
2. *Ein oder mehrere literarische Texte*
   Ein *literarischer Text* bietet ebenfalls einen guten Gesprächsanlass, denn er enthält häufig konkrete Vorstellungen oder Bilder, die auf allgemeiner Ebene reflektiert werden. So werden Schülerinnen und Schüler dazu geführt, sich nicht nur über die dargestellte Situation, sondern auch über (eigene) ähnliche oder gegenteilige Erlebnisse und Erfahrungen Gedanken zu machen. Ein literarischer Text ist ein Vorbild dafür, dass Erkenntnisse nicht nur abstrakt, sondern auch metaphorisch ausgedrückt werden können. Das Denken in Bildern kommt der kindlichen Reflexion entgegen. Zur Anregung werden ab und zu *Leitfragen* zum Text vorgeschlagen.
3. *Zitate zum gemeinsamen Nachdenken*
   Je nachdem, welche Interessen Schülerinnen und Schüler am Thema äußern, können *Zitate zum gemeinsamen Nachdenken* wie auch *Textstellen* aus dem *Theorieteil*, in dem der *Grundwert nach vier Merkmalen* dargestellt wird, als Anlässe für freiere Gespräche im Klassenplenum oder in Kleingruppen dienen. Ebenso können eigene Gedanken von Lehrpersonen wie auch Schülerinnen und Schülern als Diskussionsgrundlage dienen. Für Lehrpersonen bietet die Lektüre des *Theorieteils* dafür eine Hilfestellung, sie können jedoch auch Äußerungen von Schülerinnen und Schülern für die Weiterführung des Themas in einer Folgestunde aufgreifen. Es ist beabsichtigt, dass Parallelen zwischen den Wertklärungen im *Theorieteil* und den Fragen und Antworten junger Menschen entdeckt werden.

Die Abfolge der *Beispiele* nach *Unterrichtvorschlägen*, *literarischen Texten* und *Zitaten zum gemeinsamen Nachdenken* lässt – ganz im Sinne des *Fadings* des *Cognitive-Apprenticeship-Ansatzes* (vgl. Collins, Brown & Newman 1989, S. 453-494) – Lehrenden und Lernenden zunehmend Gedankenfreiheit. Die *Unterrichtsvorschläge* bieten Vorgehensweisen zur Sammlung persönlicher Erlebnisse und Erfahrungen an. *Literarische Texte* werden ab und zu um Leitfragen ergänzt, die sowohl eigene Erlebnisse und Erfahrungen in Erinnerung bringen als auch zu allgemeinen Reflexionen über das Thema anregen sollen. Der Einsatz von *Zitaten zum gemeinsamen Nachdenken* schließlich richtet sich nach dem von den Lernenden mitbestimmten Verlauf der Unterrichtseinheit. Diese erlauben freie Gedankenassoziationen, der methodische Umgang damit wird den Lehrenden freigestellt. Das kann dazu führen, dass Lehrende und Lernende zunehmend Selbstvertrauen gewinnen und selbstständiger arbeiten. Lehrende tragen diesem Gedanken Rechnung, indem sie ihre Hilfestellungen allmählich ausblenden. Welcher der vorgeschlagenen Gesprächsanlässe gewählt wird, ist sicherlich nicht nur von Erfahrungen der Teilnehmenden mit der Methodik, sondern auch vom Alter der Schülerinnen und Schüler und der jeweiligen Schulart abhängig.

Beim Dreischritt *Unterrichtsvorschläge – literarische Texte – Zitate zum gemeinsamen Nachdenken* wird außerdem der Ansatz des *erfahrungsbasierten Lernens* John Deweys (1859–1952) verfolgt, dass nur *reflektierte* Erlebnisse und Erfahrungen einen Lernfortschritt darstellen (1916/2000). Die *Unterrichtsvorschläge* konzentrieren sich auf das Sammeln von Erlebnissen und Erfahrungen, wobei der Begriff *Erfahrung* bereits mehr mit Reflexion verbunden erscheint als der Begriff des *Erlebnisses*. *Literarische Texte* verbinden Situationsschilderungen, Erlebnisse und Erfahrungen mit Reflexionen darüber. Die *Zitate zum gemeinsamen Nachdenken* erlauben allgemein gehaltene Gedankengänge, schließen aber nicht aus, dass auch persönliche Beispiele angeführt werden.

Im Sinne des *Fadings* wird am Ende der ersten vier Kapitel des Hauptteils (*Liebe – Freundschaft – Empathie – Gerechtigkeit*) jeweils ein Unterrichtsbeispiel ausgeführt. Es beweist, dass junge Menschen sich in Wertebildungs-Gesprächen ernsthaft und sachadäquat, manchmal auch mit geradezu frappierend ›tiefen‹ Gedanken äußern können. In den späteren Kapiteln wird auf exemplarische Gesprächsdarstellungen verzichtet.

1 Ist eine Wertebildung nur Ausdruck des relativen Kontextes, innerhalb dessen sie stattfindet?

Anjas Einwand gegen das Phänomen des Altruismus zu Beginn dieses Buches ist so grundlegend, dass wir uns noch einmal mit ihm beschäftigen sollten. Verallgemeinert besagt er nämlich: *Gutes Handeln an sich* gibt es nicht. Unsere Wertungen sind immer auf einen *relativen* Kontext bezogen – auf den der persönlichen Vorlieben, Bedürfnisse und Interessen, des eigenen sozialen Milieus oder des historisch-gesellschaftlichen Kulturkreises. Denn, wenn wir zwischen objektiv und subjektiv Gutem, d. h. einem *guten Handeln an sich* oder nur *für mich* nicht unterscheiden können, wie das Wort *Helfersyndrom* nahelegt, dann erübrigt sich das Unternehmen einer Werteerziehung. Diese würde allenfalls der Anpassung an den Zeitgeist oder sogar, wie das Beispiel zeigt, der Heuchelei dienen.

Die Diskussion, ob Menschen nur subjektiv oder auch objektiv Gutes erkennen können, ist nicht neu. Schon Sokrates führte sie mit den Sophisten, Lehrern im Athener Stadtstaat (Polis), die ihre Schüler über gelingendes Leben unterrichteten. Dabei wirft er ihnen Unkenntnis der eigentlichen Ziele von Erziehung vor, da sie z. B. gar keinen Unterschied zwischen dem Angenehmen und dem Guten machten.

> **»Tu Gutes« – ein Anspruch an mich oder nur Geschmacksache? Der ›Schlagabtausch‹ im Dialog Gorgias[2] zwischen Sokrates und den beiden Sophisten Polos und Kallikles**
>
> (1) Sokrates: *Die Mächtigen tun zwar, was ihnen beliebt, aber nicht, was sie wirklich wollen! Denn eigentlich wollen wir Menschen Gutes tun. Die nicht tun, was sie in Wahrheit wollen, sind zu bemitleiden, denn sie sind unglücklich.*
> Polos: *Unglücklich und bemitleidenswert ist doch wohl eher, wer zu Unrecht den Tod erleidet* (also das ohnmächtige Opfer, nicht der mächtige Täter).

---

2 Der ›Schlagabtausch‹ zwischen Sokrates und den beiden Sophisten bildet im Dialog *Gorgias* den zweiten und dritten Hauptteil. Er wird hier in sinngemäßen Grundzügen wiedergegeben. Das Gespräch zwischen Sokrates und Polos findet in Kapitel 16–36 (461c–481b), i. e. S. in Kapitel 21–36 (466a–481b) statt, das Gespräch mit Kallikles, in Kapitel 37–73 (481b–527e), i. e. S. in Kapitel 37–55 (481b–500d). Die Zusammenfassung der Argumentation orientiert sich außerdem an der gekürzten Fassung des *Gorgias* von Pieper 1993, S. 45–61. Kommentare von mir stehen in Klammern.

Sokrates: *Nein, Polos, nicht so sehr wie der Täter!*
Polos: *Wieso?*
Sokrates: *Weil es etwas Schlimmeres als Unrecht tun nicht gibt!*
Polos: *Ist es aber nicht noch schlimmer, Unrecht zu erleiden?*
Sokrates: *Nein, ganz sicher nicht!*
Polos: *Und du selber – du würdest lieber Unrecht leiden wollen als Unrecht tun?*
Sokrates: *Wollen würde ich keines von beiden. Müsste ich aber wählen, dann würde ich lieber Unrecht leiden als Unrecht tun!*
(2) Kallikles: *Nach der Natur ist es schändlicher und schlechter, Unrecht zu leiden als Unrecht zu tun; nach der Menschensatzung ist es – angeblich – umgekehrt. Wer aber wirklich ein Mann ist, der duldet es nicht, dass ihm Unrecht geschieht! Das ist eher etwas für den Sklaven, der ohnehin besser tot wäre als lebendig. Die Schwächlinge sind es, die sich die Gesetze ausdenken.*
Sokrates: *Was heißt denn stärker? Meinst du mit den Stärkeren vielleicht die Intelligenteren?*
Kallikles: *Ja, so meine ich es.*
Sokrates: *Und ... müssen sie auch über sich selbst herrschen – oder nur über andere?*
Kallikles: *Über sich selber herrschen? Was meinst du damit?*
Sokrates: *Oh, gar nichts Ungewöhnliches, dass der Mensch sich selbst in der Gewalt hat – indem er ›herrscht‹ über seine Launen und über sein Begehren.*
Kallikles: *Meinst du diese Schwachköpfe, die ›Maß halten‹?*
Sokrates: *Natürlich, die meine ich!*
Kallikles: *Ungehindert genießen können – das heißt »gut« und ›glücklich‹ sein!*
Sokrates: *Dann stimmt es also gar nicht, dass glücklich sei, wer vollkommen bedürfnislos ist?*
Kallikles: *Da wären ja die Steine und die Toten am glücklichsten!*
Sokrates: *Und dein Glück wäre eher das Leben einer Ente!*
(3) Sokrates: *Wenn im Kriege der Feind sich zurückzieht – wer freut sich mehr darüber, die Tapferen (Guten) oder die Feigen (Schlechten)?*
Kallikles: *Beide gleich viel.*
Sokrates (damit gibst du indirekt zu): *Es gibt das Gute und es gibt das Angenehme; und das eine ist nicht dasselbe wie das andere. Dann muss man das Angenehme um des Guten willen wählen – nicht aber das Gute um des Angenehmen willen?*
Kallikles: *Freilich.*
Sokrates: *Wenn aber ein Unterschied zwischen dem Guten und Angenehmen besteht, dann gilt auch: Unrecht leiden ist besser als Unrecht tun. Und nicht den Tod sollen wir fürchten, sondern, Unrecht zu tun.*

1 Ist eine Wertebildung nur Ausdruck des relativen Kontextes?

1. *Allgemeine Interpretation des Dialogausschnittes*
   Sokrates meint, dass der Mensch gar nicht umhin kann, zwischen gutem Handeln und der Befriedigung eigener Bedürfnisse und Interessen zu unterscheiden (z. B. macht er die Erfahrung, dass gut zu handeln nicht unbedingt angenehm ist). Grundwerte sind im Prinzip *nicht* von einem wandelbaren kulturellen Kontext abhängig, sie werden nicht nur ›von außen‹ mitgeteilt, denn auf die Erkenntnis, dass Gutes und Angenehmes nicht dasselbe sind, kommt der Mensch von selbst, kraft seiner Vernunft, die die eigenen Erfahrungen reflektiert, oder, wie Immanuel Kant (1724–1804)[3] später sagen wird, kraft des Gewissens. Ein Dialog mit anderen, wie Sokrates ihn vorführt, kann dieses selbstständige Nachdenken allerdings anregen (vgl. dazu den Dialog zum Lernen als Wieder-Erinnerung in Kap. 6.1.1). Es wäre ein Verstoß gegen die eigene geistige Natur, gegen die Selbsterkenntnis, nur zu tun, was einem angenehm ist, und darüber das Gute zu vernachlässigen. Deshalb würde der Mensch nach Sokrates dadurch letztlich unglücklich (über sich selbst).
2. *Interpretation des Dialogausschnittes nach Abschnitten*
   Im *ersten Abschnitt* widerspricht Sokrates Polos, der Unrecht-Leiden für schlimmer hält als Unrecht-Tun. Das ergibt sich aus dem Vernunftgebot, dass das Gute dem Angenehmen vorzuziehen ist. Polos glaubt, Sokrates unterschätze das Leiden, und erinnert ihn daran, dass er ja konsequenterweise mit seinem eigenen Leben für eine solch heroische Ansicht einstehen müsse. Doch dass es Polos ist, der Sokrates unterschätzt, wird aus Sokrates' Antwort deutlich, natürlich wolle niemand leiden, tatsächlich müsse man es aber manchmal, und zwar, wenn Gutes und Angenehmes einander entgegenstehen. Das Gute sei hochwertiger als das Angenehme. Besser der Körper erleide Schaden als die Seele. Sokrates nimmt hier den kategorischen Imperativ Kants – das Handeln nach eigenem Gewissensentscheid – vorweg (vgl. Kap. 1.2.1).

   Im *zweiten Abschnitt* vertritt Kallikles als härtere Spielart der Skepsis eine frühe Form des Sozialdarwinismus. Naturgesetz sei das *Recht des Stärkeren*, alle anderen staatlichen Gesetze dagegen nur von Menschen ›gesetzt‹, d. h. Spiegel ihrer Machtverhältnisse, nicht einer (illusionären) Gutheits- oder Gerechtigkeitsidee. Zwischen dem Angenehmen und dem Guten gebe es keinen Unterschied, d. h., das Ziel des Lebens könne nur Genuss sein.

   Sokrates zerpflückt zunächst den eher auf individuelle Körperkraft bezogenen und deshalb zu simplen Stärke-Begriff des Skeptikers, indem er Kallikles fragt, ob Schwache, die sich gegen Mächtige zusammentun, um Gesetze gegen sie durchzusetzen, nicht stärker als diese sind, da intelligenter? D. h., des Menschen Natur ist geistig. Dies ist seine eigentliche Stärke. Die sokratische Hinterfragung der Ansicht Kallikles' (*es gibt Sklaven und Freie – Ziel des Lebens ist, zu den Herrschern zu gehören, weil diese ihre Bedürfnisse*

---

3 Immanuel Kant gilt als *Vater der Aufklärung* und auch als *Sokrates der Moderne*. Er kommt in diesem Buch häufig zu Wort, da der europäische Aufbruch zu einer Freiheitserziehung – und damit zu einer *Wertebildung im Unterricht* – vor allem mit seiner Person zu verknüpfen ist.

und Interessen befriedigen können) lässt sich aus moderner Perspektive kühn als Kritik an der antiken Klassengesellschaft interpretieren. Heute würden wir sagen, mehr als Konkurrenz und Einzelkämpfertum entspreche *Kooperation und Absprache* der menschlichen Natur. Außerdem gibt Sokrates Kallikles einfach mal den Hinweis, dass nicht alle Menschen so denken wie er. Eine Gruppe von Philosophen vertrete eine ganz gegenteilige Glücksauffassung. Deren Ziel sei möglichste Bedürfnislosigkeit, die ›Beherrschung‹ der Triebe. Zweimal spielt Sokrates also darauf an, dass Kallikles den Unterschied zwischen Mensch und Tier vernachlässigt, einmal beim Stärke-Begriff der ›Kraftnatur‹, außerdem beim Glücks-Begriff der Triebbefriedigung: Das sei das Leben einer Ente.

Im *dritten Abschnitt* versucht Sokrates Kallikles noch einmal an einem Kriegs-Beispiel klarzumachen, dass Menschen ganz spontan einen Unterschied zwischen dem Guten und dem Angenehmen machen (und mit ihrer Intuition richtig liegen). Hier muss man wissen, dass nach antiker Vorstellung der tapfer Kämpfende als der gute Mensch, der feige Fliehende als der schlechte gilt. Auf Sokrates' (Fang-)Frage antwortet Kallikles, dass beide wohl gleichermaßen erleichtert sind, wenn der Feind sich zurückzieht. (D. h., beiden ist es gleich ›angenehm‹.) Sokrates übertölpelt ihn hier ein wenig, indem er ihn ›im Nachhinein‹ darauf hinweist, dass er seine, Sokrates' Unterscheidung zwischen den Tapferen und den Feigen spontan nicht in Frage gestellt habe. Indirekt wisse er also um den Unterschied zwischen Guten und Schlechten und, da beide die *gleiche* Erleichterung bei Situationsentspannung empfänden, auch um den Unterschied zwischen dem Guten und dem Angenehmen. Sokrates macht Kallikles also auf eine Inkohärenz in seinem Denken aufmerksam.

Dieser Dialogausschnitt vermittelt außerdem einen Eindruck, warum die sehr von sich selbst überzeugten Ratsherren der Stadt Athen Sokrates' Gesprächsführung so provozierend fanden, dass sie ihn schließlich zum Tode verurteilten. Sokrates entlarvt Scheinwissen, indem er seine Gesprächspartner in Widersprüche verwickelt. Wem es um Ansehen und Macht statt um Wahrheit geht, der fühlt sich dadurch bloßgestellt.

Bezüglich des eingangs erwähnten Fallbeispiels ist noch darauf hinzuweisen, dass die Skepsis Anjas gegenüber gutem Handeln zu *würdigen* und nicht nur zu kritisieren ist. Sie erkennt nämlich, dass Handlungsmotive vielfältig sein können und Menschen sich über ihre wahren Absichten Illusionen machen können bzw. sie manchmal auch bewusst vor anderen verschleiern. Damit ist sie einen Schritt weiter auf dem Weg zu Freiheit oder Mündigkeit. Teilt man nach dem *Höhlengleichnis Platons* (vgl. *Politeia [Der Staat]* VII, 514–520) Freiheits- oder Mündigkeitserziehung in *drei Stufen* ein, befindet Anja sich immerhin schon auf der *zweiten*. Anzumerken ist, dass die moralische Entwicklung nach Lawrence Kohlberg (1927–1987) als ähnlich befreiender Aufbruch angesehen werden kann: Die drei Niveaus Kohlbergs – das *präkonventionelle*, das *konventionelle* und das *postkonventionelle* – können in manchen Zügen mit denjenigen des Höhlengleichnisses parallelisiert werden (vgl. Kap. 2.2.2).

> **Das *Höhlengleichnis Platons* in Kurzform: der befreiende Aufbruch vom *Dunkel* der Ignoranz zum *Licht* der Erkenntnis (vgl. *Politeia* [*Der Staat*] VII, 514–520)**
>
> Zu Anfang ihres Lebens sind Menschen in einer *Höhle* gefangen, so fest gekettet, dass sie immer nur nach vorn auf eine Felswand blicken können. Sie wissen nicht, dass die Höhle einen Ausgang in ihrem Rücken hat, von woher ein *Licht* scheint, das *Abbilder* von Gegenständen, die sich ebenfalls hinter den Menschen, aber näher an ihnen befinden, auf die Felswand wirft. Sie können nur diese Projektionen, nicht aber die Dinge selbst und das Licht sehen, und halten die Abbilder deshalb fälschlich für die Realität. Die *Schattenwelt* irriger Anschauungen könnte jeder Einzelne jedoch prinzipiell verlassen, indem er sich losmacht und auf den steilen und einsamen Weg der *Umkehr* zum Licht am Höhleneingang begibt. Beim ersten Blick auf das Licht ist er zunächst *geblendet* und verwirrt. Das Bedürfnis entsteht, die weniger schmerzhafte Position gemeinschaftlicher Gefangenschaft wieder einzunehmen. Widersteht er diesem Hang zu Bequemlichkeit, (falscher) Sicherheit und Vertrautheit jedoch, gewöhnen sich seine Augen allmählich an die Schau des wirklich *Wahren*, *Guten* und *Schönen*. Der das Licht Erkennende fühlt als Gerechter die Verpflichtung, zu den Höhlenbewohnern zurückzukehren, um sie über die glücklichen Aussichten zu informieren; von diesen droht ihm aufgrund ihrer Ignoranz jedoch die Gefahr, für seine neue, bessere Existenzweise nur Verständnislosigkeit zu ernten, ausgelacht, schlimmstenfalls sogar umgebracht zu werden (*eine Anspielung Platons auf das Ende des Sokrates*).

> **Drei Stufen der Freiheits- oder Mündigkeitserziehung am Beispiel der Gerechtigkeitserkenntnis – abgeleitet aus dem Höhlengleichnis Platons**
>
> *Erste Stufe (Kindheit): Die Illusion, die ›Schattenwelt‹ sei die Realität*
>
> - *Naiver Autoritätsglaube* – der Ist-Zustand ist zugleich der Soll-Zustand; gut und gerecht ist, was die Autorität vorgibt (Stufe der *Heteronomie*);
> - z. B.: hier und jetzt geltende Gesetze sind gerecht und deshalb zu befolgen; Erwachsene sagen die Wahrheit und haben recht; sie sagen, was sie denken, und handeln auch danach; oder: So wie ich denke und handle, machen es alle, denn das ist natürlich.
>
> *Zweite Stufe (Pubertät): Das schmerzhafte Wagnis der Umkehr zum Licht, ohne wegen des ›Strahlenfunkelns‹ etwas erkennen zu können*

- *Infragestellung einzelner Autoritäten* – Vertreten der Meinung, es gebe keine Erkenntnis der Gerechtigkeit, nur viele subjektive Gerechtigkeitsvorstellungen; zwischen dem subjektiv Angenehmen und dem Guten gebe es keinen Unterschied;
- z. B.: Gesetze sind relativ zur jeweiligen Kultur und deshalb Ausdruck der Herrschaftsansprüche der jeweils Mächtigen; Sprechen und Handeln dient der persönlichen Interessendurchsetzung.

Dritte Stufe (Erwachsenenalter): Gewöhnung der Augen an das ›Licht‹ und Erkennen der wahren Gegenstände

- *Autoritätsunabhängiges ethisches Bewusstsein* – Erkenntnis, dass Gerechtigkeit (= das *Gute an sich*) ein orientierendes Ideal ist, das besser oder schlechter erkannt und verwirklicht werden kann (Stufe der *Autonomie*);
- z. B.: Gesetze müssen auf ihren Gerechtigkeitsgehalt hin überprüft werden und sind nur zu befolgen, wenn sie als gerecht beurteilt werden; es gibt Kulturen, die die Menschenwürde mehr oder weniger achten; Sprechen sollte wahr, Handeln gerecht sein.

Freiheits- oder Mündigkeitserziehung zielt auf die Entwicklung einer *autonomen* ethischen Urteilsfähigkeit, die der *dritten Stufe* entspricht. Die *zweite Stufe*, die *wertrelativistische* Position, erscheint dabei als ein notwendiges, aber letztlich zu überwindendes Durchgangsstadium.

Was sind (*Grund-*)*Werte* und *Normen*?

Ganz allgemein bezeichnen *Werte* die gute Qualität von etwas. »Wert heißt ursprünglich (im gotischen *wairths*) ›wohin gewendet‹, was noch in der Nachsilbe -wärts nachklingt« (Gerl 1993, S. 38). *Werte* charakterisieren demnach eine Leitvorstellung, etwas Attraktives (= Wahres, Gutes und Schönes), auf das der Mensch sein Denken und Handeln ausrichten kann oder sollte.

Wie Sokrates, der zwischen dem *Guten für mich* und dem *Guten an sich* unterscheidet, trennt Kant *relative* (= unverbindliche) und *absolute* (= universell verbindliche, ethische) (Grund-)Werte (vgl. Kap. 1.2.1), d. h., *Werte* können einer *subjektiven* Präferenz entsprechen (z. B. »Spargel ist mein Leibgericht!«) oder einen *objektiven Anspruch* darstellen (z. B. »Gute Lehrer haben keine Lieblingskinder, sondern behandeln alle gerecht!« – So kann einem egal sein, ob andere Menschen Spargel ebenfalls mögen oder nicht. Beobachtet man aber, dass ein Lehrer einen Schüler ungerecht behandelt, sollte man dagegen einschreiten.)

Unter *Normen* versteht man Regeln oder Vorschriften, Gebote oder Verbote, also konkrete Verhaltensanforderungen. Sie legen häufig ihnen zugrundeliegende Werte aus und verleihen ihnen dadurch Geltung. So lassen sich

z. B. aus den (Grund-)Werten *Gerechtigkeit* und *Aufrichtigkeit* Regeln (= Normen) für die Schulgemeinschaft ableiten, z. B. *Achte das Eigentum des anderen!* oder *Versuche nicht, bei Prüfungen zu schummeln!* Werte können miteinander konkurrieren, z. B. steht *Aufrichtigkeit* manchmal gegen *Solidarität*: Soll man sagen, dass der Banknachbar permanent abschreibt, oder ist das Petzen? Hier müssen Lehrpersonen erkennen, dass Schülerinnen und Schüler in *Wertkonflikte* geraten können und nicht vorschnell über deren Verhalten urteilen.

Normen sind viel enger als *Werte* formuliert und unterliegen deshalb oft dem historisch-kulturellen Wandel, gelten z. B. nur innerhalb einer bestimmten Gemeinschaft, in einer bestimmten Kultur, sind also häufig *relativ* (zu Zeit und Raum). Es gibt auch individuelle Normen, die man sich selbst setzt und die nur für die eigene Lebensplanung und -gestaltung Bedeutung haben.

Der Grad der Verbindlichkeit von Normen richtet sich danach, inwiefern sie (Grund-)Werte oder nur relative Werte widerspiegeln. Ihre Gültigkeit muss deshalb immer wieder durch kritische Reflexion überprüft werden, auch in der Schule. Die Unterscheidung von absoluten und relativen Werten sowie Normen soll »zu rationalen ethischen Abwägungen, begründeten Handlungsentscheidungen und zum ethischen Dialog anleiten« (Kürzinger 2011, S. 39).

Was versteht man unter *Erziehung* bzw. *Werteerziehung* (*Wertebildung*)?

Die Begriffe *Erziehung* und *Werteerziehung* sind im Grunde *Synonyme*. Wenn ein Unterschied gemacht wird, so fokussiert die *Werteerziehung* bzw. *-bildung* die Entwicklung von *Reflexions-* oder *Urteilsfähigkeit*.

Erziehung ist »die notwendige, absichtsvolle und integrative Hilfe bei der Entwicklung des Heranwachsenden zu seiner Mündigkeit« (Wiater 2010, S. 12).

Werteerziehung beschreibt die »Aufgabe von Erziehungs- und Bildungsinstitutionen (Familie, Schule, Berufsausbildung), den stattgefundenen Wertbildungsprozess zu reflektieren« (Funiok 2007, S. 46). Dabei geht es vor allem um die »individuelle Übernahme, Ablehnung, Neuaneignung von vorgefundenen, aber dann persönlich bejahten Werten« (ebd.). *Werteerziehung* »zielt insbesondere auf die Mündigkeit und Selbstständigkeit« (Kürzinger 2011, S. 43), speziell durch *Gespräche* oder *Diskussionen*.

»Das Wesen des Dialogs heißt Begründung [...]: Begründung, die fordert, sich von Zwängen und angemaßten Autoritäten freizumachen.« (Heitger 2004, S. 116)

Mit Wolfgang Brezinka (1993, S. 221) lässt sich auch zwischen einer *indirekten* und *direkten* Werteerziehung unterscheiden. Je jünger das Kind ist, umso mehr findet eine eher *indirekte*, beeinflussende Werteerziehung statt, etwa über die Nachahmung von Vorbildern oder die Aufstellung von Regeln. Wichtig ist deren Begründung, auch wenn das Kind die Erklärungen manchmal noch nicht verstehen kann. *Indirekt* erfährt es dennoch die Bedeutung von Rechtfertigung und Diskussion (vgl. Kap. 1.2.2, S. 49). Je älter es wird, umso mehr ist es einer *direkten* Werteerziehung zugänglich, d. h. einer bewussten Reflexion von Werten. Die höhere Stufe hat die niedrigere zur Voraussetzung, was bedeutet, dass eine Wertreflexion ohne die vorhergehende Übernahme von Traditionen nicht möglich ist. Selbst Fritz Oser, der einen Diskurs-Ansatz der Werteerziehung vertritt, stimmt dieser Ansicht zu. Er meint, »dass eine auf Interaktion basierende Moralerziehung ohne eine Wertimmersion [= -eintauchung, -einbettung, Anm. E. St.] genau so problematisch ist wie eine Wertvermittlung ohne Wertreflexion« (Oser 2001, S. 72). Tradition hat eine Abkürzungs- oder Entlastungsfunktion,

> »durch die Festlegung von gut und böse, nützlich und schädlich. Der individuelle Erfahrungsablauf wird durch Gebot und Verbot beschleunigt [...], um nicht jedes Kind wieder am Punkt Null im Lebenskampf anfangen zu lassen.« (Gerl 1993, S. 45)

Die kognitive Auseinandersetzung mit Werten baut demnach auf individuellen, emotional geprägten Erfahrungen auf. Ohne diese oft unbewusst bleibende, nie ganz thematisierbare Grundlage erübrigt sich jede diskursive Auseinandersetzung.

> »Einem Menschen [...], der [...] gar keine Wertunterschiede wahrzunehmen vermag, fehlen gewisse fundamentale Erfahrungen und Erfahrungsmöglichkeiten, die durch Argumente nicht ersetzbar sind.« (Spaemann 2009, S. 19)

> »Der Wertgehalt der Wirklichkeit erschließt sich uns in Akten der Freude und Trauer, der Verehrung, der Verachtung, der Liebe, des Hasses, der Furcht oder der Hoffnung.« (Ebd., S. 38)

Werteerziehung bzw. *-bildung* ist somit ein ganzheitlicher, leib-geistig geprägter Unterricht. Die Schule selbst muss ein Erfahrungsraum gelebter Werte sein. Junge Menschen sollen von ihren persönlichen Erfahrungen erzählen dürfen und Gelegenheit bekommen, diese zu reflektieren. So dient z. B. die Methode des *Rollenspiels* dazu, persönliche Erfahrungen einzubringen, aber auch, sich in die Erlebenswelt anderer hineinzuversetzen.

Letztlich hat *Erziehung* nicht die Funktion der *Anpassung* an bestehende Normen (*indirekte Werteerziehung*), sondern das Ziel der *Reflexion* des Überkommenen, der Ausbildung der Fähigkeit zur *Normenbegründung* und -kritik zur humanisierenden Fortentwicklung der Gesellschaft (*direkte Werteerziehung*). Die Vernunft soll den Willen leiten. Das ist auch das Anliegen des Modells zur Entwicklung ethischer Argumentationsfähigkeit von Lawrence Kohlberg, das eine Stufenabfolge zunehmend *gerechteren* Urteilens darstellt. Im Diskurs soll die moralische Kompetenz Einzelner vorangetrieben werden, mit dem Ziel, das *präkonventionelle* und das *konventionelle Niveau* zugunsten des *postkonventionellen, autonomen Niveaus* zu erreichen (vgl. in Kap. 2.2.2 den ersten Abschnitt).

> In dem Maße, in dem Kinder und Jugendliche eigene ethische Urteilsfähigkeit entwickeln, macht Erziehung sich überflüssig.

Was versteht man unter *Wertrelativismus*?

Wertrelativismus besagt, dass Qualitätsurteile *subjektiv* sind. Das, was Menschen für attraktiv halten und zu ihrem Handlungsziel machen, sei eine Frage *subjektiver* Präferenz. Werturteile wie »Das ist gut!«, »Das ist wahr!« oder »Das ist gerecht!« beruhen immer auf der äußeren Vor-Prägung eines Menschen, seinen persönlichen Vorlieben, Bedürfnissen und Interessen, dem eigenen sozialen Milieu oder historisch-gesellschaftlichen Kulturkreis, seien letztlich also beliebig und irrational.

> »Die Entstehung des Relativismus wurde kulturell dadurch begünstigt, dass die Griechen durch die Kolonisation in den gesamten Mittelmeerraum hinein in engen Kontakt mit anderen Sitten und Bräuchen, anderen Götter- und Lebensvorstellungen kamen. Man entdeckte, dass eigene Sitten, Gesetze und Lebensformen, die man bisher für so selbstverständlich gehalten hatte, dass man sie beinahe als naturgegeben sah, in anderen Kulturen keine Geltung hatten. Aus dieser Erfahrung der Andersartigkeit einer fremden Kultur zogen einige Sophisten den radikalen Schluss, dass *alles,* d. h. auch das, was gut und gerecht ist, immer nur relativ sei. Aus der Auffassung, dass sämtliche Wertvorstellungen der eigenen Polis relativ seien, folgt auch deren Beliebigkeit. Es erscheint nämlich fraglich, ob es sinnvoll ist, sich in seinem Leben an dem zu orientieren, was konventionellerweise gerade in der eigenen Kultur ›gerecht‹ und ›gut‹ genannt wird, denn das, was gut und richtig genannt wird, ist für den Relativisten kein objektiver Maßstab mehr, sondern von Kultur zu Kultur verschieden. Manche Sophisten behaupten, dass man sich im eigenen Interesse über die Gesetze einer Polis hinwegsetzen sollte (natürlich so, dass man klug dabei vorgeht und nicht erwischt wird) und nur derjenige wirklich glücklich werden kann, der nicht mehr bereit ist, dem zu entsprechen, was gerade in der eigenen Kultur ›gerecht‹ genannt wird.« (Bordt 1999, S. 29–30)

Der Schluss der Sophisten ist jedoch nicht zwingend. Robert Spaemann weist darauf hin, dass die Herausbildung eines *universalistischen* Ethikansatzes in der Antike und damit die Initialzündung der griechischen Philosophie im 5. Jahrhundert v. Chr. das Zusammentreffen der Griechen mit fremden Kulturen wie etwa den Skythen war (vgl. Kap. 1.2.4):

> »Die Griechen […] begnügten sich nun nicht einfach damit, diese Sitten schlicht absurd, verächtlich oder primitiv zu finden, sondern einige von ihnen, die Philosophen, begannen nach einem Maßstab zu suchen, an dem man […] verschiedene Normensysteme messen kann. […] [So lässt sich feststellen], dass die Suche nach einem allgemeingültigen Maßstab […] aus der Beobachtung der Verschiedenheit moralischer Normensysteme hervorgeht.« (Spaemann 2009, S. 14)

Das von Max Weber (1864–1920) propagierten Ideal der *Wertfreiheit* der Wissenschaften führte in der Moderne zum Anspruch der Enthaltung von Werturteilen. Man müsse bei Aussagen zwischen der *Seins-* und der *Sollens-*Ebene trennen. Die *Wissenschaft* dürfe lediglich Aussagen auf der *Seins-*Ebene treffen, dagegen seien Aussagen auf der *Sollens-*Ebene als *subjektive*

Werturteile aus der Wissenschaft auszuklammern oder bewusst *hypothetisch* zu formulieren. Übersehen wurden dabei die zeitüberhobenen und kulturübergreifenden Grundwerte, die mit der Achtung der Menschenwürde verbunden sind, und deren allgemeine Gültigkeit begründet werden kann.

»An dieser [Max Webers, Anm. E. St.] Forderung ist berechtigt, dass die Wissenschaft von Vorurteilen und partikulären Interessen frei sein soll. Aber auch die Wissenschaft ist den ethischen Normen unterworfen, und die Setzung von Prioritäten bei der Forschung sowie der Vermittlung und der Anwendung wissenschaftlicher Ergebnisse stellt immer auch eine Wertung dar. Ferner ist es vor allem bei den Geisteswissenschaften unmöglich, ohne Wertungen auszukommen, da hier die empirische Feststellung von Gesetzmäßigkeiten nicht ausreicht, sondern eine Interpretation nötig ist.« (Schöndorf, in Brugger & Schöndorf (Hrsg.) 2010, S. 571)

Im Zuge der *Wissenschaftsorientierung* der 1970er Jahre bekam die *Wissensvermittlung* des Fachunterrichts einen höheren Stellenwert als die *Werteerziehung*. Letztere war dem Vorwurf ausgesetzt, *ideologieanfällig* zu sein und einer (unkritischen) Anpassung an gesellschaftliche Normen Vorschub zu leisten. Für den Primat des Unterrichtens bezog z. B. Hermann Giesecke später noch einmal Position (vgl. Giesecke 1995, S. 93–104). Das *Werte-Problem* blieb für die *praktische Pädagogik* ungelöst. Die Schule ist ein lebensweltlicher Kontext, in dem man die Frage nach Werten nicht ganz ausblenden kann. Schulisches Leben und Lernen ist auf einen verständnisvollen und gerechten Umgang miteinander angewiesen, und dafür braucht es verlässliche Maßstäbe. Lehrende treffen jeden Tag Entscheidungen, in welche Richtung sich Schülerinnen und Schüler entwickeln sollen. Jede erziehliche Maßnahme unterscheidet zwischen ›besserem‹ und ›schlechterem‹ Verhalten.

Viele gesellschaftliche Normen sind zwar an einen bestimmten kulturellen Kontext gebunden und deshalb wandelbar. *Wertrelativistische* Positionen haben eine eingeschränkte Berechtigung, insofern sie den oft naiven Glauben überwinden, der *Ist-Zustand* sei schon der *Soll-Zustand* (= Stufe 1 der Mündigkeitserziehung). *Manches*, was als gut und gerecht gilt, ist dies in Wirklichkeit nicht oder nur unvollkommen. Daher zeugen zurückhaltende Formulierungen wie »Das scheint mir wahr zu sein!«, »Das ist in meinen Augen gerecht!« vom Wissen um die eigene *subjektive* Perspektive.

Doch ist eine *umfassende relativistische Position* (»Es gibt nichts anderes als subjektive Perspektiven!«) nicht möglich. *Praktisch* ist dagegen einzuwenden, dass ohne die Basis allgemeingültiger Grundwerte ethisches Handeln nicht möglich ist. Lehrende hätten keine Berechtigung, Prioritäten zu setzen, in welche Richtung sich ihre Schülerinnen und Schüler entwickeln sollten. Ihre Werturteile darüber wären rein *subjektiv*, ihr Tun stets nur *Macht*demonstration. *Theoretisch* ist ein umfassender Wertrelativismus ein Selbstwiderspruch. Die Annahme, dass Werte nur subjektiv, eine Frage der kulturellen Vor-Prägung eines Menschen oder seines persönlichen Geschmacks seien, ist nämlich *selbst ein Werturteil*, das *Allgemeingültigkeit* beansprucht. So ist die scharfe Trennung zwischen einer objektiven Seins-Ebene und einer subjektiven Sollens-Ebene nicht haltbar.

1.1 Autoritäre und antiautoritäre (= laissez-faire) Erziehung als zwei Varianten des Wertrelativismus in der Pädagogik

In diesem Kapitel wird versucht, Belege für die These zu finden, dass die Aufklärung als letztes Resultat einen Typ von Intellektuellen hervorgebracht zu haben scheint, der versucht, einen umfassenden *Wertrelativismus* zu vertreten (vgl. Hösle 1997, S. 14; vgl. auch die Einleitung S. 10). In den Wissenschaften zeigt sich dieser etwa in der Propagierung des *konstruktivistischen* Ansatzes, objektives Wissen gebe es nicht, letztgültige Aussagen über die Wirklichkeit seien nicht möglich. In der Pädagogik mangelt es an der Überzeugung objektiver Grundwerte, so dass der Verbreitung eines *Laissez-faire-Stils*, aber auch eines *autoritären Stils* nicht genügend Widerstand entgegengesetzt wird. Unterschiedliche Erziehungsstile gelten häufig als kulturelle oder milieubedingte Ausprägungen von Gruppen. Allenfalls ergeht der – selbst als *autoritär* einzustufende – Appell, in der Schule müsse man sich eben an deutsche Gepflogenheiten anpassen. Die Grundhaltung des wissenschaftlichen Elfenbeinturms, eine »normative Auszeichnung einer Handlungsalternative vor einer anderen« (Hösle) dürfe es nicht geben, scheint allmählich gesamtgesellschaftlich akzeptiert zu werden. Ein aktuelles Indiz sehe ich darin, dass die Verbreitung von *Fake News* als Mittel für eigene Zwecke oft dem Image von Politikern wenig zu schaden scheint.

Gezeigt werden soll, dass die Position eines *Wertrelativismus* keineswegs weniger *ideologieanfällig* ist als eine Freiheits- und Mündigkeitserziehung, die von einem allgemeingültigen Wertehorizont ausgeht. Im Gegenteil, eine Kritik insbesondere an *autoritären* Erziehungstendenzen und am *Laissez-faire*-Stil ist nur mit Hilfe eines feststehenden Humanitätsideals möglich.

1.1.1 Zur Verbreitung eines Wertrelativismus in unserer Gesellschaft

Wertrelativismus ist meiner Ansicht nach in den (Erziehungs-)Wissenschaften, im Unterricht und in weiten Teilen der Bevölkerung verbreitet. Wie ist das zu begründen?

In Deutschland führte die Erfahrung des Schocks einer ideologiedurchtränkten (Un-)Wissenschaftlichkeit der Universitäten zur Zeit des Nationalsozialismus dazu, dass vor allem seit den 1970er Jahren *Wertfreiheit* zum Qualitätskriterium von Wissenschaftlichkeit wurde. In der wissenschaftlichen Pädagogik wurde und wird deshalb immer wieder die These vertreten, *die* (gute) Erziehung gebe es nicht, da Erziehungshandeln stets in einen wandelbaren historisch-gesellschaftlichen Kontext eingebunden sei:

> »Es kommt ganz auf den normativen Bezugsrahmen an, an welchem sich der Handelnde orientiert. Persönlichkeitsmerkmale, die der einen Gruppe als Verbesserung gelten (z. B. der Glaube an eine politische Doktrin), werden von anderen Gruppen als Wertminderung beurteilt und umgekehrt.« (Brezinka 1990, S. 91)

Für die *wissenschaftliche Pädagogik* heißt das: Lediglich hypothetische Sätze dürfen formuliert werden, d. h., nur Zweck-Mittel-Beziehungen sind zu untersuchen. Wissenschaftliche Aussagen haben sich auf Urteile darüber zu beschränken, ob ein gesetztes Erziehungsziel mit geeigneten Mitteln verfolgt werde.

> »Wenn in einer Subkultur von Taschendieben, wie sie *Charles Dickens* in seinem Roman *Oliver Twist* geschildert hat, Handlungen erfolgen, die dazu dienen, in den ›Lehrlingen‹ die Fähigkeit (Disposition) zum Taschendiebstahl zu fördern, dann liegt ein Fall von Erziehung vor.« (Brezinka 1990, S. 92)

Ob eine solche Erziehung gut oder schlecht sei, müsse wissenschaftliche Pädagogik dahingestellt sein lassen. Spätestens seit den 1980er und 1990er Jahren war aufgrund der weitest gehenden Akzeptanz des *Prinzips der Wertfreiheit* die Befassung der Erziehungswissenschaft mit dem Thema *Erziehung* im Vergleich zu anderen Themengebieten vergleichsweise gering. Die Enthaltsamkeit geht bis heute so weit, dass manche Erziehungswissenschaftler den Begriff *Erziehung* »nur ungern verwenden und sich von den Konnotationen dieses Geschäfts eher fernzuhalten suchen« (Tenorth 2010, S. 16).

1.1.2 Reicht gesellschaftlicher Konsens zur Begründung der Mündigkeitserziehung aus?

In diesem Kapitel soll erläutert werden, warum nur allgemeingültige Werte eine Freiheits- oder Mündigkeitserziehung begründen können. Der *gesellschaftliche Konsens* reicht dafür nicht aus.

Die Idee der Selbstbeschränkung auf eindeutig beobachtbare Fakten und ihre Zusammenhänge wirkt zunächst attraktiv. Die Anfälligkeit der Wissenschaften, gerade der Erziehungswissenschaft, für Ideologien, von der (nicht nur die deutsche) Geschichte Zeugnis gibt, scheint so ein für alle Male gebannt. Zu oft wurde als Wert proklamiert, was nicht nur zeitbedingt war, sondern häufig sogar inhuman. Die Offenheit für die Vielfalt individueller Lebensentwürfe hatte gesellschaftlich durchaus positiv Effekte: Seit den 1970er Jahren lebten in der Erziehungswirklichkeit reformpädagogische Grundideen wie Zurückhaltung und Offenheit für die kindlichen Bedürfnisse wieder auf und autoritäre Praktiken wurden von weiten Teilen der Bevölkerung als inakzeptabel erkannt. Dies zeigt aber auch deutlich, dass freiheitliche Ansätze keineswegs wertneutral sind: Einig war man sich zumindest in der Ablehnung von Zwängen. Trotz des verbreiteten »Unwille[ns], selbst Aussagen zu gelungenen und gelingenden Erziehungsprozessen oder -handlungen zu wagen« (Andresen, Brumlik & Koch 2010, S. 12), verzichtete etwa die *Erziehungsstilforschung* nie auf die Suche nach *Kriterien* für eine *gute Erziehung*. So stellte in den 1970er Jahren Diana Baumrind fest,

> »dass emotionale Wärme (aber nicht bedingungsloses Akzeptieren), Reziprozität und sichere Bindung – alle sind Ausdruck von Interessiertheit – gut sind für Kinder. Ungefähr gleich gut für Kinder sind sorgfältige Kontrolle und Beaufsichtigung (aber nicht Aufdringlichkeit und Restriktivität) und eine konsequente, starke Disziplin – alle sind

Ausdruck elterlicher Forderungshaltung.« (Baumrind 1995, S. 71; vgl. auch Baumrind 1991)

Sie charakterisiert den *entwicklungsförderlichen Erziehungsstil* hier mittels zweier Eckpunkte, der *Interessiertheit* am Kind und einer *Forderungshaltung* ihm gegenüber. Baumrind nennt diesen Erziehungsstil, der zu Mündigkeit, d. h. zu selbstständigem, verantwortungsvollem Denken und Handeln führen soll, den *autoritativen*. Entsprechend den Eckpunkten setzt sich dieser Begriff aus den Worten *autoritär* (= fordernd) und *integrativ* (= interessiert) zusammen. Gleichzeitig spielt Baumrind durch ihre neue Begriffsschöpfung auf die beiden antagonistischen Erziehungsstile *autoritär* und *antiautoritär* (*laissez-faire*) als unzuträgliche Extreme, die zu vermeiden sind, an.

In Deutschland etwa bezogen Anne-Marie und Reinhard Tausch (1973) in ihrem *Dimensionskonzept* deutlich Position für den *partnerschaftlich-sozialintegrativen Stil*, und auch amerikanische Forschungsergebnisse wurden wahrgenommen, so die Ansätze von Maccoby und Martin (1983) und Steinberg, Lamborn, Darling, Mounts und Dornbusch (1994), die an die Klassifikation von Erziehungsstilen durch Diana Baumrind anknüpften und diese ausdifferenzierten. Dass autoritative Erziehung die entwicklungsförderlichste ist, gilt heute unbestritten. Eine aktuelle Definition lautet:

> »Autoritativ Erziehende setzen klare Grenzen, gehen auf die kindlichen Bedürfnisse ein und sind offen in der Kommunikation. Sie sind durchsetzungsfähig, aber nicht restriktiv. Ihre erzieherischen Maßnahmen sind unterstützend und nicht bestrafend und fördern Kompetenzen sowie soziale Verantwortungsübernahme, Kooperationsfähigkeit, Selbstregulation, aber auch Durchsetzungsfähigkeit [...]. Wärme und Anteilnahme sind gepaart mit klaren Regeln und Verantwortlichkeit. Leitsätze dieses Erziehungsstils sind: Stärke statt Macht. Autorität statt autoritär. Konsequent und wertschätzend. Hilfe vor Strafe. Trennung von Person und Verhalten. Führen heißt motivieren.« (Grüner & Hilt 2008, S. 7)

Ein Grund für das gegenwärtige Entstehen neuerer Studien zu konkreten Erziehungsfragen scheint die Zunahme drängender Anfragen der Gesellschaft an die Wissenschaft zu sein, aus einer neu entstandenen Besorgnis heraus, es könne ein *Erziehungsnotstand* eintreten oder sogar schon bestehen. Es geht um die Lösung handfester Probleme wie des Erhaltes der Solidargemeinschaft, der Leistungsfähigkeit der Schülerinnen und Schüler oder der Gesundheit der Lehrenden. Es ist die Praxis, die die Theorie – das geforderte Ideal der Urteilsenthaltung – in Frage stellt. Erweist sich aber eine Theorie als lebensfern, könnte das ein Hinweis darauf sein, dass Zweifel an ihrer Richtigkeit berechtigt sind. Für die im Grunde inkonsequente Hinwendung der universitären Pädagogik zu Fragen der Qualität von Erziehung spielt vielleicht auch eine fachinterne kritische Selbstsicht eine Rolle: die Befürchtung, Erziehungswissenschaft verkümmere zur Bedeutungslosigkeit, wenn sie »die gegenwärtige öffentliche Erziehungsdebatte kaum kritisch begleitet oder gar analysiert« (Andresen, Brumlik & Koch 2010, S. 12).

Der Familienpsychologe Klaus A. Schneewind etwa ist so ein kritischer Begleiter der heutigen Gesellschaft, der die These empirisch zu stützen versucht, dass ein Erziehungsvakuum bestehe, was Einbußen im physischen und psychischen Wohlbefinden für eine größer werdende Zahl von Kindern zur Folge habe. Sein Anliegen ist die Stärkung elterlicher Kompetenzen in Erziehungssituationen, die er konkret, auch filmisch, darstellt. In seinem Konzept *Freiheit in Grenzen* (Schneewind 2002; Schneewind & Böhmert 2009, 2010; Schneewind 2012) knüpft er an Baumrinds Eckpunkte *Interessiertheit* und *Forderungshaltung* an.

Schneewind trifft in den Kommentaren zu geschilderten Szenen eindeutige Wertentscheidungen: In seinem Konzept grenzt er positive Handlungsalternativen von den negativen der beiden Erziehungsstile *Grenzen ohne Freiheit* und *Freiheit ohne Grenzen* ab. Woher stammen die Kriterien, nach denen Schneewind die Qualität erzieherischen Handelns einschätzt? Seine Antwort ist vorsichtig formuliert:

> »Kinder und Jugendliche, die in einem autoritativen Elternhaus aufwachsen, [weisen] eine Reihe von Eigenschaften auf [...], die in entwickelten Gesellschaften wie der unsrigen in hohem Maße als wünschenswert angesehen werden.« (Schneewind 2012, S. 12)

Schneewind rechtfertigt demnach seine Bevorzugung eines autoritativen Erziehungsstils gegenüber autoritären oder Laissez-faire-Praktiken mit der gegenwärtigen Meinungsmehrheit in unseren Breiten. Damit schließt er sich dem Versuch an, das Problem der *Subjektivität* von Wertsetzungen *pragmatisch* zu lösen. Gelten soll, was der *gesellschaftliche Konsens- oder Mehrheitsbeschluss* als Wert festlegt. Wenn schon nicht erkannt werden kann, was wahr oder gerecht ist, so können die *subjektiven* Interessen doch zumindest *ausgehandelt* werden. Der *gesellschaftliche Konsens- oder Mehrheitsbeschluss* ist bewusst als ein *relatives* Kriterium gewählt. Er soll nichts Feststehendes sein, er gilt z. B. nur für eine Gesellschaft wie die unsrige. Er könnte je nach Zeit, Ort und beteiligten Menschen auch anders ausfallen, d. h. revidiert werden. Zwar deutet Schneewind ab und zu auch *prinzipielle* Begründungen an, etwa »die Orientierung an einem Menschenbild, das sich einem *humanistisch-demokratischen Verständnis* von individueller Entwicklung und Gemeinschaftlichkeit verpflichtet fühlt« (Schneewind 2012, S. 8), doch formuliert er auch hier absichtlich zurückhaltend. Er zitiert mehr die Tradition, als dass er sie für allgemeingültig hält, er versucht sie gewissermaßen nochmals in eine subjektive bzw. intersubjektive ›Klammer‹ zu setzen. Die Sphäre des Aushandelns wird nicht überschritten. Indem Schneewind hier dem Zeitgeist folgt, verlässt er – wie viele andere – gleichzeitig den Weg der Geisteswissenschaften im Gefolge der Aufklärung seit dem 18. Jahrhundert, die das Erziehungsziel *Autonomie* nicht für einen relativen, sondern für einen *zeitüberhobenen und kulturübergreifenden* Wert hielt. Er hebt sich damit von psychologischen und pädagogischen Denkansätzen der Moderne ab, die in der Tradition der Aufklärung stehen, etwa denjenigen von Lawrence Kohlberg, Wolfgang Klafki und Marian Heitger (alle drei sind interessanterweise gleich alt: * 1927).

Im Modell der moralischen Entwicklung von Lawrence Kohlberg (1996; 2001) entspricht das Erreichen von *Konsens* dem *konventionellen Niveau*. Erziehung muss aber auf das *postkonventionelle (autonome)* Niveau abzielen, auch wenn es nach Kohlberg nur von einer Minderheit von Menschen erreicht wird. Auf dieser höchsten Stufe moralischer Einsichtsfähigkeit wird das eigene

Handeln nicht an bestehenden gesellschaftlichen Normen orientiert, sondern an universalen ethischen Prinzipien, etwa dem *kategorischen Imperativ* (zu Kohlbergs Modell vgl. Kap. 2.2.2, zu Kants kategorischem Imperativ vgl. Kap. 1.2.1).

Der Pädagoge Wolfgang Klafki (2007a; 2007b) beharrt darauf, dass die pädagogische Theorie und Praxis nicht als Funktion der gesellschaftlichen Entwicklung betrachtet werden darf. Sein Bildungskonzept zur Lösung ethischer und sozialer Schlüsselprobleme in der Demokratie knüpft an die kantische Forderung der Entwicklung von Urteilsfähigkeit jedes Einzelnen an. Er sucht den Autonomiebegriff mit den drei untrennbaren Grundfähigkeiten *Selbstbestimmung*, *Mitbestimmung* und *Solidarität* zu fassen. Klafki wehrt sich gegen Formeln vom *Ende der Aufklärung*, denn er hält den von der damaligen Freiheitserziehung aufgestellten Anspruch nach wie vor für uneingelöst. Klafki und Heitger sind hier einer Meinung:

> »Der Anspruch auf Aufklärung wird angesichts der komplizierter werdenden Umstände des Lebens, der Verführbarkeit der Menschen in der sog. Informationsgesellschaft notwendiger denn je.« (Heitger 2004, S. 74)

Wie bei Klafki steht auch bei Heitger (2004) das Prinzip der *Selbstbestimmung* als letztes Ziel von Erziehung nicht zur Disposition und bedarf deswegen gar keines Konsenses oder einer mehrheitlichen Zustimmung zu seiner Geltung. Ob eine bestimmte pädagogische Praxis im Widerspruch zum Prinzip der Selbstbestimmung steht oder nicht, ist keine Konsens-Entscheidung. Heitger unterscheidet deshalb genau zwischen *Konsens* und *Konsensfähigkeit*:

> »Wer sich dem Geltungsanspruch beugt, muss sein Argument und Motiv unter den Anspruch von Zustimmungsfähigkeit fassen. Seine Wertigkeit ist aber nicht abhängig von der tatsächlichen Zustimmung und schon gar nicht dessen Folge. Im Programm sog. demokratischer Erziehung hat sich dieses Missverständnis vielfach behauptet.« (Ebd.)

Wenn Selbstbestimmung als Erziehungsziel nicht zur Disposition steht, so ergibt sich daraus, dass auch der Weg dorthin weder beliebig noch aushandelbar ist. Die beiden entgegengesetzten Stile *autoritär* (*Grenzen ohne Freiheit*) oder *laissez-faire* (*Freiheit ohne Grenzen*) führen kaum zu einer Zunahme von Selbstbestimmung und lassen sich deshalb als defizitär charakterisieren. Sie gleichen sich insofern, als beide nicht die argumentative Auseinandersetzung mit dem jungen Menschen suchen. Beide defizitären Erziehungsstile zeigen zu wenig Interesse am Kind oder Jugendlichen, um gemeinsam gute Lösungen zu finden. Sie trauen der Einsichtsfähigkeit junger Menschen, die durch Kommunikation befördert werden könnte, zu wenig zu, weshalb sie auch leicht ineinander umschlagen.

Nun ist zu beachten, dass der entwicklungsförderliche *autoritative* Erziehungsstil (*Freiheit in Grenzen*) das anspruchsvollere pädagogische Konzept im Vergleich zu den beiden ›simplen‹ Fehlformen *autoritär* (*Grenzen ohne Freiheit*) oder *laissez-faire* (*Freiheit ohne Grenzen*) ist, denn er verlangt den *Balanceakt* zwischen Widersprüchlichem: Bei der Entscheidung über das »Wie viel?« von *Freiheit* oder *Grenzsetzungen* bewegen Erziehende sich immer auf unsicherem

Boden. Erziehungsstrategien sind stets neu zu reflektieren und zu verändern, z. B. nach den individuellen Fähigkeiten des Kindes oder Jugendlichen. Leicht ist ein Abgleiten in eine der beiden einseitigen Fehlformen möglich.

1.1.3 Inwiefern führt Wertrelativismus zu autoritären bzw. antiautoritären Erziehungspraktiken?

Im Folgenden wird die These zu rechtfertigen versucht, dass ein Abgleiten in eine der beiden einseitigen Fehlformen *autoritär* (*Grenzen ohne Freiheit*) oder *laissez-faire* (*Freiheit ohne Grenzen*) am besten verhindert werden kann, wenn deutlich wird, dass das Erziehungsziel *Autonomie* nicht ein relativer, sondern ein *zeitüberhobener und kulturübergreifender* Wert ist.

Dagegen enthält ein Wertrelativismus, wie er z. B. mit einer reinen Konsensbegründung verbunden ist, die Gefahr, in die ausweglose Dialektik *autoritärer* oder *antiautoritärer* (= *laissez-faire*) Praktiken zu führen, auf die von pädagogischer Seite Marian Heitger (vgl. 2004, S. 32) hinweist, von philosophischer Seite etwa Robert Spaemann (vgl. 2009, S. 18–19; Spaemann verwendet den Begriff *anarchistisch* statt *antiautoritär*). Heitger und Spaemann benennen genau diejenigen Erziehungsstile, die Schneewind als *Grenzen ohne Freiheit* bzw. *Freiheit ohne Grenzen* bezeichnet.

Erste Variante des Wertrelativismus: »Jeder Mensch sollte der in seiner Gesellschaft herrschenden Moral folgen« – die Gefahr autoritärer Erziehungspraktiken

Streicht man im Denken die Ebene universaler Idealität, dann besteht die Gefahr der Orientierung an der jeweils bestehenden Realität (= die normative Kraft des Faktischen). Wenn statt allgemeingültiger, nicht verhandelbarer Werte *gesellschaftlicher Konsens* zum letzten Kriterium des Handelns gemacht wird, mutiert der Ist-Zustand leicht zum Sollens-Anspruch. Zur Maxime wird: »Jeder Mensch sollte der in seiner Gesellschaft herrschenden Moral folgen« (Spaemann 2009, S. 17). Welche Grundwerte hindern eine Gesellschaft dann noch daran, diesen Anspruch auch mit autoritären Mitteln durchzusetzen? Es braucht nicht viel Fantasie, um sich politische Situationen vorzustellen, in denen für *Notstandsgesetze* schnell ein entsprechender Konsens gefunden werden könnte.

Dass das Konsens-Kriterium zur Auswahl von Erziehungszielen unzureichend ist, sieht Schneewind in gewisser Weise selbst. Er schränkt nämlich ein, dass nur das, was in *entwickelten* Gesellschaften als wünschenswert angesehen wird, zum Maßstab werden soll. Jedoch gibt Schneewind kein Kriterium an, mit dem der Grad der Entwicklung gemessen werden könnte. Dazu bräuchte es ein dem Konsens übergeordnetes inhaltliches Kriterium. Wenn qualitativ gar nichts darüber ausgesagt werden kann, was Entwicklung ausmacht, dann noch viel weniger, welche Stufe der Entwicklung für die Entscheidung ausreicht, was wünschenswert ist und was nicht. Oder entscheidet wiederum der gesellschaftliche Konsens über den Grad der Entwicklung und ob dieser ausreicht? Wenn ja, wessen Konsens? Hätte man z. B. die Deutschen in den Jahren 1933–1945 danach gefragt, wären diese sicherlich mehrheitlich der Meinung gewesen, Mitglieder einer hoch entwickelten Gesellschaft zu sein. Mit welcher Berechtigung ließe man einen solchen Konsens nicht zu? D. h., für die Gültigkeit von Erziehungszielen ist der gesellschaftliche Konsens ein zu oberflächliches, allenfalls pragmatisch bedeutsames Kriterium, denn der menschlichen Neigung, die eigene Welt zur besten aller möglichen zu erklären und gegen Kritik zu immunisieren, wird dadurch Vorschub geleistet. Das von einer Gesellschaft mehrheitlich Erwünschte muss weder gut, richtig oder vernünftig sein noch legt es notwendig den Weg eines autoritativen Erziehungsstiles (*Freiheit in Grenzen*) nahe. Wertentscheidungen können nicht anhand ›inhaltsleerer‹ Kriterien getroffen werden.

Gegen den Konsens als letztgültiges und nicht nur pragmatisches Kriterium finden sich noch weitere Argumente:

- *Eine Diskussion zielt auf das Finden richtiger Entscheidungen. Der Konsens- oder Mehrheitsbeschluss ist dabei nicht mehr und nicht weniger als eine pragmatisch sinnvolle Verfahrensweise.*

Der Konsens ist ein abstraktes Konstrukt. In der gesellschaftlichen Realität gibt es gar nicht immer einen Konsens darüber, was als wünschenswert angesehen wird. In der Regel besteht ein Pluralismus konkurrierender Meinungen, auch bei Bildungs- und Erziehungszielen. Bildungsplaner müssen daraus eine Auswahl treffen, und diese geschieht »in entwickelten Gesellschaften« (Schneewind) nicht diktatorisch, sondern mit dem Vorlauf einer Diskussion. Es ist aber unmöglich zu reden und zu verhandeln, ohne sich die Frage inhaltlicher Richtigkeit zu stellen, gemeinsam bessere gegen schlechtere Argumente abzuwägen. Dabei beziehen sich die Gesprächsteilnehmer, wenn nicht explizit, so doch zumindest implizit auf universal gültige, jedem vernünftigen Menschen einsichtige Gütekriterien.

> »Wer einen Dialog führt […], anerkennt […] ein für die Dialogisierenden gemeinsames Allgemeines […], das er zwar nicht in seinem Besitz hat, das er aber gleichwohl für sich und für den anderen im Argumentieren in Anspruch nimmt.« (Heitger 2004, S. 158–159)

Ein anschließend getroffener Konsens- oder Mehrheitsbeschluss ist nicht mehr und nicht weniger als eine pragmatisch sinnvolle Verfahrensweise zur Findung möglichst vernünftiger Entscheidungen. Der Konsens *ist* nicht die Vernunftentscheidung, sondern – im besten Fall – *Indikator* für eine vernünftige Entscheidung. Dies kann er sein, weil es schwierig ist, ohne Dialog zur Wahrheit zu finden:

> »Unser Bezug zur Wahrheit führt über die anderen. Entweder gelangen wir mit ihnen zur Wahrheit oder es ist nicht die Wahrheit, wozu wir gelangen. […] Es gibt keine Wahrheit ohne sie; doch die Gemeinsamkeit mit ihnen genügt nicht, um zur Wahrheit zu finden.« (Merleau-Ponty, zit. n. dem Buch-Motto von Waldenfels 1971; vgl. auch Merleau-Ponty 1967)

Wie schon erwähnt, muss daher mit Heitger zwischen *Konsensfähigkeit* und *Konsens* unterschieden werden. Es besteht zu Recht die Hoffnung, dass die *allgemeingültige Vernunft* am ehesten dann zum Ausdruck kommt, wenn möglichst viele Menschen gemeinsam nach ihr suchen. Dennoch bleiben Konsens- oder Mehrheitsbeschlüsse irrtumsanfällig. Werden sie aber als letztgültiges Kriterium angesehen, besteht kaum mehr die Möglichkeit eines Einspruchs durch Einzelne oder die Minderheit. Es fehlt ja ein übergeordnetes Kriterium (z. B. das der *Gerechtigkeit*), das den Beschluss in Frage stellen könnte. Das hat durchaus psychologische Konsequenzen: Was als *herrschaftsfreier Diskurs* im Sinne Habermas' begann, gerät unter der Hand zur Durchsetzung des *Rechts der Stärkeren*. Nach erfolgter Entscheidung liegt nahe, dass die Entscheidungsträger glauben, ihre Position nicht mehr weiter argumentativ vor sich und anderen rechtfertigen zu müssen. Einzelne Kritiker, die vielleicht korrigierend und reformierend wirken würden, gelten dann leicht als Querulanten. Man glaubt, ihnen nicht mehr zuhören zu müssen und auf die Überprüfung der Stichhaltigkeit ihrer Argumente verzichten zu können. Einer Atmosphäre des Nachdenkens und der offenen Kommunikation ist dies nicht zuträglich. Es könnte sich die (autoritäre) Gewohnheit einschleichen, Gespräche mit dem Hinweis, für eine bestimmte Meinung gebe es zu wenig Unterstützer, abzubrechen. Wie bereits gesagt, wird zur zweifelhaften Maxime : »Jeder Mensch sollte der in seiner Gesellschaft herrschenden Moral folgen« (Spaemann 2009, S. 17).

- *In alltäglichen Situationen ergeht an Gegner der herrschenden Meinung häufig die Aufforderung, sich anzupassen. Diese Gesprächstechnik ist oft unwirksam.*

Lehrpersonen erleben heftige Konfrontationen, die mit der Meinungsvielfalt in unserer pluralistischen Gesellschaft zu tun haben, etwa bei Auseinandersetzungen mit Schülerinnen und Schülern sowie deren Eltern über Unterrichtsstörungen oder über autoritäre bzw. vernachlässigende Erziehungspraktiken zu Hause. In der (durch ihre universitäre Ausbildung oft unterstützten) Annahme, Werte und Normen seien stets kulturell bedingt, subjektiver Natur und von nur relativer Gültigkeit, greifen sie häufig gerade im Gespräch mit Angehörigen unterschiedlicher kultureller Milieus zu dem Argument: »Wenn Sie Ihr Kind in eine deutsche Schule schicken, müssen Sie sich auch an die hier gültigen Normen und Regeln halten.« Im Fall des Nicht-Folge-Leistens wird manchmal schnell mit Sanktionen gedroht, zu denen die Lehrperson institutionell berechtigt ist.

Diese gängige Gesprächspraxis bewegt sich meiner Meinung nach auf einem zu niedrigen Argumentationsniveau, das sich daraus ergibt, dass Lehrkräfte sich auf den *Konsens* als letztgültiges Kriterium berufen und keine inhaltliche Diskussion, z. B. über die Rangordnung von Werten, wagen. Häufig ruft diese Taktik bei Betroffenen einen Widerstand (»Kulturimperialismus!«) hervor, der nach der *Theorie der Reaktanz* (vgl. Dickenberger 1985), die Jack W. Brehm (1928–2009) bereits in den 1960er Jahren entwickelte, psychologisch plausibel gemacht werden kann. Unter *Reaktanz* versteht man die motivationale Erre-

1 Ist eine Wertebildung nur Ausdruck des relativen Kontextes?

gung, die durch eine Freiheitsbedrohung ausgelöst wird, und die das Ziel hat, verlorenes Terrain zurückzuerobern. Um einen solchen Widerstand, der nach Brehm sowohl eine rationale als auch eine irrationale Komponente haben kann, nicht zu provozieren, erscheint mir eine – oft natürlich zeitintensivere – pädagogisch-philosophische Wertediskussion meist überzeugender und letztlich nachhaltiger zu sein als ein autoritär-kurzer Appell zur Anpassung. Schülerinnen und Schüler oder ihre Eltern merken, dass ihre Meinung ernst genommen wird, und dies bildet vielleicht die Grundlage für eine erste Verständigung, die langfristig sogar zu einer intensiveren interkulturellen Kommunikation führen kann. Vielfach wurde darauf hingewiesen, dass in einem gelungenen Dialog unterschiedlicher Kulturen nicht nur *multikulturelles*, sondern auch *transkulturelles* Lernen stattfindet (vgl. Kluckhohn & Strodtbeck 1961; vgl. auch Schöfthaler 1984; Kiel 1997; Kap. 1.4.2). Auch innerschulische Verständigungsprozesse können dazu dienen, kulturübergreifende Gemeinsamkeiten aufzudecken und Gesprächspartner dadurch einander näherzubringen.

- *Die Aufforderung, in der Erziehung die Ziele zu verfolgen, die in entwickelten Gesellschaften als wünschenswert angesehen werden, hat selbst den Status einer allgemeingültigen und nicht einer relativen Norm.*

Wenn Werte ihre Gültigkeit nur durch zeit- und situationsbedingte Einigung bekommen, kann sich eine Lehrperson, die die allgemeine Meinung nicht teilt, zu Recht fragen: Warum soll ich mich verpflichtet fühlen, die Ziele zu verfolgen, die heute unter Bildungsplanern ausgehandelt werden? Morgen sind andere Moden angesagt. Soll ich mich wie ein Fähnchen im Wind drehen?

> »Zumindest die Norm des Aushandelns muss gelten, bevor Normen ›ausgehandelt‹ werden können. Aber auch das Aushandeln selbst benötigt normative Regelungen und wertmäßige Grundüberzeugungen, die nicht mit dem Aushandeln noch ausgehandelt werden können.« (Oelkers & Lehmann 1990, S. 36)

Theoretisch kann man Konsens-Entscheidungen als reines Faktum zur Kenntnis nehmen, ohne eine Handlungsaufforderung für sich daraus abzuleiten. Der Übergang von der Seins- zur Sollens-Ebene ist nämlich logisch unzulässig, worauf der Philosoph David Hume (1711–1776) mit der Aussage *No ought from an is* in seinem *Traktat über die menschliche Natur* (1740/1978, Buch III, Teil 1, Kap. 1) hinwies. D. h., in einer Welt rein relativer Zielsetzungen gibt es nur *hypothetische Imperative*, die man umsetzen kann oder auch nicht, aber keine unbedingten Verpflichtungen (vgl. Kap. 1.2.1). Auf unser Beispiel angewendet heißt das: Dass sich aus der Einhelligkeit der Meinungen eine Verpflichtung ergibt, danach auch zu handeln, ist eine unterschwellige *Mehr*-Annahme, für die die Konsenstheorie gar keine theoretische Basis liefert. Ihre Anhänger stellen also – theoretisch unabgesichert – zumindest diese eine *allgemeingültige* Norm auf: *Was in entwickelten Gesellschaften als wünschenswert angesehen wird, sollte Ziel der Erziehung sein.*

Es ist ein Unterschied, ob Lehrende Bildungs- und Erziehungsziele verfolgen, weil sie nun einmal so festgelegt worden sind, oder weil sie sie für vernünftig halten. Letzteres ist der (wahrhaft motivierende) Idealfall, und um dem Handeln nach eigener Einsicht möglichst viel Raum zu lassen, wird nach Möglichkeiten der Stärkung der *Autonomie* der Lehrenden gesucht. Dagegen zielt die Forderung, der Einzelne solle das tun, worüber momentan nun einmal Konsens bestehe bzw. was von der Mehrheit gewünscht wird, auf *Heteronomie*, und wäre autoritär.

Ein Beispiel aus der Schulpraxis: Regeln

Man könnte die Behauptung aufstellen, wenn Schülerinnen und Schüler sich nicht an verordnete Regeln halten, deren Sinn sie nicht einsehen und denen sie nicht zugestimmt haben, zeigen sie durch ihren Widerstand, dass sie den unzulässigen Wechsel der Lehrpersonen von der Seins- auf die Sollens-Ebene – zumindest implizit – bemerkt haben. Sie könnten sich etwa im Sinne *hypothetischer Imperative* (Kant; vgl. Kap. 1.2.1) sagen: Wenn ich bereit bin, die Sanktionen in Kauf zu nehmen, falls mich erwischt werde, was sollte mich davon abhalten zu tun, was ich will?

Es ist ein Unterschied, ob Schülerinnen und Schüler Regeln einhalten, weil sie nun einmal so festgelegt worden sind oder weil sie sie für vernünftig halten. Letzteres ist der (wahrhaft motivierende) Idealfall, und um dem Handeln nach eigener Einsicht möglichst viel Raum zu lassen, wird nach Möglichkeiten der Stärkung von *Schülerautonomie* gesucht. Der Versuch der Selbstverpflichtung, etwa, indem Schülerinnen und Schüler sich den Katalog gültiger Regeln selbst erarbeiten, ist deshalb eine sinnvollere Vorgehensweise als Verordnungen von außen.

Zweite Variante des Wertrelativismus: »Jeder sollte nach seinem Belieben handeln« – die Gefahr antiautoritärer Erziehungspraktiken

Die zweite, antiautoritäre Variante des Wertrelativismus, die eine Enthaltung von Werturteilen fordert, ergibt sich in gewisser Weise im Widerstand gegen die autoritären Ansprüche des ersten, eher pragmatischen statt intellektuellen Ansatzes. Sie durchschaut dessen logische Unhaltbarkeit und erkennt den *naturalistischen Fehlschluss*: Wenn Normen nur Festlegungen einer Mehrheit mit zeit- und raumbegrenzter Gültigkeit sind, warum sollte der Einzelne sie als Verpflichtung empfinden?

> »Die zweite These verurteilt [daher] [...] jede geltende Moral als Repression, als Unterdrückung und verlangt, es solle jeder nach seinem Belieben handeln [...]. Es ist danach allenfalls Sache des Strafgesetzbuches und der Polizei, gemeinschädliches Verhalten im Interesse der Betroffenen für den Handelnden so nachteilig zu machen, dass er es im eigenen Interesse unterlässt.« (Spaemann 2009, S.18)

Diese wertrelativistische Denkweise ist, wie schon gesagt, zu einer breiten gesellschaftlichen Grundüberzeugung geworden, gerade was Erziehungsvorstellungen betrifft. Mitte der 1970er Jahre, also etwa zehn Jahre nach der Studentenbewegung, gewann sie einen radikalen Ausdruck in der Strömung der *Antipädagogik*, die jede erzieherische Handlung als autoritären Übergriff, als

1 Ist eine Wertebildung nur Ausdruck des relativen Kontextes?

Aufoktroyierung subjektiver Werte des Stärkeren auf Schwächere ablehnte. Ekkehard von Braunmühl nannte Erziehung eine willkürliche Gewaltanwendung, die aus einem illegitimen Herrschaftsanspruch des Erziehers heraus geschehe und Kinder zerstöre. Sie sei gleichzusetzen mit Manipulation oder Psychoterror (vgl. von Braunmühl 2006, S. 35, 90–91). Daher müsse sie abgeschafft und durch *Freundschaft* ersetzt werden. Das Kind sei nicht *erziehungs*-, sondern *beziehungs*bedürftig.

Der Einfluss der Antipädagogik ließ zwar nach, bis in die heutigen Tage wird jedoch die vermehrte Praktizierung des verwöhnenden oder vernachlässigenden Erziehungsstils (*laissez-faire*) auf sie zurückgeführt.

Am Beispiel der antipädagogischen Position soll gezeigt werden, dass sich auch gegen einen Relativismus der Beliebigkeit einige Einwände finden lassen, die auf eine allgemeine Gültigkeit von Werten hindeuten:

- *Die Verurteilung der bestehenden Erziehungspraxis als Repression ist selbst eine Überzeugung, die Allgemeingültigkeit beansprucht.*

Die Ablehnung autoritären Erwachsenenverhaltens ist keine Position, die die Antipädagogik ins Belieben des Einzelnen stellt. Ein solches Verhalten ist ihrer Meinung nach auf jeden Fall zu unterbinden. Auch ist für sie die freundschaftliche Beziehung zum Kind kein relativer Wert, sondern einer, der auf jeden Fall anzustreben ist (vgl. Oelkers & Lehmann 1990, S. 80).

- *Der Mensch hat viele konkurrierende Handlungsimpulse. Um zu entscheiden, welchen er folgt und welchen nicht, muss er diese in eine Rangordnung bringen. Dabei macht er Wertunterscheidungen, die nicht nur subjektiv sind.*

Handeln nach Belieben heißt für die Antipädagogik, dass die *Authentizität* des eigenen Gefühls Richtschnur sein soll.

> »[Dabei] verkennt [sie] die Tatsache, dass der Mensch nicht ein durch Instinkt vorgeprägtes Wesen ist, sondern ein Wesen, das die Maßstäbe seines Handelns erst suchen und finden muss. [...] Wir haben nämlich konkurrierende Antriebe und Wünsche. [...] So wie es in mir selbst widerstreitende Wünsche von verschiedenem Rang gibt, so können auch die Wünsche verschiedener Personen von verschiedenem Rang sein. Es ist weder immer gut, den eigenen Wünschen den Vorzug zu geben, noch denen der anderen. [...] Eine zumutbare Lösung für beide gibt es freilich nur, wenn es einen möglichen gemeinsamen und das heißt, einen wahrheitsfähigen Maßstab für die Beurteilung von Wünschen gibt. [...] [J]edem theoretischen Streit liegt bereits die Idee einer gemeinsamen Wahrheit zugrunde. [...] Der Fuchs und der Hase streiten nicht miteinander um das richtige Leben. Entweder jeder geht seiner Wege, oder der eine frisst den anderen auf.« (Spaemann 2009, S. 20–22)

So wurde der Antipädagogik entgegengesetzt, dass auch »Hass, Neid, Rivalität, Verachtung, Gleichgültigkeit [...] zum Spektrum der menschlichen Gefühlswelt [gehören]« (Oelkers & Lehmann 1990, S. 37). Dem Ausleben solcher »Bedürfnisse« konnte sie theoretisch-argumentativ nicht Widerstand leisten, was zur Ausbreitung des *Laissez-faire*-Stils führte. Zur Werteerziehung gehört immer auch die *Reflexion* von Gefühlen (vgl. in Kap. 1.2.2 den dritten Abschnitt).

> **Fazit des Kapitels**
>
> Werteerziehung oder -bildung kommt nicht mit relativen Normen aus. Da sowohl eine Begründung von Wertentscheidungen über Konsens- oder Mehrheitsfindung als auch eine Enthaltung von Werturteilen sich als logisch inkonsequent wie auch im Letzten nicht praktikabel herausgestellt haben, kann festgestellt werden, dass auf der Basis eines *Wertrelativismus* kein tragfähiges Bildungs- und Erziehungskonzept errichtet werden kann.

1.2 Mündigkeitserziehung auf der Grundlage allgemeingültiger Werte

Da ein umfassender Wertrelativismus scheitert, muss – mit Rückbesinnung auf Sokrates und den Vernunftbegriff der Aufklärung – von *allgemeingültigen* statt nur *interessenbedingten* (Grund-)Werten ausgegangen werden. *Grundlegende* Werte werden

> »von uns definiert, aber nicht erfunden, nicht durch eine Ethik konstituiert, sondern durch diese geklärt, begründet, bestätigt, in eine Rangfolge gebracht; sie können auch nicht von uns abgeschafft, sondern allenfalls verleugnet werden.« (V. Hentig 2007a, S. 69)

Statt von *grundlegenden*, *allgemeingültigen* oder *auffindbaren* Werten kann auch von *universalen*,[4] d. h. *zeitüberhobenen und kulturübergreifenden* oder *unbedingt*, *kategorisch* oder *absolut gültigen*[5] Werten gesprochen werden.

Im Folgenden soll gezeigt werden, dass eine Legitimierung von *autoritativer* Erziehung (*Freiheit in Grenzen*) nur unter Bezugnahme auf einen *nicht mehr relativierbaren Grundwert* – den der *Freiheit* oder *Mündigkeit* (*Autonomie*) – stattfinden kann. Dabei wird außerdem deutlich, dass eine Erziehungspraxis, die *autoritativ* sein will, schnell *autoritäre* oder *antiautoritäre* Züge gewinnen kann, wenn sie sich auf ihren Grundwert der Autonomie nicht mehr besinnt.

---

4 In diesem Sinne spricht etwa Kohlberg von der *universalen* Gültigkeit seines Moralstufenmodells mit dem Ziel der Erreichung von *Autonomie* – vgl. Kap. 2.2.2.

5 Die kursiv gedruckten Adjektive werden hier synonym verwendet. Zum ›Reizwort‹ *absolut* ist anzumerken: »Das lateinische Wort ›absolutus‹ bedeutet, wenn man es wörtlich übersetzt, ›losgelöst‹. Absolut ist etwas, was rein in sich steht und von nichts anderem abhängig ist. Zunächst einmal bedeutet das Wort von der absoluten Wahrheit also seinem Wortsinn nach eine oder diejenige Wahrheit, die rein für sich selbst und unabhängig von irgendwelchen sonstigen Faktoren, Interessen, Wünschen oder dergleichen mehr den Charakter der Wahrheit besitzt. Eine solche Wahrheit ist frei von allem anderen, von Privatinteressen, von Machtansprüchen, von Gewaltphantasien usw.« (Schöndorf 2009, S. 129).

1.2.1 Was versteht man unter allgemeingültigen Werten?

Da das orientierende Ideal der *Autonomie* sich aus der menschlichen *Vernunft* ergibt, die als *allgemein* oder *universal* und eben *nicht kontextbezogen* angesehen wird, steht es nach Kant nicht zur Disposition. Am Beispiel der *Menschenwürde* als oberstem erkennbaren Grundwert soll verdeutlicht werden, was ein in oder mittels der Vernunft *auffindbarer, grundlegender* oder *allgemeingültiger* Wert ist.

> »[Wer nicht von ihr überzeugt ist,] wird bestimmte inakzeptable Verhaltensweisen aus Gründen der Staatsraison, der Religion, der eigenen Nation oder dergleichen in bestimmten Fällen für annehmbar erachten, wie etwa die Anwendung der Folter, die Tötung harmloser Unbeteiligter [...] und ähnliches mehr.« (Schöndorf 2009, S. 133–134)

Hier ist impliziert: Die Menschenwürde braucht keine weitere äußere Begründung; dass sie zu wahren ist, versteht sich von selbst. Sie wird, ebenso wie ihre inhaltliche Ausdeutung, die Menschenrechte, weder verliehen noch vereinbart noch von einer Obrigkeit befohlen oder eingeräumt, sondern kann nur geschützt werden.

Die Ausdifferenzierung der Idee der Menschenwürde geschah im Zeitalter der Aufklärung und ist Immanuel Kant (1724–1804) zu verdanken. Ihre Basis ist die Gleichheit der Menschen. Alle sind prinzipiell vernunftfähig und frei. Zwar erkannte bereits die Antike im Ideal des freien und gleichen Bürgers die Grundlage von Demokratie, doch waren von dieser allgemeinen Gleichheit etwa Frauen und Sklaven ausgeschlossen.

Kant unterscheidet beliebig wählbare, relative Werte (= relative *Zwecke*) und den Menschen als unbedingt zu achtenden, absoluten Selbstzweck.[6] Dinge haben ihren *Preis*, während der Mensch eine unantastbare *Würde* hat. Relative Werte *kann* man anstreben, zur Achtung absoluter Werte ist man jedoch *verpflichtet*. Für *relative Werte* gelten *hypothetische Imperative* (»*Wenn* ich ein gutes Einkommen haben will, *dann* darf ich keine ungelernte Tätigkeit anzielen ...«), zur Verwirklichung *absoluter Werte* fordert dagegen der *kategorische Imperativ* als Gewissensanspruch auf. *Kategorisch* heißt, dass es Handlungen gibt, die eindeutig zu tun oder zu unterlassen sind (je nachdem, ob sie im Sinne der Menschenwürde sind oder gegen sie verstoßen), und dass der Mensch kraft seiner Vernunft (der *imperativen* Stimme des Gewissens) darum weiß. Die Position Kants lässt sich folgendermaßen verdeutlichen:

> »Schließlich gehe ich davon aus, dass die Pflicht, moralisch zu sein, auf keine subjektiven Interessen zurückführbar ist: Es handelt sich hier um einen kategorischen, nicht um einen hypothetischen Imperativ. Man sollte nicht deswegen moralisch sein, weil das langfristig im wohlverstandenen Eigeninteresse ist, weil man dadurch glücklich werden kann, weil man in einem anderen Leben dafür belohnt werden wird usw. usf., sondern man hat moralisch zu handeln, selbst wenn dies nicht der Fall sein sollte. (Aus der Unbedingtheit dieses Imperativs entspringt freilich ein Bewusstsein von der eigenen Würde, das den Verlust all jener Dinge kompensieren kann – jedoch nur,

---

6 Die Unterscheidung weist Ähnlichkeiten mit derjenigen zwischen *relativen* und *absoluten Werten* bzw. *Normen* und *Grundwerten* auf; vgl. dazu Kap. 1.2.3.

wenn es nicht dieses Würdegefühl ist, auf das man es von Anfang an abgesehen hatte.)« (Hösle 1997, S. 129)

Kants Zweiteilung der Welt in relative und absolute Werte (= *Zwecke*) soll zum vertieften Verständnis mit seinen bekanntesten Originalzitaten aus der *Grundlegung zur Metaphysik der Sitten* (Kant 1785/1996, S. 43–68) belegt werden:

> **Kants Zweiteilung der Welt in *Dinge*, die ihren *Preis* haben und *Menschen*, die eine *Würde* besitzen**
>
> »Alle *Imperativen* nun gebieten entweder *hypothetisch*, oder *kategorisch*. [...] Der *hypothetische* Imperativ sagt also nur, dass die Handlung zu irgend einer *möglichen* oder *wirklichen* Absicht gut sei. [...] Diese [die hypothetischen Imperative, Anm. E. St.] können daher überhaupt Imperativen der GESCHICKLICHKEIT heißen. Ob der Zweck vernünftig oder gut sei, davon ist hier gar nicht die Frage, sondern nur, was man tun müsse, um ihn zu erreichen. [...] Der kategorische Imperativ ist [...] nur ein einziger, und zwar dieser: *handle nur nach derjenigen Maxime, durch die du zugleich wollen kannst, dass sie ein allgemeines Gesetz werde.* [...]
>
> Die Zwecke, die sich ein vernünftiges Wesen als *Wirkungen* seiner Handlung nach Belieben vorsetzt (materiale Zwecke), sind insgesamt nur relativ; [...] Daher sind alle diese relative Zwecke nur der Grund von hypothetischen Imperativen.
>
> Gesetzt aber, es gäbe etwas, *dessen Dasein an sich selbst* einen absoluten Wert hat, was als Zweck *an sich selbst* ein Grund bestimmter Gesetze sein könnte, so würde in ihm und nur in ihm allein, der Grund eines möglichen kategorischen Imperativs, d. i. praktischen Gesetzes, liegen.
>
> Nun sage ich: der Mensch und überhaupt jedes vernünftige Wesen *existiert* als Zweck an sich selbst, *nicht bloß als Mittel* zum beliebigen Gebrauche für diesen oder jenen Willen [...]. [...] Der praktische [= kategorische, Anm. E. St.] Imperativ wird also folgender sein: *Handle so, dass du die Menschheit sowohl in deiner Person, als in der Person eines jeden andern jederzeit zugleich als Zweck, niemals bloß als Mittel brauchest.*« (Kant 1785/1996, S. 43-61)
>
> »Im Reiche der Zwecke hat alles entweder einen *Preis* oder eine *Würde*. Was einen Preis hat, an dessen Stelle kann auch etwas anderes als *Äquivalent* gesetzt werden; was dagegen über allen Preis erhaben ist, mithin kein Äquivalent verstattet, das hat eine Würde.
>
> Was sich auf die allgemeinen menschlichen Neigungen und Bedürfnisse bezieht, hat einen *Marktpreis*; [...] das aber, was die Bedingung ausmacht, unter der allein etwas Zweck an sich selbst sein kann, hat nicht bloß einen relativen Wert, d. i. einen Preis, sondern einen innern Wert, d. i. *Würde*.« (Kant 1785/1996, S. 68)

1 Ist eine Wertebildung nur Ausdruck des relativen Kontextes?

Kant setzt faktischen Machtverhältnissen *die allgemeine Vernunft* als einzig legitime Herrschaftsinstanz entgegen. Politisch könne diese nur durch die Staatsform der *Demokratie* Wirksamkeit erlangen. Über die »republikanische Verfassung« sagt Kant, sie sei »die einzige, welche dem Recht der Menschen vollkommen angemessen [ist]« (Kant 1795/1993, S. 223; vgl. auch Kap. 6.1.1.1). Die Schaffung von Rechtsstaatlichkeit beruhte wesentlich auf der Idee der Menschenwürde. »Das deutsche Grundgesetz von 1949 wurde im kantischen Geiste verfasst« (Hösle 2013, S. 73). Auf globaler Ebene findet es seine Entsprechung in der Allgemeinen Erklärung der Menschenrechte durch die Vereinten Nationen, die ein Jahr zuvor verabschiedet wurde und das Ende eines langen Entwicklungsprozesses darstellt, der zu Kants Zeiten mit der Verabschiedung der amerikanischen Unabhängigkeitserklärung 1776 und ihrem französischen Pendant 1789 eingesetzt hatte.

Auch wenn der *kategorische Imperativ »Instrumentalisiere niemanden!«* (So die Kurzform von Kesselring 2014, S. 84) eine Einsicht der Vernunft ist, wird er nicht gleich von jedermann verstanden. Dies gilt umso mehr von seinen inhaltlichen Ausdeutungen. Der Anspruch der Menschenrechte auf Allgemeingültigkeit ist eine relativ späte Erkenntnis in der Menschheitsgeschichte. Diese konnte sich erst klar herausbilden, als der Mensch sich seiner unersetzlichen Einmaligkeit bewusst wurde. Entsprechend war die Durchsetzung weltweit geltender Menschenrechte nicht einfach gewesen: Sie ist im Wesentlichen wohl Eleanor Roosevelt, der Vorsitzenden des Human Rights Committees zu verdanken, die den allgemeinen Schock über den Nationalsozialismus zu nutzen verstand und die historische Chance einer Einigung erkannte. Vereinzelte Imperialismus-Vorwürfe konnten damals das Vorhaben nicht zum Scheitern bringen. So äußerte die sowjetische Delegation, es handele sich bei der Deklaration um die Aufoktroyierung bourgeoiser Normen, enthielt sich aber bei der Abstimmung. Wertrelativistische Positionen äußern häufig den Vorwurf, Menschenwürde und Menschenrechte seien ein abendländisches Konstrukt, eine eurozentristische Sichtweise werde anderen Kulturen aufoktroyiert.

Faktisch wird bis heute der Grundwert der *Menschenwürde* keineswegs in allen Gesellschaften anerkannt. Den Status der Unantastbarkeit ihrer Würde bekommen dann, wie beim hinduistischen Kastensystem, nur Vertreter einer privilegierten Gruppe zugesprochen. Anspruch und Zuspruch bedeuten jedoch nicht dasselbe. Dass die Würde Einzelner mit Füßen getreten wird, heißt nicht, dass sie nicht Anspruch auf deren Unverletzlichkeit haben. Der Status der Unantastbarkeit besteht immer und kann nicht zerstört werden.

In diesem Buch wird versucht, allgemeine Werte, denen Kapitel gewidmet sind, als *Grundwerte* zu begründen, indem ihr Bezug zur *Menschenwürde* verdeutlicht wird. *Grundwerte* bezeichnen Orientierung gebende *Ideale*, d. h.:

- Sie stehen zum einen nicht zur freien Disposition. So wird davon ausgegangen, dass Menschen ihr Menschsein nur dann verwirklichen, wenn sie *liebevoll*, *gerecht* oder *tolerant* usw. handeln. Ob sie das tun oder nicht, ist ihnen nicht ›freigestellt‹: Man *soll* liebevoll, gerecht und tolerant sein. Nur dann ist man ein guter Mensch und kann sich auch glücklich, eins mit sich fühlen.

- Zum anderen werden Ideale unter *realen* Bedingungen nie vollkommen verwirklicht werden. Auch weisen die konkreten Ausprägungen gelebter *Liebe*, *Gerechtigkeit* oder *Toleranz* durchaus interindividuelle und kulturelle Unterschiede auf.

Es soll auch darauf hingewiesen werden, dass der Ausgangspunkt von einer allgemeingültigen Ethik deren *Ideologieanfälligkeit* nicht verhindern kann. Max Horkheimer und Theodor W. Adorno (1947/2003) unterzogen den Vernunftbegriff der Aufklärung einer Kritik, indem sie darauf hinwiesen, dass sich hinter den Wahrheitsansprüchen einer universalistischen Moral Herrschaftsimperative verbergen können. Angeblich beständige Werte dienten in Wirklichkeit der Legitimierung von Machtverhältnissen, der Privilegierung bzw. Benachteiligung von Menschengruppen. Sie werden im Nachhinein als durch Interessen, Zeit und Kultur bedingte und durch eine bestimmte Erziehung vermittelte entlarvt. Der Pädagoge Marian Heitger, selbst Vertreter eines universalistischen Ethikansatzes, nimmt diese Kritik auf und spricht von der Wichtigkeit der »Berücksichtigung der ›postmodernen‹ Einwände« (Heitger 2004, S. 57), denn es bestehe die Gefahr, dass ein Grundwert wie »Selbstbestimmung zum Überbauphänomen degeneriert und die wirkliche Situation verschleiert werden soll, damit das Bewusstsein der Zwänge und Nötigungen, denen das Dasein heute unterworfen ist, verhindert werden soll« (Heitger 2004, S. 21). Jedoch kritisiert er andererseits

> »postmoderne Gleichgültigkeit, mit der sich verschiedene Auffassungen auch in ihrer Gegensätzlichkeit abgefunden haben. Sie beunruhigen kaum noch jemanden, man hat sich arrangiert, mit allem und allen seinen Frieden geschlossen, erklärt die Vielfalt von Meinungen als Reichtum – wobei man vergessen hat, dass dieser Reichtum in der Provokation zur Auseinandersetzung mit Argumenten besteht.« (Heitger 2004, S. 135–136)

D. h., die Idee der Autonomie wird keineswegs verworfen, im Gegenteil: Die Forderung nach einer »Erziehung zur Mündigkeit« (Adorno 1971) wird durch die Gefahr des Scheiterns nur umso dringlicher, auch deswegen, weil wertrelativistische Positionen, wie bereits in Kapitel 1.1 gezeigt, keineswegs das Problem der *Ideologieanfälligkeit* von Wissenschaft und Praxis vermeiden können.

1.2.2 Wie kann eine Wertebildung durch allgemeingültige Werte begründet werden?

Wenn angenommen wird, dass es die Begriffe »›gut‹ und ›böse‹ in einem anderen Sinne als ›gut für mich in bestimmter Hinsicht‹ gar nicht gibt« (Spaemann 2009, S. 19), können Diskussionen nur als Mittel zum Zweck der persönlichen Interessendurchsetzung dienen, der Fokus der Aufmerksamkeit wäre zwangsläufig egozentrischer. In Kapitel 1.1 wurde jedoch ein umfassender Wertrelativismus mit den aufgeführten Argumenten widerlegt.

Geht man stattdessen von einem universalistischen Ethik-Ansatz im Sinne des *kategorischen Imperativs* Kants (vgl. Kap. 1.2.1) aus, ändert dies die Zielrichtung der Teilnehmenden am Gespräch dahingehend, dass diese versuchen, den *zeitüberhobenen und kulturübergreifenden* Gehalt von Werten *aufzufinden*. Es wird davon ausgegangen, dass in der werthaften Dimension der Wirklichkeit ein Anspruch liegt, dessen Unbedingtheit »wir Menschen ebenso untergeordnet sind wie sie uns zur geistigen Selbstständigkeit und Autonomie befähigt« (Schmidt 2008, S. 90). Aufgabe von Lehrenden in *Werteerziehungs-Gesprächen* ist es dann, dem Kind oder Jugendlichen die Erfahrung dieses Anspruchs zu ermöglichen, sofern diese die Erfahrung nicht sowieso von selbst gemacht haben, und gemeinsam mit ihnen zu erschließen. Es geht also um ein Erfahrbar- und Bewusstmachen, eine *Klärung* von Werten zur besseren ethischen Handlungsorientierung.

Erziehungsziel Autonomie statt ›Recht des Stärkeren‹

Das klassisch-abendländische Erziehungsziel der *Autonomie* ist wesentlich mit der Person Kants verknüpft. Ihm ging es darum, Menschen von der unreflektierten Übernahme unsinniger Traditionen und Gewohnheiten abzuhalten. Kants pädagogisches Denken kann mit modernen gewaltpräventiven und kommunikativen Strategien in Beziehung gesetzt werden.

Mit seinem von Rousseau inspirierten Gedanken, dass im Kind »Keime zum Guten« (Kant 1803/1995, S. 705) angelegt sind, die sich in einer günstigen Lernumwelt selbstständig entwickeln, die aber auch durch unangemessene Zwangsmaßnahmen erstickt werden können, prägte Kant das *pädagogische Jahrhundert* der Aufklärung. Letztlich ist mit den »Keimen zum Guten« die *Vernunftbegabtheit* des Menschen gemeint, die ihn sowohl zu theoretischen als auch praktischen (= ethischen) Erkenntnissen führt. Immer soll in der *Freiheits- oder Mündigkeitserziehung* klar werden, dass der Mensch – anders als das Tier – zu ›Höherem‹ begabt ist als zum *Recht des Stärkeren*. Es kann und muss ihm um mehr gehen als die möglichst effektive Durchsetzung eigener Interessen, und zwar um die Anerkennung berechtigter Ansprüche von Menschen, die *gerechtes* Handeln nach sich zieht.

Die Zunahme von Erkenntnis, was *gerecht* ist, ist nach Kant mit Entwicklung von *Autonomie* gleichzusetzen. Dieses Erziehungsziel scheint mir weder eine historisch erwiesene Illusion noch zu vage zu sein (so zu lesen z. B. in Tenorth & Tippelt 2007, S. 51, sowie Oelkers 2001, S. 274). Zu diesem Vorwurf ist zu bemerken: Ein allgemeiner Grundwert wirkt zunächst wie das Wort

> »›Farbe‹ leer und formal gegenüber rot, blau, grün. Doch ist diese Leere schon gefüllt, wenn man sie Schwarz-Weiß oder Geruch und Geschmack gegenüberstellt.« (Splett 2011, S. 65)

So ist der Begriff *Autonomie* schon weniger abstrakt, wird er seinem Antonym *Heteronomie* entgegengesetzt, insbesondere, wenn man sich dabei wirkliche Situationen der Abhängigkeit, Ausbeutung und Gewalt vorstellt, unter denen Menschen überall auf der Welt leiden. Nach Kant sind aber nicht nur die Opfer, sondern auch die Täter fremdbestimmt. Diese sind zwar nicht von den Launen anderer abhängig, jedoch von den eigenen. Der Stärkere, der andere unterdrückt, ist seinen eigenen Machtgelüsten ausgeliefert. Hier befindet sich Kant im Gefolge des Sokrates (vgl. vor allem den Anfang des Gesprächs zwischen Sokrates und Polos in Kap. 1, S. 20–21). Nicht der Egoist ist frei, sondern der Mensch, der nach Maßstäben, die er in sich selbst gefunden hat, handelt. Sein Imperativ ist *nicht* eine *äußere Macht*, weder seine eigenen Leidenschaften noch der Herrschaftsanspruch anderer Menschen, sondern die *innere Autorität* der freien Einsicht. Er lässt bei sich nur Handlungsweisen zu, die Werte und Würde (der anderen Menschen und auch seiner selbst) achten.

Autonomieerziehung lässt sich demnach *auf zwei Weisen* charakterisieren:

1. *positiv* – als Entwicklung von *innerer* Autorität;
2. *negativ* – als Beendigung von *äußerer* Autorität.

1. *Positiv* formuliert ergibt sich als zentrale Aufgabe von Erziehung die *Entwicklung von innerer Autorität* durch Förderung von freier selbsttätiger Erkenntnis der Wirklichkeit. *Individuelle Urteilsfähigkeit* nach Kant bezieht sich – wie schon angedeutet – nicht auf die Sach- sondern auch die Wertdimension der Wirklichkeit (entsprechend hat die Vernunft eine theoretische und eine praktische Seite). Erkennen ist immer auch ein Anerkennen. Sach- und besonders Werterkenntnis sind nicht garantiert; sie erfolgen frei. Wird die Wertdimension wahrgenommen, so bleibt es nicht bei einer distanzierten Feststellung: Je tiefer die Erkenntnis, umso mehr entfaltet der Wert seine Attraktivität und umso mehr wird er respektiert und geschützt. Die Erkenntnis eines Wertes verbindet sich mit dem Anspruch, sich für seinen Erhalt auch einzusetzen. Diesem Anspruch nicht Folge zu leisten, empfände der Mensch als Handeln wider besseres Wissen, durch das er nicht nur sein Gegenüber, sondern zugleich auch sich selbst als vernünftiges und freies Wesen missachten würde. Die ethische Handlungsaufforderung »*Instrumentalisiere niemanden!*« (Kesselring 2014, S. 84) wird deshalb als innerlich zwingend erfahren. Entsprechend bezeichnet Kant sie als *kategorischen Imperativ* (vgl. Kap. 1.2.1). Selbstständiges Denkvermögen äußert sich also darin, dass dieser so tief begriffen wird, dass er das eigene Handeln leitet.

Aus dem Gesagten wird deutlich, dass das Erziehungsziel *Selbstbestimmung* die *Solidarität* (Klafki 2007a) bzw. *Mündigkeit* die Bereitschaft zur *Verantwortung* im Zusammenleben mit anderen (Wiater 2013) einschließt. Die an sich unnötige Dopplung der Begriffe wird von Pädagogen deshalb oft vorgezogen, um ein Missverstehen von *Autonomie* (etwa im Sinne von: »Autonome machen sich ihre Gesetze selbst.«) vorzubeugen, das *Freiheit* in *Willkür*, *Autonomie* in *Heteronomie* umschlagen lässt. Diese Fehlinterpretation hat ihre Wurzeln in der europäischen Geistesgeschichte: Die Dimension der *Fürsorge für andere* im *Autonomie*begriff erfuhr meist zu wenig Beachtung. Andere Menschen traten eher als potentielle Bedrohung der eigenen Freiheit in den Blick denn als deren Ermöglichung (vgl. Kap. 5.1.1; Kap. 8.1.2, S. 202). Erst später, nämlich in der *Dialogphilosophie*, wurde auf letzteres Moment das Augenmerk gerichtet. So betont Martin Buber die Priorität des Schöpferischen in der *Begegnung*: »Der Mensch wird am Du zum Ich« (Buber 1923/1983, S. 36). »Das Beziehungsstreben ist das erste, die aufgewölbte Hand, in die sich das Gegenüber schmiegt« (ebd.). Dieses dialogphilosophische Moment muss auch bei den Ausführungen Kants zur *Autonomie*entwicklung mitbedacht werden.

2. *Negativ* formuliert zielt Erziehung auf die *Beendigung von äußerer Autorität* ab. D. h. u. a., dass entstehende autoritäre, aber auch Laissez-faire-Tendenzen identifiziert und möglichst eliminiert werden müssen, so wie es Thomas Gordon schon in den 1970er Jahren forderte:

> »Seit Jahren wird diskutiert, ob Schulen [...] autoritär oder antiautoritär sein sollen. Unser Kursus beendet die Kontroverse [...] [und wird] klarmachen, dass beide Handlungen, gleich unter welchem Etikett, ›Sieg/Niederlage‹-Einstellungen sind und auf Macht basieren. Diejenigen, die Strenge, Autorität, Reglementierung usw. befürworten, wollen Jugendliche besitzen, sie ihren Vorstellungen anpassen und kontrollieren. Diejenigen, die eine antiautoritäre Erziehung befürworten, optieren ahnungslos für Verhältnisse, in denen Kinder ihre Macht gebrauchen.« (Gordon 1974/1989, S. 29)

Gordon schlägt den Weg einer Konfliktbewältigung durch *Familien-* oder *Lehrer-Schüler-Konferenzen* vor. Der diesem kommunikativen Ansatz entsprechende Erziehungsstil wurde zunächst als *demokratisch*, dann – unter wieder stärkerer Betonung von Grenzsetzungen – als *autoritativ* bezeichnet. *Autoritativ* meint die Entwicklung von *innerer Autorität*, denn der junge Mensch wird in seiner Denkfähigkeit nicht nur ernst genommen, sondern es ist Hauptziel dieses Stils, Einsichts- und Argumentationsfähigkeit (sowie Empathiefähigkeit) etwa durch Anwendung kooperativer Konfliktlösestrategien zu stärken. Jedoch wird auf *äußere Autorität* nicht ganz verzichtet: Reglementierungen sollen zwar zur Diskussion stehen oder transparent gemacht werden, im Falle mangelnder Einsichtigkeit oder Einsichtsfähigkeit des Kindes können sie vom Erwachsenen aber auch durchgesetzt werden. Im folgenden Abschnitt soll mit Bezug auf Kants pädagogisches Denken[7] differenziert auseinandergesetzt werden, warum Autonomieerziehung (vernünftige) äußere Grenzsetzungen verträgt.

»Wie kultiviere ich die Freiheit bei dem Zwange?«

Freiheit und (Selbst-)Beschränkung bilden nach Kant kein Gegensatzpaar: Für das, was verpflichtend zu tun ist, was Beschränkung möglicher Tätigkeiten ist, ist die Stimme der Vernunft oder des Gewissens, der *kategorische Imperativ* (vgl. Kap. 1.2.1) die Richtschnur. Für Kant ist derjenige Mensch ganz frei (oder mündig), der völlig im Einklang mit dieser *inneren Autorität* handelt, denn er

---

7 Die Ausführungen zu Kants pädagogischem Denken stützen sich vor allem auf seine Schrift *Über Pädagogik* (1803/1995). Dieser Text ist eine Zusammenstellung von Notizen Kants bzw. von Mitschriften zu seiner Vorlesung. Regelmäßig musste nämlich »von einem Professor der Philosophie den Studierenden die Pädagogik vorgetragen werden. So traf denn zuweilen auch die Reihe dieser Vorlesungen den Herrn Professor Kant« (Vorrede des Herausgebers Rink, S. 695).

ist unabhängig von den Vorgaben anderer.[8] Die Grenzsetzungen des *kategorischen Imperativs* sind in Wahrheit keine Freiheitsbedrohung, denn sie stammen aus dem Subjekt selbst, hindern es also nicht, sondern dienen seiner eigenaktiven Gestaltwerdung, seiner Selbstverwirklichung als guter Mensch (der jeder eigentlich sein will – siehe Sokrates, vgl. Kap. 1, S. 20–23).

In der Erziehungspraxis existieren jedoch auch *äußere Grenzsetzungen*. Wie beurteilt Kant sie?

Kant unterscheidet hier *Disziplinierung* vom anspruchsvolleren Ziel der *Moralisierung*. Erstere lässt sich mit äußeren Grenzsetzungen (»Zucht«), letztere mit Freiheitsgabe (»Unterweisung«) gleichsetzen. »Diese verhindert die Unarten, jene bildet die Denkungsart« (ebd., S. 740; vgl. auch das Schaubild der kantischen Rangfolge von Bildungs- und Erziehungszielen in Kap. 2.1, S. 61–62). Kant nannte die ›Zucht‹ »bloß negativ [...], Unterweisung hingegen ist der positive Teil der Erziehung« (Kant 1803/1995, S. 698), d. h., das Wesentlichste sei, den jungen Menschen »seine Freiheit fühlen« (ebd., S. 723) und »den Versuch davon machen« (Kant 1783/1993, S. 54) lassen, man könnte fast sagen, damit er auf den Geschmack der Freiheit kommt. Aufgabe *negativer Disziplinierungsmaßnahmen* kann lediglich sein, das Kind von Unsinnigem abzuhalten und Gefährliches zu verhüten. Diese sind allenfalls eine notwendige, aber keineswegs hinreichende Grundlage von Freiheitserziehung. Für sich selbst genommen halten sie das Kind im Zustand der Passivität und Abhängigkeit (= *Heteronomie*). *Positive Unterweisung* im Denken geschieht nach Kant auf argumentativ-dialogischem Weg: »Es beruht alles bei der Erziehung darauf, dass man überall die richtigen Gründe aufstelle, und den Kindern begreiflich und annehmlich mache« (Kant 1803/1995, S. 74). Soweit es möglich ist, d. h. das Kind dafür nicht noch zu klein ist, muss auch im Falle der Anwendung von Disziplinierungsmaßnahmen gleichzeitig vermittelt werden, dass diese vernünftig sind, d. h. dem Ziel dienen, das Kind »zum Gebrauche seiner eigenen Freiheit« (ebd., S. 711) zu führen. Keinesfalls darf es einfach nur zur Einhaltung von Konventionen erzogen werden: »[D]ie Vorstellung von Recht (liegt) tief in der Seele jedes, auch des zartesten Kindes, und man täte sehr wohl, statt dem Kinde zuzurufen: ›Ei, so schäme dich doch!‹ es immer auf die Frage zurück zu führen: ›Ist das auch recht?‹« (Kant 1803/1923, S. 480, Anm.). Deshalb begründen Erziehende heute ihre Regeln oft auch dann, wenn das Kind die Erklärungen noch nicht verstehen kann. *Indirekt* erfährt es dadurch nämlich die Bedeutung von Rechtfertigung und Diskussion (vgl. Kap. 1, S. 27).

---

8 An dieser Stelle scheint es angebracht, darauf hinzuweisen, dass der Begriff der *inneren Autorität* nicht mit dem *Über-Ich* Freuds verwechselt werden darf, welches nur eine Ansammlung vielfältiger relativer Normen darstellt. Die innere Autorität des *moralischen Gesetzes in mir* (Kant) ist dagegen ein allgemeiner Anspruch der *praktischen Vernunft*, den der Mensch als *kategorischen Imperativ* in sich vorfindet. Mit dieser *Urteilskraft* kann der Mensch Normen, die ihm etwa durch eine bestimmte Erziehung vermittelt wurden, im Nachhinein als interessen-, zeit- und kulturbedingt erkennen und sich von ihnen distanzieren. Der Begriff der *Mündigkeit* oder *Emanzipation* meint im Grunde nichts anderes als die Fähigkeit, zwischen solchen wandelbaren Normen und allgemeingültigen Werten zu unterscheiden und entsprechend zu handeln (vgl. Kap. 1.2.3).

In dieser letzten Frage, die zu eigenständiger Reflexion, Empathie und Dialog auffordert, hat Kant im Grunde das Programm einer schulischen Wertebildung zusammengefasst. Es basiert auf der Einsicht, dass ethisches Urteils- und Handlungsvermögen sich letztlich nur von innen her entwickeln kann, nicht von außen an den jungen Menschen herantragen lässt.

Die Paradoxie von Freiheit und Grenzsetzungen in der Erziehung bringt Kant in der bekannten knappen Frage »*Wie kultiviere ich die Freiheit bei dem Zwange?*« (Kant 1803/1995, S. 711) auf den Punkt. Dass der junge Mensch auf seinem Weg zur Freiheit Grenzsetzungen erfährt, liegt an seinem noch eingeschränkten Verstehenshorizont. Für Grenzsetzungen gibt es zwei – realitätsbezogene – gute Gründe: Zum einen würde der noch Unmündige Verletzungen der Menschenwürde begehen, die auf jeden Fall zu vermeiden sind, zum anderen wird das Kind nach Kant freie Selbstverantwortung nur über die Erfahrung von (natürlichem) Widerstand lernen. Die Erfahrung von Grenzen ist eine notwendige Voraussetzung für das Einsetzen von Reflexion auf das eigene nicht wirklichkeitsgerechte Verhalten, was die Bedingung für den besseren Gebrauch der eigenen Freiheit ist. Kant drückt dies in einem Bild aus:

> »Ein Baum aber, der auf dem Felde allein steht, wächst krumm, und breitet seine Äste weit aus; ein Baum hingegen, der mitten im Walde steht, wächst, weil die Bäume neben ihm, ihm widerstehen, gerade auf, und sucht Luft und Sonne über sich.« (Ebd., S. 705)

*Autonomie*erziehung bedeutet also nicht, dass Kinder keine Grenzen kennen lernen sollten – das wäre Willkür oder, modern gesprochen, *laissez-faire*. Wahre Freiheit, die für Kant wie schon für Sokrates von Willkür oder Beliebigkeit zu unterscheiden ist (vgl. S. 47) erlangt der Mensch nur, wenn er lernt, die berechtigten Bedürfnisse anderer wahrzunehmen und eigenen egoistischen Tendenzen selbstkritisch gegenüberzustehen. Grenzen zu setzen heißt für den Erziehenden in erster Linie, dass er wichtige Erfahrungen mit Dingen, Pflanzen, Tieren und Menschen ermöglicht, nötige Anleitungen dabei nicht verweigert und (noch) ungeeignete Erfahrungsräume ausschließt. Auf *präventivem* Wege versucht er z. B., durch *Dialog* den Respekt vor dem Wert oder der Würde von Dingen und Lebewesen wachzurufen. Funktioniert dies nicht und mangelt es einem Kind oder Jugendlichen an Einfühlungs- und Erkenntnisvermögen, reagieren der Erwachsene, aber z. B. auch die anderen Mitglieder der Klassen- und Schulgemeinschaft *interventiv*. Sie fungieren quasi als Stellvertreter der fehlenden *inneren Autorität* und ersetzen diese vorläufig durch *äußere*: Sie achten auf Regeleinhaltungen, d. h., sie erlauben dem Einzelnen keine Wertverletzungen bzw. sanktionieren diese, damit kein Wiederholungsfall auftritt. All dies sind sinnvolle äußere Grenzsetzungen. Ihre Vernünftigkeit zeigt sich vor allem darin, dass sie begründbar sind. So versucht der Erziehende, Beschränkungen trotz ihrer Unverhandelbarkeit zu erklären: Er eruiert auch Verhaltenshintergründe und Motive der Kinder und Jugendlichen und setzt sich mit ihnen argumentativ auseinander.

Ein Zeichen dafür, dass die Grenzziehungen des Erziehers gerechtfertigt sind, sieht Kant darin, dass das Kind zu einem »für vernünftig und gut erkannten Willen eines Führers« (ebd., S. 741) Zutrauen gewinnen kann und aus freien Stücken folgt. »Dieser freiwillige Gehorsam ist sehr wichtig« (ebd.,

S. 741). Seine Spanne sei jedoch begrenzt: Sie dauere nur bis »zu der Zeit, da die Natur den Menschen bestimmt hat, sich selbst zu führen; [...] ohngefähr bis zu dem sechzehnten Jahre« (ebd., S. 710). Die Einsicht in die »Pflicht als Kind« müsse dann abgelöst werden durch diejenige in die »Pflicht als Mensch« (ebd., S. 742). In dem Maße, in dem der junge Mensch eigene Urteilsfähigkeit entwickelt, machen Grenzsetzungen sich überflüssig und wandelt sich *Erziehung* zu einer *Beziehung*. Das Lehrer-Schüler-Hierarchiegefälle wird aufgelöst und ersetzt durch das Gespräch zwischen gleichberechtigten Partnern.

Anzumerken bleibt, dass Kant *Belohnung* und *Bestrafung* als Dressur-Methoden, die er als Kind am eigenen Leib mit »Schrecken und Bangigkeit« (Malter 1990, S. 95) erlebte und die er als Erwachsener in der damaligen Gesellschaft tagtäglich beobachten musste, mit emotionaler Heftigkeit ablehnt. Sanktionen trachten danach, moralische Inhalte *von außen zu vermitteln*, ohne jedoch die »Tiefenstrukturen, die moralisches Handeln tragen« (Oser 2001, S. 71), zu tangieren.

> **Kants sarkastische Äußerungen gegen eine das selbstständige Denken hemmende *Gehorsams- und Anpassungserziehung***
>
> »Der Mensch kann entweder bloß dressiert, abgerichtet, mechanisch unterwiesen oder würklich aufgeklärt werden. Man dressiert Hunde, Pferde, und man kann auch Menschen dressieren. [...] Mit dem Dressieren aber ist es noch nicht ausgerichtet, sondern es kommt vorzüglich darauf an, dass Kinder *denken* lernen.« (Kant 1803/1995, S. 707)
>
> »Bestraft man das Kind aber, wenn es Böses tut, und belohnt es, wenn es Gutes tut, so tut es Gutes, um es gut zu haben. Kommt es nachher in die Welt, wo es nicht so zugeht, wo es Gutes tun kann, ohne eine Belohnung, und Böses, ohne Strafe zu empfangen: so wird aus ihm ein Mensch, der nur sieht, wie er gut in der Welt fortkommen kann, und gut oder böse ist, je nachdem er es am zuträglichsten findet. [...] Wenn man Moralität gründen will: so muss man nicht strafen.« (Ebd., S. 740)
>
> Wer bei Kindern »den Eigenwillen [...] brechen« (ebd., S. 723) will, erzeuge »eine sklavische Denkungsart«, eine Gewöhnung an »Verstellung und Falschheit« (ebd., S. 740). Eine solche Erziehung sei schlichtweg »grausam« (ebd., S. 723).
>
> In seiner berühmten Schrift *Was ist Aufklärung?* kritisiert Kant »Vormünder, die die Oberaufsicht [...] gütigst auf sich genommen haben« und, »[n]achdem sie ihr Hausvieh zuerst dumm gemacht haben, [...] sorgfältig verhüteten, dass diese ruhigen Geschöpfe ja keinen Schritt außer dem Gängelwagen, darin sie sie einsperreten, wagen durften« (Kant 1783/1993, S. 53–54).

Kants aus der Mode gekommene Begriff des *Zwanges* wird heute besser mit dem Ausdruck *Grenzsetzungen* statt *Sanktionierung* wiedergegeben, da er sonst leicht als Gewaltanwendung des stärkeren Erwachsenen gegen das schwächere Kind missverstanden wird. Mit *Zwang* hatte Kant nach dem Vorbild Rousseaus vor allem natürliche Grenzen, also den »Zwang der Verhältnisse« vor Augen (vgl. dazu auch Steinherr 2012). Solcher *Zwang* zielt auf Einsicht, *Sanktionen* dagegen auf Angsterzeugung.

In Kants Nachfolge entwickelte sich ein modernes Erziehungsdenken, das ganz auf *kommunikative Konfliktbewältigung* setzt. Für Heitger z. B. ist der *Dialog* Herzstück einer *Erziehung zur Selbstbestimmung*. Hier *herrschen* weder Lehrende noch Schülerinnen und Schüler, sondern der zur Begründung und damit zur *Selbstbestimmung* auffordernde *Logos*. Beeindruckend kompromisslos wendet Heitger sich – ganz im kantischen Geist – gegen Beeinflussungsstrategien:

»Sanktionen und Privilegien [...] können keine erzieherische Valenz beanspruchen. Mit dem Einsatz von Sanktionen oder Privilegien appelliert man an die unfreimachende Unterwerfung unter das Kalkül des größten Lustgewinns. Das mag zu klug abwägendem Verhalten führen, zur berechnenden Wahrnehmung des eigenen Vorteils, vermag die Absicht der Erziehung aber wohl kaum zu fördern.« (Heitger 2004, S. 179)

Die Entwicklung von Empathie- und Reflexionsfähigkeit

An der bisherigen kommunikativ ausgerichteten Werteerziehung wurde oft kritisiert, dass sie die Äußerung von Gefühlen und die Entwicklung von Empathievermögen weitestgehend unberücksichtigt gelassen habe. So warf man den Dilemma-Diskussionen Kohlbergs vor, zu stark an der Vernunftethik Kants ausgerichtet zu sein (vgl. in Kap. 2.2.2 den ersten Kritikpunkt am Stufenmodell Kohlbergs). Eine Richtigstellung erscheint mir hier angebracht. Die so genannte Vernunft- oder Pflichtethik schätzt nämlich die Fähigkeit, Mitgefühl zu empfinden, keineswegs gering ein. Zwar wies Kant darauf hin, dass man auf Emotionen keinen direkten willentlichen Zugriff hat, weshalb es keine Verpflichtung geben kann, *Empathie (Mitleid)* zu empfinden, wie z. B. die Pflicht besteht, zu helfen, *gerecht* zu sein. Nach Kant besteht jedoch durchaus die »indirekte Pflicht, die mitleidige[n] natürliche[n] [...] Gefühle in uns zu kultivieren, und sie [...] zu benutzen [und] dem schmerzhaften Mitgefühl [...] nicht [...] auszuweichen; weil dieses doch einer der in uns von der Natur gelegten Antriebe ist, dasjenige zu tun, was die Pflichtvorstellung für sich allein nicht ausrichten würde« (Kant 1797/1993, S. 595; vgl. auch Kap. 5.1.2). Eine Unterscheidung von Gefühls- und Vernunftethik ist also nicht im Sinne Kants, wie auch Gefühle das Vernunftprinzip nicht in Frage stellen können, denn zwischen humanen, konstruktiven und inhumanen, destruktiven Gefühlen lässt sich nur durch rationale Überlegungen unterscheiden. Dies kann auch an die Adresse der *Antipädagogik* gesagt werden, die *authentische Gefühle* statt der Vernunft zur Richtschnur erklären will (vgl. Kap. 1.1.3). Wenn moderne Freiheits- oder Mündigkeitserziehung mehr auf ganzheitliche Werteerziehung setzt, die die Entwicklung von *Empathie-* und *Reflexionsfähigkeit* gleichermaßen berücksichtigt, geschieht dies also *nicht* in Absetzung von Kant. Sie basiert auf einem Grundsatz, der ganz der Erkenntnistheorie Kants entspricht, nämlich, dass Erfahrungen eine notwendige, jedoch noch nicht hinreichende Grundlage von Einsicht sind. Weitgehend unbewusste individuelle Werte, die jeder Teilnehmende schon mitbringt, müssen explizit gemacht und überprüft werden. Ziel der unterrichtlichen Diskussion ist ggf. die Modifizierung der ethischen Weltanschauung Einzelner durch Bewusstmachung, Ausdifferenzierung, Bestätigung oder Korrektur ihrer Wertvorstellungen (vgl. Kap. 1, S. 17–18).

1.2.3 Die Unterscheidung von (Grund-)Werten und Normen als Ziel der Werteerziehung

Deutlich wurde bis jetzt, dass *autoritative* Erziehung sich an dem *allgemeingültigen (Grund-)*Wert der *Autonomie* ausrichtet, der in oder mittels der Vernunft *auffindbar* ist, und dass dieser die Richtschnur für Lehrende abgibt, damit sie nicht in den *autoritären* oder *Laissez-faire-Stil* abgleiten.

In diesem Kapitel soll darauf hingewiesen werden, dass nicht nur Lehrende, sondern auch Schülerinnen und Schüler im Rahmen ihrer Autonomieentwicklung einen von der Vernunft bestimmten Balanceakt zu vollziehen haben, wenn sie versuchen, den wesentlichen, d. h. *zeitüberhobenen und kulturübergreifenden* Gehalt von Werten *aufzufinden*. Dieser Balanceakt, die *Unterscheidung von allgemeingültigen (Grund-)Werten* und *Normen*, welche nur in bestimmten historisch-kulturellen Kontexten (oder auch nur individuell) gelten, wurde als *Ziel* einer schulischen Wertebildung bisher nur indirekt deutlich. Genauer ergeben sich aus dieser Unterscheidung zwei Einzelziele:

- Zum einen zielt das Verstehen *allgemeingültiger (Grund-)Werte* auf die Entwicklung von *Autonomie*:

    »Es geht in der Erziehung nicht primär um die *Werte* der Gesellschaft [nach obiger Unterscheidung sind *Normen* gemeint, Anm. E. St.], sondern um die *Würde* des Menschen. Zu Recht ist darauf verwiesen worden, dass das Ziel der Erziehung keineswegs ist, bloß bestimmte Werte, die hinsichtlich ihrer gesellschaftlichen Realisierung mehr oder weniger kontingent sind, zu vermitteln.« (Oelkers & Lehmann 1990, S. 37)

- Zum anderen gibt es in vielen Lehrplänen aller Schularten und in mehreren Fächern *Normen*kritik, Kritik an Rollenklischees als Thema. Auch dies lässt sich eigentlich nur im Rahmen einer Werteerziehung, die zwischen *Grundwerten und Normen unterscheidet*, leisten. Normen werden oft als Beschränkung persönlicher Freiheiten erfahren und müssen deshalb auf ihren Sinngehalt hin überprüft und ggf. kritisiert werden. Sie sind konkreter als Grundwerte und richten das Handeln auf die Anforderungen der jeweiligen geschichtlich bedingten Gesellschaft aus. Wandelt sich die Gesellschaft, sind auch die Normen revidierbar (und umgekehrt).

Die *Unterscheidung von Werten und Normen* als Ziel einer schulischen Wertebildung deckt sich mit der philosophischen Tradition, die zwei Dimensionen des Gewissens unterscheidet: das *Ur- oder Prinzipiengewissen* und das *Normen- oder Situationsgewissen*.

»Gleichsam vertikal trifft uns der Anspruch zur Entschiedenheit für das Gute. Man könnte ihn in den Imperativ fassen: Tu das Gute, meide das Böse! [...]
Tatsächlich aber haben wir es nie mit der puren Vertikalen zu tun. Die Entscheidung fällt stets in bestimmten Situationen. Die Vertikale begegnet in horizontaler Konkretheit. [...] Während das Urgewissen, die *Synderesis*, eine Grund-Einstellung verkörpert, ähnlich dem Nicht-Widerspruchs-Prinzip im Theoretischen, ist das Situations [...]-Gewissen kulturell bedingt, durch gesellschaftliche Vorgaben und Erziehung geprägt. Hier ist darum auch mit Verkürzungen, Fehlsichten und dergleichen zu rechnen. Zu korrigieren sind die aber aus dem Rückgriff auf die unfehlbare Grundeinsicht im Urgewissen.

Das Urgewissen ist, wie das Nicht-Widerspruchs-Prinzip, zeitüberhoben und kulturübergreifend.« (Splett 2011, S. 65)

Ziel einer *Werteerziehung* oder *-bildung* ist der Gewinn eines möglichst *autoritätsunabhängigen ethischen Bewusstseins*, d. h. die Annäherung an die *dritte Reflexionsstufe der Mündigkeitserziehung* (vgl. Kap. 1, S. 24–25), was eine Auseinandersetzung mit auftauchenden wertrelativistischen Fragen der *zweiten Stufe* einschließt. Die Fähigkeit zur Unterscheidung der *Seins- und der Sollens-Ebene* ist auf der *zweiten und dritten Stufe* der Mündigkeitserziehung anzusiedeln, denn diese haben eine Abkehr vom naiven Glauben an den Ist-Zustand als vermeintlichen Soll-Zustand auf der *ersten Stufe* zur Voraussetzung. Es entspricht intellektueller Redlichkeit, die Seins- und die Sollens-Ebene einer Thematik in der Schule zu trennen (vgl. Kap. 1, S. 28–29). Schülerinnen und Schüler lernen dabei, zwischen *den drei Ebenen* von *Beobachtung* (Wer? Was? Wie? Wo?) und *Interpretation* (Warum? Wozu?) sowie *begründender Beurteilung* (Gut oder schlecht und wieso?) zu trennen, ohne ersterem ausschließlich das Attribut *objektiv*, letzterem das Attribut *subjektiv* zuzuschreiben (vgl. Kiel 2001; 2012, S. 11–13; vgl. auch Kap. 2.1.2, S. 69). Werteerziehung vor dem Hintergrund einer universalistischen Ethik soll intellektuell dazu herausfordern, für die Unterscheidung von beständigen *Grundwerten* und zeit- und kulturbedingten *Normen*, für Objektives und Subjektives Urteilskraft zu entwickeln (Stufe 3). Es trägt zur Entwicklung selbstständigen Denkvermögens bei, wenn Schülerinnen und Schüler auf Argumenten beruhende Entscheidungen darüber zu fällen versuchen, was objektiv bzw. was nur subjektiv gültig ist und dadurch sensibler für den Unterschied zwischen *kategorischen* und *hypothetischen Imperativen* (Kant; vgl. Kap. 1.2.1) werden.

Während relativistische Positionen die Diskussionsfreude eher sinken lassen (»Geäußert werden können nur subjektive Meinungen.« »Wir können nur hypothetisch-revidierbare Sätze bilden.« »Es geht um die Artikulation persönlicher Interessen.«), stellt die Prämisse *Es gibt universalisierbare Werte, die von uns aufgefunden, geklärt und von zeitbedingten Normen abgehoben werden können* einen echten intellektuellen Anreiz dar, der ›gesprächsbefeuernd‹ wirkt. Die Teilnehmenden gelangen in eine »Offenheit der redlichen Wahrheitssuche« (Gerl 1993, S. 76) und dürfen davon ausgehen, dass es möglich ist, sich wirklich in den anderen hineinzuversetzen. Sie übernehmen die »Aufgabe [...], den Menschen an seiner absoluten Würde zu messen – und nicht mit dem Maß der Parteidoktrin, des Zweckes, der für das Individuum tödlichen Ideologien« (ebd.).

Ähnlich entkräftet Heitger den postmodernen Vorwurf, die Annahme verbindlicher Prinzipien würde dem Menschen die freie Entscheidung nehmen, mit dem Begriff der *Normativität*, die im Sinne Kants als *regulatives Prinzip* betrachtet werden müsse, d.h. nicht als Katalog normativer Festlegungen, sondern eher als Ebene der Voraussetzung für mögliche Normsetzungen. Prinzipien lassen »Platz für die unendlich vielen Möglichkeiten konkreten Menschentums, ohne die Orientierung zu verweigern« (Heitger 2004, S. 185). Ohne Orientierung an einem regulativen Prinzip drohe *Heteronomie*, die Indienstnahme der Pädagogik durch politisch-wirtschaftliche Mächte, die den Menschen zu allen möglichen Zwecken (miss-)brauchen, doch der Mensch »unterscheidet sich von der ganzen Natur eben dadurch, dass er ein zwecksetzendes Wesen ist« (Heitger 2004, S. 179).

> »Pädagogische Führung muss entschieden sein, ohne zu zwingen; sie soll Falsches und Unrechtes beim Namen nennen, ohne zu bevormunden; sie soll werten und urteilen, ohne zu verletzen und zu verurteilen. Sie soll fordern, ohne zu herrschen, sie muss das Sollen zur Geltung bringen, ohne ›normativ‹ zu sein.« (Heitger 2004, S. 179)

Als *regulative Prinzipien* können *Liebe als Grundlage aller Werte* (Kap. 3), *Freundschaft* (Kap. 4), *Empathie* (Kap. 5), *Gerechtigkeit* (Kap. 6), *Toleranz* (Kap. 7), *Dankbarkeit* (Kap. 8) sowie *Heiterkeit* und *Humor* (Kap. 9) gelten. In Werteerziehungs-Gesprächen sprechen Schülerinnen und Schüler über konkrete Verwirklichungsmöglichkeiten dieser Ideale. Sie entwerfen so einen *Möglichkeitsraum*, einen *Ideenpool ethischer Handlungen*, die nicht einmal Gleichrangigkeit beanspruchen müssen, um akzeptabel zu sein. Gleichzeitig sollen ethisch inakzeptable Zwecksetzungen – *autoritär-fundamentalistische* auf der einen, *antiautoritär-beliebige* auf der anderen Seite –, die sich außerhalb des Pool-Rahmens befinden, klar von ihnen identifiziert werden.

1.2.4 Leistet die Annahme *allgemeingültiger* Werte einem *Kulturimperialismus* Vorschub?

Einer unhinterfragten Weitergabe von Traditionen ist spätestens dann ein Ende gesetzt, wenn die Erfahrung eines Pluralismus von Werten und Normen gemacht wird. Treffen unterschiedliche Wertvorstellungen aufeinander, können diese als fruchtbarer Moment für eine argumentative Auseinandersetzung genutzt werden. Die Irritation, die durch die Konfrontation mit dem Fremden entsteht, ist also positiv zu sehen, denn sie löst im gelingenden Fall nicht Krieg, sondern ein Nachdenken aus, das als Freiheitsgewinn zu betrachten ist. Als in der Menschheitsgeschichte auf solche Weise ein höherer Abstraktionsgrad des Denkens erreicht wurde, war die Herausbildung *universalistischer* Ethiken möglich (vgl. Hösle 1997, S. 146–147). Entsprechend weist Spaemann darauf hin, dass die Initialzündung der griechischen Philosophie im 5. Jahrhundert v. Chr. das Zusammentreffen der Griechen mit Kulturen wie etwa den Skythen war, die ganz andere Lebensformen hatten (vgl. Kap. 1, S. 28):

1 Ist eine Wertebildung nur Ausdruck des relativen Kontextes?

»Die Griechen [...] begnügten sich nun nicht einfach damit, diese Sitten schlicht absurd, verächtlich oder primitiv zu finden, sondern einige von ihnen, die Philosophen, begannen nach einem Maßstab zu suchen, an dem man [...] verschiedene Normensysteme messen kann. [...] [So lässt sich feststellen], dass die Suche nach einem allgemeingültigen Maßstab [...] aus der Beobachtung der Verschiedenheit moralischer Normensysteme hervorgeht.« (Spaemann 2009, S. 14)

Auch auf die Frage, wie beim Kontakt unterschiedlicher Völker ein Kulturimperialismus verhindert werden kann, muss mit der *Unterscheidung feststehender Grundwerte und kulturell unterschiedlicher Normen* geantwortet werden. Die *Einigung auf Grundwerte* ist trotz oder wegen aller kulturellen Differenzen wichtig für das Führen interkultureller und innergesellschaftlicher Diskussionen.

»Wir erwarten für gewöhnlich, dass eine Verständigung über Moral zwischen den Mitgliedern verschiedener Gesellschaften möglich sein sollte und dass wir uns im Prinzip auch in interkulturellen Beziehungen auf verbindliche Regeln einigen können – auf Regeln also, die nicht von der jeweiligen Gruppenmoral abhängen, sondern über jede Gruppenmoral hinausgehen.« (Kesselring 2012, S. 28)

»Auch in pluralistischen Gesellschaften herrscht [...] keine grenzenlose Beliebigkeit. Es lassen sich im Gegenteil zahlreiche Beispiele von Haltungen nennen, die in zeitgenössischen Gesellschaften von einer Mehrheit von Menschen, vielleicht von praktisch allen, wertgeschätzt sind, wie etwa Toleranz, Zivilcourage [...] oder – ein etwas zeitloserer Wert – Humor.« (Kesselring 2012, S. 56)

Sich über solche kulturübergreifenden *Grundwerte* oder *Tugenden* zu verständigen, ist Ziel einer Erziehung zur *Demokratie*, denn

»das friedliche Miteinander der verschiedenartigen Auffassungen und Verhaltensweisen kann immer bedroht werden und bedarf darum immer der Besinnung auf die unbestrittenen gemeinsamen Grundlagen. Eine solche Besinnung hat aber immer die Form der Suche nach der Wahrheit, denn die bloße Konvention, die bloße Dezision kann nur eine vorübergehende Basis sein, sofern sie nicht auf einer tieferen Grundlage ruht, die von sich her Zustimmung verlangt – und dies ist die Wahrheit.« (Schöndorf 2009, S. 133)

Der Gerechtigkeitstheoretiker John Rawls (1921–2002) unterscheidet in seinem Buch *Das Recht der Völker* (1999/2002) *liberale* und *achtbare* Völker, im Gegensatz zu *geächteten* Völkern (»Schurkenstaaten«). Westliche Demokratien fallen unter die *liberalen* Völker. Rawls möchte zeigen, dass es Völker mit anderen politischen Systemen gibt, die von westlichen Demokratien respektiert und toleriert werden sollten – die so genannten *achtbaren* Völker. Auf aktive Eingriffe von außen, um ihr politisches System zu ändern, etwa politische oder wirtschaftliche Sanktionen oder gar militärische Interventionen sollte bei diesen verzichtet werden. Um *achtbar* zu sein, müssen Völker jedoch bestimmte Bedingungen einhalten. Dazu gehören die Einhaltung der Menschenrechte – zumindest in ihrem Zentralbestand – und die Verfolgung außenpolitischer Ziele mit friedlichen Mitteln (z. B. keine expansionistischen Tendenzen; kein Versuch, die eigene Religion mit Waffengewalt zu verbreiten). Als Beispiel eines *achtbaren* Volkes entwirft Rawls das idealisierte Bild eines hierarchisch organisierten islamischen Staates namens *Kazanistan*. Das Personenverständnis ist dort anti-individualistisch, d. h., die Mitwirkung an der politischen Willensbildung erfolgt über Gruppen, die verschiedenes Gewicht haben. Der Einzelne versteht sich mehr als Teil eines Ganzen, als Glied einer Kette denn als Individuum. Einsatz für das Ganze, Pflege der Traditionen und Ahnenverehrung stehen eher im Vordergrund als persönlicher *Autonomie*gewinn – bzw. *Freiheit* wird mehr in ihrem Zusammenhang mit der *Fürsorge für andere* gesehen (vgl. Kap. 1.2.2, S. 47). Gegenüber einem allzu selbstbewussten (europäischen) *Ethnozentrismus* wird von *achtbaren* Ländern etwa vorgebracht, dass viele wichtige Interessen nicht einfach auf die Interessen atomistisch verstandener Individuen zurückgeführt werden könnten, sondern nur in ihrer Einbindung in Gruppen zum Tragen kämen. Westliche Demokratien stehen in der Gefahr eines ungebremsten Individualismus und grenzenlosen Wandels, der sie zerfallen und inhuman werden lasse. Kesselring gibt ein schönes Beispiel für kulturelle Differenzen, die Normen der westlichen Welt in Frage stellen:

> »Heute, in der spätkapitalistischen Moderne, stehen Anpassungsfähigkeit und Flexibilität hoch im Kurs. Rasch zu Reichtum zu kommen, gilt in modernen Gesellschaften als ein Zeichen der Tüchtigkeit, in den meisten traditionellen Gesellschaften Afrikas hingegen als Indiz für eine unsoziale Haltung.« (Kesselring 2012, S. 55)

Im Hintergrund der Rawls'schen Theorie weitestgehender Nicht-Einmischung steht der noch aus der Aufklärung stammende *Fortschrittsoptimismus*, Staaten würden sich auf evolutivem Weg demokratisieren und den Menschen zunehmend individuelle Freiheiten gewähren, vor allem, wenn ihnen Respekt entgegengebracht werde. Die Hoffnung, dass achtbare Staaten reformfähig sind, hat sich leider nicht unbedingt erfüllt. Als Rawls kurz nach der Jahrtausendwende starb, war noch nicht abzusehen, dass die weltpolitische Situation sich in Richtung eines zunehmend aggressiver werdenden Extremismus entwickeln würde. Global hat sich die Menschenrechts-Situation verschlechtert (nach Auskunft von *Amnesty International* z. B. signifikant für das Jahr 2016). Wie ist das zu erklären? Mit Rawls kann man kritisieren, dass sich Radikalisierung auch darauf zurückführen lässt, dass liberale Völker manchem Staat zu wenig Selbstachtung ermöglichen, indem sie ihn zu Unrecht als »von untergeordnetem Status« behandeln. Wichtigster Faktor ist sicher, dass liberale Völker sich zu wenig in der Pflicht sehen, präventiv und interventiv humanitäre Hilfe zu leisten. Ihre Nicht-Einmischung kann auch insofern zu weit gehen, als zu geringe Anforderungen gestellt werden, was die Einhaltung von Menschenrechten betrifft. Menschenrechtsverletzungen werden in den westlichen Ländern oft unterschätzt, etwa der soziale Druck, den Gruppen auf ihre Mitglieder – z. B. in bestimmten asiatischen Ländern – ausüben (zur Darstellung von Rawls' *Theorie der Gerechtigkeit* (1971/1979) vgl. Kap. 6 *Gerechtigkeit* und Kap. 7 *Toleranz*).

1.2.5 Die Unterscheidung von (Grund-)Werten und Normen als Ziel der interkulturellen Werteerziehung

Die Globalisierung und multikulturelle, pluralistische Gesellschaften verlangen heute mit immer größer werdender Dringlichkeit die Fähigkeit, zwischen unveränderlichen, für alle verbindlichen *Grundwerten* und variablen *Normen* zu unterscheiden. Was unantastbarer Grundwert und was geschichtlich-kulturell wandelbare Norm ist, ist allerdings oft schwierig festzustellen und bedarf der (auch schulischen) Diskussion.

Ein *erstes* Gelingen einer interkulturellen Werteerziehung stellt es dar, wenn *Kontrasterfahrungen* weder zur *Abwertung* noch zur *Vereinnahmung* des Fremden führen, sondern eine Korrektur des Selbstbildes herausfordern (*multikulturelles Lernen*). Sie können dazu dienen, einen Verstehensprozess in Gang zu setzen, der eine individuelle und kulturelle Selbstreflexion miteinschließt und die bisherigen eigenen ›Selbstverständlichkeiten‹ in Frage stellt. Um ein einfaches Beispiel zum obigen Zitat zu geben: Ein Reicher sollte sich fragen, ob er, statt vor allem tüchtig zu sein, sich seiner eigenen Privilegien nicht genügend bewusst ist und zu wenig zu sozialer Gerechtigkeit beiträgt; ein Armer hingegen, ob er zu wenig Eigenaktivität entwickelt, um sich selbst zu helfen.

Ein *zweites* Gelingen findet statt, wenn der Wahrnehmung interkultureller Differenz eine Suche nach Einheit stiftenden Momenten folgt, und dabei erkannt wird: »Die verschiedenen Lebensstile auf diesem Planeten sind gar nicht so sehr voneinander unterschieden, sondern haben eine Menge Gemeinsamkeiten, die nicht regional oder an einen bestimmten Kulturraum gebunden sind« (Kiel 1997, S. 10). So gibt es im Zusammentreffen von Kulturen nicht nur Verschiedenheiten, sondern auch Anschlussmöglichkeiten (*transkulturelles Lernen*). Auch innerschulische Verständigungsprozesse können dazu dienen, nicht nur Unterschiede, sondern auch kulturübergreifende Gemeinsamkeiten aufzudecken und Gesprächspartner dadurch einander näherzubringen.

2 Führt Werteerziehung zu verantwortungsvollem Handeln?

In diesem zweiten einleitenden Kapitel soll ein weiterer wichtiger Einwand gegen eine schulische Wertebildung behandelt werden, nämlich derjenige der Infragestellung des Zusammenhangs zwischen *Denken und Handeln*. Können Wertklärungen überhaupt eine Verbesserung der ethischen Handlungsfähigkeit bewirken? Das klassische deutsche Bildungsideal war hier von einem Aufklärungsoptimismus geprägt, der vor allem durch die Erfahrung des Nationalsozialismus stark gedämpft wurde oder ganz verloren ging. Eine positive Beziehung zwischen *Theorie* und *Praxis* muss jedoch zumindest denkbar sein, sonst kann der Anspruch einer schulischen Werteerziehung nicht erfüllt werden.

2.1 Der Mensch als Einheit von Wissen, ethischer Urteilsfähigkeit und Verantwortungsübernahme

> »Obwohl Oblomow seine Jugend im Kreise der alles wissenden Jugend verbracht hatte, die längst schon alle Lebensfragen löste, an nichts mehr glaubte und alles kalt und weise analysierte, brannte noch in seiner Seele der Glaube an Freundschaft, an Liebe, an Menschenehre, und wie oft er sich auch in den Menschen geirrt, wie sehr sein Herz auch gelitten haben mochte, so war doch das Fundament der Tugend und des Glaubens nie in ihm erschüttert worden.« (Gontscharow 1859/2009, 2. Teil, Kap. XI, S. 381)

Die Textstelle des russischen Schriftstellers Iwan Gontscharow (1812–1891) macht deutlich, dass einem Menschen, der »alles weiß«, das Wesentliche fehlen kann, nämlich »der Glaube an Freundschaft, an Liebe, an Menschenehre«. Deshalb ist *Oblomow*, Protagonist des gleichnamigen Buches, dem »Kreise der alles wissenden Jugend« vorzuziehen. Zum ganzen Menschen gehören also *Wissen*, *ethische Sensibilität* und *praktische Anstrengungsbereitschaft*. Dass alle drei zusammengehören und sich gegenseitig befruchten, ist eigentlich selbstverständlich. Doch schon *Oblomow* ist ein Beispiel dafür, dass etwa *ethische Sensibilität* und *praktische Anstrengungsbereitschaft* nicht synchron laufen müssen. *Oblomow* hat zwar Tagträume über soziale Verbesserungen, ihm fehlt es aber an Anstrengungsbereitschaft. *Oblomowerei* wurde in Russland *der* Ausdruck, mit dem die Trägheit der feudalen Oberschicht charakterisiert wurde, die soziale Reformen hemmte.

Gontscharows Roman ist vom klassischen Bildungsideal geprägt. Dieses sieht Bildung als Wissen, das mit einem entwickelten Wertebewusstsein einhergeht, welches zu einem verantwortlichen Handeln führt.

»Bei der Bildung verbindet sich beim Menschen Wissen mit Haltung und Verhalten. Wissen allein macht noch nicht Bildung aus [...]. Haltungen erwachsen aus der kritischen Beschäftigung mit der Lebenswirklichkeit und den Anforderungen, die sich daraus für den ergeben, der sie durchschaut; sie sind grundsätzlich dem Humanen verpflichtet.« (Wiater 2013, S. 306)

Darüber, dass die Schule *Bildungs-* und nicht nur *Wissens*vermittlungsinstitution ist, bestand und besteht weitgehend Konsens. *Wissen* ist für eine *ethisch sensible Urteilsbildung* unabdingbar, die wiederum Voraussetzung für *verantwortungsvolles Handeln* ist. Es ergibt sich also eine aufsteigende Linie vom *Wissen* über das *Urteil* bis zur *Verantwortungsübernahme*. Auf das Ziel, das *Handeln aus einer ethischen Haltung heraus*, kommt es an, könnte man sagen. Hierüber sind sich viele klassische und moderne Pädagogen von Sokrates über Immanuel Kant und Johann Friedrich Herbart (1776–1841) bis Heinrich Roth (1906–1983) einig.[9] Der Wille zum Guten führt zum Streben nach weiterem Wissen, um möglichst sachadäquat handeln zu können, ganz im Sinne Bettine von Arnims Spruch: *Wer liebt, lernt wissen, das Wissen lehrt Liebe.* Dass kindlicher Eifer hier nicht – wie in *Oblomows* Jugend – erstickt wird, sondern sich entfalten kann, ist Aufgabe von Bildung und Erziehung. Es macht den Anspruch des Lehrberufs aus, nicht nur eine reine Wissensvermittlung, sondern vor allem eine gelingende Werteerziehung zu sein.

Mit einem sokratischen Gedankenexperiment kann man auf die Wichtigkeit einer *ethisch* verstandenen Bildung aufmerksam machen und gleichzeitig Kritik an einer gesellschaftlichen Bildungspolitik üben, die den Schwerpunkt auf nützliches Wissen und den Erwerb bestimmter erwünschter Fertigkeiten setzt:

---

9 Allerdings stellt sich die Frage, an welchen Werten seit dem Zeitalter der Aufklärung Bildung und Erziehung ausgerichtet wurden. Einerseits wurde das von Kant formulierte Erziehungsziel der *Autonomie* schon viel früher vertreten, im Prinzip schon von Sokrates. Andererseits konnte sich in den 200 Jahren nach Kant *Untertanen-Erziehung* immer wieder durchsetzen, etwa im *Kaiserreich*, im *Nationalismus* oder *Nationalsozialismus*, auch mit Duldung oder Unterstützung prominenter ›Klassiker‹ der deutschen Pädagogik. Auch kann davon ausgegangen werden, dass ein autoritativer bis demokratischer Stil die allgemeine Erziehungspraxis erst im letzten Drittel des 20. Jahrhunderts prägte. Statt Autorität und Hierarchie traten im Erziehungsverhältnis immer mehr Werte wie *Vernunft, Freiheit, Toleranz, die Wahrung der Personenwürde* im zwischenmenschlichen Umgang und das Ziel einer möglichst symmetrischen Kommunikation in den Vordergrund. Selbst wenn *Autonomie* als Erziehungsziel immer wieder durch faktische Tendenzen verdunkelt wurde, so hat es dennoch vor allem seit Kant seinen Präsenz- und Anknüpfungscharakter nie ganz verloren, was sowohl für die Formulierung von Kritik an Ist-Zuständen als auch für positive Ausblicke auf Soll-Zustände gilt.

2.1 Der Mensch als Einheit von Wissen, Urteilsfähigkeit und Verantwortungsübernahme

- Angenommen erstens, Lehrende richteten ihre Anstrengungen nur darauf, junge Menschen zu gewandten Kämpfern, erfolgreichen Organisatoren, überzeugenden Rednern oder geschickten Politikern auszubilden,
- angenommen zweitens, bei einem Schüler gelänge dies hervorragend, während ein anderer überall versagt,
- und angenommen drittens, beide wären böse Menschen: Welcher von beiden wäre gefährlicher?

Die Antwort ist: Sicher doch nicht der, der nur stümperhaft mit Waffen umgehen und chaotisch vorgehen könne, dabei verworren reden und sich so als Politiker lächerlich machen würde.

Über 2000 Jahre später entspricht die Stimme Kants ganz der des Sokrates. Wie ein moderner Bildungsplaner hält Kant einzelne Stoffgebiete für revidierbar, sie müssen den jeweiligen Erfordernissen der Zeit angepasst werden. Unabdingbar ist jedoch die Entwicklung ethischer Urteilsfähigkeit, die, wie er in der *Grundlegung zur Metaphysik der Sitten* kritisch anmerkt, vernachlässigt werde:

> »Weil man in der frühen Jugend nicht weiß, welche Zwecke uns im Leben aufstoßen dürften, so suchen Eltern vornehmlich ihre Kinder recht *vielerlei* lernen zu lassen und sorgen für die *Geschicklichkeit* im Gebrauch der Mittel zu allerlei *beliebigen* Zwecken, von deren keinem sie bestimmen können, ob er nicht etwa wirklich künftig eine Absicht ihres Zöglings werden könne, wovon es indessen doch *möglich* ist, dass er sie einmal haben möchte, und diese Sorgfalt ist so groß, dass sie darüber gemeiniglich verabsäumen, ihnen das Urteil über den Wert der Dinge, die sie sich etwa zu Zwecken machen möchten, zu bilden und zu berichtigen.« (Kant 1785/1996, S. 44)

In der abgebildeten kantischen Rangfolge der Bildungs- und Erziehungsziele (vgl. Kant 1803/1995, S. 706–707) nimmt die Entwicklung von ethischer Urteilsfähigkeit nach der *Disziplinierung*, der *Kultivierung* und der *Zivilisierung* den obersten Platz ein. Kant nennt sie *Moralisierung*. Sie ist das Ziel von *Autonomieerziehung*.

1. *Disziplinierung*: Sie sucht zu verhüten, dass das Kind sich unbesonnen in Gefahren begibt, und hindert es daran, unvernünftige Launen auszuleben.
2. *Kultivierung*: Sie verschafft dem jungen Menschen Geschicklichkeiten. Diese zu erwerben ist bei einigen auf alle Fälle gut, z. B. das Lesen und Schreiben. Einige müssen jedoch nicht von allen ausgeübt werden. Kant nennt als Beispiel das Musizieren.
3. *Zivilisierung*: Lehrende haben darauf zu sehen, dass der junge Mensch auch passende gesellschaftliche Umgangsformen entwickelt, damit er – so Kant – beliebt sei und Einfluss habe. Es fehlt auch nicht der Hinweis, dass dieses Erziehungsziel kulturabhängig ist. Es »richtet sich nach dem wandelbaren Geschmacke jedes Zeitalters. So liebte man noch vor wenigen Jahrzehenden Zeremonien im Umgange« (ebd., S. 707).
4. *Moralisierung*: Der junge Mensch muss die »Gesinnung bekommen, dass er nur lauter gute Zwecke erwähle« (ebd.). Die unbedingte Verpflichtung, ethisch zu handeln, die jeder Mensch im Gewissensanspruch erfährt, bezeichnete Kant als *kategorischen Imperativ* (vgl. Kap. 1.2.1) Ihm folgt der

> Mensch aus innerer Freiheit, zu der er erst befähigt werden bzw. sich selbst befähigen muss (= Autonomie-, Mündigkeits- oder Freiheitserziehung). Dagegen belässt Anpassungserziehung das Kind im Zustand der Unmündigkeit oder Heteronomie, indem sie es dazu zu zwingen versucht, sich nach den Wünschen oder Befehlen anderer zu richten.

»Wegen der Menge der Zwecke wird die Geschicklichkeit gewissermaßen unendlich« (ebd., S. 706). Im Bereich der *Kultivierung* kann der Mensch aus der Pluralität von Fachgebieten nach seinen subjektiven Neigungen und Interessen frei auswählen. Vielerlei Beschäftigungen sind möglich, sinnvoll und gut. Individuelle Begabungen, die sich zeigen, sollten also für die Wahl (von Schularten, Schulformen oder Fächern) ausschlaggebend sein. Im Bereich der *Moralisierung* gilt diese Beliebigkeit und Gleichrangigkeit von Entscheidungen jedoch nicht. Hier gibt es bessere und schlechtere Zielsetzungen. Bezogen auf die Schulbildung könnte man sagen: Die Wahlkurs-Freiheit an Schulen gilt *nicht* für die Ethik. Diese muss fächerübergreifendes Prinzip sein. Schülerinnen und Schüler sollen in allen unterrichtlichen Situationen nicht nur Wissen erwerben, sondern gleichzeitig dazu befähigt werden, verantwortlicher zu urteilen und zu handeln. Dies meinte Johann Friedrich Herbart mit *Erziehendem Unterricht* (1806/ 1986). Ebenso können Lehrende sich zwar entscheiden, ob sie lieber Englisch oder Biologie zu ihrem Unterrichtsfach wählen, nicht aber, ob sie zu *Werten* erziehen wollen oder nicht. Werteerziehung müsste demzufolge Grundpfeiler jeglicher Lehrerbildung sein.

2.1.1 Infragestellung des Zusammenhangs zwischen ethischen Urteilen und Handlungen

Eingangs charakterisierte ich schulische Werteerziehung als Unterstützung von Kindern und Jugendlichen bei der Herausbildung eigenverantwortlichen Handelns auf der Grundlage *einer ethischen Denkschulung* (vgl. Kap. 1, S. 9). Kann man aber nicht viel reden, ohne dass dies Konsequenzen für das Handeln hätte? Betreibt der (Ethik-)Unterricht hier vielleicht eine reine Rhetorik-Schulung? Ist es Lehrenden überhaupt möglich, durch Unterricht Verantwortungsbereitschaft bei Schülerinnen und Schülern zu stärken, oder haben Pädagogen ihre Wirksamkeit hier oft maßlos überschätzt? Schon Rousseau beanstandet, dass eine Vernunft, die sich nicht auf *Mitleid* stützt, geschickt für alle möglichen Ungerechtigkeiten argumentieren könne (vgl. Kap. 5.1.1). Zudem ist ein mit dem klassischen deutschen Bildungsideal verbundener Aufklärungsoptimismus heute in weiten Teilen verloren gegangen. Dies stellt die Erfolgsaussichten einer schulischen Werteerziehung in Frage.

Zur Frage, ob Bildung vor Unmenschlichkeit schützen kann, gibt es zwei Positionen, eine *bildungsoptimistische* und eine *-pessimistische*. Die hier zitierten Sätze Peter Bieris und Robert Spaemanns sprechen für die jeweils eine oder andere (vgl. Kesselring 2012, S. 184):

2.1 Der Mensch als Einheit von Wissen, Urteilsfähigkeit und Verantwortungsübernahme

»›Schützt Humanismus denn vor gar nichts?‹, fragte Alfred Andersch mit Blick auf Heinrich Himmler, der aus einer Familie des humanistisch *gebildeten* Bürgertums stammte. Die Antwort ist: Er schützt nur denjenigen, der die humanistischen Schriften nicht bloß konsumiert, sondern sich auf sie einlässt; [...]. Das ist ein untrügliches Kennzeichen von Bildung: dass einer Wissen nicht als bloße Ansammlung von Information, als vergnüglichen Zeitvertreib oder gesellschaftliches Dekor betrachtet, sondern als etwas, das innere Veränderung und Erweiterung bedeuten kann, die handlungswirksam wird. Das gilt nicht nur, wenn es um moralisch bedeutsame Dinge geht.« (Bieri 2005, S. 31)

»Ein gebildeter Mensch kann sehr wohl zum Verräter werden. Die innere Distanz, die ihn auszeichnet, macht ihm den Verrat sogar leichter als anderen Menschen.« (Spaemann 1994/1995, S. 36–37)

Während Bieri kulturellen Anstrengungen die Chance der Menschen- und Weltverbesserung einräumt, weist Spaemann auf ihre geradezu kontraproduktiven Auswirkungen hin. Bieri vertritt hier eher den traditionellen Bildungsbegriff, Spaemann äußert demgegenüber die skeptischen Vorbehalte der Moderne.

Zwei Erfahrungen scheinen das klassische Ziel der (Schul-)Bildung – die *Entwicklung einer bewussten ethischen Haltung* als notwendige Voraussetzung guten Handelns – in Frage zu stellen und die Kritik der Moderne an einer allzu eng gedachten Verbindung zwischen Denken und Handeln zu stützen:

1. Haben wir nicht oft den Eindruck, dass jemand moralische Erkenntnisse eloquent formulieren kann, ohne im Alltag danach zu leben? Diese Kritik lässt sich auch aus der Innenperspektive, also als Selbstkritik formulieren: Handeln wir denn selbst (überwiegend) gemäß unseren Einsichten?
2. Gibt es nicht auch ein gerechtes Handeln aus *Intuition*, das vom Handelnden oft schwer rationalisiert werden kann, für das er vielleicht sogar falsche Begründungen angibt?

Deshalb nennt schon Aristoteles die *Willensstärke*, nicht die Fähigkeit zu rationaler Überlegung als entscheidende Komponente ethischen Handelns. Entsprechend setzt Aristoteles in der Erziehung vor allem auf die *Einübung von Gewohnheiten* (vgl. das *erste Kennzeichen einer Tugend nach Aristoteles* in der Einleitung).

Die empirisch gewonnene Erkenntnis, dass höhere Urteilsformen des Kohlberg'schen Stufenmodells moralischer Entwicklung *früher* zu beobachten waren, wenn Kinder von den geschilderten Dilemmata *betroffen* sind, statt nur fiktive Situationen beurteilen zu müssen, stützt die Kritik an einer einseitig rationalen Ausrichtung der Werteerziehung. So beanstandete man an den Untersuchungen Kohlbergs, es fehle eine *emotionale Rückgebundenheit* der Diskurse an selbst beobachtete Situationen oder eigene Erlebnisse. Wichtig ist zu sehen, dass *ethische Denkschulung* hier nicht grundsätzlich in Frage gestellt wird, sondern nur deren *mangelnde Verknüpfung mit Emotionen*, mit *Empathie*, die gerade das besondere Anliegen dieses Buches ist (vgl. in Kap. 1.2.2 den dritten Abschnitt).

Noch stärker kritisieren Vertreter des *Philosophierens mit Kindern* Piaget und Kohlberg, indem sie Kindern ethische Urteils- und Handlungsfähigkeit zubilligen (vgl. z. B. Kesselring 1999, S. 228–232; Kesselring 2012, S. 75–82).

Tatsächlich lässt sich vermuten, dass die traditionelle Entwicklungspsychologie dem Fortschrittsdenken verhaftet ist, wenn sie ethische Impulse von Kindern ignoriert, die womöglich sogar manchmal ›reiner‹ sind als beim sozialisierten Erwachsenen, der Rechtfertigungsstrategien für ichbezogene Handlungen entwerfen kann. Eine Denkschulung macht dies nicht obsolet, denn zum einen werden dadurch junge Menschen in ihren intuitiven ethischen Haltungen und Verhaltensweisen bestärkt, zum anderen müssen sie lernen, immer komplexere ethische Probleme rational zu durchdringen. »Um kohärent zu handeln, müssen wir in der Lage sein, unser Verhalten zu reflektieren, und das geschieht u. a. im sprachlichen Urteil« (Kesselring 2014, S. 125). So ist die *Entwicklung einer bewussten ethischen Haltung* vielleicht nicht die Voraussetzung guten Handelns, festigt und erweitert es aber. Das Motto dieses Buches sei hier noch einmal zitiert: »Ethische Reflexion macht nicht gut; ethische Reflexion macht besser« (Höffe 1996, S. 90).

Um zu einer realistischen Einschätzung der Erfolgsaussichten einer schulischen Wertebildung zu gelangen, möchte ich einen der schärfsten Kritiker der Planbarkeit von Erfolgen durch Lehrerwirken heranziehen, nämlich den Systemtheoretiker *Niklas Luhmann* (1927–1998). Er zerstört am radikalsten die Erwartung von Bildungsplanern und Lehrpersonen, »dass bei bestimmten Aufwendungen und Bemühungen bestimmte Resultate herauskommen, wenn alles richtig läuft« (Luhmann 2004, S. 18).

Für Luhmann krankt das System Schule daran, dass hier aufgrund von Institutionalisierung pädagogische Absichten offen deklariert werden müssen, etwa durch Lehrpläne, dass eine Steuerung und Vorhersage des Outputs aber grundsätzlich nicht funktionieren kann. Für diese unausweichliche Problematik gibt Luhmann einen im unterrichtlichen Vorhaben selbst liegenden Widerspruch als Grund an: Schülerinnen und Schüler würden im Unterricht permanent und unausweichlich als *Trivialmaschinen* behandelt; sie seien jedoch *Nicht-Trivialmaschinen*. Nicht-Trivialmaschinen aber »reagieren [...] typisch selbstbestimmt und unzuverlässig. Wenn man es emphatisch ausdrücken will, könnte man auch sagen, sie reagieren frei« (ebd., S. 15).

Luhmanns Unterscheidung von *Trivial-* und *Nicht-Trivialmaschinen*

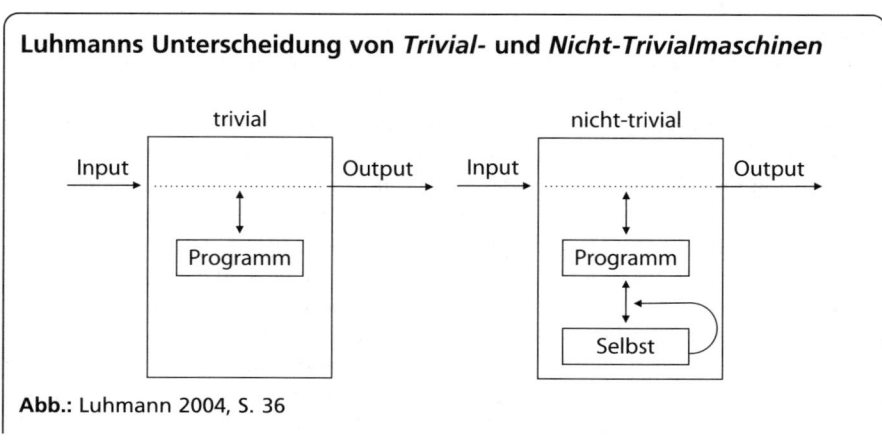

Abb.: Luhmann 2004, S. 36

2.1 Der Mensch als Einheit von Wissen, Urteilsfähigkeit und Verantwortungsübernahme

> Bei einer *Trivialmaschine* ist die Formung von Input in Output durch eine starre Regel vorgegeben. Es handelt sich um ein *allopoietisches System*, das durch Außenwirkung in Gang gesetzt wird.
> Die Reaktion von *Nicht-Trivialmaschinen* auf Anregungen wird stets auch durch *Selbstreferenz* bewirkt, d. h., der Output ist hier nicht vorhersagbar. Sie sind *autopoietische Systeme*, die selbstorganisierend funktionieren. *Psychische Systeme* (= Individuen) und *soziale Systeme* (z. B. eine Schulklasse) sind aufgrund ihrer reflexiven Selbstbezüglichkeit *Nicht-Trivialmaschinen*.

Das Interaktionssystem Unterricht ist ein *soziales System*, das sich durch *Kommunikationen* selbst organisiert, also ebenfalls eine *Nicht-Trivialmaschine*. Die Lehrperson steuert etwas zum System bei, jedoch ist sie nur *ein* Faktor des Geschehens. Alles, was sie tut, wird von den Schülerinnen und Schülern beobachtet und löst unvorhersagbare Reaktionen aus, d. h., die Lehrperson kann ihre Wirkungen nicht kontrollieren.

> »Er [der Lehrer, Anm. E. St.] disponiert über den Input des Systems, nicht aber über das System selbst, und er könnte wissen, dass das Unterrichtssystem ein hochkomplexes selbstreferentielles System ist, das sich nicht durch Input bestimmen lässt.« (Ebd., S. 18)

Nichts garantiert, dass alle den gleichen Blickwinkel haben. Über das faktische Geschehen kann wiederum auf einer Metaebene gesprochen und reflektiert werden, was aber wiederum nur unvorhersagbare Reaktionen auslöst.

Luhmanns Ergebnisse lauten:

1. Weder ein Einzelner noch ganze Gruppen können die Folgen des eigenen Entscheidens und Handelns überblicken. Unberechenbar bleibt, was aufgrund des Unterrichts als Habitus von Schülerinnen und Schülern entsteht (vgl. ebd., S. 21–22).
2. Zufälle werden im System in sehr hohem Umfang wirksam, minimale okkasionelle Ursachen können ein System nachhaltig verändern (vgl. ebd., S. 22).
3. »Vielleicht ist es deshalb nicht ganz verkehrt, das Verhalten des Lehrers primär als einen Zufallsgenerator anzusehen oder als einen Mechanismus, der auftretende Zufälle in Strukturgewinn umsetzen kann« (ebd.).

Meiner Meinung nach spricht selbst die ›verhaltene‹ Position Luhmanns nicht gegen das Unternehmen einer schulischen Werteerziehung. Vor allem sein drittes Ergebnis bietet hierfür einen Ansatzpunkt: Denn Lehrende müssen, selbst wenn wahr sein sollte, dass ihre Hoffnungen auf Erfolg mit hoher Wahrscheinlichkeit enttäuscht werden, dennoch alles dafür tun, »auftretende Zufälle in Strukturgewinn um[zu]setzen«. Luhmanns Denken erinnert mich an die *Pascalsche Wette*. Der Philosoph und Begründer der mathematischen Wahrscheinlichkeitsrechnung Blaise Pascal (1623–1663) schreibt im Fragment 234 der *Pen-*

sées: Habe ich ein *Ja* und ein *Nein*, und ist das *Ja* äußerst *unwahrscheinlich*, das *Nein* dagegen *hochwahrscheinlich*, so muss ich dennoch auf das *Ja* setzen, wenn dessen Gewinn unendlich ist, da beim *Nein* dagegen von vornherein feststeht, dass es keinen Gewinn bringt (vgl. Pascal 1670/1994, S. 120–128). Da schulische Werteerziehung »unendlichen Gewinn« bringen kann, muss auf sie gesetzt werden. Und vielleicht besteht doch mehr als eine nur minimale Chance, dass sie gelingt.

Fazit: Kann Bildung (in Form einer schulischen Werteerziehung) zu verantwortungsvollem Handeln führen?

> »Man gibt sich immer der Täuschung hin, als ob *Schule* Bildung geben könnte. Nein; die Schule ist bestenfalls nur eine Gelegenheit, dem Zögling den Sinn zu öffnen für das, was ihm gemäß ist. [...] Die Bildung selbst aber ist immer ein Erzeugnis der eignen Spontaneität. Nur soweit die Schule diese Spontaneität weckt und entwickelt, nur so weit ist sie ›Bildungsanstalt‹.« (Kerschensteiner 1917/1964, S. 152)

Bildung ist ein multifaktorielles Geschehen und Lehrende nur Rädchen in einem Getriebe, das sich zu allem Überfluss noch *selbst organisiert* (Luhmann). Doch spricht viel dafür, dass ein *Erziehender Unterricht* (Herbart 1806/1986) positive Folgen für moralisches Handeln haben kann. Lehrende können zufällig auf den *fruchtbaren Moment* (Copei 1930/1962) stoßen, in dem junge Menschen ansprechbar sind und ihnen Wirklichkeiten eröffnet werden können oder ihnen geholfen werden kann, Lösungen für Lebensprobleme zu finden.

Allerdings ist auf die Qualität einer schulischen Wertebildung zu achten: Sie lässt sich fruchtbarer und nachhaltiger gestalten, wenn sie *ganzheitlich* erfolgt, d. h. wenn eine *emotionale Rückgebundenheit* rationaler Diskurse an selbst beobachtete Situationen oder eigene Erlebnisse erfolgt. Tugend- und Gefühlsethik müssen zu einer gelingenden Werteerziehung verbunden werden, vor allem da Gefühle sich nicht einfach als irrational oder unvernünftig abtun lassen (vgl. Kesselring 2014, S. 69–90). Sie »enthalten einen kognitiven Kern« (ebd., S. 75). Außerdem müssen Gesprächsergebnisse mit Handlungen verknüpft werden. Das Klassengespräch sollte also in den größeren Kontext des Schullebens eingebunden werden (Beispiele: am Ende der Diskurse Beschlüsse fassen und umsetzen; demokratische Strukturen einführen; Werte wie z. B. Toleranz vorleben und reflektieren).

Die Schule als Subsystem der Gesellschaft hat gar keine andere Möglichkeit, als auf die Denkschulung junger Menschen zu setzen, in der Hoffnung, dadurch ihre Verantwortungsbereitschaft und ethische Handlungsfähigkeit zu stärken. Dass Autonomie fördernde *Kommunikation* die beste Form der Wertebildung ist, und deshalb auf diese gesetzt werden muss, hoffe ich im Folgenden genügend deutlich zu machen. Dann hat Bildung eine – wenn auch noch so geringe – Chance, zu verantwortlichem Handeln zu führen.

2.1.2 Entdeckt die Kompetenzorientierung die Werteerziehung neu?

Die *Kompetenzorientierung* der neuen Lehrpläne kann als Chance für den Gewinn *handlungsrelevanten Wissens* im Sinne der Entwicklung *ethischer Urteilsfähigkeit* begriffen werden. Im Gegensatz zur Wissenschaftsorientierung des Unterrichts in den 1970er Jahren, als aufgrund des Postulats der *Werturteilsfreiheit* die *Beschränkung auf Wissensvermittlung* als erstrebenswert galt, geht man heute mit wiedergewonnener Selbstverständlichkeit von der Möglichkeit, ja sogar der Faktizität eines Bezugs zwischen Denken und Handeln aus. In der Kompetenz-Definition von Franz E. Weinert wird als Ziel die *verantwortungsvolle* Nutzung von Fähigkeiten und Fertigkeiten angegeben.[10] Wenn *handlungsrelevantes* statt *trägen Wissens* angezielt wird, spricht dies für eine neue Schwerpunktverlagerung auf *Werteerziehung*. So scheint aktuell eine Anknüpfung an das klassische Bildungsziel der Entwicklung einer ethischen Haltung stattzufinden.

Dennoch ist im Zuge der neuen Kompetenzorientierung von einer *Bildungskrise* die Rede:

> »Im Zentrum der Kritik an Bildungsreformen steht die Herrschaft wirtschaftlichen Denkens. [...] Kompetenz, Effizienz, Performance: Betriebswirtschaftliche Begriffe haben pädagogische Begriffe wie Reife, Verantwortung, Eigenständigkeit und Selbstfindung verdrängt. [...] Staunen, Fragen und Verstehen treten hinter Rechnen, Organisieren und Optimieren zurück.« (Philipp 2015, S. 376)

Der Vorwurf lautet, *Bildungsstandards*, die die Lehrplanziele abgelöst hätten, spiegelten vor allem die durch den Markt vorgegebenen Teilziele wider. Die klassische ethische Ausrichtung werde aufgegeben, denn Ökonomie trete als »geschlossene Ideologie« (ebd., S. 375–376) an die Stelle von Mündigkeit als letztem Bildungs- und Erziehungsziel.

Geklärt werden muss also, was unter dem *Ziel* der Kompetenzorientierung, der Förderung *situationsangemessenen* Handelns, genau zu verstehen ist. Hierzu soll die klassisch-philosophische Unterscheidung zwischen *Tauglichkeit* und *Tugendhaftigkeit* herangezogen werden. *Kompetenzorientierung* dient nur dann der *Werteerziehung*, wenn sie nicht auf Erziehung zur *Tauglichkeit* verkürzt wird. *Situationsangemessenes Handeln* besagt demnach, auch die *ethischen* Anforderungen einer Situation zu erkennen und ihnen gerecht werden zu wollen.

Der klassisch-philosophische Begriff der *Tugend* wird vom griechischen *areté* abgeleitet, dem Substantiv zu *agathós*, was soviel wie *gut* bedeutet. Das Wort *areté* ist damit weiter gefasst als *Tugend*, denn es bezeichnet allgemein die *Vortrefflichkeit* von Dingen und Lebewesen (*Gutheit* gibt es als Wort im Deutschen

---

10 Franz E. Weinert versteht unter Kompetenzen »die bei Individuen verfügbaren oder durch sie erlernbaren kognitiven Fähigkeiten und Fertigkeiten, um bestimmte Probleme zu lösen, sowie die damit verbundenen motivationalen, volitionalen [= die willentliche Steuerung von Handlungen und Handlungsabsichten, Anm. E. St.] und sozialen Bereitschaften und Fähigkeiten, um die Problemlösungen in variablen Situationen erfolgreich und verantwortungsvoll nutzen zu können« (Weinert 2001, S. 27–28).

nicht, *Güte* bezeichnet etwas anderes, deshalb lautet die beste Übersetzung *Vortrefflichkeit*). Es lassen sich hier zwei Formen unterscheiden, die allgemeine, ethisch indifferente *Tauglichkeit* (*gut für ...*) und die spezifisch menschliche, im ethischen Sinn gemeinte *Tugendhaftigkeit* (*gut an sich, ohne Wenn und Aber*).[11]

Tauglichkeit

Diese erste, ganz allgemeine Form von *Vortrefflichkeit* ist rein zweckbezogen. Modell ist hier das funktionierende Werkzeug: z. B. ist ein taugliches Messer eines, das gut schneidet. Ein scharfes Messer nennt man ein gutes Messer, unabhängig davon, ob es einem Koch oder einem Mörder von Nutzen ist. Es ist gut, da es *tauglich* für einen bestimmten, nicht weiter einer Bewertung unterliegenden Zweck ist.

Tugendhaftigkeit

Die zweite, spezifisch menschliche Form von *Vortrefflichkeit* ist die ethische. Oft kann der angestrebte Zweck nochmals im Horizont des *an sich Guten*, des *Tugendhaften*, beurteilt werden. Das gute Messer kann z. B. zu einem ethisch guten oder schlechten Zweck, zum Kochen oder zum Töten verwendet werden.

Die Akzeptanz der Unterscheidung zwischen *Tauglichkeit* und *Tugendhaftigkeit* ist mit dem Aufgeben einer *wertrelativistischen* Position verbunden (vgl. Kap. 1.1) und entspricht der zuvor besprochenen kantischen Differenzierung der Erziehungsziele in *Kultivierung* und *Moralisierung* bzw. der Zweiteilung der Welt in beliebig wählbare, relative Zwecke der *Geschicklichkeit*, die Grundlage nur *hypothetischer Imperative* sein können, und dem Menschen als *kategorisch* zu achtenden, absoluten Selbstzweck, sowie derjenigen zwischen *relativen* und *absoluten Werten*, bzw. *Normen* und *Grundwerten* (vgl. Kap. 1.2.1; Kap. 1.2.3). Folgt man diesen Unterscheidungen, dient Unterricht nicht nur pragmatischen Zwecksetzungen, die relativ zur jeweiligen Gesellschaft sind und sich ändern können, sondern auch dem zeitüberdauernden Anspruch der Humanität. Schule ist dann nicht nur *Ausbildungs-* sondern *Bildungs*anstalt. Eine Anknüpfung an die klassisch-philosophische Tradition bewegt sich dann nicht im Ewig-Gestrigen, sondern dient dazu, den Anforderungen moderner Demokratieerziehung zu genügen (vgl. Kap. 1.2.4).

Die Grundwerte, nach denen die Kapitel des Hauptteils dieses Buches benannt sind, werden andernorts auch als *Tugenden* bezeichnet. Die Grenze zwi-

---

11 Das Wort *Menschlichkeit* hat bezeichnenderweise ebenso einen doppelten Wortsinn wie *Vortrefflichkeit*. Es kann im Sinne von *Hominisierung* (= ethisch indifferenter Begriff, betrifft die *Natur*) und *Humanisierung* (ethisch wertender Begriff, betrifft die *Kultur*) verwendet werden.

2.1 Der Mensch als Einheit von Wissen, Urteilsfähigkeit und Verantwortungsübernahme

schen den Begriffen *Wert* und *Tugend* ist kaum scharf zu ziehen. Will man die beiden Begriffe unterscheiden, so könnte man sagen, dass *Tugend* im Vergleich zum *Grundwert* der *praktischere* Begriff ist. »*Tugenden* sind auf Werte bezogene Handlungsmuster, Gewohnheiten und Haltungen« (Funiok 2007, S. 46). Die beiden Begriffe werden in diesem Buch als *Synonyme* verwendet, mit einer Präferenz für den *Wert*begriff, da für viele moderne Menschen das Wort *Tugend* verstaubt klingt (›Tugendwächter‹), und deshalb fälschlicherweise angenommen wird, es sei inhaltsleer. Dennoch kann die im Hauptteil folgende Auflistung von Grundwerten in Einzelkapiteln als Anknüpfung an *klassische Tugendkataloge* betrachtet werden.

Zwischen den »Exzellenzmaßstäbe[n] einst und jetzt« gibt es Ähnlichkeiten. »Es besteht [...] eine enge Nähe zwischen Tugenden und Standards, die nicht auf Zufall beruht« (Kesselring 2012, S. 203). Allerdings ist kritisch anzumerken:

> »In der aktuellen Diskussion um Standards kehrt sie also wieder, die Frage nach den guten bzw. hervorragenden Qualitäten bei Menschen – allerdings nicht so sehr im Hinblick auf die Charakter- und Persönlichkeitsbildung als vielmehr im Hinblick auf ihre Berufseignung.« (Ebd., S. 205)

Besonders problematisch sei die Verbindung der Bildungsstandards mit *Leistungsmessung*, denn charakterliche Stärken wie Großzügigkeit, Hilfsbereitschaft, Humor könne man allenfalls vergleichen, aber nicht messen. Dies sei ein Anzeichen dafür, dass die Kompetenzorientierung letztlich eine andere Zielsetzung habe als eine Wertebildung (vgl. ebd., S. 213).

Kompetenzorientierung kann somit als Risiko, aber auch als Chance für Wertebildung aufgefasst werden. Verkümmert Bildung zur Ausbildung von Einzelkompetenzen, die aufgrund wirtschaftlicher Interessen gefordert werden, ist sie ein Risiko. Erfährt im Sinne *handlungsrelevanten Wissens* die Entwicklung *ethischer* Urteilsfähigkeit besondere Aufmerksamkeit, bietet sie eine Chance.

Wenn durch die *Kompetenzorientierung* die Beschränkung des Unterrichts auf reine *Wissensvermittlung* aufgehoben wird, muss beim Unternehmen einer Wertebildung dennoch die berechtigte *Kritik* der Anhänger der *Werturteilsfreiheit der Wissenschaften* im Gefolge Max Webers berücksichtigt werden, dass die Gefahr einer *Ideologisierung* des Wissens besteht, d.h. Lehrende müssen eine Erziehung zu *Political-Correctness*-Aussagen vermeiden, und Schülerinnen und Schüler sollten lernen, zwischen der Seins- und der Sollens-Ebene einer Thematik zu unterscheiden. Es stärkt das Denk- und Urteilsvermögen, wenn zu einer *Drei-Ebenen-Trennung* von *Beobachtung* (Wer? Was? Wie? Wo?) und *Interpretation* (Warum? Wozu?) sowie *begründender Beurteilung* (Gut oder schlecht und wieso?) angeleitet wird (vgl. Kiel 2001, S.56–68; Kiel 2012, S. 11–13; vgl. auch Kap. 1.2.3, S. 54).

2.2 Die Stärkung des ethischen Reflexionsvermögens durch das Unterrichtsgespräch

Schule hat den Fokus auf dem *Denken*, nicht auf dem *Handeln*, in der Hoffnung, dass das Denken später einmal handlungsrelevant sein wird. Zwar *ist* die Schule einerseits schon ein Lebensraum, andererseits hat sie nur Sinn, wenn sie der *Vorbereitung* auf das Leben dient. Insofern in der Schule *gelebt* wird, ist sie natürlich *auch* ein Forum verantwortungsvollen *Handelns*. Stichworte sind hier der respektvolle, wertschätzende Umgang miteinander, das offene, lernförderliche Klassenklima, allgemein die positive Gestaltung des Schullebens. Überdies werden auch manchmal Projekte durchgeführt, die über die Schulgemeinschaft hinaus Einfluss auf die unmittelbare und weitere Umgebung nehmen. (»Wir formulieren unsere Vorschläge für die Gestaltung des neuen Spielplatzes.« »Wir nehmen am Spendenlauf für die Dritte Welt teil.«) Dennoch ist die Arbeit der Bildungsanstalten eher auf die Zukunft als auf die Gegenwart ausgerichtet. Insofern ist rechtfertigbar, dass die Schule ihre Aufgabe vor allem in der Stärkung der *Verantwortungsbereitschaft* sieht, *nicht* in der *Verantwortungsübernahme* selbst. Der Erfolg erweist sich erst später.

Wie kann eine Wertebildung am besten gelingen? Weder als reine *Wissensvermittlung* noch als *Einübung von Gewohnheiten*, denn die »Tiefenstrukturen, die moralisches Handeln tragen« (Oser 2001, S. 71), werden dadurch nicht erreicht. »Veränderungen des moralischen Urteils, des moralischen Empfindens und der moralischen Handlungsbereitschaft sind nicht dasselbe wie Wissensvermittlung« (Oser 2001, S. 63) oder, wie Lawrence Kohlberg es ausdrückt, ein *Rucksack voll Tugenden* – »bag of virtues« (Kohlberg 1981) – kann nicht geschnürt werden. »Erziehung vermittelt nicht Werte und Normen, sondern macht moralische Themen zum Gegenstand kommunikativer Prozesse« (Oelkers 1992, S. 12).

Der Fokus dieses Buches liegt deshalb auf einer *Denkschulung* in *Kommunikationssituationen* – es wird für eine *Wertebildung durch das Unterrichtsgespräch* plädiert. Dabei soll nicht der Eindruck erweckt werden, die Wichtigkeit der Wirkung von Vorbildern werde unterschlagen – sie versteht sich von selbst. Argumente können nicht fundamentale Erfahrungen ersetzen, die sich uns »in Akten der Freude und Trauer, der Verehrung, der Verachtung, der Liebe, des Hasses, der Furcht oder der Hoffnung [erschließen]« (Spaemann 2009, S. 38), doch kann das Gespräch uns sicherer in der Klärung und Beurteilung des Erlebten machen. In diesem Sinne gilt hoffentlich:

»Ethische Reflexion macht nicht gut; ethische Reflexion macht besser.« (Höffe 1996, S. 90)

Um zu zeigen, dass im Lauf der Geschichte breiter Konsens darüber herrschte, dass man durch Förderung der *Eigenaktivität* im *offenen (Unterrichts-)Gespräch* zur Mündigkeit erzieht, wird im folgenden Kapitel die Aufnahme der Tradition des *sokratischen Gesprächs* exemplarisch durch *Comenius*, *Herbart* und *Buber* belegt. Systematisch wird insbesondere auf *Methoden des Philoso-*

phierens mit Kindern und die *moderierende Rolle der Lehrperson* eingegangen. (Das Moralstufen-Modell *Kohlbergs* und seine Methode der *Dilemma-Diskussion* werden ausführlicher im darauffolgenden Kapitel dargestellt.)

2.2.1 Das sokratische Gespräch

Zur historischen Rezeption

Bei der indirekten Vorgehensweise der so genannten *sokratischen Mäeutik* (Entbindungskunst) sollen bei weitgehender Zurückhaltung der Lehrperson Erkenntnisse beim jungen Menschen ›hervorgelockt‹ werden. Eine geschickte, die Eigenaktivität stimulierende Gesprächsmoderation sorgt dafür, dass aus dunklen Vorahnungen, was wohl das Richtige sein könnte, klare, auf Kohärenz beruhende Einsichten werden. Sokrates charakterisiert sich selbst als »Hebamme«, bei seinen Schülern setzt er auf eine ihnen »innewohnende« Vernunft:

> »Denn in folgendem Punkte gleiche ich ganz den Hebammen: ich selbst bin unfruchtbar an Weisheit, und mit dem Vorwurf, den schon viele mir gemacht haben, dass ich nämlich zwar die anderen frage, selbst aber keinerlei Antwort gebe, weil ich über keine Weisheit gebiete, hat es seine volle Richtigkeit. [...] Diejenigen aber, die mit mir verkehren, erscheinen anfänglich zum Teil völlig unwissend, alle aber, denen Gott es vergönnt, machen im Verlauf unseres Verkehres wunderbare Fortschritte nach ihrem eigenen Zeugnis und dem anderer, und zwar offenbar ohne von mir je etwas gelernt zu haben; vielmehr haben sie selbst aus sich viel Schönes herausgefunden und halten es fest.« (Platon, *Theätet*, 150d)

Johann Amos Comenius (1592–1670) knüpft fast 2000 Jahre später an antikes Denken an, wenn für ihn der kindliche Verstand keineswegs eine *tabula rasa* ist. Er geht wie Sokrates von einer angeborenen Fähigkeit zur Vernunft aus:

> »Pythagoras pflegte angeblich zu sagen, es liege so sehr in der Natur des Menschen, alles zu wissen, dass ein siebenjähriger Junge alle Fragen der gesamten Philosophie mit Sicherheit beantworten könne, wenn man sie nur gescheit stelle; deshalb nämlich, weil schon das Licht der Vernunft allein ein hinreichendes Bild und Maß (forma et norma) aller Dinge gebe.« (Comenius 1657/1993, S. 33)

Die Entwicklung ethischer Urteilsfähigkeit ist auch für den Nachfolger Kants auf dem Lehrstuhl in Königsberg, den Pädagogen Johann Friedrich Herbart, oberstes Ziel. Herbart spricht von der *Charakterstärke der Sittlichkeit*. Den Gedanken, dass das *Wollen* den Vorrang vor dem *Wissen* hat, fasst er im Begriff des *Erziehenden Unterrichts* zusammen:

> »Und ich gestehe gleich hier, keinen Begriff zu haben von Erziehung *ohne Unterricht*, so wie ich [...] keinen Unterricht anerkenne, der nicht erzieht.« (Herbart 1806/1986, S. 75)

Erziehender Unterricht kann zwar nicht »machen«, dass Kinder und Jugendliche Verantwortungsbereitschaft entwickeln, er kann aber in Vorbereitung des Selbst-Entschlusses eine »Wärme fürs Gute« (ebd., S. 147) entstehen lassen. Werte können also nicht übertragen werden, ihre Wahrnehmung verlangt die *eigene Tätigkeit des Zöglings*.

> »Machen, dass der Zögling sich selbst finde, als wählend das Gute, als verwerfend das Böse: dies oder nichts ist Charakterbildung! Diese Erhebung zur selbstbewussten Persönlichkeit soll ohne Zweifel im Gemüt des Zöglings selbst vorgehen und durch dessen eigene Tätigkeit vollzogen werden; es wäre Unsinn, wenn der Erzieher das eigentliche Wesen der Kraft dazu erschaffen und in die Seele eines anderen hineinflößen wollte.« (Herbart 1804/1986, S. 61)

Martin Buber (1878–1965) schildert zur Zeit der Reformpädagogik die Schwierigkeiten einer Charaktererziehung, die nicht in das falsche Fahrwasser eines *Unterrichten des Ethos* geraten darf.

> »Wenn es mir dagegen um Charaktererziehung zu tun ist, wird alles problematisch. Ich versuche es, meinen Schülern zu erklären, dass Neid schädlich ist, und schon spüre ich den heimlichen Widerstand derer, die weniger besitzen als ihre Kameraden; ich versuche zu erklären, dass es unanständig ist, den Schwächeren zu schlagen, und schon sehe ich ein unterdrücktes Lächeln in den Mundwinkeln der Stärkeren; ich versuche zu erklären, dass Lüge das Leben zerstört, und etwas Furchtbares geschieht: der schlimmste Gewohnheitslügner in meiner Klasse schreibt einen glänzenden Aufsatz über die zerstörende Macht der Lüge. Ich habe den fatalen Fehler begangen, Ethos zu *unterrichten*, und was ich sagte, wird als gangbare Kenntnismünze aufgenommen, nichts davon verwandelt sich in Substanz, die den Charakter aufbaut. Aber die Problematik liegt noch tiefer. In allem Unterricht kann ich meine Absicht, die Schüler etwas zu lehren, zu noch so deutlichem Ausdruck bringen, das tut meiner Wirkung keinen Abbruch, die Schüler wollen ja zumeist doch etwas lernen, wenn auch nicht allzu viel, und ein stilles Einvernehmen zwischen uns wird möglich. Wenn aber die Schüler merken, dass ich ihren Charakter erziehen will, lehnen sich gerade manche von denen auf, die am ehesten in sich das Zeug zu einem echten selbstständigen Charakter haben; sie wollen sich nicht erziehen lassen, genauer: sie wollen nicht, dass man sie erziehen wolle. Auch diejenigen, denen die Frage um Gut und Böse ernstlich zu schaffen macht, empören sich – gerade weil sie immer wieder erfahren wie schwer es ist den Weg zu finden –, dagegen, dass man ihnen als etwas längst Feststehendes diktiere, was gut und was böse ist. Heißt das nun, dass man seine Absicht der Charaktererziehung verschweigen, dass man verstohlen und listig zu Werke gehen soll? Nein; ich sagte ja eben, dass die Problematik tiefer liegt. Es genügt nicht, dass man die Charaktererziehung nicht in eine Unterrichtsstunde presst; man darf sie auch nicht in klug hergerichteten Pausen verstecken. Erziehung verträgt keine Politik.« (Buber 1939/1986, S. 67–68)

Zu Methoden des Philosophierens mit Kindern

Die Methoden des *Philosophierens mit Kindern* stellen eine Ausdifferenzierung des sokratischen Gesprächs dar. Vorgeschlagen wird etwa das *Gedankenexperiment*, die *Begriffsanalyse*, die *Argumentationsanalyse* und die *Analyse von Texten* (vgl. Brüning 2001; Jehle 2013).

- Das *Gedankenexperiment* erlaubt den fremden Blick auf selbstverständlich Genommenes. Es erleichtert auch den Perspektivwechsel, die Wahrnehmung der Vielfältigkeit möglicher Standpunkte. (Beispiel Phantasiereisen: *Was wäre, wenn wir in einer völlig gerechten Gesellschaft leben würden? Was wäre, wenn wir nicht in einem Rechtsstaat leben würden?*)
- Die *Begriffsanalyse* bietet sich an, weil gerade philosophische Begriffe oftmals vieldeutig sind bzw. junge Menschen häufig noch keine genaue Vorstellung von ihnen haben. (Beispiel: *Was verstehst du unter Toleranz?*)

2.2 Die Stärkung des ethischen Reflexionsvermögens durch das Unterrichtsgespräch

Eine Möglichkeit ist das Bilden von *Wortfeldern*. Es können Ausdrücke assoziiert werden, die Schülerinnen und Schülern zu einem Wert einfallen (Beispiel: *Freundschaft – Freude aneinander, gegenseitige Hilfe*), oder Sätze gebildet werden (Beispiel: *Richtige Freunde ...*). Um die Komplexität philosophischer Begriffe zu erfassen, bieten sich z. B. die Verfahren der *Begriffspyramide* oder der *deduktiven Leiter* an. Bei der *Begriffspyramide* bildet der zentrale Begriff (z. B. *Freundschaft*) die Spitze, zu ihrer Basis hin werden Schlagwörter, Assoziationen oder Aussagen nach ihrer Wichtigkeit hierarchisiert. Ähnlich steht bei der *deduktiven Leiter* auf der obersten Stufe der zentrale Begriff. Auf der nächsten Stufe wird der Begriff durch weitere Ausdrücke konkretisiert, daran anschließend werden Beispiele gegeben, und auf der letzten Stufe werden Details für die Beispiele gesucht (Jehle 2013, S. 98). So können etwa einzelne Gedanken und Assoziationen, die die Kinder und Jugendlichen auf Karten notiert haben, in eine Ordnung gebracht werden. Dem vierten Merkmal eines Wertes nach Aristoteles (= *ein Wert bildet die vernünftige Mitte zwischen zwei Extremen*) entspricht das Suchen von *Gegenbegriffen* (Beispiel: der Gegenbegriff zu *Toleranz* lautet *Intoleranz*, aber auch *Akzeptanz* oder –auch *konformistische* – *Gleichgültigkeit*).

- Bei der *Argumentationsanalyse* werden Schülerinnen und Schüler dazu angeregt, für ihre geäußerte Meinung gute Gründe zu finden. Eine Variante ist, die Gegenposition mit Argumenten möglichst stark zu machen (= den *advocatus diaboli* spielen). Dies animiert, den eigenen Standpunkt nochmals zu überdenken, besser zu begründen bzw. zu differenzieren oder ihn aufzugeben. Debatten oder Dilemma-Diskussionen fordern von sich aus die Auseinandersetzung mit Gegenargumenten (vgl. Kap. 6.2.1).
- Die *Analyse von literarischen oder philosophischen Texten* kann anhand von *Leitfragen* geschehen. Die Texte sollten altersangemessen ausgewählt werden.

Methodisch bildet die einfache *mündliche* Auseinandersetzung (z. B. in einem Gesprächskreis) sicherlich einen Schwerpunkt, es bieten sich aber auch das *schriftliche* Festhalten von Gedanken und alle Arten der *kreativen* Ausgestaltung an (vgl. die Beispiele dazu in Michalik & Schreier 2006; Brüning 2001; Jehle 2013). Hier sind vor allem die vielfältigen Formen des *szenischen Interpretierens* zu nennen. Dazu gehören *Sprach- und Argumentationsspiele*, *Rollenspiele*, *Pantomimen* und *Standbilder*. Diese kreativen Herangehensweisen dienen wiederum als Gesprächsanlass für die Gruppe. Z. B. bietet das *Standbild* vielfältige Möglichkeiten dafür: So versuchen die Teilnehmenden die Präsentation zu interpretieren, auch indem sie Gedanken einzelner Figuren wiederzugeben versuchen. Sie können sich etwa hinter diese stellen und aus deren Perspektive sprechen. Die Darstellenden äußern sich anschließend zu den Interpretationen.

Als vielfältig einsetzbare Kreativitätstechnik möchte ich exemplarisch das *Sechsfarben-Denken* nach Edward de Bono (1989) nennen: Es dient dazu, typische Gesprächsrollen von Teilnehmenden zu erkennen und diese bewusst einzunehmen. Dabei steht *Weiß* für Konzentration auf Tatsachen, *Rot* für Gefühle,

Schwarz für Skepsis, *Gelb* für Optimismus, *Grün* für Assoziationen und *Blau* für die Moderation. Eine Farbe kann vorgegeben sein und damit die ›Suchrichtung‹ bestimmen, oder Teilnehmende setzen sich bewusst z. B. den schwarzen, den gelben, den roten … Hut auf und versuchen aus dieser Perspektive zum Gespräch beizutragen.

Zur Rolle der moderierenden Lehrperson

Im Sinne sokratischer Entbindungskunst ist Aufgabe der Lehrperson, vorhandene moralische Konflikte aufzugreifen oder fremde Beispiele anschaulich zu schildern, im Gespräch darüber Meinungen und Argumente einzufordern, durch Rückfragen oder Gegenbeispiele die Aufmerksamkeit auf Widersprüchliches hinzulenken und darauf zu achten, dass wichtige Gedanken nicht verloren gehen. Da es sinnvoll ist, bewusst eine Konfrontation mit Denkmustern herbeizuführen, die sich über dem üblichen Niveau der Heranwachsenden befinden (vgl. Kohlberg 1976/2001, S. 56–57; in Kap. 2.2.2 den ersten Abschnitt) haben Moderierende die Möglichkeit der indirekten Steuerung, indem sie dafür sorgen, dass sich insbesondere Schülerinnen und Schüler, deren inhaltliche Beiträge den Fortgang des Gesprächs anspruchsvoll gestalten, einbringen können. Dazu dient das bewusste Aufgreifen von ethisch höherwertigen Argumenten durch Lehrende wie auch die Bildung heterogener Diskussionsgruppen. Auf direkte Äußerungen von Lob und Kritik sollte jedoch weitgehend verzichtet werden.

Welcher *Grad der Lenkung* in der Gesprächsführung angebracht ist, ist schwierig zu entscheiden. Hierzu gab es auch im Laufe der pädagogischen Geschichte unterschiedliche Ansichten, von denen einige hier genannt werden sollen.

Allein schon die Fragen des Gesprächsleitenden können enger oder weiter gefasst sein. Die Neosokratiker Leonard Nelson (1882–1927) und dessen Schüler Gustav Heckmann (1898–1996) werfen dem ›Erfinder‹ des sokratischen Gesprächs, nämlich der Person des Sokrates selbst vor, in den platonischen Dialogen statt nicht-inhaltlicher *Steuerungsfragen* vorwiegend *Entscheidungsfragen* zu stellen, die den fertigen Gedankengang bereits vollständig enthielten. Das Gegenüber antworte dabei gezwungenermaßen mit ›ja‹ oder ›nein‹ und werde dadurch davon abgehalten, eigene Gedanken zu entwickeln (vgl. Loska 1995, S. 151). Auch bei der Frage, ob die Lehrperson inhaltlich Position beziehen oder lediglich moderierend auftreten dürfe, vertreten die Neosokratiker strikt das »Gebot der Zurückhaltung« (Heckmann 1980, S. 66), weil deren Autorität Mut und Anstrengungsbereitschaft der Teilnehmenden schwächen würde, alle vorgebrachten Argumente mit der gleichen Unvoreingenommenheit zu überprüfen. Ihre Aufmerksamkeit würde vom eigenen Denken weg- und auf die Argumente des Gesprächsleitenden hingelenkt werden. Dagegen stellt es für Oser kein Problem dar, wenn Lehrende der Gesprächsgruppe bewusstmachen, dass bisherige Lösungen noch nicht genügen, selber Argumente einbringen und dabei vermitteln, dass das Mitdenken des Kompetenteren, des Erwachsenen hilfreich sein kann (Oser 2001, S. 77–78). Klafki kritisiert ebenfalls die *prinzipielle*

Zurückhaltung des Moderierenden aus zwei Gründen: Zum einen werde den Gesprächspartnern damit die Möglichkeit entzogen, sich dessen persönliches Potential problembezogener Erkenntnis produktiv anzueignen; zum andern werde ihnen keine Gelegenheit gegeben, die Kenntnisse und Fähigkeiten einer Person, der sie Autorität ›vorgeschossen‹ haben, auch sachlich zu überprüfen und dadurch Mündigkeit zu erlangen. Zurückhaltung werde damit geradezu zur Immunisierungsstrategie von Autoritäten, das Ziel der Erziehung, das Lehrer-Schüler-Kompetenzgefälle abzubauen, aus den Augen verloren (vgl. Klafki 1983, S. 285–287).

Als Fazit für die Rolle der Lehrperson im *offenen Unterrichtsgespräch* lässt sich also Folgendes formulieren: Sie soll nichts tun, was auch die Schülerinnen und Schüler leisten können. Lehrende haben eine Gratwanderung zwischen Lenkung und Zulassen von Eigenaktivität zu leisten, die weitgehend von *Pädagogischem Takt* (Herbart 1802/1986; vgl. Kap. 6.1.1) bestimmt ist. Allgemein ist »Offenheit für kontroverse Diskussionen verlangt, die von der Hoffnung getragen ist, dass sich die höherwertige Lösung irgendwann durchsetzen und das Denken der Schüler beeinflussen wird« (Oser 2001, S. 82).

2.2.2. Die Dilemma-Diskussion Kohlbergs

Kohlbergs auf Kant basierendes Stufenmodell zur Entwicklung ethischer Argumentationsfähigkeit

In seinem Moralstufenmodell zur ethischen Argumentationsfähigkeit unterscheidet Kohlberg in Anknüpfung an die Entwicklungspsychologie Piagets die drei Grundstufen *präkonventionellen, konventionellen* und *postkonventionellen* (= *autonomen*) Urteilens. Geschildert wird eine Abfolge zunehmend gerechteren Urteilens, bedingt durch eine wachsende Fähigkeit zur Abstraktion, die bedeutet, dass zuerst von den Eigeninteressen und dann von der Meinung und den kulturellen Vorgaben anderer zugunsten idealerer, ›autonomerer‹ Gerechtigkeitsvorstellungen Abstand genommen werden kann. Die Individualgeschichte spiegelt hierbei die Menschheitsgeschichte wider: Die Einnahme der obersten Position einer *universalistischen autonomen Ethik* setzt eine hohe individuelle bzw. kulturelle Entwicklungsstufe voraus (vgl. Kap. 1.2.3). Sie ist durch das Verstehen des *kategorischen Imperativs* charakterisiert, der besagt, dass alle Menschen gleichermaßen in ihrer Würde zu achten sind und das Handeln folglich an diesem Grundsatz ausgerichtet werden muss (vgl. Kap. 1.2.1). An diesem Ziel- und Orientierungspunkt bemisst sich auch die (bedingte) Richtigkeit der vorhergehenden Stufen. Das Modell beschreibt die Veränderung des Urteilens von subjektiver Gebundenheit an das Ich und die Personen des unmittelbaren Lebensumfeldes zur freien, *universal* gültigen Objektivität der Vernunft, von unbewusster Impulsgesteuertheit zu bewusster Rationalität, von *Egozentrismus* zur Idee der Gerechtigkeit, von *Heteronomie* zu *Autonomie*.

Auf der *präkonventionellen* Stufe ist nach Kohlberg das kleine Kind zunächst *egozentrisch* auf das Verfolgen seiner Bedürfnisse beschränkt. Der sich äußernde ›Wille‹ ist kaum reflektiert, sondern ein eher unbewusster biologischer Lebenstrieb, der sich durchzusetzen versucht. In diesem Geschehen der Bedürfnisbefriedigung wird die Umwelt vor allem als zuträglicher oder hemmender Faktor wahrgenommen, mit dem umzugehen gelernt werden muss. Das Kind ist nach Kohlberg noch nicht in der Lage, andere Menschen als eigenständige Personen mit Ansprüchen, die gleiche Berechtigung wie die eigenen haben, (an) zuerkennen. Zunehmend weitet sich jedoch der Gesichtskreis, die *egozentrische* Position wird Schritt für Schritt verlassen. Die Fähigkeit zu gegenseitigem Wohlwollen[12] nimmt im Laufe der Entwicklung zu. Gleichzeitig dämmert damit die Erkenntnis der Gleichheit aller Menschen langsam herauf.

Dies führt zur weiteren *konventionellen* Stufe der Orientierung des Handelns am Ist-Zustand bestehender Normen statt am Eigennutz. Das Voranschreiten im Abstraktions- und Verallgemeinerungsprozess äußert sich im Erreichen der *sozialen* Dimension. Der Jugendliche weiß sich zunächst gegenüber den Menschen, die seine unmittelbaren Bezugspersonen sind, verantwortlich, später gegenüber jedem Menschen innerhalb eines gesellschaftlichen Systems, in dem er sich befindet.

Auf der letzten *postkonventionellen* Stufe der *Autonomie* weitet sich die empfundene Zugehörigkeit zum System ins *Universale*. Erkannt wird die Verpflichtung des Einzelnen der Menschengemeinschaft gegenüber. Mit dem idealen Maßstab der allgemeinen Menschenwürde kann sogar die konkrete Realität des einzelnen Systems, in dem der Urteilende sich hier und jetzt befindet, kritisiert werden, und es können Gerechtigkeitsutopien entwickelt werden (vgl. Kap. 6.1.1). Unabhängig von subjektiven Interessen und von den Meinungen anderer, sei es aus nahem oder weiterem Umkreis, trifft der Urteilende selbstständige, ›nach bestem Wissen und Gewissen‹ gerechte Entscheidungen.

Moralische Urteile werden zwar in innerer Auseinandersetzung von jedem Einzelnen gefällt, deren Vernunftgemäßheit wird jedoch in der dialogischen Gemeinsamkeit besonders gut gefördert. Die Richtigkeit des eigenen Denkens anhand vorgebrachter Pro- und Contra-Argumente kann so besser überprüft werden. Kohlberg geht davon aus, dass z. B. in Diskussionen unter Gleichaltrigen durch die Konfrontation mit Argumenten der nächsthöheren Urteilsstufe die moralische Kompetenz Einzelner vorangetrieben wird. Er weist darauf hin, dass das (gemeinsame) Nachdenken über moralische Konflikte sogar dann entwicklungsförderlich sein kann, wenn die Teilnehmer sich *nicht* auf unterschiedlichen Niveaus bewegen (vgl. Kohlberg 1976/2001, S. 56–57).

Die *unteren* Stufen des Modells von Kohlberg entsprechen einer *indirekten Werteerziehung*, die *oberen* Stufen einer *direkten*. Diese Zweiteilung spiegelt auch Kants Unterscheidung von *Disziplinierung* und *Moralisierung* (vgl. Kap. 2.1.1).

---

[12] Gegenseitiges Wohlwollen ist nach Aristoteles das Merkmal echter Freundschaft gegenüber vor-moralischen Nutzen- oder Lust-Beziehungen; nach R. L. Selman, der an Piaget anknüpft, muss das Kind die Fähigkeit zur *sozialen Perspektivenübernahme* entwickeln, um Freundschaften eingehen zu können (vgl. Kap. 4, S. 103; Kap. 4.1.1).

2.2 Die Stärkung des ethischen Reflexionsvermögens durch das Unterrichtsgespräch

Das Stufenmodell ist eindeutig an Kants universalistischer autonomer Ethik orientiert (vgl. Kap. 1.2). Man kann bei der Ursprungssuche in der Philosophiegeschichte jedoch weit zurückgehen, etwa bis zu Platons Höhlengleichnis von der Selbstbefreiung des Menschen aus der Situation der Unmündigkeit (vgl. Kap. 1, S. 24–25). Als Beispiel eines modernen Denkansatzes, der Parallelen zu Kohlberg aufweist, soll die Unterscheidung sozialen Handelns nach *Sitte, Recht* und *Moral* von Christian Schroer (1999; 2004) genannt werden. (Die kohlbergische Vorstufe *egozentristischen Eigennutzes* fehlt bei Schroer allein schon aus dem Grund, weil er sich auf die Darstellung *sozialen* Handelns beschränkt.) Auch dieses Modell hat Vorläufer, die weit in der Geschichte zurückliegen. Es beruht auf der Differenzierung des Schicklichen (*decorum*), *Gerechten* (*iustum*) und des Moralisch-Guten (*honestum*) des führenden Rechtsgelehrten der Aufklärungszeit Christian Thomasius (1655-1728), im Anschluss an die Verbindlichkeitsformen der Sitten (*mores*), des Rechts (*leges*) und der Moral (*honestum*) in Ciceros 44 v. Chr. veröffentlichter Schrift *Vom rechten Handeln* (*De officiis* III, S. 69). Das Handeln nach der *Sitte* (oder *Kultur*) besagt die Ausrichtung an gewohnten, regelmäßig erwarteten und als bewährt geltenden normativen Regeln einer Gruppe. Diese unbewusste Vorform ethischer Orientierung in vorstaatlichen Gemeinschaften wird durch das in Gesetzen explizierte *Recht* von Staaten abgelöst, wodurch die *Sitte* in den Bereich des moralisch Unbedeutenden abgedrängt wird (»Das gehört sich so!« »Das tut man nicht!« »Bei uns ist das eben so – also richte dich bitte danach!«). Auf die stabilisierende Funktion der *Sitte* für *Recht* und *Moral* weist jedoch Arthur Kaufmann hin: So folge dem »Verfall der Sitten fast immer auch eine Krise der Moral und des Rechts« (Kaufmann 1994, S. 199). Geltende rechtliche Vorschriften beeinflussen die gelebten Sitten, können diese aber nicht ersetzen. Recht und Moral müssen als sittliche Haltung verinnerlicht werden, sonst werden sie als äußerer Zwang empfunden, den man zu umgehen trachtet. Das Recht kann auch nicht die Regelungsdichte alltäglich gelebter Sitten erreichen (vgl. dazu die Unterscheidung von *Recht* und *Billigkeit* bei der Beurteilung von Einzelfällen in Kap. 6.1.1). Der Begriff der *Moral* als wahrhaft gutes Handeln entspricht der *postkonventionellen* Stufe *autonomer ethischer Entscheidungen* Kohlbergs bzw. dem *kategorischen Imperativ* der allen Menschen gemeinsamen Vernunft Kants. Sittliche und rechtliche Vorschriften haben sich an diesem letzten idealen Bezugspunkt zu orientieren und sind daher weniger verbindlich als jener (vgl. dazu auch Huck Finns Entscheidung, den Sklaven Jim entgegen damals geltenden amerikanischen Sitten und Gesetzen nicht zu verraten, dargestellt in Kap. 6.1.1). Die Abhebung idealer Gerechtigkeit von realer Gesetzlichkeit (Legalität) spiegelt sich auch im *Deutschen Grundgesetz*, das im Artikel 1 den Grundwert der Menschenwürde zur obersten einschränkenden Bedingung aller weiteren rechtlichen Regelungen macht.

Die Methode der Dilemma-Diskussion

Schülerinnen und Schüler sollen lernen, ihre Handlungen auf Begründungen zu stützen. Kohlberg achtet deshalb die Schulung von Argumentationsfähigkeit durch eine kognitiv anregende Umwelt als zentral für die moralische Entwicklung. So sollen Lehrende insbesondere zu so genannten *Dilemma-Diskussionen* anregen. Kohlberg bevorzugt hier den Sonderfall einer ethischen Entscheidungssituation, nämlich den einer kognitiven ›Zwickmühle‹. Ein Dilemma (griech. dilemma = Doppelannahme) ist ein Konflikt, bei dem man sich zwischen zwei oder mehreren gleich bedeutsamen Werten entscheiden muss, d. h., man muss mit jeder Entscheidung die nicht gewählten Werte vernachlässigen bzw. aufgeben (vgl. Düwell, Hübenthal & Werner 2006, S. 331).

> **Was ist ein Dilemma? – Zwei Definitionsversuche**
>
> Ein Dilemma ist »eine Situation, in der ein Handelnder S moralisch verpflichtet ist, A zu tun, und moralisch verpflichtet ist, B zu tun, aber nicht beides tun kann, weil entweder B gerade die Unterlassung von A ist oder einige zufällige Merkmale der Welt verhindern, beides zu tun« (ebd., S. 332).
>
> »Dilemmata sind reale oder möglichst lebensechte oder aber erdachte ›hypothetische‹ Konfliktsituationen, für die es keine sofort erkennbare, zufrieden stellende Lösung gibt, und die daher vielerlei Abwägungen von Interessen oder Konsequenzen erfordern.« (Oser 2001, S. 77)

Ob Situationen als Dilemmata empfunden werden oder nicht, unterliegt oft einer subjektiven Einschätzung. Viele der für die Schule vorgeschlagenen Dilemmata brächten *autonom* Entscheidende in keinen echten Konflikt. Entspricht ein Wert der Kompetenzebene der *Disziplinierung (präkonventionelle* oder *konventionelle* Stufe der *Heteronomie)*, der andere dagegen derjenigen der *Moralisierung (postkonventionelle* Stufe der *Autonomie)* erscheint die Situation nur dem Betrachter, der sich noch nicht auf der *postkonventionelle* Stufe der *Autonomie* befindet, als Problem. Die Autonomie besteht ja gerade in der Fähigkeit zu erkennen, dass die situationsrelevanten Werte nicht gleich bedeutsam sind. Dass Mauerschützen an der Grenze zu Westdeutschland auf Menschen schossen, die aus der DDR fliehen wollten, ist ethisch auf keinen Fall rechtfertigbar. Subjektiv konnte für einen Wachmann aber durchaus der Konflikt auftreten, ob er den Schießbefehl ausführen oder seiner Gewissensstimme folgen sollte. Völlig systemtreuen Polizisten stellte sich ebenfalls kein Werteproblem. Für sie war ohne Frage, dass Gehorsam zu leisten ist.

Dilemmata führen vor, dass Wahrheit etwas Komplexes ist, das nicht einfach aufzufinden ist, sondern der Überlegung bedarf – man muss eben überprüfen, ob die Werte wirklich gleiches Gewicht haben. Ziel der unterrichtlichen Reflexion ist es, in Schülerinnen und Schülern das Bewusstsein der Nicht-Gleichwertigkeit von Argumenten zu wecken und dadurch ihre *autonome* Entscheidungs-

2.2 Die Stärkung des ethischen Reflexionsvermögens durch das Unterrichtsgespräch

fähigkeit (Handeln nach dem *kategorischem Imperativ* statt nach *heteronomen* Gesichtspunkten, vgl. Kap. 1.2.1) zu stärken. Eine Sachlage gerechter zu beurteilen bedeutet dann zu erkennen, dass manches Dilemma auflösbar ist.

Echte Dilemmata sind letztlich nicht auflösbar, doch auch für sie gibt es bessere und schlechtere Lösungsansätze. Sowohl auflösbare als auch nicht auflösbare Dilemmata weisen darauf hin, dass es eine Wahrheit gibt, der man sich annähern kann. Die Methode der Dilemma-Diskussion ist also *nicht* mit der Position eines *ethischen Relativismus* verknüpft.

Inhaltlich kann man *hypothetische* und *reale* bzw. *semi-reale* Dilemmata unterscheiden. Das *hypothetische* Dilemma ist ein frei erfundener Konflikt, persönliche Komponenten werden ausgeblendet. Ein Beispiel ist das klassische *Heinz-Dilemma* Kohlbergs (Kohlberg 1976/2001, S. 59), das ein wenig konstruiert wirkt. In ihm geht es gleich um Leben und Tod, deswegen erscheint es mir auch leicht auflösbar. Die Lebensrettung hat ja auf jeden Fall Priorität. Da das zu diskutierende Dilemma möglichst eine lebensweltliche Bedeutsamkeit für die Kinder und Jugendlichen haben sollte, bieten sich *reale* bzw. *semi-reale* Dilemmata zur unterrichtlichen Behandlung besonders an. *Reale* Konfliktsituationen spiegeln unmittelbar die Alltagswelt der Kinder oder Jugendlichen wieder. In ihnen geht es z. B. um das Abschreiben in einer Prüfung oder das Zeigen von Toleranz gegenüber Klassenkameraden. Die Motivation teilzunehmen ist hier oft hoch, jedoch kann das Gespräch unbeabsichtigt zu hohe emotionale Betroffenheit auslösen. Eine gute Alternative sind deshalb oft *semi-reale* Dilemmata, die Konfliktsituationen mit hypothetischem Charakter schildern, aber in naher Zukunft von den Gesprächsteilnehmern selbst erlebt werden oder von denen Leute, die sie kennen, betroffen werden könnten.

Beispiel eines semi-realen Dilemmas: Was mache ich, wenn der reservierte Platz besetzt ist?

Ein Ehepaar mit zwei kleinen Kindern hat für die fünfstündige Zugfahrt von Bayern nach Italien vier Plätze reserviert. Als sie in den voll besetzten Zug steigen, sind zwei der Plätze von ca. 75-jährigen Damen besetzt. Die Mutter zeigt nach kurzem Zögern die Reservierungskarten vor, weil sie denkt, dass ihre kleinen Kinder mehrere Stunden auf Klappsitzen im Gang kaum aushalten würden. Ihr Mann hatte außerdem kürzlich einen Bandscheibenvorfall, und es besteht die Gefahr, dass er ohne bequemen Sitz einen Rückfall bekommt. Dann würde die schöne Reise ins Wasser fallen. Die alten Damen erheben sich mit Gejammer. Sie seien schon die ganze Nacht unterwegs und hätten diese Sitzplätze vom Schaffner zugewiesen bekommen, da das Schlafwagen-Abteil, in dem sie reserviert hätten, durch einen Fehler der Bahn nicht existiere. Ein Mitreisender äußert die Vermutung, sie hätten sich wohl im Zug geirrt. Die Damen begeben sich mit ihren beiden Hunden und Koffern auf den Gang, um sich Klappsitze zu suchen.

Was hättest du in der Rolle der Mutter getan?

2 Führt Werteerziehung zu verantwortungsvollem Handeln?

Manchmal wird auch noch die Kategorie *fach- und unterrichtsspezifischer* Dilemmata genannt. Diese können in sehr vielen Fächern (z. B. Deutsch, Politik, Erdkunde, Geschichte, Religion und Ethik, Biologie, Kunsterziehung) thematisiert werden. Im Geschichtsunterricht wirkt der Einsatz von Dilemma-Diskussionen wie ein *retardierendes Moment*, das Finalspannung erzeugt. Z. B. kann man zum Thema *Revolution im römischen Staat* die Frage diskutieren: *Soll Gaius Gracchus sich für die Kandidatur als Volkstribun entscheiden, um gerechte Reformen durchzusetzen, auch wenn große Gefahr besteht, dass die Machthaber ihn umbringen wie schon seinen Bruder Tiberius Gracchus?* Nachdem die Schülerinnen und Schüler eine argumentativ begründete Entscheidung getroffen haben, werden sie sicher wissen wollen, wie ›die Geschichte‹ ausging. Zur Schaffung eines historischen Bewusstseins kann beigetragen werden, indem für die Unterscheidung zeitüberdauernder Werte und kulturbedingter variabler Normen sensibilisiert wird. Was für den Menschen von heute ein Dilemma ist, war vielleicht keines für den Menschen von gestern und umgekehrt (vgl. die Praxisbeispiele für mehrere Schularten und Fächer in: Landesinstitut für Schule und Weiterbildung 1991, hier S. 87–89).

Ethik bietet die Anleitung zu einem guten Leben. Es gibt viele Situationen mit ethischem Potential. Unter diesen sind Dilemmata *Sonderfälle* von eher selten auftretenden ethischen Entscheidungssituationen. Im Rahmen einer unterrichtlichen Wertebildung lässt sich somit nicht rechtfertigen, dass vor allem Dilemmata thematisiert werden, die zudem häufig eine Überforderung des Menschen darstellen. Leicht könnte sonst der Eindruck erweckt werden, Ethik bedeute, mit kaum erfüllbaren Ansprüchen umzugehen, die sich aus schwer erkennbaren Kriterien von manchmal relativ erscheinender Gültigkeit ergäben. Zunächst muss es einer Werteerziehung darum gehen, für alltäglich auftretende, kleinere ethische Anforderungen zu sensibilisieren und Kinder oder Jugendliche darin zu bestärken, diesen gerecht zu werden. Dabei soll auch die Erfahrung vermittelt werden, dass gutes Handeln in der Regel dazu führt, dass alle glücklicher werden (z. B. dass eine Verbesserung des Klassenklimas durch einen freundlichen Umgangston, Aufrichtigkeit und Gerechtigkeit das allgemeine Wohlbefinden steigert). So sind vielerlei Arten von Gesprächen über ethische Thematiken der Wertklärung dienlich, nicht nur Dilemma-Diskussionen. Dem Ziel des hier vorgestellten Wertebildungs-Konzeptes, die Stärkung des Empathievermögens und die Förderung diskursiven Denkens, dienen u. a. auch Dilemma-Diskussionen, deshalb werden in diesem Buch auch Beispiele dafür vorgeführt (vgl. Kap. 6.2.1).

Zwei Kritikpunkte am Stufenmodell Kohlbergs

Kohlbergs Stufenmodell stand immer wieder in der Kritik. Zwei Kritikpunkte, die eng miteinander zusammenhängen, erscheinen mir besonders diskussionswürdig.

2.2 Die Stärkung des ethischen Reflexionsvermögens durch das Unterrichtsgespräch

1. *Die Methode der Dilemma-Diskussion lässt die Äußerung von Gefühlen und die Entwicklung von Empathievermögen weitestgehend unberücksichtigt. Diese sind als Grundlage moralischen Handelns jedoch unverzichtbar. Eine schulische Wertebildung muss diese Erkenntnis berücksichtigen.*

Man hat an Kohlbergs Theorie dieselbe Kritik wie an der kantischen Vernunftethik geübt, nämlich dass sie die Gefühlsebene weitestgehend unberücksichtigt lasse. Es wurde bereits darauf hingewiesen, dass dieser Vorwurf zumindest, was Kant betrifft, nicht stichhaltig ist. Eine Unterscheidung von Gefühls- und Vernunftethik ist nicht im Sinne Kants, wie auch Gefühle das Vernunftprinzip nicht in Frage stellen können, denn zwischen humanen, konstruktiven und inhumanen, destruktiven Gefühlen lässt sich nur durch rationale Überlegungen unterscheiden. Wie bereits gesagt, wurde die Fähigkeit, Mitgefühl zu empfinden, von Kant keineswegs gering eingeschätzt. Zwar habe man auf Emotionen keinen direkten willentlichen Zugriff, weshalb es keine Verpflichtung geben kann, *Empathie (Mitleid)* zu empfinden, wie z. B. die Pflicht besteht, zu helfen oder *gerecht* zu sein. Jedoch bestehe durchaus die »indirekte Pflicht, die mitleidige[n] natürliche[n] [...] Gefühle in uns zu kultivieren, und sie [...] zu benutzen [und] dem schmerzhaften Mitgefühl [...] nicht [...] auszuweichen; weil dieses doch einer der in uns von der Natur gelegten Antriebe ist, dasjenige zu tun, was die Pflichtvorstellung für sich allein nicht ausrichten würde« (Kant 1797/1993, S. 595; vgl. auch in Kap. 1.2.2 den dritten Abschnitt; Kap. 5.1.2). Jedoch fehlte den im Sinne Kohlbergs durchgeführten Dilemma-Diskussionen wohl häufig eine *emotionale Rückgebundenheit* an selbst beobachtete Situationen oder eigene Erlebnisse. Hierzu passt die empirisch gewonnene Erkenntnis, dass die Urteilsformen der kohlbergischen moralischen Niveaus früher auftreten, wenn Kinder von den geschilderten Dilemmata selbst betroffen sind. Beschränkt man dagegen die Erhebungen auf die Beurteilung fiktiver Situationen, erhält man ein schlechteres Bild ihrer Moralkompetenz (vgl. Kesselring 2012, S. 82).

Die Fähigkeit zur Empathie ist schon in den ersten Lebensjahren festzustellen. Das folgende Beispiel zeigt, dass der Erklärungsrahmen des *Egozentrismus* nicht ausreicht, um das beobachtete Verhalten des Tröstens plausibel zu machen. Schon kleine Kinder haben die Anlage zu *altruistischem* Verhalten:

> »Babys sind im Alter von eineinhalb Jahren fähig, sich in andere Personen einzufühlen und einen Spielkameraden, der sich wehgetan hat, zu trösten. Doch die Art, wie sie ihn trösten, ist ›egozentrisch‹: Sie bieten ihm den eigenen Teddybären oder die eigene Puppe an, womit sie sich in ähnlichen Situationen selber zu trösten pflegen (Hoffman 1983, S. 249). Diese egozentrische Tröstungs-Strategie verliert sich später. Kurz nach ihrem zweiten Geburtstag trösten Kinder den Kameraden, indem sie ihm seine eigene Puppe bringen.« (Kesselring 2014, S. 125)

Eine schulische Wertebildung muss also Gelegenheiten bieten zur Äußerung von Gefühlen und Entwicklung von Empathievermögen, um der ganzheitlichen Persönlichkeitsentwicklung des Kindes oder Jugendlichen gerecht zu werden. Die kantisch-kohlbergische Schwerpunktsetzung auf die Schulung von Argumentationsfähigkeit wird dabei aber nicht aufgegeben.

2. *Das Stufenmodell scheint zu vermitteln, dass Kinder und Jugendliche aufgrund ihrer kognitiven Fähigkeiten nicht in der Lage sind, anspruchsvolle Wertklärungs-Gespräche zu führen. Daraus würde folgen, dass diese dann auch nicht Zentrum schulischer Wertebildung sein können.*

Nur das *post-konventionelle* Niveau des Stufenmodells ist im eigentlichen Sinne moralisch zu nennen, die anderen sind vor-moralischer Natur. Auf *präkonventionellem* Niveau erscheint das Gute ausschließlich als das Nützliche und Angenehme.[13] Das *konventionelle* Niveau verlangt lediglich Anpassungsbereitschaft an die Regeln der Gesellschaft. Zahlreiche Untersuchungen im Anschluss an die Theorie Kohlbergs ergeben nun, dass Grundschulkinder bis zur 6. Klasse sich in ihrer Argumentation durchschnittlich auf *präkonventionellem* Niveau befinden, Schülerinnen und Schüler der Sekundarstufe, Adoleszente und junge Erwachsene allenfalls auf *konventionellem* Niveau (vgl. Oser 2001, S. 75). Dies würde bedeuten, dass junge Menschen letztlich kaum in der Lage sind, Situationen auf ihren eigentlichen moralischen Gehalt hin zu durchdringen und deshalb zu autonomen ethischen Entscheidungen nicht fähig sind (= Zustand der Unmündigkeit).

Es wurde bereits erwähnt, dass die amerikanische Kinderphilosophie seit den 1970er Jahren Kindern weitaus größere ethische Urteils- und Handlungsfähigkeit zubilligt, als die Theorie Kohlbergs zulässt, und mit der Stimme einer ihrer Pioniere, Gareth Matthews, Einspruch gegen eine traditionelle Entwicklungspsychologie erhebt, die die Möglichkeit weitestgehend bestreitet, dass Kinder zu diskursivem Denken fähig sind. Diese scheint einem Fortschrittsdenken verhaftet zu sein, welches ignoriert, dass Kinder ethische Impulse haben, die womöglich manchmal ›reiner‹ sind als beim sozialisierten Erwachsenen, der Rechtfertigungsstrategien für ichbezogene Handlungen entwerfen kann (vgl. Kap. 2.1.1, S. 63–64; vgl. auch Kesselring 1999, S. 228–232; Kesselring 2012, S. 75–82).

Tatsächlich sprechen viele Erfahrungen, die Erwachsene im Gespräch mit Heranwachsenden machen, gegen die allgemeine Gültigkeit des Stufenmodells. Selbst Äußerungen jüngerer Kinder lassen manchmal auf Einsichten ›weit über ihrem Niveau‹ schließen. Das Modell scheint Kinder und Jugendliche zu unterschätzen. Man kann an Piaget und Kohlberg kritisieren, dass sie die häufig bildhafte, an konkrete Vorstellungen und Beispiele gebundene Ausdrucksweise des Kindes zu wenig auf ihren ethisch-philosophischen Erkenntnisgehalt hin überprüft haben. Es scheint zuzutreffen, dass Piaget »die Distanz des wissenschaftlichen vom kindlichen Denken überbewertete, weil er die für das wissenschaftliche Denken charakteristische Ausdünnung an mythischen Elementen allzu einseitig als Fortschritt interpretierte« (Kesselring 1999, S. 232). So fragt man sich, ob die Fähigkeit von Kindern, das moralisch Richtige zumindest intuitiv zu verstehen, zu äußern und zu tun, durch das Modell zureichend wiedergegeben wird.

---

13 Vgl. die Merkmale echter Freundschaft nach Aristoteles gegenüber vor-moralischen Nutzen- oder Lust-Beziehungen in Kap. 4.1.1.

2.2 Die Stärkung des ethischen Reflexionsvermögens durch das Unterrichtsgespräch

Allgemein scheint mir der Ansatz des *Egozentrismus* zu eng zu sein, um kindliches Denken und Handeln zu erklären:

Auf unterster *präkonventioneller* Ebene gilt: Das kleine Kind »identifiziert sich weitgehend mit dem, was ihm die Eltern gebieten, und reagiert mit Schuldgefühlen, wenn es davon abweicht. [...] So assoziiert es Wohlverhalten einfach mit Straffreiheit: Jedes Verhalten, das nicht bestraft wird, gilt ihm intuitiv als gut« (Kesselring 2014, S. 134, der hier Piaget 1932/1973, S. 204 zusammenfasst). Ist die kindliche Intuition für das, was gut und gerecht ist, hier angemessen charakterisiert?

Auch die nächsthöheren Verhaltensmotive, nämlich fair zu sein zu denen, die fair zu mir sind, oder der Wunsch, den Erwartungen derjenigen zu entsprechen, die ich kenne und an denen mir liegt (*präkonventionelle* bzw. *konventionelle* Ebene), wirken rein nutzenorientiert und ausschließlich extrinsisch motiviert. Doch ist es nicht so, dass schon kleine Kinder Empathie zeigen (wie das Tröstungs-Beispiel mit der Puppe zeigt), und haben sie dabei nicht eine *nicht* an ihrem persönlichen Nutzen orientierte Idee vom Guten und Bösen, welche manchmal in ihrer Spontaneität zutreffender erscheint als die eines Erwachsenen (der sich rational von Intuitionen und Befindlichkeiten distanzieren und sie uminterpretieren kann)? Woher sollen Rationalität, Erkenntnis des Guten und autonome Entscheidungsfähigkeit denn kommen, wenn nicht im Kern schon der kleine Mensch um sie weiß? Nicht *Egozentrismus*, sondern eine intuitive Idee *vom Guten an sich* scheint am Beginn zu stehen. Nach Martin Buber ist das Erste eine Beziehungseinheit, aus der sich *Ich* und *Du* als selbstständige Einheiten erst herausbilden. Die Ich-Identität ist erst später gegeben, so dass das *Gute für mich* nicht den Anfang eines sich entwickelnden ethischen Bewusstseins bilden kann. Entsprechend gelingt es Gertrud Nunner-Winkler (2008) empirisch nachzuweisen, dass bereits Kindergartenkinder über ein moralisch angemessenes Wissen um die autoritäts- und sanktionsunabhängige, universelle Gültigkeit einfacher moralischer Regeln verfügen.

Mehr als Piaget und Kohlberg scheint die ältere klassisch-pädagogische Tradition über *Sokrates, Comenius, Rousseau, Kant* und *Herbart* jungen Menschen zuzutrauen, denn sie vermutet im Kind »Keime zum Guten« (Kant 1803/1995, S. 705), die sich in einer günstigen Lernumwelt selbstständig entfalten. Sicher ist richtig, dass intuitive moralische Impulse leichter korrumpierbar sind als reflektierte Einsichten, und Kinder aus körperlicher und intellektueller Schwäche heraus falschen Erwachsenen-Vorbildern kaum Widerstand leisten können. Sie neigen dann dazu, diesen mehr zu glauben als sich selbst bzw. aus Furcht und Gehorsam zu handeln.

Abschließend lässt sich das Argument anführen, dass Kompetenzfeststellungen nicht unbedingt Schlussfolgerungen darüber zulassen, welche Anforderungen an Kinder und Jugendliche gestellt werden sollten und welche nicht. Erziehung ist kein Herstellungsprozess, sondern eine Anerkennung und ein Emporziehen dessen, was im Keim schon da ist. Menschen haben im Gegensatz zu Maschinen die Fähigkeit, sich in Eigenaktivität *selbst zu überbieten*. Sören Kierkegaard (1813–1855) drückt dies in einem gelungenen knappen Satz aus:

> »Erziehen beginnt damit, dass man den, der erzogen werden soll, so betrachtet, dass er der Fähigkeit nach schon sei, was er werden soll; und indem man mit dieser Betrachtung auf ihn zielt, weckt man es in ihm auf.« (Kierkegaard 1832-1839/2004, S. 126)

Derselbe Gedanke findet sich auch bei Goethe:

> »Wenn wir [...] die Menschen nur nehmen, wie sie sind, so machen wir sie schlechter; wenn wir sie behandeln, als wären sie, was sie sein sollten, so bringen wir sie dahin, wohin sie zu bringen sind.« (Goethe 1795/1979, *Wilhelm Meisters Lehrjahre*, 8. Buch, 4. Kap., S. 575)

Für ein Verständnis von Erziehung als Appell an die Empathiefähigkeit und Vernunft entwicklungsfähiger junger Menschen in Abhebung von Disziplinierungsmaßnahmen und Sozialisationsvorgängen spricht außerdem, dass in einem ethischen Erziehungsprozess nicht nur der Inhalt, sondern auch die Methode ethisch gerechtfertigt sein muss, d. h., die beginnende Autonomie des Heranwachsenden ist zu respektieren und dadurch zu steigern. Daraus kann folgende methodische Konsequenz abgeleitet werden:

> »Da nun Entscheidungsfähigkeit nicht bloß ein Ziel von Bildungsprozessen ist, sondern zugleich zu ihren Vorbedingungen zählt, sollten Kinder und Jugendliche schon früh Entscheidungen treffen lernen und in Entscheidungen mit einbezogen werden.« (Kesselring 2012, S. 198)

Ein schönes Beispiel für einen Erzieher, der Kinder im Gespräch ernst nimmt, an ihre Empathiefähigkeit und Vernunft appelliert und ihnen dadurch die Augen für einen hilfsbedürftigen Mitmenschen öffnet, ist eine kleine abgeschlossene Geschichte innerhalb des Romans *Der Idiot* von Fjodor Dostojewskij (1821–1881). Hier wird geschildert, wie Dorfkinder zunächst die allgemeine Verachtung der von einem französischen Kommis verführten Marie teilen, indem sie diese mit Steinen bewerfen. Die Überzeugungskraft des *Idioten* führt jedoch zu einer Umwandlung der kindlichen Denk- und Handlungsweisen. Die Kinder helfen Marie und verteidigen sie sogar gegen die Erwachsenen.

Von der guten Kinderseele (Dostojewskij 1869/1980, 1. Teil, Kap. 6, S. 105–107)

> »Da aber geschah etwas Merkwürdiges: Die Kinder, die ich inzwischen auf meine Seite gebracht und gelehrt hatte, Marie mit anderen Augen zu betrachten, traten plötzlich für sie ein! Das war so zugegangen: [...] Immer von neuem versuchte ich nun, ihnen klarzumachen, wie unglücklich die arme Marie doch sei. Allmählich wurden sie nachdenklich und hörten auf zu schimpfen, wenn ich mit ihnen sprach. Endlich begannen sie von selbst mit mir zu plaudern. Da hatte ich denn gewonnenes Spiel! Der Wahrheit gemäß, ohne irgendetwas zu beschönigen, erzählte ich ihnen alles, was ich von Marie wusste. Sie hörten mir begierig zu, und bald erwachte das natürliche Mitleid in den kleinen Seelchen. Sie begannen allmählich, Marie zu grüßen, wenn sie ihr begegneten, ihr ein freundliches ›Grüß Gott‹ zuzurufen, wie es dort bei Begegnungen, auch zwischen Fremden, üblich ist. Sie können sich denken, wie das auf Marie wirkte! Dann hatten eines Tages zwei von den

2.2 Die Stärkung des ethischen Reflexionsvermögens durch das Unterrichtsgespräch

kleinen Mädchen aus eigenem Antrieb Marie was zu essen gebracht und mit ihr geplaudert. Nachher kamen sie zu mir gelaufen, berichtend, wie Marie geweint habe und wie sie sie jetzt nun umso mehr lieb haben wollten! Bald hatten auch die anderen nicht nur Marie, sondern auch mich ins Herz geschlossen. Die Kleinen umringten mich bei jeder Gelegenheit, baten, ich möchte ihnen was erzählen. Ich muss es wohl verstanden haben, den richtigen Ton zu treffen, denn sie konnten sich gar nicht genug tun, mir zuzuhören. Und auch ich selbst las und lernte bald nur noch in dem einen Gedanken, mit dem einen Ziel: den Kindern möglichst viel erzählen zu können! So lebte ich drei Jahre lang.«

Interpretation

Das Verhalten der Dorfkinder kann nicht zureichend mit dem Ansatz des *Egozentrismus* erklärt werden. Es spiegelt nicht nur die *präkonventionelle* oder *konventionelle* Entwicklungsstufe, sondern ist Ausdruck einer kindlich-intuitiven moralischen Fähigkeit, ohne die die Erreichung der *autonomen* Stufe nicht möglich wäre.

Die Kinder kommen zwar nicht alleine auf die Idee, Marie freundlich zu behandeln. Der *Idiot* muss sie zuerst »auf seine Seite bringen« und »lehren, Marie mit anderen Augen zu betrachten«. Auf den ersten Blick scheint es, als ob das geänderte Verhalten der Kinder gar kein Fortschritt in ihrer moralischen Entwicklung ist, sondern lediglich durch einen Wechsel der Autoritätsperson bedingt, der gegenüber sie sich loyal erweisen und konform verhalten. Man könnte mit Kohlberg schlussfolgern: Weil der *Idiot* den Kindern mehr Aufmerksamkeit schenkt als die eigenen Eltern, liegt es in ihrem Interesse, dessen Wertmaßstäbe zu übernehmen. Sie verharren also weiterhin auf dem *präkonventionellen* oder *konventionellen Niveau*.

Doch sind die Verhaltensänderungen damit zureichend erklärt? Es scheint vielmehr, als seien die Kinder durch das Hinzukommen des *Idioten* zur Dorfgemeinschaft erstmalig mit der Dilemma-Situation unterschiedlicher Wertsysteme konfrontiert. Er wendet sich durch das Gespräch den Kindern zu, widmet ihnen Zeit und Aufmerksamkeit, fordert ihre Urteilskraft heraus und zeigt dadurch, dass er sie mag und ernst nimmt. Der *Idiot* überzeugt die Dorfkinder also nicht nur durch sein Argumentationsvermögen, sondern auch durch seinen liebenswürdigen, besonnenen Charakter. Alle Eigenschaften des *Idioten*, sowohl seine Fähigkeit, auf seine kleinen Zuhörer einzugehen, als auch die verständnisvolle, anschauliche Darlegung der Situation Maries, ermöglichen den Kindern die Entwicklung von Empathie. Auch handelt der *Idiot* selbst gemäß seinen geäußerten Überzeugungen. Er ist als Gesamtpersönlichkeit eine Person, die Vertrauen erweckt, überzeugt und nachahmenswert erscheint.

Schließlich folgen die Kinder der ›attraktiveren‹ Denk- und Handlungsweise des *Idioten*. Sie halten sie wohl kaum für nur *für sich selbst* besser oder *für die Dorfgemeinschaft*, sondern sie empfinden und erkennen sie als *allgemein humaner*. Der *Idiot* hätte sie damit nicht nur *beeinflusst* (= Sozialisations- oder An-

*passungs*vorgang), sondern *überzeugt* (d. h. zu ihrem Fortschritt in der *Autonomie*entwicklung beigetragen). Die Kinder in Dostojewskijs Roman sind zu *selbstständigem* Denken und Handeln fähig, weil die Umwelt (= der *Idiot*) sie zu Entscheidungsprozessen positiv anregt. Dostojewskijs Erzählung kann als Hinweis darauf gesehen werden, dass autonomes ethisches Handeln sowohl kognitive Fähigkeiten als auch Empathievermögen verlangt, das durch kompetente Erziehungspersonen, die in beidem Vorbild sind, ›hervorgelockt‹ werden kann.

Die Geschichte ist außerdem ein Plädoyer dafür, sich mit Kindern über moralische Fallbeispiele auf ein Gespräch einzulassen. Sie ist natürlich fiktiv. Doch ist einem berühmten Schriftsteller durchaus zuzutrauen, kindliches Verhalten wirklichkeitsgerecht dargestellt zu haben.

3 Liebe als Grundlage aller Werte

»Der Mensch ist dabei, sich Ersatzorgane zu schaffen, Radargeräte jeder Art, Messinstrumente, die, wie es heißt, genauer und schneller arbeiten als Auge und Ohr. Seine Hybris scheint überzeugt, dass dieser Entwicklung keine grundsätzlichen Grenzen gesetzt sind. Das mag sein; indessen hat es den Anschein, als würde der Mensch blinder je mehr er sieht. Denn eigentlich kann er sich nur dem nähern, was er liebt, und nur das vermag er wirklich zu erkennen. Die blinde Hand, die voller Liebe eine Blume ertastet, sieht sie besser als das Auge, das ganze Gärten gleichgültig registriert. Die Welt ist in ihrer Messbarkeit erweitert, in ihrer Innigkeit verkleinert worden.« (Eich 1970, S. 21–22)

»Allgemein besteht Liebesfähigkeit in einem entwickelten Sensorium für den Wertreichtum der Welt, der menschlichen wie der außermenschlichen. Das Objektiv-Richtige und das Subjektiv-Moralische dankbar zu empfinden, das Schlechte und Böse von seinen Ursachen her zu verstehen, macht das Wesen jener Liebe aus, die man jedem Menschen, ja selbst dem Ganzen des Seins entgegen bringen kann. Es ist diese Liebesfähigkeit, die den Menschen im höchstem Maße liebenswert macht, es ist dieser Sinn für die Wertfülle des Seins, der letztere krönt und vollendet.« (Hösle 1997, S. 377)

In diesen beiden Zitaten kommt die *Liebe* als Grundfähigkeit des Menschen zum Ausdruck. Günter Eich behauptet, dass unsere Wahrnehmungsleistungen mehr subjekt- als objektabhängig sind, d. h., man sollte mehr auf eine liebende Haltung der Umwelt gegenüber achten statt auf die Präzisierung technischer Hilfsmittel. Nicht die höhere Datenmenge, sondern höhere Aufmerksamkeit führt zur Erkenntnissteigerung. Auch für Vittorio Hösle ist *Liebe* das Wahrnehmen und Verstehen der »Wertfülle des Seins«. Beide folgen einer klassischen Tradition, die in der *Liebe* eine umfassendere Lebenshaltung sah als z. B. in der *Gerechtigkeit*. Jedoch hat *Gerechtigkeit* viel mit *Liebe* zu tun: Wenn man den anderen *achtet, respektiert* und ihm deshalb *gerecht* werden will, so ist dies eine Form von *Liebe*. Den Unterschied zwischen *Gerechtigkeit* und *Liebe* würden die meisten Menschen wohl im *Eros*, in der *Leidenschaftlichkeit* der *Liebe* sehen, während *Gerechtigkeit* eher mit einer *sachlichen* Haltung verknüpft wird – der *Gerechtigkeitsfanatiker* gilt als eher negative Figur. Wer etwas *gerecht* verteilen will, muss ein Augenmaß für *Gleichheit* haben und den streitenden Parteien argumentativ klarmachen, wie viel ihnen zusteht – nicht mehr, aber auch nicht weniger. Bei der *Liebe* kommt zur *Sachlichkeit* das *Feuer* hinzu (vgl. Kap. 3.1). Augustinus konnte sagen »*Dilige et quod vis fac – Liebe und tue, was du willst*« (Augustinus, epist. Ioh. 7, 8), ohne damit Permissivität zu propagieren, weil liebendes Handeln das Handeln nach ethischen Grundsätzen noch übertrifft: »[M]oralisch handeln heißt handeln, *als ob* man lieben würde. [...] Was bliebe ohne die Liebe von unseren Tugenden übrig? [...] Sie ist das Alpha und Omega einer jeden Tugend« (Comte-Sponville 2004, S. 264–265).

Ähnlich sieht David Hume in seinem *Traktat über die menschliche Natur* (1740/1978) die Pflege einzelner ethischer Grundhaltungen nur als eine Art Krücke an, weil wir nicht lieben. So kann z. B. eine Lehrperson einen jungen Menschen gerecht behandeln, auch wenn sie ihn nicht sympathisch findet. Ihr sollte bewusst sein, dass sie manch liebenswürdigen Zug vielleicht an ihm übersehen hat oder hervorlocken könnte. Denn wenn die Lehrperson zeigt, dass sie manch Liebenswertes an einem jungen Menschen entdeckt, hilft sie diesem, seine guten Seiten zu entfalten. Das macht die Schülerin oder den Schüler wiederum sympathischer, so dass die Lehrperson einen noch größeren Willen entwickelt, ihr oder ihm gerecht zu werden. So haftet der *Liebe* eine eigentümliche unabsehbare Dynamik an. Der jüdische Dialogphilosoph Franz Rosenzweig (1886–1929) unterscheidet die *Liebestat* von der *Zwecktat*; erstere ist selbstzwecklich und daher sinnerfüllter:

> »Die Liebe kann nicht anders als wirken. Es gibt keine Tat der Nächstenliebe, die ins Leere fällt. Grade weil die Tat blind getan wird, muss sie irgendwo als Wirkung zum Vorschein kommen. Irgendwo, ganz unberechenbar wo. Würde sie sehend getan, wie die Zwecktat, dann freilich wäre es möglich, dass sie spurlos unterginge; denn die Zwecktat geht nicht breit, offen und unbedacht in die Welt, sondern sie ist zugespitzt auf ein bestimmtes gesehenes Ziel [...], und wenn sie überhaupt an ihr Ziel kommt, so mündet sie ein in ihren Erfolg. Ihr weiteres Schicksal ist dann abhängig vom Schicksal dessen, woran sie Erfolg hatte; stirbt es, so stirbt sie mit ihm. [...]
> Ganz anders die Liebestat. Es ist sehr unwahrscheinlich, dass sie wirklich den Gegenstand erreicht, dem sie zulief. Sie war ja blind [...]; sie weiß den Weg nicht. Wie sie sich ihn so blindlings sucht, ohne Deckung, ohne Zuspitzung: was ist wahrscheinlicher, als dass sie den Weg verliert? Und dass sie – zwar irgendwo anlangt und infolge ihres breiten Ausströmens sogar bei mehr als einem einzigen Irgendwo, aber ihren ursprünglichen Gegenstand, dem sie zugedacht war, nie zu sehen bekommt.
> Vielleicht ist es nicht zu viel gesagt, dass die eigentlichen Wirkungen der Liebe alles Nebenwirkungen sind.« (Rosenzweig 1921/1976, S. 299–300)

Sehen und *Blindheit* sind die dialektischen Metaphern, die in den Zitaten Eichs, Hösles und Rosenzweigs direkt oder indirekt vorkommen, um auszudrücken, dass die *Liebe* intuitiv eine tiefere Wirklichkeitsdimension, eine *Seinsverbundenheit* des Einzelnen mit allen und allem wahrnimmt. (*Sehen* gilt wiederum als Metapher für das ganze Sensorium.) *Sehen* und *Verstehen* sind Weisen menschlichen *Lebens*, der Kontaktaufnahme und des Austauschs mit anderen. Somit gehören *Leben* und *Lieben* im Grunde zusammen. *Leben* heißt eigentlich

> »Leben in Verbindung, in Beziehung und in Beziehungen, in einem Leben miteinander und füreinander. Unser Ich ist von innen her aufgebrochen. Egoismus ist ein Missverständnis, uns zutiefst wesensfremd, nichts als eine destruktive Illusion. Denn wir sind eingefügt in einen Organismus, in einen Leib, an dem wir Glieder sind.« (Schmidt, J. 2010, unveröff. Text)

> »Glied sein heißt: Leben, Sein und Bewegung nur von dem Geist des Körpers und für den Körper zu haben. Das abgesonderte Glied, das den Körper, zu dem es gehört, nicht mehr bemerkt, hat nur ein Dasein, das verfällt und stirbt. Es hält sich indessen für ein Ganzes; und da das Glied nichts von dem Körper, von dem es abhängig ist, bemerkt, glaubt es, es sei nur von sich abhängig, und es will sich selbst zum Mittelpunkt und Körper machen. Da das Glied aber in sich selbst keinen Grund zum Leben hat, kann es sich nur verirren [...]. Gelangt es endlich dahin, sich zu erkennen, ist es wie heimgekehrt und liebt sich selbst nur noch durch den Körper

und beklagt seine früheren Verirrungen.« (Pascal, 1670/1994, S. 222 – Fragment 483 der *Pensées*)

Man liebt als ganzer Mensch, mit *Herz* und *Verstand*. Die pädagogisch-psychologische Trennung zwischen *Emotion* und *Kognition* entspricht nicht unserer Erfahrung. Man muss sich nur vor Augen führen, dass Kognitionen Emotionen beeinflussen und umgekehrt. Methodisch kann man das tun – im Folgenden werden deshalb die zwei Aspekte der Liebe in einzelnen Kapiteln dargestellt – wobei unter 3.1.1 zunächst mit der Liebe als *Verstehen* begonnen wird, um dann unter 3.1.2 die Liebe als *Leidenschaft* zur Sprache zu bringen – doch nur, um die Verwiesenheit der Komponenten aufeinander deutlich zu machen, die so weit geht, dass die eine ohne die andere keine Liebe mehr ist. Hier ergibt sich eine Parallele zur Gesamtausrichtung des Buches, die *Wertebildung* gleichermaßen als Entwicklung von *Empathie-* und *Reflexionsfähigkeit* ansieht (vgl. Kap. 1.2.2) und *Liebe* mit *Gerechtigkeit* in Verbindung bringt (vgl. das Motto von Martha Nussbaum).

3.1 Was versteht man unter Liebe?

3.1.1 Liebe als Verstehen

Meistens wird unter *Liebe erotische Liebe* verstanden und *Liebe* und *Leidenschaftlichkeit* in einem Zug genannt. Ohne den *Verstehens-* oder *Gerechtigkeits*aspekt kann Leidenschaftlichkeit jedoch zur egoistischen Obsession werden, die dem geliebten Menschen den Freiraum nimmt. Solchen Antrieb dann als *Liebe* zu bezeichnen, zeigt nur, dass dieser Begriff »eines der vieldeutigsten, missverständlichsten und missbrauchtesten Wörter ist. Jede flüchtige Vorliebe, ja jede ihr Objekt missachtende Gier kann ›Liebe‹ heißen« (Keller 2010, S. 257). Wer den anderen verstehen will, verzichtet dagegen auf den Wahn, der Nabel der Welt zu sein.

> »Charakteristisch für das Erwachtsein zur Vernunft ist […] die Entdeckung, dass es das schlechthin andere gibt, […] das für mich gerade als Unverstandenes gewusst wird. […] Etwas nicht als Gegenstand, sondern als schlechthin wirklich, als Selbstsein zu realisieren, das ist das, was […] vernünftige Liebe […] heißt.« (Spaemann 1990, S. 127)

»Vernünftige Liebe« klingt zwar wie ›Vernunftehe‹, doch meint Spaemann etwas Positives, nämlich eine *geistige* Haltung, die von sich selbst absehen, die etwas anderes, vor allem aber jemanden anderen als »Selbstsein realisieren« kann. Sie hält davon ab, von ihm rücksichtslos Besitz zu ergreifen. Spaemann versucht mit dem Begriff der »vernünftigen Liebe« denjenigen entgegenzukommen, die vermeiden, das Wort *Liebe* (oder z. B. das des *pädagogischen Eros)* in den Mund zu nehmen, weil sie es als allzu sinnlich-gefühlsmäßig besetzt empfinden, und lieber sachlichere Begriffe wie *Achtung*, *Respekt* oder *Solidarität* verwenden – letzteres ›Synonym‹ ist der Einfall einer meiner Studenten. Doch kann das Suchen nach Ersatzwörtern auch ein mangelndes Vertrauen in die menschliche Liebesfähigkeit zum Ausdruck bringen.

Ein Vergleich zum Tier soll illustrieren, worin diese besteht: Im Blick des Löwen ist die Antilope nichts anderes als Beute. Menschen dagegen haben die Möglichkeit, das ›Selbstsein‹ des Tieres, z.B. die Schönheit der Antilope zu betrachten. Sie sind offen für die Welt, haben nicht nur wie Tiere eine Umwelt und können fragen, was etwas ›an sich‹ ist und nicht nur ›für mich‹. Das bedeutet keineswegs, dass nicht auch Menschen den ›tierischen‹ Blick der Begierde haben und ihre Vernunft rein instrumentell gebrauchen können, indem sie lediglich den *Nutzwert* ihrer Umgebung registrieren. Aber Menschen sind prinzipiell zu ›mehr‹ in der Lage, nämlich zu einem Blick, der ohne Eigeninteresse von Wahrem, Gutem und Schönem gefangen genommen werden kann. Ob man umgekehrt die Fähigkeiten des Tieres unterschätzt, wenn man es auf Instinktgebundenheit reduziert, soll an dieser Stelle dahingestellt bleiben.[14]

Andererseits erscheint aus dem Blickwinkel der *Natur* das *Kulturwesen Mensch* aufgrund seiner Instinktarmut als defizitär. Entsprechend bezeichnet Arnold Gehlen (1904–1976) ihn als *Mängelwesen*. Im irisch-keltischen Mythos kommt die »Mangelhaftigkeit« des Menschen als Verlust von Vollkommenheit und Unbeschwertheit zum Ausdruck:

> »[...] zu Lande und in der Luft war immer etwas außer mir, ausschweifend und störend: So schwingen die Arme zu Seiten des Menschen und müssen beachtet werden [...]. Doch der Fisch ist ein einziges Stück von der Nase bis zum Schwanz, er ist vollkommen, einfach und unbeschwert. Er dreht sich und steigt und taucht und wendet in einem Schwung.« (Nach Stephens 1936, S. 14)

Jedoch ermöglicht dieses ›Defizit‹, das das Auftauchen des Geistes meint, dem Menschen, aus sich herauszugehen, die Perspektive zu wechseln und den anderen in seinem Selbstsein wahrzunehmen. Für Gehlen (1940) ist *Geist* nicht nur ein Bereich, der beim Menschen zum Physischen einfach hinzukommt, sondern etwas so Umfassendes, dass er körperlichen Akten wie Essen oder Geschlechtsverkehr eine *symbolische* Bedeutung verleiht (zu Gehlen vgl. auch Hösle 2013, S. 273). Im irisch-keltischen Mythos kommt die Symbolfähigkeit des Menschen zur Sprache: Sein aufrechter Gang und seine seitlich schwingende Arme geben den Blick frei; die Arme, statt der Fortbewegung zu dienen, sind nun Mittel des (Be-)Greifens, die Haltung einer verstehenden Zuwendung zu Dingen und Lebewesen ist nun möglich. Die äußere Haltung des Menschen ist von seiner inneren geprägt.

---

14 Neuere Untersuchungen zur Tier-Verhaltensforschung überschreiten frühere behaviouristische Annahmen, indem sie davon ausgehen, dass höhere Säugetiere fähig zu Sympathiekundgebungen sind (vgl. Süddeutsche Zeitung vom 5.2.2011: *Kumpel auf der Koppel. Lange Zeit hat die Wissenschaft es ignoriert – jetzt erkennen Verhaltensbiologen, dass auch Tiere gerne mal für andere da sind*).

So nimmt menschliche *Liebe* den anderen nicht nur als ein Bündel angenehmer Eigenschaften wahr, sondern dringt zum Kern seiner Person vor und gibt ihm Raum:

»Jemanden lieben heißt wollen, dass er frei ist, oder ihn als Freien bejahen. Ihn etwa als jungen, tüchtigen, hilfsbereiten, hübschen, klugen usw. bejahen, kann diese Liebe zwar entfachen oder bereichern, ist aber dieser Grundeinstellung gegenüber sekundär, ihn als freien zu wollen.« (Keller 2010, S. 259)

Novalis drückt dies im *Heinrich von Ofterdingen* (Kap. 18) als Liebeserklärung an *Mathilde* aus:

»Könntest du nur sehn, wie du mir erscheinst, welches wunderbare Bild deine Gestalt durchdringt und mir überall entgegen leuchtet, du würdest kein Alter fürchten. Deine irdische Gestalt ist nur ein Schatten dieses Bildes. Die irdischen Kräfte ringen und quellen, um es festzuhalten, aber die Natur ist noch unreif; das Bild ist ein ewiges Urbild, ein Teil der unbekannten heiligen Welt.« (Novalis 1802/1977, Band I, S. 288–289)

3.1.2 Liebe als Leidenschaft

»Ich will dir sagen [...] was wahre Liebe ist. Es ist blinde Hingabe, bedingungslose Selbsterniedrigung, völlige Unterwerfung, Vertrauen und Glaube wider besseres Wissen und gegen die ganze Welt, sich mit Herz und Seele demjenigen ausliefern, der den tödlichen Schlag führt.« (Dickens 1861/2011, Band 2, Kap. X, S. 343)

Als die alternde Schlossherrin Miss Havisham diesen Ausspruch zum jungen Liebhaber Pip in Charles Dickens' Roman *Große Erwartungen* macht, sitzt sie ihm im verblichenen Hochzeitskleid gegenüber. Alle Uhren ließ sie vor langer Zeit anhalten, als ihr Verlobter nicht zur Hochzeit erschienen war.

Hier kommt der *leidenschaftliche, erotische* Aspekt von Liebe zum Ausdruck; eine Liebe, die am Anfang ein Funke ist, der dann alles in Brand setzt und im Fall von Miss Havisham eine destruktive Wirkung entfaltet: Gegen alle Ratschläge hatte Miss Havisham ihrem Geliebten große Teile ihres Vermögens überschrieben, bevor er das Weite suchte. Nun bleibt ihr nichts als die Selbstzerstörung, die sie im Laufe des Romans auch noch auf andere Personen auszuweiten trachtet.

Schriftsteller tendieren wohl eher als Philosophen dazu, in der *Leidenschaftlichkeit* ein Merkmal der *Liebe* zu sehen. Für Thomas Mann liegt ein Sinn in ihrer erstaunlichen Begriffsunschärfe:

»Unserer Meinung nach ist es [...] geradezu lebensunfreundlich, in Dingen der Liebe zwischen Frommem und Leidenschaftlichem ›reinlich‹ zu unterscheiden. Was heißt da reinlich! Was schwankender Sinn und Zweideutigkeit! Wir machen uns unverhohlen lustig darüber. Ist es nicht groß und gut, dass die Sprache nur ein Wort hat für alles, vom Frömmsten bis zum Fleischlich-Begierigsten [...]? Das ist vollkommene Eindeutigkeit in der Zweideutigkeit, denn Liebe kann nicht unkörperlich sein in der äußersten Frömmigkeit und nicht unfromm in der äußersten Fleischlichkeit, sie ist immer sie selbst [...] – Charitas ist gewiss noch in der bewunderungsvollsten oder wütendsten Leidenschaft. Schwankender Sinn? Aber man lasse in Gottes Namen den Sinn der Liebe doch schwanken!« (Mann 1924/2015, Kap. 7, 4, S. 823–824)

Die Spannweite des Begriffs ist Ausdruck für unterschiedlichste Verwirklichungsformen der Liebe, ihres Alpha und Omega-Seins aller Werte, von dem zu Anfang des Kapitels die Rede war. Schon die Griechen sahen hier eine kosmische Grundmacht lebendigen Geschehens am Werk, der die Menschen ausgeliefert sind. *Eros* meint Leidenschaftlichkeit, die Denken und Planen übersteigt; der Mensch, getroffen durch das Schöne, begehrt es fortan mit leidenschaftlicher Begeisterung, bis zur Vereinigung. Die Erfahrung erotischer Anziehungskraft führt zu einer unstillbaren Sehnsucht, in der Platon das Streben nach dem *Guten an sich*, letztlich nach *Unsterblichkeit* sah. Der griechische *Eros* hat eine viel umfassendere Bedeutung, als unser Sprechen über »erotische Beziehungen« ahnen lässt; von dieser zeugt die Rede des Phaidros in Platons *Symposion (Das Gastmahl)*:

> »[E]r allein, der Eros – nur er bringt einen dazu, dass man sich schämt. Ich meine, dass man sich schämt, Unrecht zu tun, etwas Gemeines, etwas Niederträchtiges, Unehrenhaftes. Feige zu sein, zum Beispiel. Man schämt sich nur, wenn man liebt. Wer nicht liebt, der tut auch nicht, was recht ist.« (Platon, zit. n. Pieper 1993, S. 90; vgl. auch die Originalstelle im Praxisteil, Kap. 3.2.2)

Der Verstehens-Aspekt der Liebe ist hier wieder mit eingeschlossen; eine Trennung zwischen vernünftiger und gefühlsmäßiger Liebe findet nicht statt. Für sich genommen kann der dem *Eros* anhaftende Aspekt der Leidenschaftlichkeit *positiv* wie *negativ* interpretiert werden. Davon ist im Folgenden die Rede.

Leidenschaft als Weg zum Glück?

Dem bisher nur um sich selbst kreisenden Ich geht der Wert einer anderen Person im Getroffensein durch ihre Schönheit auf. Jörg Splett kritisiert deshalb eine lange griechisch-christliche Tradition der Abwertung des *Eros* als *Ausgeliefertsein* an das *Begehren*. *Eros* ist »nicht bloß Bedürfnis, sondern erst einmal Entzücken« (Splett 2008, S. 66). *Eros* lediglich als *Begehren* zu kennzeichnen, ist zu einseitig und selbstbezogen gedacht. Schon erste sexuelle Regungen geben einen Hinweis darauf, dass *Eros* auf *Hingabe* zielt:

> »Das sexuelle Verlangen unterscheidet sich wesentlich von Hunger und Durst. Darum verfehlen ›Glas-Wasser‹- oder ›Glas-Milch‹-Theorien das Phänomen. [...] Die sexuelle Begierde des Menschen zielt nämlich keineswegs nur und eigentlich auf Spannungsabfluss oder – in Hinblick auf diesen – auf Spannungssteigerung; ihr eigentliches Ziel ist vielmehr die Begierde des anderen [...], nachweisbar bis in die gewöhnlichen Onanie-Phantasien hinein. [...] Der Mensch begehrt, begehrt zu werden. – Bereits vormoralisch ist die Sexualität des Menschen intersubjektiv.« (Splett 2008, S. 59)

Häufig stellt sich mit dem Aufkeimen von Hingabebereitschaft gleichzeitig die Angst vor Kontrollverlust ein. Das verbreitete Phänomen der Magersucht während der Pubertät z. B. kann als Unterdrückung der eigenen Leiblichkeit, als Angst vor der Unberechenbarkeit der eigenen Gefühle gedeutet werden. Angst bleibt bei sich und lässt sich auf das ›Geschenk‹ des anderen nicht ein, bringt sich und ihn damit aber auch um Glückserfahrungen. »Sexualität als Ruf zum Aufbruch aus sich heraus zum Nicht-Ich, dem Du, zur Ekstase im Für- und Mit-sein [...] macht Angst und fordert Tapferkeit« (ebd., S. 68–69).

Leidenschaft als Weg ins Unglück?

Schon bei den Griechen findet sich ein stark pessimistischer Anstrich sinnlicher Liebe. Sie ist – egal unter welchen Umständen – unglücklich: Sie leidet, so lange sie die Geliebte oder den Geliebten nicht hat, sie kann eifersüchtig nicht sehen, dass diese mit anderen glücklich sind, doch selbst im Zusammensein findet sie – wie *Don Juan* – nie vollkommene Erfüllung, denn der Funke verlöscht, die Spitzenerlebnisse flachen ab. Die geflügelten lateinischen Worte unbekannten Ursprungs dafür lauten: *Post coitum omne animal triste est – Nach dem Koitus ist jedes Lebewesen traurig.* Wohl deshalb, so der Gedanke, weil der Rausch verfliegt, Fremdheit zu langweiliger Vertrautheit und der Mensch sich wieder seiner ursprünglichen Einsamkeit bewusst wird. Das von den Griechen entworfene Bild der unerfüllbaren erotischen Liebe ist bis heute populär (z. B. »Ehen enden im Krieg oder in der Langeweile.«).

Langeweile ist nicht das Einzige, was die Liebe bedroht – ihr Feuer kann auch eine zerstörende Kraft entwickeln, wie wir bereits am Beispiel von Miss Havisham sahen. Liebe kann blind machen, wovon eine berühmte Geschichte der Bibel zeugt:

> »König David [...] ist von der Leidenschaft zu Bethsabee so hingerissen, dass er deren Mann an einen Platz im Krieg schickt, wo er mit Sicherheit umkommt. Die Liebe zu Bethsabee macht ihn blind gegen die Niedertracht, die in dieser Handlungsweise liegt. In gewisser Weise macht Leidenschaft sehend, sie öffnet den Blick für eine Wertqualität; zum Beispiel hier für die Schönheit der Frau. Ein leidenschaftsloses Leben ist deshalb nicht eigentlich ein gutes Leben. Einem Menschen, der über ein Unrecht nicht zornig werden kann, dem fehlt etwas Wesentliches. Die Leidenschaft erschließt einen Wert oder Unwert, aber sie verstellt uns gleichzeitig die Proportionen, in denen er gesehen werden muss. Wer deshalb aus Leidenschaft handelt, handelt in Wirklichkeit gar nicht um des Wertes willen, sondern egoistisch; er versteift sich nämlich darauf, *seine* Perspektive auf die Sache an die Stelle der Sache selbst zu setzen.« (Spaemann 2009, S. 43–44)

Zusammenfassend gesagt: »Leidenschaft erschließt Wertqualitäten, aber nicht deren Rangordnung« (ebd., S. 44; vgl. Einleitung, S. 17). Ohne Empathie und Vernunft führt sie ins Unglück.

3.1.3 Wie aber kommt Empathie und Vernunft in die erotische Liebe?

König Davids Liebe schlägt um in Lieblosigkeit, nämlich egoistisches Begehren gegenüber Bethsabee und ungerechtes Handeln gegenüber Bethsabees Ehemann, weil seine Leidenschaftlichkeit über Empathie, Anstand und Besonnenheit die Oberhand gewinnt. Liebe braucht also nicht nur *Feuer*, sondern auch Zügelung durch sachlichere Komponenten, etwa Gerechtigkeitserwägungen.

Wie aber kommt Empathie und Vernunft in die *erotische Liebe*? Hierzu werden zwei Lösungen angeboten:

3 Liebe als Grundlage aller Werte

- Im folgenden Kapitel 4 zur Freundschaft erfährt der *Eros* eine Ergänzung durch die *Philia*, die verstehende Fürsorge.
- Wie schon gesagt: Eine ergänzende Deutung des *Eros* sieht in ihm weniger Begehren als »Entzücken« (Splett 2008, S. 66). So finden sich im *Eros* eher Vertrauensmomente als egoistische Tendenzen.

Das griechische Eros-Denken stellt auch nicht grundsätzlich das Ich anstelle des Du in den Mittelpunkt. Platon etwa charakterisiert den Eros als Streben nach dem *Guten* und als Grundlage des Schamgefühls, das von unrechtem Handeln abhält. Schattenseiten wie Getriebenheit, Kontrollverlust, Flüchtigkeit, Langeweile und die Inhumanität König Davids werden nur dann zu bestimmenden Merkmalen des *Eros*, wenn die anfängliche Begeisterung für anderen Menschen wieder auf das eigene Ich ›zurückgebogen‹, der Partner nur als Mittel zur Selbstfindung angesehen wird. Die Freude an der Existenz des anderen Menschen muss mit dem Bestreben, ihm Gutes zu tun, ihn als Freien zu bejahen, verbunden werden. Der Wert des geliebten Menschen, der ja im ersten Entzücken spontan erlebt und begriffen wird, muss auf Dauer im Auge behalten und die Zuversicht entwickelt werden, dass immer größer werdende Vertrautheit – bei durchaus bleibender Fremdheit – leidenschaftlicher Liebe keinen Abbruch tut.

Der griechische Lustspieldichter Aristophanes hat für eine glückliche Zweierbeziehung das heute noch bekannte Bild der *Kugel* entworfen (vgl. Platon, *Symposion [Das Gastmahl]*, 189c–193d). Er beschreibt die Liebessehnsucht und -erfüllung in einem Mythos: Vormals war der androgyne Ganzmensch eine Kugelgestalt, die mit zwei Geschlechtsteilen ausgestattet war und mit vier Armen und vier Beinen Rad schlagend über die Erde rollte. Diese menschliche Harmonie erregte den Neid der Götter, und sie zerteilten die Kugel in zwei Hälften. Seither besteht die Sehnsucht des Menschen nach seiner verlorenen Hälfte. Ihre Erfüllung kann nur in der Wiedererlangung der runden Form bestehen.

Nach Splett bewahrt das vollkommene Symbol der Kugel jedoch nicht unbedingt vor Fehldeutungen von Liebe als Ich- oder Wir-Egoismus. Seiner Meinung nach betont das Bild vom Menschen als unvollkommener Hälfte statt als ganzer Person mehr das ich-zentrierte Begehren als das Entzücken über den anderen, auch könne die Abgeschlossenheit der Kugelgestalt als passiver Endzustand missverstanden werden. Das muss dem schönen und tiefen Bild der Kugel für das Liebesglück keinen Abbruch tun. *Suche nach Ergänzung* muss nicht egozentrisches Begehren bedeuten, und *Erfüllung* als Moment Welt vergessenden Einsseins von zweien macht die *anschließende gemeinsame* Zuwendung zu anderen Menschen und Aufgaben erst möglich.

> »Selbst in der intensivsten dualen erotischen Beziehung macht sich Weltmangel und Konzentration auf den Zweieregoismus recht bald negativ bemerkbar; ohne einen objektiven Stoff ›wird jede Beziehung pathologisch, parasitär, kannibalisch – und man hat nicht einmal etwas Wirkliches verschluckt‹ (Jonas 1979, S. 369).« (Hösle 1997, S. 375)

Hans Jonas trifft hier einen wichtigen Aspekt: Zur realen Liebe gehört Offenheit für die Welt. Zweierbeziehungen stehen in der Gefahr des Wirklichkeitsverlustes, wenn sie sich abkapseln. Allein schon zum besseren Verständnis des geliebten Menschen ist Weltbezug nötig. Realismus bedeutet hier auch, die Schwächen des anderen zu sehen und ihn dennoch weiterhin zu lieben. Außerdem geht es um Weltkontakt und -bewältigung zu zweit. Gelingende Liebesbeziehungen bleiben nicht lange dyadisch aufeinander bezogen: Sie stiften aktiv lebendige Gemeinschaft, an der viele teilhaben, was durchaus positiv auf die gegenseitige Leidenschaftlichkeit der Liebenden rückwirken kann. Wenn wir Hollywoodfilme ansehen, die die erotische Liebe idealisieren, muss uns klar sein: Wir bewegen uns in der Traumwelt des Kinos. Die erotische Liebe verflüchtigt sich schnell, wenn der entfachte Funke der Begeisterung nicht genutzt wird, um eine stabilere Liebesbeziehung darauf aufzubauen. »Sich verlieben kann jeder. Lieben nicht« (Comte-Sponville 2004, S. 302; vgl. Kap. 4.1.1). Wahre Liebe ist mit Aktivität, mit Arbeit verbunden, sie führt weg vom ichbezogenen Begehren zur Freude am anderen, für den man da sein will, und zur Menschengemeinschaft. Darauf weist die Aufwärtsbewegung *Eros – Philia – Agape* hin, von der im nächsten Kapitel 4 über die Freundschaft die Rede sein wird.

Exkurs zum Cyber-Sex

Hollywood-Film und Cyber-Sex haben zumindest eines gemeinsam: Sie sind erotische Parallelwelten, die mit der Gefahr des Wirklichkeitsverlusts verbunden sind. Im Sinne der *Doppelbewegung* Kierkegaards (*weg von der Realität in die Idealität und zurück zur Realität, um diese zu bereichern, um ihr besser gewachsen zu sein*; vgl. Kierkegaard 1843/1986, S. 136) wird das Aufsuchen sexueller Fantasiewelten oft damit gerechtfertigt, dass das eigene Liebesleben dadurch an Qualität gewinnen würde. Doch zeigt gerade die neue Dimension des Cyber-Sex, dass die Verhältnisse umgekehrt sind. Die virtuelle Welt, statt eine Quelle für ›Anregungen‹ zu sein, ›programmiert‹ unsere realen Beziehungen stärker, als wir ahnen oder zugeben. Die Rückkehrbewegung aus ihr gelingt nicht mehr, eher geht es um die Beeinflussung unseres Denkens und Handelns durch die kaum zu kontrollierende Macht der Porno-Industrie (mindestens ein Drittel der weltweiten Nutzung des Internets besteht in Aufrufen von Porno-Seiten). Bedenklich ist allein schon, dass Cyber-Sex-Konsum in der Partnerschaft oft verheimlicht oder heruntergespielt wird. Auch entfaltet das, was man ›nur zur Entspannung‹ zu machen glaubt, eine Sogwirkung, die von der ästhetischen Normierung über sinkende Lust, Leistungsdruck, Suchtverhalten und die Ausübung starrerer, härterer und unpersönlicherer Sexualpraktiken bis hin zur Erniedrigung von Menschen, insbesondere Frauen, geht. Der Verzicht auf die Gefühlswelt, die Enthemmung ist ja von der Pornografie gewollt. Doch das Handeln, auch wenn es nur im virtuellen Raum geschieht, lässt sich eben nicht ganz vom Selbst und vom Selbstbild abkoppeln. Die Illusion erschwert, mit einem realen Menschen in Kontakt zu treten und sich mit ihm auseinanderzusetzen. Betroffen davon sind vor allem Jugendliche, die mit Pornos konfrontiert werden, oft bevor sie selbst eine reale erotische Erfahrung machen. Sexualpädagogische Medienerziehung wird im Rahmen einer schulischen Wertebildung auf die Entwertung der Sexualität im Internet eingehen müssen.

3.1.4 Lieben und Geliebt-Werden

> [...] welch Glück, geliebt zu werden,
> Und lieben, Götter, welch ein Glück!
>
> (J. W. von Goethe 1771/1982,
> Schluss des Gedichtes *Willkommen und Abschied*, S. 92)

Wirkliche Liebe steht in einem Wechselspiel von Passivität und Aktivität. Zunächst hat sie oft den Charakter des Widerfahrnisses oder der *affection profonde*, sie ist »etwas [...], das uns überkommt und uns wie eine Verzauberung widerfährt« (Pieper 1972, S. 38). Wie bereits erwähnt (Kap. 3.1.2, erster Abschnitt), erfolgt allerdings sogleich der »Ruf zum Aufbruch aus sich heraus zum Nicht-Ich«, der »Angst« auslöst und »Tapferkeit« erfordert (Splett). Die Chance, die sich bietet, muss aktiv ergriffen werden, damit sie sich nicht wieder verflüchtigt. Vielleicht könnte man sagen, dass das *Feuer* am Anfang zunehmend *Sachlichkeit* verlangt, damit es nicht ausgeht.

Splett weist dementsprechend darauf hin, dass *Lieben* eine Aktionsart ist, die weder passiv noch aktiv genannt werden kann, sondern eine dritte ist: Sie ist ein »Sich Ergreifen-lassen von dem, was mich ergreift« (Splett 2014, S. 312):

> »Hier nehme ich aus dem Griechischen das Medium auf. Im Deutschen, das keine Konjugation dafür kennt, müssen wir es mit ›lassen‹ konstruieren: Ich lasse mich verändern. [...] Uns selbst können wir nicht ergriffen werden machen, doch wir können uns gegen Ergriffen-werden wehren. – Und diese dritte Aktionsart (*genus verbi*) steht aus meiner Sicht nicht erst an dritter Stelle, sondern an erster. Sie bildet den Grundvollzug von Freiheit in all ihren Feldern, von Sexualität und Eros über das Ästhetische, Ethische bis zum Religiösen.« (Ebd.)

Aristoteles sieht *Liebe* als umso qualitätvoller an, je mehr sich der Schwerpunkt vom Geliebt-Werden(-Wollen) auf das Lieben verlagert.

> »[Liebe] liegt aber mehr im Lieben als im Geliebt-werden. Das zeigen die Mütter, deren Freude es ist, zu lieben. [...] [Sie] verlangen aber keine Gegenliebe, sondern halten sich schon für glücklich, wenn sie nur sehen, dass es ihren Kindern gut geht, und sie haben sie lieb, auch wenn diese aus Unwissenheit ihnen nichts von dem erweisen, was der Mutter gebührt.« (Aristoteles, *Nik. Eth.* VIII, 9, 1159a)

Über das Spiel zwischen Passivität und Aktivität sollen aber nicht nur philosophische Aussagen Erwachsener zitiert werden, sondern auch Kinder zu Wort kommen. Im Praxisteil (Kap. 3.2.3) findet man einen Dialog über eine Textpassage von Yasushi Inoue zum Thema *Lieben – Geliebt-Werden*. Ohne eine Dilemma-Diskussion im strengen Sinn zu sein, wird beispielhaft vorgeführt, wie ein Gespräch im Unterricht ablaufen kann.

3.2 Beispiele

3.2.1 Literarische Texte über die Liebe

»Möchtest du lieben? Oder möchtest du geliebt werden?« (Inoue 1964, S. 93–94)

»Lieben, geliebt werden – was für ein jammervolles Menschentum! Als ich im zweiten oder dritten Jahr in die Mädchen-Oberschule ging, wurden wir bei einer Prüfung in Englischer Grammatik nach aktiven und passiven Verbformen, also etwa ›schlagen – geschlagen werden‹, ›sehen – gesehen werden‹ gefragt. Unter vielen solchen Beispielen befand sich auch das blendende Wortpaar ›lieben – geliebt werden‹. Während nun jedes Mädchen, den Bleistift im Munde kauend, eifrig auf diese Fragen starrte, wurde mir – ein nichtsnutziger Einfall irgendeiner meiner Mitschülerinnen – von hinten heimlich ein Blatt Papier zugesteckt, auf dem ich zwei Sätze vorfand: ›Möchtest du lieben? Oder möchtest du geliebt werden?‹ Unter die Worte ›Möchtest du geliebt werden?‹ waren viele Kreise mit Tinte und den verschiedensten Blau- und Rotstiften geschrieben worden, während unter ›Möchtest du lieben?‹ kein einziges Ja-Zeichen zu sehen war. Ich bildete keine Ausnahme und setzte meinen kleinen Kreis unter die Frage ›Möchtest du geliebt werden?‹ Die Mädchen begriffen offenbar schon mit vierzehn, fünfzehn Jahren, wenn sie noch gar nicht wissen, was Liebe und Geliebt-werden bedeutet, instinktiv das Glück, geliebt zu werden.

Aber als dann während der Prüfung das Mädchen neben mir das Papier aufnahm, schaute es nur flüchtig darauf und machte, ohne auch nur einen Augenblick zu zögern, mit ihrem dicken Bleistift einen großen Kreis auf die leere Stelle. Das hieß: ›Ich möchte lieben!‹ Noch heute erinnere ich mich genau, dass ich, obgleich mir eine solche Entschiedenheit fast abstoßend erschienen war, dadurch tief verwirrt wurde, so als hätte mich jemand geschickt aus einem Hinterhalt verwundet. Es handelte sich um eine nicht besonders begabte Schülerin unserer Klasse, ein unauffälliges, etwas düster wirkendes Mädchen. Ich weiß nicht, was aus diesem Kind, dessen Haare bräunlich schimmerten und das immer allein war, später geworden ist. Aber noch jetzt, nach zwanzig Jahren, muss ich, während ich dies niederschreibe, aus irgendeinem Grunde an das Gesicht dieses einsamen Mädchens denken.«

Leitfragen zum Textausschnitt:

1. Möchtest du lieben? Oder möchtest du geliebt werden?
2. Warum ist (dir) das Lieben (bzw. das Geliebt-werden) wichtig?
3. Welche Gründe könnte das Mädchen in der Geschichte haben, ›lieben‹ für wichtiger zu halten als ›geliebt werden‹?

In Kapitel 3.2.3 befindet sich ein ausgeführtes Unterrichtsbeispiel.

> **Sonett 29 von William Shakespeare (1980, S. 15)**
>
> Wenn ich, geschmäht von Menschenaug und Glück,
> für mich allein beweine meinen Stand,
> sinnlosen Schrei zum tauben Himmel schick
> und mich beseh, verwünschend meine Schand;
>
> wenn ich sein will wie der, der reicher ist
> und wohlgestalt, von Freundesgunst verwöhnt,
> scheel auf des einen Kunst, des andern List,
> mit dem, was mich entzückt hat, unversöhnt;
>
> und so mich selber fast verachte, sinnend –
> denk ich an dich auf einmal, und mein Mund
> wie eine Lerche, die, bei Tag beginnend,
> zum Himmel steigt, gibt lauten Jubel kund.
>
> Gedenk ich dein, fühl ich mich doppelt wert
> Und tauschte nicht mit eines Königs Herd.

Leitfragen zum Gedicht:

1. Welche Gefühle und Gedanken hat das Ich in den ersten beiden Quartetten des Sonetts?
2. Wie ändern sie sich in den anschließenden Strophen und warum?

3.2.2 Zitate zum gemeinsamen Nachdenken über die Liebe

> **Wer liebt und wer geliebt wird, tut auch das Rechte (Platon, *Symposion* (*Das Gastmahl*), 178d–179b; vgl. auch Kap. 2.1.2)**
>
> »Kann doch der denkbar beste Leitstern des ganzen Lebens für alle, denen es auf eine tadellose Lebensführung ankommt, uns weder durch Verwandtschaft noch durch Ehrenstellen noch durch Reichtum noch durch irgend sonst etwas so schön zuteil werden wie durch die Liebe. Und dieser Leitstern, was ist er? Die Scham vor dem Schimpflichen und der Wetteifer um das Schöne. […] Ich behaupte nämlich, dass ein Mann, welcher liebt, wenn er dabei betroffen würde, etwas Schimpfliches zu tun […], weder durch des Vaters noch der Genossen noch sonst irgend jemandes Blick sich so schmerzlich getroffen fühlen würde als durch den des Geliebten. Die nämliche Beobachtung machen wir bei dem Geliebten.«

Wer das Rechte tut, wird auch geliebt (Cicero, *Laelius de amicitia* [*Über die Freundschaft*] I, 26–31)

»Nichts ist ja liebenswürdiger als die Tugend; nichts zieht das Herz mehr zur Liebe an; denn um der Tugend und Rechtschaffenheit willen lieben wir in gewissem Maße selbst solche Personen, die wir noch nie gesehen haben.«

Das Hohelied der Liebe (Paulus, Brief an die Korinther 12, 31b–13)

Wenn ich in den Sprachen der Menschen und Engel redete, hätte aber die Liebe nicht, wäre ich dröhnendes Erz oder eine lärmende Pauke. Und wenn ich prophetisch reden könnte und alle Geheimnisse wüsste und alle Erkenntnis hätte, wenn ich alle Glaubenskraft besäße und Berge damit versetzen könnte, hätte aber die Liebe nicht, wäre ich nichts.
  Und wenn ich meine ganze Habe verschenkte und wenn ich meinen Leib dem Feuer übergäbe, hätte aber die Liebe nicht, nützte es mir nicht.
  Die Liebe ist langmütig, die Liebe ist gütig. Sie ereifert sich nicht, sie prahlt nicht, sie bläht sich nicht auf.
  Sie handelt nicht ungehörig, sucht nicht ihren Vorteil, lässt sich nicht zum Zorn reizen, trägt das Böse nicht nach.
  Sie freut sich nicht über das Unrecht, sondern freut sich an der Wahrheit.
  Sie erträgt alles, glaubt alles, hofft alles, hält allem stand.
  Die Liebe hört niemals auf. Prophetisches Reden hat ein Ende, Zungenrede verstummt, Erkenntnis vergeht.

3.2.3 Ausgeführtes Unterrichtsbeispiel

Das Unterrichtsgespräch mit Viertklässlern zum Ausschnitt aus Yasushi Inoues Erzählung *Das Jagdgewehr* (vgl. Kap. 3.2.1) fand im Rahmen meines Ethikunterrichts statt und wurde von mir aufgezeichnet.

Unterrichtsverlauf

a. Hinführung

Der japanische Schriftsteller Yasushi Inoue schildert in seiner Erzählung *Das Jagdgewehr* eine Schulstunde: Im Deutschunterricht über aktive und passive Formen des Verbs hat eine Schülerin den Einfall, einen Zettel zum Ankreuzen durch die Reihen ihrer Klassenkameradinnen wandern zu lassen: *Möchtest du lieben? Oder möchtest du geliebt werden?*
  Diese Situation möchte ich mit den Kindern ›nachspielen‹. Als Vorübung sollen sie jedoch zunächst Beispiele zu Aktiv und Passiv *(finden – gefunden werden, trinken – getrunken werden ...)* bilden, da diese grammatikalischen Kennt-

nisse nicht bei allen Grundschulkindern vorausgesetzt werden können. Schließlich konzentrieren wir uns auf das Verb *lieben*: Bei diesem Wort gibt es gleich Unterscheidungsschwierigkeiten, denn in der aktiven Form findet ein Kind etwas Passives:

> »Ich soll meinen Opa lieben. Das tu ich nicht, aber ich soll! Das *Sollen* erleidet man doch!« (Martin, 10 Jahre)

Entsprechend fällt es ihm nicht leicht, die grammatikalisch korrekte *Leideform* zu bilden:

> »Vielleicht *verliebt sein*? Das erleidet man doch!« (Martin, 10 Jahre)

Diese Irritationen sind keine Zeichen kindlicher Begriffsstutzigkeit. Für mich ganz unerwartet zeigen die Kinder hier Gespür für den *Widerfahrnis-Charakter* der Liebe bzw. dafür, dass Lieben ein »Grundvollzug von Freiheit« ist und damit eine Aktionsart, die weder passiv noch aktiv genannt werden kann, sondern ein Drittes (griech.: das *Medium*) ist, ein »Sich Ergreifen-lassen von dem, was mich ergreift« (Splett, vgl. Kap. 3.1.4, S. 96).

b. Spontane Äußerungen vor der Textlektüre

Nachdem die Alternative *lieben – geliebt werden* gefunden ist, sollen die Kinder sich – ebenso wie in der literarischen Vorlage, doch ohne sie gelesen zu haben – auf einem herumgehenden Zettel entscheiden: *Möchtest du lieben? Möchtest du geliebt werden?* Anders als bei Inoue ergibt sich bei uns eine Patt-Situation: Beides wird nahezu gleich stark angekreuzt, manche Kinder haben beides gewählt. Dieses Ergebnis spiegelt auch das anschließende Gespräch:

> Martin: *Beides ist wichtig. Die, die ich liebe, die sollen mich auch lieben, z. B. meine Mutter, mein Vater, Geschwister ...*
> Isabella: *Geliebt werden finde ich wichtiger. Meine Mutter sagt immer, dass der Papa sie lieben soll. Sie streiten sich aber. Na ja, ich bin, glaube ich, für beides.*
> Dino: *Es ist dumm, wenn mich alle hassen. Liebe braucht man für sein Leben. Es ist schlimm, wenn der, den man liebt, sagt, ich mag dich nicht. Beide sollen sich lieben und zusammen sein.*
> Hannes: *Geliebt werden ist wichtiger, weil es schön ist.*
> Isabella: *Nicht geliebt zu werden, das ist verletzend.*
> Alexandra: *Lieben ist ein schönes Gefühl. Ich liebe meine Mutter auch sehr.*

Mit unbekümmerter Sicherheit wird hier für die Wechselseitigkeit von *Lieben* und *Geliebt werden* plädiert, und damit haben die Schülerinnen und Schüler, gerade was ihr eigenes Kindsein und ihre Menschwerdung betrifft, recht: Die psychologischen Untersuchungen von René Spitz (1945/1957) zum Hospitalismus sind der bekannteste Hinweis darauf, dass die ursprüngliche Erfahrung des

Geliebt-Werdens die Vorbedingung für alle weitere leib-geistige Entwicklung und späteres *Lieben-Können* ist (vgl. Kap. 5.1.1) .

> »Offenbar also genügt es uns nicht, einfach zu existieren [...]. Es kommt uns darüber hinaus auf die ausdrückliche Bestätigung an: Es ist *gut*, dass du existierst; wie wunderbar, dass du da bist!« (Pieper 1972, S. 50)

Für den Philosophen Kierkegaard ist der Wunsch, geliebt zu werden, zutiefst menschlich:

> »Zuweilen preist die Welt die stolze Unabhängigkeit, welche vermeint, dass sie kein Bedürfnis empfinde, geliebt zu werden, wiewohl sie doch zugleich auch glaubt, ›andere Menschen nötig zu haben – nicht um von ihnen geliebt zu werden, sondern um sie zu lieben [...]‹. O, wie unwahr ist doch diese Unabhängigkeit! [Wahre Liebe dagegen] empfindet freilich ein Bedürfnis, geliebt zu werden [...]; aber diese Liebe kann entbehren, wenn es so sein *soll*, während sie doch fortfährt zu lieben: Ist das nicht Unabhängigkeit?« (Kierkegaard 1847/1989, S. 45–46)

Der Wunsch, geliebt zu werden, gehört demnach in den Bereich der Liebe und verdient daher keine Abwertung. Abwertung geschieht vielfach, etwa durch Sigmund Freud, der darin eine infantile Angst vor Liebesverlust sieht, die es zu überwinden gilt (vgl. Freud 1940, S. 484 ff).

Der Weg des Menschen führt vom Geliebt-Werden zum Lieben (René Spitz). Diejenigen Kinder, die für *Geliebt-Werden* votieren, geben gute Erklärungen dafür ab (siehe Kasten oben!), die gewürdigt werden. Auch mein Einstieg mit dem Stimmzettel ist didaktisch vertretbar, denn es wird keine Multiple-Choice-Aufgabe gestellt: Es soll nicht das Richtige von etwas Falschem unterschieden werden.

Ich denke, niemandem wird durch die nun anschließende Textlektüre Inoues der beschämende Eindruck vermittelt, nun eines Besseren belehrt zu werden. Der Unterricht zielt auf freie Meinungsäußerung ohne Furcht, sich zu kompromittieren (wozu Kinder, wenn sie spüren, dass sie ernst genommen werden, sowieso weniger neigen als mancher Erwachsene).

c. Reflexion nach der Textlektüre

Dennoch meinte Platon, »göttlicher ist der Liebhaber als der Geliebte« (Platon, *Symposion* [*Das Gastmahl*], 180b). Dieses Grundlegendere des Liebens befindet sich aber schon im Geliebt-werden-Wollen selbst!

> »Tatsächlich kann bei seinen Grenzen und Mängeln ein Mensch sich nur akzeptieren, wenn er sich akzeptiert finden durfte. Er braucht die Annahme seiner *vom anderen* her. Die jedoch ist ihrerseits zu akzeptieren, und das verlangt, dem anderen zu trauen. [...] Wie aber irgendwen für ehrlich und liebevoll halten, wenn man ihn nicht liebt? [...] Es reicht also nicht, dass jemand uns liebt; wir müssen ihn wiederlieben.« (Splett 2003, S. 119–120)

Mit Hilfe des Inoueschen Textes bekommt der bisherige vorherrschende Standpunkt *Liebe ist wechselseitig* nun eine Modifizierung zugunsten des *Liebens* als etwas *Erstem*, vor allem, als ich frage, ob man die Entscheidung des einzelnen Mädchens verstehen könne:

3 Liebe als Grundlage aller Werte

> Martin: *Beide müssen sich lieben. Wenn viele ›lieben‹ ankreuzen, dann finden sich auch mehrere, die sich gegenseitig lieben. Eigentlich müssten alle ›lieben‹ ankreuzen.*
> Dino: *Wenn du ›lieben‹ ankreuzt, dann tötest du keinen in deinem Leben. Außerdem kann ›lieben‹ machen, dass du geliebt wirst.*
> Johanna: *Wenn man geliebt wird, aber selber nicht auch liebt, was nützt einem dann das Geliebt-Werden?*
> Annette: *Wer für ›lieben‹ ist, dem ist nicht egal, dass er den anderen durch ›Abblitzen-Lassen‹ kränkt. Vielleicht stand dieses Mädchen einmal zwischen zwei Jungen und konnte sich nicht entscheiden. Das war für sie eine schlimme Entscheidung. Sie wollte keinen von beiden verletzen.*
> Johanna: *›Lieben‹ ist mutiger: Jemand, der liebt, nimmt für sich selber in Kauf, traurig zu sein, weil er nicht wiedergeliebt wird. Lieber ist er selber unglücklich verliebt, als dass er den anderen traurig macht.*
> Alexander: *›Lieben‹ ist auch deshalb mutiger, weil man sich trauen muss, seine Liebe auch auszusprechen.*

Jedes Kind, das sich hier äußert, hat auf seine Weise einen Begriff für das *Göttlichere* Platons gewonnen und versteht, dass Liebende, weil sie eben die andere Person und nicht sich selbst im Auge haben, darüber das eigene Geliebt-werden-Wollen erst einmal vergessen.

4 Freundschaft

Als ich eine erste Grundschulklasse führte, kam im Anschluss an den Unterricht eine Mutter zu mir, um Auskunft über das Betragen ihres Sohnes zu erhalten. Daniel hatte ADHS und schon im Kindergarten ein auffälliges Verhalten gezeigt. Daniels Klassenkamerad Michael stand zufällig neben mir und bekam das Gespräch mit. Ich schilderte die Schwächen des Sozial- und Arbeitsverhaltens von Daniel, bis Michael sich einmischte: »Sprechen Sie nicht so schlecht von meinem Freund!« Da mussten die Mutter und ich so lachen, dass dies der Beginn einer sehr guten Lehrerin-Eltern-Kooperation wurde.

Bereits Kinder haben eine Idee davon, was eine gute Freundschaft ausmacht. Michaels Verteidigung seines Freundes Daniel erinnert an eine Aussage Matthias Claudius' in *Der Wandsbecker Bote* über Freundschaft (Kap. 150):

»Hat Dein Freund an sich, das nicht taugt; so musst Du ihm das nicht verhalten und es nicht entschuldigen gegen ihn. Aber gegen den dritten Mann musst Du es verhalten und entschuldigen. Mache nicht schnell jemand Deinen Freund, ist er's aber einmal, so muss er's gegen den dritten Mann mit allen seinen Fehlern sein.« (Claudius 1775/ 1975, S. 27)

Wichtiger als der Unterricht ist Kindern und Jugendlichen an der Schule ist oft, dass sie dort ihre Freunde treffen. Freundschaften sind prägend, gerade für junge Menschen.

»Ohne Freundschaft möchte niemand leben, hätte er auch alle anderen Güter.« (Aristoteles, *Nik. Eth.* VIII, 1, 1155a)

Welche neue Erfahrung machen Kinder durch das Anknüpfen und die Pflege einer Freundschaft? Mit Freunden steht man mehr auf gleich und gleich als mit den eigenen Eltern, deshalb gilt hier stärker, dass man nicht nur nehmen, sondern auch geben soll. Die eigenen Gefühle darf man angemessen äußern, auch Bitten oder Wünsche vorbringen. Gleichzeitig muss man erkennen, dass die andere Person sich von der eigenen unterscheidet und deshalb evtl. andere Wünsche und Bedürfnisse hat. Das Eingehen von Freundschaften verlangt also *Empathievermögen* (Kap. 5), die Fähigkeit zur *sozialen Perspektivenübernahme* (Selman 1984) sowie das Ausbalancieren von Nähe und Distanz. Bei unvermeidlichen Auseinandersetzungen sind Konfliktlösestrategien nötig. Die Pädagogik spricht häufig von der Relevanz der *Peer-Group* für die Identitätsfindung.

Ein wichtiges Thema des Unterrichts dürften auch die Kriterien zur Unterscheidung von echten und falschen Freunden sein. Denn wie häufige Mobbing-

Vorfälle zeigen, gibt es auch falsche Freunde, die moralisch herabziehen: Man tut sich hauptsächlich zu dem (schlechten) Zweck zusammen, um gegen Dritte vorgehen zu können.

Aristoteles unterscheidet in seiner *Nikomachischen Ethik* drei Qualitätsstufen von Freundschaft, je nachdem, ob sie zweckvoll, angenehm oder von intrinsischem Wert sind. Sein Denken ist ›klassisch‹ geworden und hat der Moderne nach wie vor etwas zu sagen. So dient es im Folgenden immer wieder als Ausgangspunkt.

Freundschaften sind in den Umbruchzeiten des Lebens etwas Bleibendes und Stützendes. Die Tendenzen der Moderne zur Flexibilität und Mobilität stehen der Pflege einer Bindung manchmal entgegen. Doch ein treuer Freund ist durch nichts zu ersetzen. Manchmal hat man ihn von Jugend an.

4.1 Was versteht man unter Freundschaft?

4.1.1 Freunde erkennen wechselseitig den Wert des anderen und tun sich gegenseitig Gutes

Freundschaft als Facette der Liebe

»[G]egenseitiges Wohlwollen nennt man Freundschaft.«

(Aristoteles, *Nik. Eth.* VIII, 2, 1155b)

Nicht nur die erotische Liebe, auch die Freundschaft erkennt den Wert des anderen und liebt ihn darum. Freundschaft gilt darum klassisch als Facette der *Liebe*. Freunde haben wechselseitig und dauerhaft Freude aneinander.

Freundschaften haben sowohl eine Passiv- als auch eine Aktiv-Komponente. Es ist ja ein Glück, überhaupt eine liebenswürdige Person kennenzulernen. Das ›Geschenk‹ kommt allerdings manchmal so unerwartet, dass dessen Annahme manchmal fast verweigert wird. Die Geschichten unfreiwilliger Freundschaften sind immer wieder Thema der klassischen und modernen Literatur. So bringt es Philoktet nicht fertig, Neoptolemos, zu dem er von Odysseus geschickt wurde, zu belügen und zu überlisten, weil er dessen Wert als Mensch erkennt; schließlich handelt er gegen seine und Odysseus' Interessen. Ebenso kann Huckleberry Finn den Sklaven Jim nicht verraten, weil dieser freundlich zu ihm ist und ihm vertraut (vgl. Twain 1884/1971; vgl. Kap. 6.1.1). Das Angebot einer Freundschaft muss also entgegengenommen werden, und hier zeigt sich deren Aktiv-Komponente, die mit Charakterstärke zu tun hat. Es braucht Aufmerksamkeit, um den Wert eines anderen zu erkennen, die Gunst der Begegnungsstunde nicht vorübergleiten zu lassen, vormalige Orientierungen am Eigennutz aufzugeben und seine Lebenspläne zum Besseren zu ändern. So gelingt es, sich seiner selbst und des zukünftigen Freundes als würdig zu erweisen.

»Sich verlieben kann jeder. Lieben nicht.«

(Comte-Sponville 2004, S. 302; vgl. Kap. 3.1.1)

Die Aktiv-Komponente der *Liebe* kommt weniger im griechischen Begriff des *Eros*, als in dem der *Philia* zum Ausdruck. Deren Element ist auch nicht das leidenschaftliche erotische Erlebnis, sondern das gegenseitige Verstehen im Freundesgespräch. Wie bereits gesagt, sollte man ersteres nicht unterschätzen oder abwerten.[15] Will man aber *Eros* und *Philia* einander entgegensetzen, so steht *Eros* traditionell eher für die flüchtig *begehrende* Liebe (*Amor concupiscientiae*), *Philia* mehr für die stete *fürsorgliche* Liebe (*Amor benevolentiae, amicitia*). *Philia* will dem Freund Gutes tun und entwickelt dafür eine bewusste Aktivität. Für die *Philia* im Gegensatz zum *Eros* gilt: »Nicht das, was mir fehlt, liebe ich, sondern das, was ich liebe, fehlt mir gelegentlich« (Comte-Sponville 2004, S. 297). *Philia* kennzeichnet alle dauerhaften Liebesbeziehungen, deshalb ist bei den Griechen z. B. auch die Ehe *Philia*, das Erotische kommt hier noch hinzu und kann die *Philia* stärken. Der antike Freundschaftsbegriff ist also weiter gefasst als der unsrige. Wenn wir für unsere ›Auserwählten‹, mit denen wir nicht verheiratet sind, den uns passender erscheinenden Begriff der Freundin/ des Freundes wählen, um den juristischen der Lebenspartnerin/des Lebenspartners oder den intimen der Geliebten/des Geliebten zu vermeiden, erinnern wir uns an den weiten Freundschaftsbegriff der Griechen (vgl. Comte-Sponville 2004, S. 304).

Freundschaft zielt auf Gleichheit der Partner

Der griechische *Philia*-Begriff bezeichnet vielfältige mitmenschliche Beziehungen, sowohl unter *Gleichrangigen* (Geschwister, Altersgenossen, Kameraden) als auch unter *nicht Gleichrangigen* (vgl. Aristoteles, *Nik. Eth.* VIII, 8, 1158b). Als Beispiel für Letzteres nennt Aristoteles Eltern und Kinder (leider auch Mann und Frau, worüber wir uns im Zeitalter der Emanzipation einfach hinwegsetzen können). Unter den *nicht Gleichrangigen* bringt sich nicht jeder mit der gleichen Aktivität in die Beziehung ein, es gibt sowohl Mehr-Gebende als auch Mehr-Nehmende:

> »[S]chön aber ist es, Gutes zu tun, nicht um Gutes dafür zu empfangen, nützlich aber, sich Gutes antun zu lassen. Wer also kann, muss nach dem Wert des Empfangenen vergelten, und zwar freiwillig. [...] Ja, man wird gut tun, geradeheraus zu sagen, man wolle Vergeltung leisten, wenn man könne; wenn man es aber nicht kann, so wird selbst der andere Teil es nicht verlangen.« (Ebd., 15, 1163a)

---

15 Dies wird mit den Einschränkungen des vorhergehenden Kapitel 3 gesagt. Besonders verwiesen sei auf die Neudeutung und Aufwertung des *Eros* durch Splett, der *Eros* als *begehrende Liebe* für eine stark verkürzte Sichtweise hält; vgl. Kap. 3.1.2.

Jeder soll nach seinem individuellen Vermögen das Gute tun. So rechnet ein Vater sicher mit anderen ›Liebesbeweisen‹ von seinem dreijährigen Kind als von einem fast volljährigen. Wenn jeder nach seinen Möglichkeiten schenkt, festigt dies die Freundschaft. Zu beachten ist, dass bei den Griechen nichtgleichrangige Partner sich kraft ihrer Freundschaft immer mehr einander *annähern* (vgl. ebd., 10, 1159b). Auch heute gilt noch, dass sich das Eltern-Kind- sowie Lehrer-Schüler-Erziehungsverhältnis in ein *Beziehungsverhältnis* umwandeln sollte, je mündiger der junge Mensch wird.

Feste hierarchische Ordnungen stehen nach Aristoteles der Freundschaft entgegen: Zwischen sehr Verschiedenen wie König und Untertan oder Gott und Mensch könne deshalb nicht von Freundschaft gesprochen werden (vgl. ebd., 9, 1159a). Hier lässt sich denken, welche ungeahnten neuen Möglichkeiten freundschaftlicher Beziehungen mit einer offenen Gesellschaft wie der *Demokratie* einhergehen (vgl. Kap. 4.1.3), die der politische Philosoph John Rawls deswegen auch für die *gerechtere* hält (vgl. Rawls 1971/1979, S. 129; vgl. auch Kap. 6.1.1).

Freunde können zwar ganz unterschiedliche Charaktere haben (»Gegensätze ziehen sich an«), dennoch gilt *Gleichheit* auch bei uns noch als ein wesentliches Merkmal von Freundschaft (»Gleich und Gleich gesellt sich gern«). Freunde haben *Gemeinsamkeiten*, z. B. gleiche Interessen. Mit *Gleichheit* ist jedoch noch mehr gemeint, nämlich *Gleichrangigkeit* und *Gleichberechtigung*. Die Freundschaft unterscheidet sich hier wesentlich von der Eltern-Kind-Beziehung. Während Kinder sich ihre Eltern nicht aussuchen können und von ihnen abhängig sind, sind Freundschaften frei wählbar. Es gibt allerdings auch ungleiche Freundespaare. Vielleicht ist es so, dass beide sich im Laufe der Freundschaft immer mehr einander annähern.

Ist echte Freundschaft nützlich, bereitet sie Lust oder hat sie einen Selbstwert?

Aristoteles beantwortet die Frage nach den Qualitätsmerkmalen von Freundschaft, indem er drei Arten unterscheidet, die eine Werte-Hierarchie bilden (vgl. Aristoteles, *Nik. Eth.* VIII, 3–10, 1156a–1159b).

1. *Die nützliche Freundschaft*: Sie beruht auf wechselseitigem Profit, z. B. eine Geschäftsbeziehung. Diese zweckgebundene, eher zufällige Form menschlichen Kontakts ist die einfachste, ursprünglichste Form.
2. *Die lustvolle Freundschaft*: Zwei bereiten sich gegenseitig eine angenehme, unterhaltsame Zeit des Zusammenseins. Die Freundschaft wird um ihrer selbst willen gepflegt, nicht um eines (materiellen) Gutes willen, sondern weil die Personen sich gegenseitig sympathisch sind. Genuss-Motive spielen eine Rolle: Der andere ist attraktiv, weil er mir Unterhaltung bietet. Man neigt dazu, ihn auszuwechseln, wenn eine noch attraktivere Person in Erscheinung tritt.

3. *Die echte Freundschaft*: Zwei mögen sich einfach deshalb gern, weil jeder die (einmalige) Liebenswürdigkeit des anderen erkennt. Man will ihm einfach Gutes tun, ohne dabei an den eigenen Profit zu denken. Diese letzte Form ist natürlich die wertvollste. Die andere Person ist ›unvertretbar‹, darum dauert eine solche Freundschaft lebenslang.

Aristoteles' Hierarchie der Freundschaften lässt sich so deuten, dass sich ein Fortschreiten vom eher körperlichen zum mehr geistigen Interesse, von der materiellen Notwendigkeit zur freien Gestaltung, von der Ichbezogenheit zur Hingabe an den anderen ergibt: Die *nützliche* erfüllt vor allem eigene körperliche Bedürfnisse, die *angenehme* beiderseitige körperlich-geistige Bedürfnisse, die *echte* Freundschaft verlangt als höchste geistige Aktivität liebende Aufmerksamkeit für den anderen, die sich selbst immer mehr dabei vergisst. Freundschaft ist hier eine Antwort auf den ›Wert *an sich*‹ meines Gegenübers.

Die ersten beiden Beziehungsarten gegenseitigen Nutzens oder Genusses würden manche heute vielleicht gar nicht mehr *Freundschaft* nennen. Werden sie den eigenen körperlichen oder geistigen Bedürfnissen nicht (mehr) gerecht, löst sich die Freundschaft auf. Nutzen- und Genuss-Beziehungen sind im Menschenleben durchaus wichtig, d. h., sie sind in einem *außermoralischen* Sinn gut. Als Beispiel könnte man Freundschaften unter Eltern nennen, die sich ergeben, weil die Kinder miteinander spielen. Wenn die Kindergarten- oder Grundschulzeit um ist und die Kinder sich nicht mehr treffen, lösen sich auch die Erwachsenenbeziehungen auf. Man stellt fest, dass die Freundschaft nicht tief war.

Die dritte, seltenere und ethisch geprägte Art von Beziehung hat nicht den persönlichen Gewinn im Blick, sondern die Liebenswürdigkeit des anderen Menschen. Vor Begeisterung über ihn komme ich gar nicht auf die Idee zu fragen, was *für mich* dabei herausspringen könnte, auch wenn ich faktisch von ihm profitiere. Der genau wie realistisch beobachtende Aristoteles meint, dass Freundschaft, die um ihrer selbst willen gepflegt wird, *alle Arten von Nutzen oder Lust mit einschließt*, denn Freunde sind ja bestrebt, einander Gutes zu tun. Dies ist sozusagen ein erfreulicher Nebeneffekt der *vollkommenen Freundschaft*, von dem diese jedoch nicht abhängig ist.

> »Denn die Tugendhaften sind gleichzeitig schlechthin gut und einander nützlich, und in der gleichen Weise sind sie lustbringend.« (Ebd., 4, 1156b)

Der Gewinn, den man durch einen guten Freund hat, ist nun nicht nur materieller oder lustbringender Natur, sondern er betrifft mein Selbst. »Der Mensch wird am Du zum Ich« (Buber 1923/1983, S. 36). Man glaubt an die charakterlichen Stärken des jeweils andern und beflügelt sich dadurch gegenseitig. Ein wahrer Freund erkennt das bessere Selbst des anderen und appelliert intuitiv daran. Natürlich kann man auch bewusste Kritik üben, und diese wird umso leichter angenommen, je mehr man davon überzeugt ist, dass der andere einen mag. Am Kriterium des positiven Aufeinander-Einwirkens lassen sich Qualitätsunterschiede von Beziehungen ausmachen:

> »Freundschaften, die im Angenehmen gründen, also etwa in unmittelbaren Sympathiegefühlen, werden als Selbstzweck genossen; aber sie sind selten dauerhaft, weil das Motiv zu seicht ist: Es setzt an der Oberfläche des anderen, seiner äußeren Erscheinung an. Der Vollbegriff der Freundschaft setzt voraus, dass man gemeinsame Werte anerkennt. Freilich sind Werte nicht nur etwas der Person Äußerliches; auch eine Person ist selbst mehr oder weniger werthaft, und zwar je nachdem ob sie die richtigen Werte begreift, empfindet und zur Richtschnur ihres Verhaltens macht. Durch die gemeinsame Anerkennung zum personalen Wert des anderen vorzustoßen, ist die Grundlage der dauerhaftesten und besten Freundschaften. Ja, da Kritik durch Menschen, die dazu kein Recht haben, unwillkommen ist, ist Freundschaft das angemessene Medium moralischer Vervollkommnung. Auch die eigenen Schwächen jemandem mitteilen zu können, ohne Angst haben zu müssen, dass die Information gegen einen selbst verwendet wird, ja, im begründeten Vertrauen, dass man an ihrer gemeinsamen Überwindung arbeiten werde, ist das eigentliche Signum von Freundschaft. Je mehr Masken einem das soziale Leben aufzwingt, desto dringender ist, um die eigene Identität zu bewahren, das Korrektiv der Freundschaft.« (Hösle 1997, S. 376)

In der Regel stehen echte Freundschaften der Erfüllung eigener Bedürfnisse nicht entgegen. Der Begeisterung kann einfach nachgegeben werden, große Opfer werden meistens nicht verlangt. (Meiner Meinung nach deutet dieses Faktum darauf hin, dass die Wirklichkeit prinzipiell gute Grundzüge zu tragen scheint. Nicht der Konflikt, die Zerreißprobe, ist der Normalfall.) Fallen Nutzen oder Lust jedoch weg (z. B. weil die Freundin/der Freund altert, hinfällig wird), ist dies *die Feuerprobe* der Beziehung: Bleibt sie bestehen, handelt es sich um die selbstlose Variante, dann war und ist tatsächlich die andere Person mehr im Blick als die eigenen Interessen.

Die *Idealität* der dritten Art von Freundschaft zeigt sich (u. a.) nicht nur darin, dass sie prinzipiell alle Arten von Nutzen oder Lust mit einschließen kann, sondern auch dadurch, dass sie manchmal für die ersten beiden unvollkommenen Formen eine *Attraktivität* entwickelt, durch die deren Ergänzungsbedürftigkeit deutlich wird. Hierzu eine erhellende Beobachtung:

> »[Geschäftsbeziehungen z. B. können sich] manchmal zu wirklichen Freundschaften vertiefen; und es entbindet nicht einer tieferen Bedeutung, dass man auch dann, wenn man im Bereich des Nutzens bleibt, so tut, als sei mehr im Spiele: Das soziale Klima, und damit auch das Geschäft, wird dadurch verbessert. Wichtig ist nur, dass beide Seiten um die Formalität der Beteuerung wissen, weil sonst Enttäuschungen unvermeidlich sind, wie sie in interkulturellen Beziehungen häufig daraus entspringen, dass man die Rhetorik des anderen nicht richtig verstanden hat.« (Ebd., S. 377)

Können Kinder echte Freundschaften eingehen?

Vor dem Zeitalter Rousseaus wurden Kinder als mangelhafte Erwachsene angesehen. Deshalb ist nicht verwunderlich, dass auch Aristoteles ihnen das Eingehen tieferer Beziehungen nicht recht zuzutrauen scheint:

> »Da nämlich die Leute sowohl diejenigen, die der Nutzen zusammenführt, Freunde nennen, […] als auch diejenigen, deren Neigung auf der Lust beruht, wie das die Knaben tun, so müssen vielleicht auch wir solche Menschen Freunde nennen.« (Aristoteles, *Nik. Eth.* VIII, 5, 1157a)

Diese Aussage beruht vielleicht auf der Beobachtung, dass Kinderfreundschaften leicht auseinandergehen können, wenn die Interessen sich mit dem Älterwerden ändern. Bemerkenswert ist jedenfalls, dass solche Beziehungen von Aristoteles nicht abgewertet werden, denn er nimmt sie als Beispiel für ähnliche Kontakte bei Erwachsenen und bezeichnet sie bewusst als Freundschaften. Dennoch denke ich, er unterschätzt das erstaunliche Gespür von Kindern dafür, worauf es bei einer wirklichen Freundschaft ankommt. Selbst im Grundschulalter machen sie Aussagen, die am ehesten der dritten, tieferen Art zuzurechnen sind. Die folgenden Zitate stammen aus einer bei mir eingereichten Zulassungsarbeit (Jennifer Guggenmos).

So soll mein Freund/meine Freundin sein! Beispiele von Zweitklässler-Aussagen

Auf Ebene 1 (nützliche Freundschaft): *»Er soll mit mir Sticker tauschen!«* *»Sie soll eine Katze haben!«*
Auf Ebene 2 (lustvolle Freundschaft): *»Sie soll Spaß verstehen!«* *»Er soll mit mir auf den Abenteuerspielplatz gehen!«* *»Er soll Zeit für mich haben!«*
Auf Ebene 3 (echte Freundschaft): *»Er muss ehrlich sein!«* *»Sie soll lieb sein!«* *»Sie soll mutig sein!«* *»Er soll Vertrauen zu mir haben.«* *»Es ist richtig gemein, wenn man einen Freund nur wegen Computerspielen hat!«*

In einer Freundschaft kommt es nicht auf den Nutzen an. Beispiele von Drittklässler-Aussagen

Martin: *Man muss sich nicht immer was geben. Wenn mein Freund bei mir ist und mich nach Bonbons fragt, gebe ich ihm einfach welche, ohne dass ich das nächste Mal bei ihm welche zurückhaben will. Man sagt einfach danke und dann ist es gut.*
Katharina: *Es muss ja nicht sein, dass ich sage, ich gebe dir Bonbons, aber du gibst mir dafür deinen Nintendo. Man kann einfach teilen.*

Freundschaft braucht Zeit

Aus der leib-geistigen Doppelnatur des Menschen ergibt sich, dass Freundschaft Zeit braucht. Wir müssen anwesend sein, um unsere Freundschaften zu pflegen. Der Faktor Zeit zeigt sich an mehreren Merkmalen:

- Freundschaften entwickeln eine Eigendynamik. Wohin eine soziale Beziehung führt, ist unabsehbar. Ein erstes Gefallen kann auf Dauer zu einer tieferen Freundschaft führen. Zwischen Nutzen, Lust und Freundesliebe bestehen graduelle Übergänge. Deshalb macht Aristoteles' Subsumierung der drei Arten von Beziehung unter den Oberbegriff *Freundschaft* durchaus Sinn. Sie zeigt, dass der Wert der beiden ersten Formen von ihm nicht unterschätzt wird. Wir sind nicht nur hochgeistige Wesen, unsere körperliche Verfasstheit

führt zu Kontaktaufnahmen, die offen für eine – im besten Fall höherwertige – zukünftige Gestaltung sind.
- Freundschaften ertragen nicht lange Zeiten der ›Funkstille‹. Freunde brauchen gemeinsame freudige Erlebnisse:

> »[D]ie örtliche Trennung hebt nicht die Freundschaft, sondern ihre Betätigung auf. Dauert aber die Trennung lange, so mag sie auch die Freundschaft in Vergessenheit bringen, daher der Ausspruch: ›Oft schon hat die Freundschaft der Mangel an Umgang gelockert.‹ [...] Denn nichts ist Freunden so eigen wie das Zusammenleben. Nach dem Nutzen der Freundschaft trachtet der Bedürftige, nach dem Zusammenleben auch der vom Glück Begünstigte, da es für ihn am wenigsten passt, alleinzustehen. Tägliche Lebensgemeinschaft aber ist nur möglich unter Menschen, die einander angenehm sind und an denselben Dingen Freude haben, und das findet sich in der Freundschaft derer, die zusammen aufgewachsen sind.« (Aristoteles, *Nik. Eth.* VIII, 6, 1157b)

Das Internet überwindet die räumliche Distanz und bietet insofern tatsächlich Möglichkeiten der Stärkung einer Bindung wie auch der Erweiterung von Kontakten (z. B. Foren gemeinsamer Interessen). Andererseits verhindert das Aufhalten in der virtuellen Welt auch den realen Austausch.
- Man meint heute zwar, man könne Hunderte von Freunden auf Facebook haben, doch nach Aristoteles widerspricht dies dem Begriff von Freundschaft. Wie der *Eros* kennt auch die *Philia* Vorlieben. Sich vielen zu widmen überfordert den Menschen und macht die Kontakte oberflächlicher:

> »Befreundet im Sinne der vollkommenen Freundschaft kann man nicht mit vielen sein, sowenig man gleichzeitig in viele verliebt sein kann. [...] Wohl aber kann man, wo es um Vorteil und Vergnügen geht, vielen gefallen; denn der Leute, die das bieten können, hat man manche, und Dienste zu erweisen kostet wenig Zeit.« (Ebd., 7, 1158a)

Aber kann und sollte man nicht alle Menschen lieben? – Exkurs zum Thema Nächstenliebe (Agape, Caritas)

Heißt das nun, dass

> »Milliarden [von] Menschen [...] sich außerhalb des Bereichs dieser Liebe befinden [?] Muss man sich bezüglich ihrer mit Moral, mit Pflicht, mit dem Gesetz begnügen? [...] Gibt es zwischen der Freundschaft und der Pflicht nichts?« (Comte-Sponville 2004, S. 315)

Es wäre traurig, gäbe es Liebe nur in der erotischen Zweier-Beziehung oder im Freundeskreis, denn dann würden Kleingruppen den Rest der Menschheit ignorieren. Dies entspricht aber nicht dem Wesen der Liebe, ihrer prinzipiellen Unabschließbarkeit. Liebe strömt über, und wie oft erfahren wir, dass eine innige Beziehung uns auch gegen andere Menschen als die geliebten freundlicher werden lässt. Für diese allgemeine Zuneigung, die die Freundesliebe übersteigt, steht der Begriff der *Nächstenliebe (Agape, Caritas)*. Er ist eng mit dem Juden- und Christentum verknüpft. Mit der Ausbreitung des Christentums gewann das zuvor weniger bekannte griechische Wort *Agape* an Bedeutung, welches im lateinischen Sprachraum mit *Caritas* übersetzt wurde. *Nächstenliebe* bezeichnet eine weniger emotional als rational geprägte und daher sehr verlässliche Form der Liebe. Sie ist tätiger Einsatz für andere, aber doch aus Neigung, nicht nur aus Pflicht, dabei aber an keine besonderen Qualitäten des Gegenübers gebunden, weil ihr bewusst ist, dass alle Menschen bezüglich ihrer Entwicklungsbedürftigkeit, ihrer Hinfälligkeit in Krankheit und Tod und ihrer Sehnsucht nach Glück gleich sind.

Agape hat mit *Empathie* zu tun (vgl. Kap. 5). Elterliche Liebe fiel bei den Griechen unter *Philia*, die Zuwendung von Erziehenden zu ihren Zöglingen wurde nach antikem Vorbild eher missverständlich mit *pädagogischem Eros* bezeichnet. Ich würde beide Formen der Liebe eher in enge Verbindung mit dem damals weniger gebräuchlichen Begriff der *Agape* (*Caritas*) bringen: So lieben Eltern ihr Kind schon im Mutterleib, noch bevor sie es kennen, wie es auch sei, bevor es sie wiederlieben kann. Ich finde es durchaus sinnvoll, wenn Lehrende sich selbst zum Ziel setzen: »Wie ich mit meinen eigenen Kinder umgehe, will ich mit allen meinen Schülerinnen und Schülern umgehen.« Ich hörte diesen Satz im Kollegium. Er schärft die Aufmerksamkeit für das jeweilige Gegenüber, und alle sind ja gleichermaßen zu fördern und nicht nach besonderen Vorlieben zu behandeln. Der Vorwurf »Die/der hat ja Lieblinge!« ist eine ernstzunehmende Kritik.

Agape/Caritas erkennt nicht nur den Wert des Gegenübers an, sondern sie ist in besonderem Maße wert*schöpferisch*. Natürlich fordert jede Facette von Liebe, etwa die Freundesliebe, unbewusst zum »Werde, der du bist!« (Pindar) auf. Die pädagogische Zuwendung des Erwachsenen zum jungen Menschen versucht jedoch bewusst dessen Kräfte, die sich erst entwickeln müssen, vor allem seine Liebesfähigkeit, zu entfalten. Kierkegaard und Goethe seien hier nochmals zitiert (vgl. Kap. 2.2.2):

> »Erziehen beginnt damit, dass man den, der erzogen werden soll, so betrachtet, dass er der Fähigkeit nach schon sei, was er werden soll; und indem man mit dieser Betrachtung auf ihn zielt, weckt man es in ihm auf.« (Kierkegaard 1832-1839/2004, S. 84)

> »Wenn wir [...] die Menschen nur nehmen, wie sie sind, so machen wir sie schlechter; wenn wir sie behandeln, als wären sie, was sie sein sollten, so bringen wir sie dahin, wohin sie zu bringen sind.« (Goethe 1795/1979, *Wilhelm Meisters Lehrjahre*, 8. Buch, 4. Kap., S. 575)

Das schöpferische Element der *Agape/Caritas* ist ein Hinweis darauf, dass der Begriff der *Nächstenliebe* mehr noch als *Eros* und *Philia* religiös geprägt ist: Im Hintergrund steht die Überzeugung, dass der Mensch von Gott aus Liebe geschaffen wurde, um wie er zu lieben. Daraus ergibt sich die Universalität des Liebesbegriffs: Dessen Grenzenlosigkeit drückt sich in der Aufforderung zur Feindesliebe aus. Doch schon Platon war sich der Universalität bewusst, wenn er als letztes Ziel des *Eros* das *Gute an sich* ansah, nach dem bei den Menschen eine unstillbare Sehnsucht besteht (vgl. Kap. 2.1.3). So schließt sich der Kreis zwischen griechischem und jüdisch-christlichem Denken.

4.1.2 Freunde lassen sich nicht von egoistischen Affekten hinreißen, sondern handeln uneigennützig und freundlich

Weder in der *Freundschaftsbeziehung selbst* noch im *Verhalten gegenüber Außenstehenden* lässt sich ein guter Freund von egoistischen Antrieben hinreißen.

Freunde handeln in der Freundschaftsbeziehung uneigennützig

In einer guten Freundschaft ist man mehr auf den anderen konzentriert als auf seine eigenen Vorteile, was sich in den vielen kleinen (und ggf. großen) Taten wechselseitigen Wohlwollens zeigt. Nach Aristoteles widerspricht es deshalb der Freundschaft, dem anderen Vorwürfe zu machen:

> »Dass aber Klagen und Vorwürfe entweder ausschließlich oder doch vorwiegend in der Interessenfreundschaft vorkommen, ist leicht verständlich. Diejenigen, die ihre Tugend zu Freunden gemacht hat, sind von dem Eifer beseelt, einander nur Gutes zu erweisen; denn das ist der Tugend und der Liebe eigen. Bei einem solchen Wetteifer aber sind Klagen und Zwiste gar nicht möglich.« (Ebd., 15, 1162b)

Je uneigennütziger das Interesse am anderen ist, umso vertrauensvoller ist die Beziehung, umso weniger besteht eine Neigung zu eifersüchtigen oder neidischen Affekten.

Gegenüber Außenstehenden verhalten Freunde sich freundlich

Wie die erotische Liebe kennt die Freundschaft *Vorlieben*, auch wenn sie weniger Ausschließlichkeitscharakter als diese besitzt. (Man hat mehrere Freunde, man ist Mitglied einer Freundesgruppe.) Wichtig ist aber, dass eine gute Freundschaft nicht zu Ungerechtigkeiten gegen andere, sondern zu weiteren Sympathieeffekten führt.

Freundschaften bergen die Gefahr selbstgenügsamer Abkapselung in sich. Dies kann zu ungerechten Bevorzugungen (›Amigo-Affären‹) und zu Antipathie-Kundgebungen gegen andere führen. Man denke an das Phänomen des *Mobbings*, bei dem gemeinsame Aggressionen gegen das Opfer die Freundesclique enger zusammenschweißen. Die Sorge von Eltern, ihr Kind könnte in die Gesellschaft ›falscher Freunde‹ geraten und ›Gruppendruck‹ ausgesetzt werden, ist also berechtigt. Wenn der Schwerpunkt der Freundschaft von der Besinnung auf den Wert des Freundes auf die Abwertung der Außenwelt verlagert wird, nimmt auch die Qualität der Beziehung ab. Der Vergleich, der zu Ungunsten Fremder ausfällt, passt eigentlich nicht gut zum Wesen der Freundschaft, er macht sie besitzergreifend, schal und starr. Eher findet man auch die Freunde des Freundes sympathisch, einzig aus dem Grund, weil sie zu ihm gehören. Es scheint, als ob Freundschaften wie auch erotische Beziehungen sich dadurch lebendig erhalten können, dass sie sich in Richtung *Nächstenliebe* weiten.

4.1.3 Freunde sind vertrauenerweckende Menschen und erfahren soziale Wertschätzung

Freundschaft ist Leben in Beziehung und stiftet Gemeinschaft

Werden Freundschaften nur ›systemintern‹ geschätzt oder haben sie auch für Außenstehende Anziehungskraft? Hier gibt es sicher zwei Haltungen: Der Egozentrische steht ihnen eher skeptisch gegenüber, denn er will nicht ausgeschlossen, sondern auch geliebt werden. Der Offene kann sich neidlos an ihnen freuen, ohne selbst Beachtung zu bekommen und involviert zu sein. Letztere Haltung ist nach Freud (1940, S. 484ff.) die des Erwachsenen, im Unterschied zum infantileren *Geliebt-werden-Wollen* (vgl. Kap. 3.2.3). Zur ›Erwachsenenhaltung‹ können Freunde Dritten verhelfen, indem sie zur Teilnahme an der *Clique* einladen.

Freundschaften können am besten in pluralistischen Demokratien wachsen

Sicher waren Freundschaften den Menschen zu allen Zeiten persönlich wichtig, und sie wurden immer, unabhängig von der jeweiligen Gesellschaftsform, gepflegt. Dennoch erleichtert eine pluralistisch verfasste Demokratie, in der Vielfalt nicht nur toleriert, sondern als Bereicherung empfunden wird, das Anknüpfen von Beziehungen zwischen den unterschiedlichsten Menschen, weshalb diese Gesellschaftsform auch *gerechter* als ein *Kastensystem* ist (vgl. Rawls 1971/1979, S. 129). In einer Demokratie wird am ehesten akzeptiert, dass Menschen individuelle Vorlieben entwickeln und ausleben wollen. Dagegen erschweren starre hierarchische Ordnungen die Anknüpfung von Sympathiebeziehungen außerhalb der eigenen ›Kaste‹. Dies führte ja zur Angleichung der beiden Mitglieder unterschiedlicher ›Kasten‹ und damit zur Infragestellung der festen Ordnung, was von der Ständegesellschaft als bedrohlich empfunden würde. Es gibt religiöse Sekten oder z. B. kommunistische Gruppierungen, die engeren Freundschafts- oder Liebesbeziehungen zwischen Mitgliedern misstrauisch begegnen, sie sogar verbieten oder einer Kontrolle unterwerfen, etwa durch arrangierte Heiraten. Abschottung der Gemeinschaft gegen eine angeblich feindliche Außenwelt herrscht vor, individuelle Vorlieben wirken nur störend. Uniformierende Gemeinschaften favorisieren hier ein naives Gleichheitsdenken, vertrauter Homogenität wird der Vorrang vor befremdlicher Heterogenität gegeben. (Dies gilt auch für Ständegesellschaften, hier ist der Bezugsrahmen allerdings die eigene ›Kaste‹.)

Vielleicht ist es nicht zu kühn anzunehmen, dass ein solches naives Gleichheitsdenken mehr das *passiv*-kindliche Anliegen des ›alle sollen geliebt werden, also auch ich‹ verfolgt als die *aktiv*-liebende Zuwendung zu Fremden, die sich Gegenliebe erst erarbeitet. Letztere ist kreativ, sie favorisiert die dialektisch geprägte *Einheit in Differenz* und vertieft Gemeinschaftlichkeit, indem sie Freundschaftsbeziehungen stiftet. Sie weiß, dass lebendige Einheiten die Auseinandersetzung mit der Unterschiedlichkeit zu ihrer Bereicherung brauchen, sonst werden sie starr, monoton und langweilig.

4.1.4 Freunde finden die Balance zwischen Nähe und Distanz, Geben und Nehmen

Freundschaften sind ein Spiel wechselseitiger Nähe und Distanz, des Gebens und Nehmens. Jeder braucht seinen Freiheitsraum, wünscht aber auch die bereichernde Nähe des anderen. Im Grunde fordern Freundschaften Gleichheit und Unabhängigkeit beider Partner. Zwar kommt es in manchen Freundschaften vor, dass einer der Freunde der Dominantere ist, dauerhaft einseitiges Geben oder Nehmen lässt jedoch die Beziehung häufig abkühlen. Vittorio Hösle nennt einen subtilen Grund dafür:

> »[I]n einer Freundschaft ist die Gegenleistung nur als Ausdruck der Gesinnung wichtig. Wer in einer Freundschaft nur einseitig leistet, wird Zweifel darüber hegen, ob der andere Vergleichbares für ihn empfindet; dies, nicht der materielle Verlust wird ihn grämen.« (Hösle 1997, S. 376)

Mit Aristoteles wurde bereits darauf hingewiesen, dass es nur auf den Willen, nicht auf die Fähigkeit zum Geben ankommt. So tut es der echten Freundschaft keinen Abbruch, wenn eine Gegengabe nicht erbracht werden kann. Wie schon an Beispielen von Aussagen gezeigt wurde, wissen das bereits Kinder. Wenn jeder nach seinen Möglichkeiten dem anderen Gutes tut, festigt dies die Freundschaft. Nicht-gleichrangige Partner nähern sich kraft ihrer Freundschaft immer mehr einander an (vgl. Kap. 4.1.1).

Der Balance zwischen *Geben* und *Nehmen* entspricht, dass klassisch die *Philia* eine Mittelstellung zwischen *Eros* und *Agape* einnimmt. *Eros* spürt einen Mangel und steht daher für die *nehmende* Haltung, *Agape* für die *gebende*.

Das bedeutet, die Freundschaft sollte *einerseits* nicht in eine zu ich-zentrierte Form abgleiten. Das Interesse am anderen darf nicht von Eigennutz oder dem Wunsch, eine angenehme Zeit mit ihm zu verbringen, dominiert werden.

So sind auch die beiden untergeordneten, zweckgebundenen Beziehungsformen nach der Einteilung von Aristoteles zu egozentrisch, um vollkommen zu sein. Um ein Beispiel für eine zu stark am Nutzen orientierte Freundschaft zu nennen: Wer einer Studentenvereinigung oder einem renommierten Faschingsverein beitritt, um günstige berufliche Kontakte zu knüpfen, wirkt lächerlich.

Andererseits ist Freundschaft nicht dasselbe wie *Nächstenliebe*: Vorlieben sind erlaubt, nicht jedem Freundschaftsantrag muss stattgegeben werden. Man muss sich auf wenige Menschen beschränken, mit denen man vertraut ist und denen man genügend Zeit widmen kann, sonst werden Freundschaften oberflächlich und Freunde eher zu gesammelten Trophäen.

4.2 Beispiele

4.2.1 Unterrichtsvorschläge zum Thema Freundschaft

- Einstieg mit einer Freundschaftsgeschichte, einem Film, einem Foto oder Bild
  - freie Meinungsäußerung
    Mögliche Leitfragen:
    - Woran erkennst du, dass es sich um Freunde handelt?
    - Mit welcher der Personen hättest du gerne eine Freundschaft? Warum?
    - Wie verhält sich Figur X, als ... Wie würdest du dich in der Situation verhalten?
    - Wie fühlt sich Figur X, als ... Wie würdest du dich in dieser Situation fühlen?
    - Wie fühlst du dich, wenn jemand sagt, dass sie/er deine Freundin/dein Freund ist?
    - Hattest du schon einmal falsche Freunde? Woran hast du das gemerkt?
    - Sind Freunde sich eher ähnlich oder sind sie verschieden?
- Erzähle deine Freundschaftsgeschichte(n)!
  - Wer ist deine Freundin/deinen Freund? Wie ist sie/er? Warum magst du sie/ihn? Was macht ihr am liebsten zu zweit? Welches Erlebnis hattet ihr gemeinsam?
  - Wie habt ihr euch angefreundet? Woran hast du gemerkt, dass sie/er deine Freundin/dein Freund ist?
  - Was läuft gut, was schlecht in eurer Freundschaft? Habt ihr schon einmal miteinander gestritten? Wie habt ihr euch wieder geeinigt? Kann Freundschaft vergehen?
  - Kann man mehrere Freunde haben?

> **Tipp**
>
> Freundschaften haben einen intimen Charakter. Evtl. sind Partner- oder Kleingruppengespräche angebrachter als Plenumsgespräche. Zur Partnerbildung eignen sich natürlich auch Freundespaare, die gemeinsam über ihre Freundschaft nachdenken.

- Zur Feststellung der (wesentlichen) Aspekte einer Freundschaft eignen sich folgende (Teil-)Sätze: Richtige Freunde ... Was erwarte ich von einer guten Freundin/einem guten Freund? Was ist eine wirklich gute Freundschaft für mich? So soll meine Freundin/mein Freund sein!

4 Freundschaft

> **Tipp**
>
> Individuelle Ergebnisse sind bei diesem intimen Thema mindestens genau so wichtig wie gemeinsame. Man könnte die Freundin/den Freund malen oder fotografieren und zu dem Bild alle Erlebnisse, liebenswerten Merkmale oder Wünsche für die Zukunft, die einem einfallen, aufschreiben. Zur Feststellung gemeinsamer und unterschiedlicher Ideen bietet es sich an, dass jeder sich zunächst eigene Gedanken macht, um dann in der Gruppe festzustellen, wo Übereinstimmungen bestehen. Dazu eignet sich z. B. die *Placemat-Methode*: In einer Vierer-Gruppe schreibt jeder seine Aspekte einer guten Freundschaft in eine der Ecken eines mindestens DIN-A-3 großen Plakats; gemeinsame Ideen oder Ideen, die im anschließenden Gespräch von allen als wichtig erachtet werden, werden noch einmal in einem Areal in der Mitte des Papiers festgehalten. Eine persönliche oder gemeinsame Hierarchisierung der Aspekte ist möglich, z. B. durch das Erstellen einer *Begriffspyramide* oder einer *deduktiven Leiter* (vgl. in Kap. 2.2.3 den zweiten Abschnitt). Auf die *drei Arten von Freundschaft* nach Aristoteles (vgl. Kap. 4.1.1) kann die Lehrperson in diesem Zusammenhang eingehen, muss sie aber nicht.

- Was wäre, wenn du keine Freunde hättest?
- Zur Reflexion des eigenen Verhaltens als Freundin/Freund eignen sich folgende (Teil-)Sätze: Weil ich deine Freundin/dein Freund bin/sein will … Damals, als unsere Freundschaft begann …

> **Tipp**
>
> Die vorher erwähnten Methoden können auch hier angewendet werden.

- Kann man verschiedene Arten von Freundschaft unterscheiden?
- Inwiefern grenzen sich Freundschaften ab von familiären Beziehungen, Liebesbeziehungen?
- *Kreative* Herangehensweisen:
  - Schreibe über deine Freundin/deinen Freund!
  - Schreibe einen Brief an deine Freundin/deinen Freund!
  - Schreibe einen Beratungsbrief zu einem geschilderten Freundschaftsproblem (»Dr. X antwortet«)!

> **Tipp**
>
> Auch das Schreiben kann mehr oder weniger anonymisiert gestaltet, das Präsentieren von Briefen freigestellt werden. Möglich ist auch ein gegenseitiges oder gemeinsames Schreiben.

- Darstellung einer Szene im *Dialog*, im *Rollenspiel* (z. B. erlebte Auseinandersetzungen und Einigungen in einer Freundschaft; zu einem Gedanken (vgl. Kap. 4.2.3) oder einer aufgeworfenen Leitfrage (z. B.: Können echte Freundschaften auch einmal zerbrechen?); Ermöglichung von Perspektivwechseln; dies dient dann als Einladung dazu, Partei für eine Position zu ergreifen und weitere Argumente für sie zu finden), als *Pantomime* oder *Standbild* (die Zuschauenden äußern Vermutungen, welche Situation dargestellt wird; sie sprechen Kommentare, z. B. hinter den Standbildfiguren; die Situation wird als Gesprächsanlass genommen)
- Die wesentlichen Aspekte einer guten Freundschaft können in einem gezeichneten und beschrifteten *Beziehungshaus* symbolisiert werden (die Teilnehmenden versuchen in ihm passende Begriffe unterzubringen, wie Vertrauen, Offenheit, Treue, Sicherheit, Bedingungslosigkeit, Zeit miteinander, Träume, Gemeinsamkeiten, Eifersucht ...). Vor allem für jüngere Kinder können Leitfragen hilfreich sein, z. B.:
  - Was ist das Fundament deines Beziehungshauses?
  - Wofür könnten die Fenster stehen?
  - Braucht dein Beziehungshaus einen Garten?
  - Gibt es in deinem Beziehungshaus auch dunkle Räume?

Tipp

Zunächst kann jeder ›Architekt‹ sein eigenes *Beziehungshaus* entwerfen, das er seiner Gruppe anschließend vorstellt. Die Gruppe kann dann versuchen, ein gemeinsames *Beziehungshaus* zu gestalten.

Für die Durchführung eines Freundschaftsprojektes bietet sich z. B. die Portfolio-Methode/das Erstellen eines Freundschaftsbuches an: Entstandene Texte/Mind-Maps/Dokumentationen eines Freundschaftsverlaufs/beantwortete Fragebögen/Bilder und Fotos können so gesammelt werden.

4.2.2 Ein literarischer Text über die Freundschaft

Rudern zwei von Reiner Kunze (1984, S. 9)

Rudern zwei
ein boot,
der eine
kundig der sterne,
der andre
kundig der stürme,
wird der eine
führn durch die sterne,
wird der andre

führn durch die stürme
und am ende ganz am ende
wird das meer in der erinnerung
blau sein

Leitfragen zum Gedicht:

1. Schildere die Situation!
2. Warum, meinst du, hat Reiner Kunze über diese Situation ein Gedicht geschrieben?
3. »Ein gemeinschaftlicher Schiffbruch ist eine Trauung der Freundschaft oder der Liebe« (Novalis 1837/1965, Band II, S. 607). Kannst du diesen Satz mit dem Gedicht in Verbindung bringen? Welche eigenen Erlebnisse fallen dir dazu ein?
4. Denke besonders über den Schluss des Gedichtes nach!

In Kapitel 4.2.4 befindet sich ein ausgeführtes Unterrichtsbeispiel.

4.2.3 Zitate zum gemeinsamen Nachdenken über die Freundschaft

Freundschaft entsteht nicht aus Hilfsbedürftigkeit, sondern aus Freigebigkeit heraus (Cicero, *Laelius de amicitia* [*Über die Freundschaft*], I, 26–31)

»Sehr oft denke ich über die Freundschaft nach; dabei scheint mir gewöhnlich der Punkt am meisten Betrachtung zu verdienen, ob das Verlangen nach Freundschaft aus dem Gefühl unserer Schwäche und Hilfsbedürftigkeit entstanden ist, um durch gegenseitige Hilfeleistungen das, was jeder für sich allein nicht vermag, von einem andern zu erhalten und ihm wieder zu erweisen, oder ob dies zwar eine besondere Eigentümlichkeit der Freundschaft ist, dennoch aber ein wichtigerer und schönerer Grund anderer Art in der Natur des Menschen selbst liegt. [...]

Die Freundschaft aber aus dem Gefühl der Schwäche und aus dem Trieb nach Befriedigung unserer Bedürfnisse abzuleiten heißt, ihr wahrlich einen niedrigen und sehr unedlen Ursprung zuzuweisen, indem sie in diesem Fall Mangel und Hilflosigkeit erzeugt haben sollen.

Wenn dem so wäre, so müsste jeder umso empfänglicher für die Freundschaft sein, je weniger Kraft er in sich selbst fühlte. Und doch verhält sich die Sache ganz anders.

Denn je mehr einer sich selbst zutraut, je mehr ihn Tugend und Weisheit so stark machen, dass er keines anderen bedarf und alles in sich selbst zu haben glaubt, desto mehr zeichnet er sich in dem Verlangen nach Freundschaft und durch ihre Pflege aus. [...]

Gleich wie wir nämlich wohltätig und freigebig sind, nicht um Vergeltung einzufordern – denn wir wuchern nicht mit unseren Wohltaten – sondern weil wir eine natürliche Neigung zur Freigebigkeit haben, so halten wir die Freundschaft für ein wünschenswertes Gut, nicht angelockt durch die Hoffnung auf Lohn, sondern weil ihr ganzer Genuss in der Liebe selbst besteht.«

Freundschaft ist freie gegenseitige Zuneigung, ein Spiel zwischen Nähe und Distanz (Weil, zit. n. Betz 2009, S. 146)

»Eine gewisse Gegenseitigkeit gehört zum Wesen der Freundschaft. Fehlt es auf der einen Seite an jedem Wohlwollen, so muss der andere die Zuneigung in sich selbst unterdrücken, aus Achtung vor der Freiheit der Zustimmung, die zu beeinträchtigen er kein Verlangen tragen darf. Fehlt es auf der einen Seite an Achtung vor der Autonomie des anderen, so muss dieser das Band aus Selbstachtung zerschneiden. Ebenso kann, wer die Knechtschaft hinnimmt, keine Freundschaft erlangen. [...]

Unrein ist jede Freundschaft, in der sich auch nur eine Spur des Verlangens, zu gefallen, oder des umgekehrten Verlangens findet. In der vollkommenen Freundschaft sind diese beiden Begehrungen gänzlich abwesend. Die beiden Freunde willigen völlig darin ein, dass sie zwei und nicht einer sind; sie achten den Abstand, der zwischen ihnen gesetzt ist, weil sie zwei unterschiedliche Geschöpfe sind.«

4.2.4 Ausgeführtes Unterrichtsbeispiel

Ein Unterrichtsgespräch mit Viertklässlern zu Reiner Kunzes Gedicht *Rudern zwei* (vgl. Kap. 4.2.2)

Jonas: *Da sind zwei Matrosen auf einem Rettungsboot, die beobachten die Sterne und die Stürme.*
Merlin: *Zwei Leute sind auf einem kleinen Holzruderboot auf das Meer rausgerudert, einer sitzt an der Spitze, der beobachtet die Sterne, einer auf der Seite, der beobachtet die Stürme.*
Anam: *Die sind auf dem offenen Meer und machen Teamarbeit.*
Daniel: *Tag- und Nachtarbeit.*
Darya: *Dann erinnern sie sich, wie schön das war ...*
Matvey: *... wenn sie wieder zu Hause sind.*
Julia: *Zu Hause, da sind sie schon größer, und dann denken sie daran, wie schön es war, im Team zu arbeiten.*
Anam: *Wie schön es war, im Team zu arbeiten und dabei Freunde zu sein. Sonst hätten sie sich nämlich verirrt.*
Giannis: *Das ist wie zwei Lieben: So, wie wenn einer im Sand spielt, und der andere spritzt mit Wasser, und dann schaut jeder, was der andere gemacht hat.*

> Jonas: *Da steht etwas darüber, wie verschieden die Menschen sind.*
> Darya: *Wie Bruder und Schwester.*
> Korhan: *Oder wie reich und arm. Der Reiche beobachtet die Sterne, der Arme die Stürme.*
> Giannis: *Der die Stürme beobachtet, hat Kraft.*
> Merlin: *Sie sind vor einer Wolkenwand und wollen das blaue Meer finden.*
> Korhan: *Blau ist aber nur geträumt.*
> Jonas: *Das sind zwei alte Menschen, die früher Abenteurer waren, die erinnern sich an ihre Kindheit.*
> Darya: *Sie träumen von der Freiheit, den Sternen.*
> Merlin: *Sie denken aber nur an das Meer, als ob es schön gewesen wäre.*
> Jonas: *Nein, es war schon auch blau.*
> Alexandra: *Die zwei haben sich im Sturm verirrt. Im Sturm war es nicht blau, aber sie denken, dass es blau war.*
> Darya: *Weil's die Erinnerung ist.*
> Daniel: *In Wirklichkeit kann's auch grün gewesen sein.*

Interpretation

a. Die Bildhaftigkeit kindlicher Erkenntnis

Die Kinder lassen sich viel Zeit, um sich die Situation auf dem Meer vorzustellen, sie erfinden weitere Details hinzu oder ›überinterpretieren‹ das Gesagte:

> Jonas: *Da sind zwei Matrosen auf einem Rettungsboot, die beobachten die Sterne und die Stürme.*
> Merlin: *Zwei Leute sind auf einem kleinen Holzruderboot auf das Meer rausgerudert, einer sitzt an der Spitze, der beobachtet die Sterne, einer auf der Seite, der beobachtet die Stürme.*
> Giannis: *Der die Stürme beobachtet, hat Kraft.*
> Merlin: *Sie sind vor einer Wolkenwand und wollen das blaue Meer finden.*
> Alexandra: *Die zwei haben sich im Sturm verirrt.*

Dadurch, dass sie sich möglichst konkret in die Situation hineinzuversetzen versuchen, erfassen sie gleichzeitig etwas Allgemeines, den Symbolgehalt der Szenerie für das ganze menschliche Leben. Dies drücken sie wiederum teilweise in bildhafter Sprache aus:

> Jonas: *Da steht etwas darüber, wie verschieden die Menschen sind.*
> Darya: *Wie Bruder und Schwester.*
> Korhan: *Oder wie reich und arm. Der Reiche beobachtet die Sterne, der Arme die Stürme.*

b. Erkenntnis, dass ein Geschehen verschieden interpretiert werden kann

In seinem Buch *Ein springender Brunnen* thematisiert Walser die eigene Kindheit. Der Autor denkt dabei über den Wahrheitsgehalt autobiografischen Schreibens nach:

> »Solange etwas ist, ist es nicht das, was es gewesen sein wird. [...] Jetzt sagen wir, dass es so und so gewesen sei, obwohl wir damals, als es war, nichts von dem wussten, was wir jetzt sagen. [...] Die eigene Vergangenheit ist nicht begehbar. Wir haben von ihr nur das, was sie von selbst preisgibt. Auch wenn sie dann nicht deutlicher wird als ein Traum.« (Walser 2000, S. 9)

Auch in Kunzes Gedicht geht es um die Nachreflexion von Erlebtem. Beeindruckend ist, wie die Kinder im Klassengespräch nachfühlen können, dass die beiden Bootsfahrer, die einer schwierigen Situation ausgesetzt waren und diese zusammen meisterten, eher das Gefühl der Verbundenheit und des Gelingens als die Widrigkeit der Lage in der Erinnerung behalten. Im wiederum sehr bildhaft geführten Dialog spüren sie der Unsicherheit nach, wann der Aspekt der Schönheit des Geschehens eigentlich auftauchte: War er bereits da, als man gemeinschaftlich kämpfte und den Ausgang noch nicht wusste? Oder tauchte er erst im Nachhinein auf, nachdem alles glücklich überstanden war?

> Jonas: *Das sind zwei alte Menschen, die früher Abenteurer waren, die erinnern sich an ihre Kindheit.*
> Darya: *Sie träumen von der Freiheit, den Sternen.*
> Merlin: *Sie denken aber nur an das Meer, als ob es schön gewesen wäre.*
> Jonas: *Nein, es war schon auch blau.*
> Alexandra: *Die zwei haben sich im Sturm verirrt. Im Sturm war es nicht blau, aber sie denken, dass es blau war.*
> Darya: *Weil's die Erinnerung ist.*
> Daniel: *In Wirklichkeit kann's auch grün gewesen sein.*

5 Empathie

> Niklas zeigte auffälliges Störverhalten und neigte zu aggressiven Reaktionen im Unterricht und auf dem Pausenhof. Ich erklärte den Kindern, die sich bei mir über ihn beschwerten, dass es ihm schwerer fiele als ihnen, sein Verhalten zu kontrollieren, und bat um Geduld mit ihm. Als Niklas das nächste Mal seinem Banknachbarn zusetzte und ich eingriff, meinte dieser: »Aber Niklas kann doch nichts dafür!«

Nicht erst seit der Verpflichtung zur *Inklusion* wird in Schulen ein verstärkter Fokus auf *soziales Lernen* gelegt. *Verständnis*, *Toleranz* und *Hilfsbereitschaft* statt *Konkurrenzdenken*, *Gewalt* und *Mobbing* sollen gefördert werden. Geht es nicht um Leistungsschwächen, sondern um Verhaltensauffälligkeiten, scheint es oft schwieriger, für *Empathie* zu werben. Es ist anstrengend und kostet Überwindung, jemanden mitmachen zu lassen, der zu Störverhalten oder Aggressionen neigt, um ihm dadurch zu einem friedfertigeren Verhalten zu verhelfen. Dass auch dafür schon bei Kindern Bereitschaft bestehen oder geweckt werden kann, zeigt das obige Beispiel. Dabei sollte aber auch immer die Möglichkeit einer Aussprache über die *Grenzen des Tolerierbaren* geschaffen werden (vgl. Kap. 7.1.1, sowie die unter 5.2.1 dargestellten Unterrichtsvorschläge).

In einer ganzheitlichen, leib-geistig geprägten Werteerziehung wird verstärkt auf die Schulung des *Empathievermögens* und nicht nur der *Diskursfähigkeit* geachtet. Fundamentale Erfahrungen und Erfahrungsmöglichkeiten sind durch Argumente nicht ersetzbar. Auf der oft unbewusst bleibenden, nie ganz thematisierbaren Grundlage emotional geprägter Erfahrungen baut die kognitive Auseinandersetzung mit Werten auf (vgl. Spaemann 2009, S. 19; vgl. Kap. 1.2.2). Schülerinnen und Schüler bekommen deshalb Gelegenheit, über ihre individuellen Erlebnisse zu sprechen, und sie sollen sich z. B. mittels Rollenspielen und Übungen in andere hineinversetzen. So wird beim *Anti-Gewalt bis Zivilcourage-Programm Zammgrauft* der Münchner Polizei Betroffenheit erzeugt, indem die Verletzlichkeit des menschlichen Körpers ausgetestet und bewusst die Opferperspektive eingenommen wird oder gruppendynamische Prozesse in Konfliktsituationen ausprobiert werden. Die anschließende Kommentierung des Geschehenen darf jedoch nicht fehlen (vgl. Kap. 5.2.1).

5.1 Was versteht man unter Empathie?

5.1.1 Ein empathiefähiger Mensch versetzt sich in die (Not-)Lage anderer und geht gegen ihr Leid ebenso vor wie gegen sein eigenes

Empathie, Mitleid, Mitgefühl oder Sympathie?

Allgemein bezeichnet *Empathie* die Bereitschaft und Fähigkeit, sich in andere Menschen einzufühlen; meist ist wohl gemeint, sich möglichst intensiv in die Notlage eines anderen zu versetzen. Der andere, der ist *wie ich*, wird zum *alter ego*. *Mitleid* ist der klassische Begriff, den z. B. Rousseau und Schopenhauer für den moderneren psychologisch-pädagogischen Fachbegriff der *Empathie* gebrauchen. Manch einer will nicht bemitleidet werden, doch ist der Verdacht der *Herablassung* bei echtem, ungeheucheltem *Mitleid* oder *Mitgefühl*, das sich auf gleiche Stufe mit allen Menschen (oder sogar mit allen empfindungsfähigen Lebewesen) stellt, unbegründet. Das Wort *Sympathie* stammt aus dem Altgriechischen (*sympátheia*) und heißt Mitleid, und über *Sympathie* im Sinne von wohlwollendem Interesse kann man sich nur freuen. Die Begriffe *Empathie*, *Mitleid*, *Mitgefühl* oder *Sympathie* werden in diesem Buch weitestgehend synonym gebraucht (will man zwischen *Empathie* und *Mitgefühl* differenzieren, lese man den Text von Martha Nussbaum in Kap. 5.2.3).

Das Mitleid – eine unvollständige Tugend?

Für Aristoteles ist das *Mitleid* – etwa im Vergleich zur *Liebe* oder *Gerechtigkeit* – eine *unvollständige* Tugend. Aufgrund der Hochschätzung von *Rationalität* und *Vernunft* wurden in der klassischen philosophischen Tradition immer wieder Vorbehalte gegen eine intuitive Gefühlsethik geäußert. *Empathische Gefühlsaufwallungen* seien vorübergehend, nicht der willentlichen Kontrolle unterworfen und hätten mit einer beständigen Vernunfthaltung nichts zu tun. Wichtig sei, dass eine Hilfeleistung einfach stattfindet; ob sie von Mitleid begleitet ist oder nicht, spiele keine Rolle. Mitleid »belehrt nicht über das, was zu tun ist« (Spaemann 2009, S. 44), und könne sogar eine lähmende oder kontraproduktive Wirkung haben. Spontane, unkritische ›Gefühlsduselei‹ schaffe Gemeinschaftlichkeit auch mit Personen, die keine Anteilnahme verdient haben. Das Aufgehen des Individuums in der Gemeinschaft sei ebenfalls nicht das Ziel.

Dagegen vertritt die amerikanische Philosophin Martha Nussbaum (* 1947) in ihrem Buch *Politische Emotionen. Warum Liebe für Gerechtigkeit wichtig ist*, dass Emotionen »nicht nur Affekte sind, sondern Einschätzungen und Bewertungen beinhalten« (Nussbaum 2016, S. 18). Für ethisches Verhalten spielten sie eine große Rolle. Nussbaum sieht die *Kultivierung des Mitgefühls* als unabdingbar für den Erhalt von *Rechtsstaatlichkeit* und *Demokratie* an:

»Mitunter gibt es die Auffassung, nur faschistische oder aggressive Gesellschaften seien von starken Gefühlen beherrscht und nur solche Gesellschaften hätten es nötig, sich auf die Förderung und Pflege von Gefühlen zu konzentrieren. Derartige Ansichten sind so falsch wie gefährlich. Sie sind falsch, weil alle Gesellschaften über die langfristige Stabilität ihrer politischen Kultur und die Sicherheit der ihnen teuren Werte in Krisenzeiten nachdenken müssen. Alle Gesellschaften müssen folglich über Mitgefühl bei Verlusten, Zorn über Ungerechtigkeit, die Eindämmung von Neid und Scham zugunsten eines unfassenden Mitgefühls nachdenken. Überlässt man die Prägung von Gefühlen antiliberalen Kräften, erlangen diese einen gewaltigen Vorsprung bei der Gewinnung der Herzen der Menschen, und dann besteht die Gefahr, dass Menschen liberale Werte für lasch und langweilig halten.« (Ebd., S. 12–13)

Empathie ist Liebe, die sich selbst im anderen sieht

Unter den Facetten der *Liebe* kommt *Empathie* (*Mitleid* oder *Mitgefühl*) vielleicht am ehesten der *Nächstenliebe* gleich. Beide sorgen sich um *alle* Menschen, in dem Wissen, dass *alle* bezüglich ihrer Entwicklungsbedürftigkeit, ihrer Hinfälligkeit in Krankheit und Tod und ihrer Sehnsucht nach Glück *gleich* sind. Dies ist Voraussetzung für einen tätigen Einsatz, der die menschlichen Schwächen und Verletzlichkeiten im Auge hat und nicht an besondere Qualitäten des Gegenübers gebunden ist (vgl. in Kap. 4.1.1 den sechsten Abschnitt). Das *Mitleid* wurde oft als gefühlsbetonter, intuitiver und spontaner als die Nächstenliebe angesehen, es wird durch das Leid des anderen ausgelöst, während die Nächstenliebe immer liebt, egal ob der andere gerade stark oder schwach ist. Umstritten ist, ob das Mitleiden Tatkraft initiiert oder ein zu starkes gefühlsmäßiges Involviertsein sogar eher kontraproduktiv ist. Die *Nächstenliebe* hat vielleicht einen reflexiveren Anteil, sie weiß, was zu tun ist, kann auch einmal Abstand nehmen, wenn das richtige Handeln dies erfordert, und bleibt verlässlich bei der Sache.

Da im *Buddhismus* das *Mitleid* hoch in Kurs ist und sich bei westlichen Denkern wie Rousseau und Schopenhauer durchaus Parallelen ergeben, soll zunächst auf die *buddhistische Mitleidsethik* eingegangen werden.

Alles, was mir begegnet, bin ich selbst (Buddha)

Die Haltung *Alles, was mir begegnet, bin ich selbst* drückt sich in *Güte, Mitleid, Mitfreude* und *Gleichmut* aus, Werte, die die buddhistischen Mönche in bewusster Armut, zölibatärem Leben und Friedfertigkeit zu leben versuchen. Der Weg zur Befreiung führt über die Askese, die Selbst-Zurücknahme. Dazu bedarf es der Disziplin und der meditierenden Übung. Ziel der Meditation ist es, den eigenen Geist grenzenlos zu machen, wie es in einem Gedicht über einen in Asien lebenden europäischen Novizenmeisters zum Ausdruck kommt:

> **Der Novizenmeister von Ludwig Steinherr (2016, S. 89)**
>
> Seit er in Asien gelebt hat
> stört ihn Lärm nicht mehr bei der Meditation –

Während er sitzt und schweigt
klingelt eine Rikscha durch seinen Kopf
und er folgt dem Klingeln der Rikscha
und er selbst ist das Klingeln und die Rikscha
und er selbst ist der Rikschafahrer
und er tritt die Pedale mit feuchtem Hemd
und fährt durch das abendliche Verkehrsgewühl
im Marktgeschrei im Knattern der Mopeds
im Zischen und Brodeln der Garküchen
im Toben von Kampfhähnen
im Gezänk eines Ehepaars
im Nelkenduft der Kreteks
fährt er nach Hause, biegt ein in den winzigen Hinterhof
stellt die Rikscha ab in der blauen Dämmerung
tritt in den grellen Lichtschein
wo ihn Kindergeschrei erwartet und die Frau
und er isst die Suppe und streichelt das Kind
und streckt sich zu seiner Frau
auf die Matte und gleitet fort
in den Schlaf und träumt
er fährt noch immer weiter
im Traum eines anderen und
all dies ist eine endlos gleitende Meditation
ein tiefes tiefes Gebet

Der Identitätswechsel im Gedicht ist Ausdruck der Überwindung selbstbezogener Beschränktheit, die in der buddhistischen Religion letztlich erst mit dem Tod als Auflösung aller Individualität durch das Eingehen ins *Nirwana* erreicht wird. Individualität wird also mit Vereinzelung, Isolation und Fühllosigkeit verbunden, welche die Qual von Mensch und Tier wie in einem Guckkasten beschaut, ohne sich davon betreffen zu lassen. Im Diesseits überwindet *das Mitleid* in der Empfindung ›alle Wesen sind eins‹ solch selbstisches Ich-Bewusstsein. Nach der *Reinkarnationslehre* sind alle Lebewesen miteinander verbunden, bis dahin, dass jedes in einem anderen wiedergeboren werden kann. Deshalb bezieht die Mitleidsethik auch Tiere mit ein.

Synchron von Ludwig Steinherr

Kindersoldaten spielen Fußball
mit den abgehackten Köpfen ihrer Feinde

Der Jaina-Mönch bindet den Mundschutz um –
keine Mücke soll sterben
durch sein Atmen

Mitleidig zu sein ist jedem zur Verbesserung des eigenen Karma nur zu wünschen. So heißt es von buddhistischen Mönchen, sie lebten bewusst in Armut und bettelten, um bei zufällig Begegnenden Mitleid hervorzurufen (vgl. Kap. 8.1.2). Auch die Übertragung eigener karmischer Verdienste auf andere ist möglich, um dadurch an der *Erlösung aller* mitzuwirken.

In westlichen Kulturen besteht vielleicht manchmal die Gefahr, dass *Individualismus* zur Vernachlässigung des *Gemeinschafts*gedankens führt, individueller *Autonomie*gewinn von der Aufgabe der *Fürsorge für andere* entkoppelt wird. Eine interkulturelle *Werteerziehung* kann ›blinde Flecken‹ der eigenen Kultur bewusstmachen und der Kritik an einem allzu selbstbewussten (europäischen) *Ethnozentrismus* dienen (vgl. in Kap. 1.2.2 den zweiten Abschnitt; Kap. 1.2.4).

Jean-Jacques Rousseau – La pitié als Mutter aller Tugenden

Jean-Jacques Rousseau (1712–1778) kommt als einer der ersten abendländischen Denker dem buddhistischen Denken nahe. (Er kennt ebenfalls das Mitleid mit Tieren und spricht sich etwa für eine vegetarische Ernährung aus.) Im *Diskurs über die Ungleichheit* (1755) nennt er das Mitleid (*la pitié*) die *Mutter aller Tugenden*. Z. B. wenn *Freundschaft* bedeute zu wünschen, dass der andere glücklich sei, sei das nur die Kehrseite des Wunsches, dass er nicht leide (vgl. Rousseau 1755/1984, S. 151). Das Mitleid als *natürliches Gefühl* gehe nicht fehl, während moralische Regeln häufig nichts weiter als eine Form der Machtausübung seien. Eine Vernunft, die sich nicht auf Mitleid stützt, könne geschickt für alle möglichen Ungerechtigkeiten argumentieren.

Ganz ähnlich denkt übrigens sein Zeitgenosse und Landsmann Voltaire (1694–1778):

>»Die Natur hat zu allen Menschen gesprochen: Ich ließ euch alle schwach und unwissend geboren werden [...]. Da ihr schwach seid, helft euch; da ihr unwissend seid, klärt euch auf und habt Nachsicht untereinander [...]; in eure Herzen habe ich einen Keim von Mitleid gesetzt, damit ihr einander helft, das Leben zu ertragen. Erstickt diesen Keim nicht, verderbt ihn nicht.« (Voltaire 1764/2015, S. 191)

Nach Rousseau ist der Mensch von Natur aus gut. Im *natürlichen* Zustand ist das Kind von *Selbstliebe* geleitet. Gleichzeitig ist es schwach und auf die Hilfe anderer angewiesen. So weitet es die *Selbstliebe* auf Personen aus, die ihm ermöglichen zu leben:

>»Wir suchen, was uns dienlich ist; wir lieben, was uns liebt. Wir fliehen, was uns schädlich ist; wir hassen, was uns schaden will.« (Rousseau 1762/1998, S. 212)

Rousseau führt das *Mitleid* auf den *Selbsterhaltungstrieb*, den er *Selbstliebe* nennt, zurück. Es mäßigt im Menschen »den Eifer, den er für sein Wohlbefinden hegt, durch einen angeborenen Widerwillen [...], seinen Mitmenschen leiden zu sehen« (Rousseau 1755/1984, S. 141). Durch Identifikation mit anderen Lebewesen, die empfinden wie ich, wird die erste natürliche Regung zur Grundlage der zweiten. Wird dieser gute Urzustand nicht gestört, entwickelt sich das Mitleid als *natürliches Gefühl* ganz von selbst. Erziehende müssen nichts aktiv dazu beitragen, sie müssen nur schädliche Einflüsse abhalten.

Rousseaus Gedanke, dass das Gute das Natürliche ist, hat Vorläufer in der Antike (Sokrates), und er taucht auch in der Moderne (Brecht) wieder auf:

Sokrates vertritt in Platons *Dialog Menon* die Ansicht, der Mensch könne nur das Gute wollen:

> »Also ist es doch klar, dass diese Leute, diese Nichtkenner des Schlechten, nicht das Schlechte begehren, sondern dasjenige, was sie für gut halten, während es tatsächlich schlecht ist. Mithin begehren diejenigen, die es nicht kennen und es für gut halten, offenbar das Gute.« (Platon, *Dialog Menon*, 77d/e)

Böses würde nach Sokrates nicht getan werden, hätte es nicht den *Anschein* des Guten. Das Böse wird also in *Verwechslung* mit dem Guten getan und ist somit nicht eigentlich böse. Es beruht auf *Irrtum*, auf der Unkenntnis des wirklich Guten, d. h. *nicht auf Schuld.*

Auch in Bertolt Brechts während der 1930er Jahre entstandenem Theaterstück *Der gute Mensch von Sezuan* ist das Gute das Naheliegende, das Böse eher etwas versehentlich Hinzukommendes:

> »Den Mitmenschen zu treten
> Ist es nicht anstrengend? Die Stirnader
> Schwillt ihnen an, vor Mühe, gierig zu sein.
> Natürlich ausgestreckt
> Gibt eine Hand und empfängt mit gleicher Leichtigkeit. Nur
> Gierig zupackend muss sie sich anstrengen. Ach
> Welche Verführung zu schenken! Wie angenehm
> Ist es doch, freundlich zu sein! Ein gutes Wort
> Entschlüpft wie ein wohliger Seufzer.« (Brecht 1982, S. 627)

> »Bosheit ist bloß eine Art Ungeschicklichkeit. Wenn jemand ein Lied singt oder eine Maschine baut oder Reis pflanzt, das ist eigentlich eine Freundlichkeit.« (Ebd., S. 609)

Nach Rousseau ist nicht der einzelne Mensch schuld an seinen bösen Taten, sondern der korrumpierende Einfluss der Gesellschaft, die übertriebenes Anspruchsdenken nährt. (Etwas unklar dabei ist, wie es dazu kommen kann, dass Menschen, die *von Natur aus gut* sind, in Gesellschaft plötzlich Böses hervorbringen.)

Der Vergleich mit anderen lässt *natürliche Selbstliebe* in ichbezogene Eitelkeit umschlagen, die Rousseau *Eigenliebe* nennt. »Da jeder bevorzugt werden möchte, gibt es bald Unzufriedene« (Rousseau 1762/1998, S. 214). Aus solcher Selbstverliebtheit entstehen Gefühle der Konkurrenz, des Neides, der Missgunst und des Hasses, die das *natürliche Mitgefühl* verdrängen.

> »Glücklich sind die Völker, in denen man ohne Opfer gut und ohne Tugend gerecht sein kann! Wenn es auf der Welt einen Jammerstaat gibt, wo niemand leben kann, ohne Übles zu tun, und wo der Bürger aus Not zum Gauner wird, dann dürfte dort nicht der Übeltäter gehenkt werden, sondern der, der ihn dazu zwingt.« (Ebd., S.191)

Wenn dem so ist, wäre *nicht Bestrafung*, sondern *Mitleid* mit demjenigen, der sich irrt oder anderweitig in Not geraten ist, angebracht. Das Erschrecken über die Tat und die Verurteilung des Täters als ›böse‹ sind nur spontane Affekte. Angebracht wäre nicht Abgrenzung, sondern Hilfe.

Empathie als reflektierte Haltung gegenüber den ›Gaunern‹ wird auch von Bertolt Brecht öfter thematisiert, etwa in *Der gute Mensch von Sezuan*:

> »Wenn ich sein schlaues Lachen sah, bekam ich Furcht, aber
> Wenn ich seine löchrigen Schuhe sah, liebte ich ihn sehr.« (Brecht 1982, S. 625)

Im in den 1920er Jahren entstandenen Theaterstück *Die heilige Johanna der Schlachthöfe* führt Brecht die »Verkommenheit« der Arbeiter auf die unerträglichen sozialen Verhältnisse in den Fleischfabriken Chicagos während der Weltwirtschaftskrise zurück:

> »Zeigtet ihr mir der Armen Schlechtigkeit
> So zeig ich euch der schlechten Armen Leid.
> Verkommenheit, voreiliges Gerücht!
> Sei widerlegt durch ihr elend Gesicht.« (Ebd., S. 282)

Fazit des Gedankens Rousseaus zum Bösen, inspiriert durch die Antike (Sokrates) und weitergetragen bis in die Moderne (Bertolt Brecht)

Das Böse ist das *Unmenschliche* in dem Sinne, dass es *nicht das dem Menschen Gemäße* ist,

- denn es entspricht *nicht* dem *natürlichen Wollen* des Menschen
- und es spiegelt als pervertiertes Wollen nur *äußere, nicht dem Menschen gemäße Verhältnisse von Egoismus und Ausbeutung* wider.

Dieser Gedanke bewirkt ein Umdenken:

- Zum einen für die *Erziehung*: Widernatürliche Kräfte muss man nicht austreiben, sondern verhindern, dass sie in den Menschen eindringen. Diese Erkenntnis wurde Grundlage der so genannten *negativen Erziehung* Rousseaus. Das Kind wird frei gelassen, es erfährt nur den natürlichen Widerstand der Dinge. Der Erzieher ist Bewahrer, er hält störende Einflüsse ab. So findet das Kind von selbst den Weg zum Guten.
- Zum anderen für die *Rechtsprechung*: Rousseau nimmt die Erkenntnis der Moderne vorweg, dass Menschen nur eingeschränkt schuldfähig für ihre Taten sein können, dass eher das Umfeld, ihr Milieu (Mit-)Verantwortung dafür trägt. Gefühle der Angst und Rache gehen zugunsten von *Empathie* mit dem Übeltäter zurück. Dies hat eine Humanisierung der Gesellschaft und des Strafrechts zur Folge. Rousseau wird zum Vorreiter von Resozialisierungsprogrammen.

Traut Rousseau dem Menschen genügend *Liebesfähigkeit* zu?

An Rousseaus Mitleids-Konzept lässt sich eine kritische Anfrage stellen, nämlich: Kann einem Menschen nicht der Wert eines anderen Menschen aufgehen, ohne dass der Selbsterhaltungstrieb dabei eine Rolle spielt? Ist *Mitleid* eine verallgemeinerte Form von Selbstbezogenheit? Anders als Rousseau dachte jedenfalls Aristoteles, der Menschen zutraute, andere zu lieben, ohne dabei sich selbst und den eigenen Interessen verhaftet zu sein. Er unterteilte *Freundschaften* danach, ob sie *nützlich, angenehm* sind oder *um ihrer selbst willen* eingegangen werden (vgl. Kap. 4.1.1). Anders als Rousseau dachte auch der Dialogphilosoph Martin Buber, für den die *Begegnung* Vorrang vor dem *Egozentrismus* hat, auch in der kindlichen Entwicklung: »Der Mensch wird am Du zum Ich.« »Das Beziehungsstreben ist das erste, die aufgewölbte Hand, in die sich das Gegenüber schmiegt« (Buber 1923/1983, S. 36; vgl. in Kap. 1.2.2 den zweiten Abschnitt).

Trotz aller Hochschätzung des Mitleids scheint Rousseau der traditionellen Ich-Philosophie der Aufklärung verhaftet, die den freien *Solitaire* idealisiert und weniger das Gemeinschaftswesen Mensch sieht (vgl. in Kap. 1.2.2 den ersten Abschnitt).

Jedoch kann Rousseaus Ansatz, dass *Selbstliebe* die Voraussetzung für *Mitleid* ist, auch einfach als Wiedergabe entwicklungspsychologischer Fakten betrachtet werden. Die Untersuchungen von René Spitz (1945/1957) zum *Hospitalismus* sind der bekannteste Hinweis darauf, dass die ursprüngliche Erfahrung des Geliebt-Werdens die Vorbedingung für alle weitere leibgeistige Entwicklung und späteres Lieben-Können ist (vgl. Kap. 3.2.3). Durch Zuwendung lernt man, sich selbst zu mögen, und dies ist die Voraussetzung dafür, dass man sich voll und ganz für andere öffnen kann (das biblische Gebot *Liebe deinen Nächsten wie dich selbst!* kann in diesem Sinne als doppelte Liebes-Aufforderung gedeutet werden).

Rousseaus Aufwertung des *Mitleids* als *Mutter aller Tugenden* prägte den Ansatz der Elementarbildung Johann Heinrich Pestalozzis (1746–1827), der der Entfaltung der Kräfte des *Herzens* den Vorrang vor denen des *Kopfes* und der *Hand* gab. Rousseau und Pestalozzi machten in der Pädagogik die *Gefühlsethik* anstelle einer reinen *Vernunftethik* stark, so dass noch in Lehrerseminaren bis Mitte des 20. Jahrhunderts von der Wichtigkeit der *Herzens-* oder *Gemütsbildung* die Rede war. Es gibt ein schönes Beispiel, wie Pestalozzi in Kindern *Mitleid* zu erwecken sucht und ihnen gleichzeitig den erforderlichen Verzicht bei einer Solidaritätsleistung bewusstmachen will:

»Da Altdorf verbrannte, versammelte ich sie um mich her und sagte zu ihnen: ›Altdorf ist verbrannt, vielleicht sind in diesem Augenblick hundert Kinder ohne Obdach, ohne Nahrung, ohne Kleidung; wollet ihr nicht unsere gute Obrigkeit bitten, dass sie etwa zwanzig Kinder in unser Haus aufnehme?‹ Ich sehe die Rührung, mit der ihr ›Ach ja, ach mein Gott, ja‹, begleitet war, noch jetzt vor meinen Augen. ›Aber, Kinder‹, sagte ich dann, ›denket dem nach, was ihr begehret. Unser Haus hat nicht Geld so viel, als es will; es ist nicht sicher, dass wir um dieser armen Kinder willen mehr als vorher bekommen. Ihr könntet also in die Lage kommen, um dieser Kinder willen mehr für euern Unterricht arbeiten zu müssen, weniger zu essen zu bekommen und sogar eure Kleider mit ihnen teilen zu müssen. Saget also nicht, dass ihr diese Kinder wünscht, als wenn ihr euch alles diese um ihrer Not willen auch gern und aufrichtig gefallen lassen wollet.‹ Ich sagte dies mit aller Stärke, die mir möglich war, ich ließ sie selber wiederholen, was ich gesagt hatte, um mich sicherzustellen, dass sie deutlich verstehen, wohin ihr Anerbieten führe. Aber sie blieben standhaft und wiederholten: ›Ja, ja, wenn wir auch schlechter zu essen bekommen und mehr arbeiten und unsere Kleider mit ihnen teilen müssen, so freut es uns doch, wenn sie kommen.‹ [...] So war es, dass ich belebte Gefühle jeder Tugend dem Reden von dieser Tugend vorhergehen ließ; denn ich achtete es für bös, mit Kindern von irgendeiner Sache zu reden, von der sie nicht auch wissen, was sie sagen.« (Pestalozzi 1799, zit. n. Pfeffer 1961, S. 15–16)

Arthur Schopenhauer – Mitleid als Weg aus quälender Isolation

Arthur Schopenhauer (1788–1860) war einer der ersten in Europa, die sich explizit mit der buddhistischen Lehre auseinandersetzten:

> »Seit Schopenhauer können westliche Intellektuelle auf asiatische Weltanschauungen als überlegene Quellen der Weisheit zurückgreifen – bewusstseinsgeschichtlich ein enormer Wandel, der u. a. die Legitimation des Kolonialismus zersetzte, gegen den sich Schopenhauer scharf wandte.« (Hösle 2013, S. 157)

Zentrale Kategorie ist für Schopenhauer zunächst ein universaler *Lebenswille*, der in jedem Lebendigen vorhanden ist. Alle bewussten Vollzüge sind in Wirklichkeit diesem unbewussten Drang untergeordnet. Auch der menschliche Verstand fungiert lediglich als Instrument der eigenen Bedürfnisbefriedigung. Der Glaube, er diene der Wirklichkeitserkenntnis, ist lediglich eine Illusion. Wenn auch die Herleitung aus dem *Lebenswillen* völlig anders ist als bei Kant, teilt Schopenhauer dessen erkenntnistheoretischen Skeptizismus (erkannt wird eine Erscheinungswelt, nicht das *Ding an sich*).

Schopenhauers Philosophie ist emotionaler geprägt. Für ihn hat das Kreisen um sich selbst leidvollen Charakter. Die zeitgleichen Romantiker empfinden dies auch so, wenn sie *Freundschaft* als Seelenverwandtschaft verstehen, die die Grenzen endlicher Subjektivität sprengt. Schopenhauers zweite wesentliche Kategorie ist zwar nicht die *Freundschaft*, aber eine ähnliche, nämlich das *Mitleid*. Hierin könnte man eine zweite Parallele zu Kant sehen, denn auch für Schopenhauer ist die *Ethik* die Dimension, in der das Ich zur Wirklichkeit durchbricht. Das Gefühl, dass ›alle Wesen eins sind‹, öffnet dem Einzelnen den Weg aus seiner quälenden Isolation und ermöglicht ihm die Abkehr von einem Denken und Handeln, das auf den Eigennutz beschränkt ist. Der Weg zur Leidenserlösung führt dabei – ganz buddhistisch – über die *Askese*. Das Ich verzichtet darauf, den ganzen Raum der Existenz für sich zu beanspruchen, um anderen Platz zu machen.

Die Konzepte von Rousseau und Schopenhauer weisen starke Ähnlichkeiten auf. Abgesehen davon, dass bei beiden das *Mitleid* den Weg zur Gemeinschaftlichkeit bahnt, kann der *Lebenswille* bei Schopenhauer mit der *Selbstliebe* (dem Selbsterhaltungstrieb) bei Rousseau parallelisiert werden. Allerdings bleibt das *Mitleid* bei Rousseau an die *Selbstliebe* rückgebunden, d. h., die Erfüllung natürlicher Bedürfnisse des Ich wird als gut befunden, solange *Selbstliebe* nicht in *Eigenliebe* umschlägt und das Ich sich nicht aufbläht und die Wünsche maßlos werden. Anders bei Schopenhauer: Bei ihm liegt im Gedanken der *Askese* die Gefahr der Selbst-Zurücknahme bis zur *Selbstverneinung*, eine Tendenz, die es auch im Buddhismus gibt. Entsprechend wirft Friedrich Nietzsche (1844–1900) Schopenhauer, dessen asketisches Ideal er zunächst sehr bewunderte, später resignierende *Lebensfeindlichkeit* vor und sieht dessen *Mitleidsethik* als *Versuchung* an. Dass Schopenhauer mit sich selbst nicht im Reinen ist und Neigungen zum Selbsthass hat, darauf lassen auch Ausfälle gegen andere, etwa die Frauen, schließen:

> »Seine Misogynie, am deutlichsten ausgedrückt in seinem Essay ›Über die Weiber‹, ist pathologisch, auch wenn sie im 19. Jahrhundert, in dem der Zusammenbruch des traditionellen Rollenverständnisses die Männer zutiefst verunsicherte, bei Schriftsteller-Philosophen relativ weit verbreitet war – [...] Schopenhauer [hasste] die Frauen, weil er sie sexuell so stark begehrte – sie gefährdeten sein Streben nach Askese. Zweifel sind angebracht, ob dies wirklich ein guter Grund zum Weiberhass ist, auch wenn zuzugeben ist, dass ein starker Geschlechtstrieb ohne Liebesfähigkeit – und Schopenhauer war zu mehr als Mitleid nicht in der Lage – qualvoll ist.« (Hösle 2013, S. 155)

Im Zitat werden zur Charakterisierung Schopenhauers *Mitleid* und *erotische Liebe* entgegengesetzt. Beide Formen der Hingezogenheit reagieren auf den Wert, die Würde des Gegenübers. Man kann aber überlegen, worin wohl ihr Unterschied besteht. Das *Mitleid* sieht alle Menschen gleich an. Es wird durch das Leiden des anderen ausgelöst, der dasselbe Schmerzempfinden hat wie man selbst. Ginge es ihm gut, würde man vielleicht ungerührt an ihm vorübergehen. Das *Mitleid* ist eher unpersönlich, *erotische Liebe* dagegen ist individuell. Auslöser der *erotischen Liebe* ist die äußere und innere Schönheit der anderen *Person*, von der man einfach hingerissen ist, also ihre Stärken, und nicht – wie beim *Mitleid* – die allgemeinen menschlichen Schwächen (vgl. dazu den bereits angesprochenen Unterschied zwischen *Mitleid* und *Nächstenliebe* im dritten Abschnitt dieses Kapitels).

5.1.2 Ein empathiefähiger Mensch lässt sich emotional ansprechen

Der *Empathiefähige* reagiert gefühlsbetont, und von seinen Emotionen lässt er sich auch einmal überwältigen. *Besonnenheit*, nach Aristoteles ein wichtiges Merkmal der Tugend, steht bei ihm zunächst nicht im Vordergrund, und deshalb wurde das Mitleid in der klassischen Vernunftethik als Weg aus dem Ich-Gefängnis, als spontaner Initiator tätiger Liebe und anderer gelebter Werte, wie der *Gerechtigkeit*, manchmal unterschätzt. Angeregt durch buddhistische Einflüsse, liegt das Verdienst Rousseaus, des Rousseau-Schülers Pestalozzi und Schopenhauers vor allem in der Kritik dieser Tradition.

Mit Bezug auf die kantische Pflichtethik lässt sich sagen: Auf Emotionen hat man keinen direkten willentlichen Zugriff, deshalb kann es keine Verpflichtung geben, *Empathie* zu empfinden, wie z. B. die Pflicht besteht, zu helfen oder gerecht zu sein. Doch kann sehr wohl das Interesse für andere, Hellhörigkeit für ihre Probleme und genaues Zuhören kultiviert werden, und es ist nach Kant Pflicht, die Fähigkeit dazu zu entwickeln. Kant stimmt mit Rousseau darin überein, dass dem alleinigen Pflichtempfinden, das nicht vom Mitleid gestützt wird, wenig zuzutrauen ist:

> »Ob zwar aber Mitleid (und so auch Mitfreude) mit anderen zu haben an sich selbst nicht Pflicht ist, so ist es doch tätige Teilnehmung an ihrem Schicksale und zu dem Ende also indirekte Pflicht, die mitleidige[n] natürliche[n] [...] Gefühle in uns zu kulti-

vieren, und sie [...] zu benutzen. – So ist es Pflicht: nicht die Stellen, wo sich Arme befinden, denen das Notwendigste abgeht, zu umgehen, sondern sie aufzusuchen, [nicht] die Krankenstuben, oder die Gefängnisse der Schuldener u. dergl. zu fliehen, um dem schmerzhaften Mitgefühl, dessen man sich nicht erwehren könne, auszuweichen; weil dieses doch einer der in uns von der Natur gelegten Antriebe ist, dasjenige zu tun, was die Pflichtvorstellung für sich allein nicht ausrichten würde.« (Kant 1797/1993, S. 595)

Schon der Pädagoge Pestalozzi bemühte sich bei seinen Kindern um die Entfaltung der *Kräfte des Herzens*, um deren Handlungsbereitschaft zu fördern. Eine moderne ganzheitliche Werteerziehung, welche die Entwicklung von *Empathie- und Reflexionsfähigkeit* gleichermaßen beachtet, folgt seinem Beispiel. Man muss sich möglichst intensiv in die Lage anderer hineinversetzen und sie zugleich zu verstehen suchen. Der Aspekt der *Besonnenheit* kommt zur Emotion hinzu, indem z. B. Gefühle begründet und Lösungsmöglichkeiten von Problemen diskutiert werden. Auf der Grundlage emotional geprägter Erfahrungen baut die kognitive Auseinandersetzung mit Werten auf. Beachtet wird dies in aktuellen Gewaltpräventions- und Anti-Mobbing-Programmen, wie sie exemplarisch unter den Unterrichtsvorschlägen zu finden sind (Kap. 5.2.1).

Besonnenheit und Reflexionsfähigkeit scheinen besonders herausgefordert zu werden, wenn es um *Mitleid mit dem Bösen* geht. Dass sich schon Kinder darüber Gedanken machen können, warum Menschen aggressive Verhaltensweisen zeigen, zeigt das Eingangsbeispiel, aber auch das ausgeführte Unterrichtsbeispiel (Kap. 5.2.4).

5.1.3 Ein empathiefähiger Mensch erfährt soziale Wertschätzung

Wer einmal einer Atmosphäre des Egoismus, der Gleichgültigkeit oder sogar Feindseligkeit ausgesetzt war, weiß Empathie zu schätzen. Einem empathischen Menschen gegenüber entwickelt man Offenheit wie zu einem Freund. »[D]ie eigenen Schwächen jemandem mitteilen zu können, ohne Angst haben zu müssen, dass die Information gegen einen selbst verwendet wird, ja, im begründeten Vertrauen, dass man an ihrer gemeinsamen Überwindung arbeiten werde«, ist also nicht nur das »Signum von Freundschaft«, sondern auch von echter *Empathie* (vgl. das Zitat von Hösle 1997, S. 376, Kap. 4.1.1).

Wird die Mitleidskundgabe allerdings als Überlegenheitsdemonstration aufgefasst, kann sie allergische Reaktionen hervorrufen. Vor jemandem, der nicht als Freund empfunden wird, will man nicht als schwach und bedauernswert gelten. Wer wirkliche und nicht nur geheuchelte Empathie empfindet, hat jedoch keine Überlegenheitsgefühle, dazu ist ihm die *Gleichheit aller Menschen*, was ihre Schwäche und Verletzlichkeit betrifft, zu sehr bewusst. Er wird also versuchen, den entsprechenden Verdacht auszuräumen, etwa indem er vermittelt: Heute stecke ich zufällig nicht in deiner Situation, und das ist gut so, denn so habe ich vielleicht den Überblick, den du gerade zu verlieren drohst, und Kräfte, um dir aus deiner Notlage heraus zu helfen. Wenn das morgen umgekehrt sein sollte, hoffe ich, dass du mir auch hilfst.

5.1.4 Ein empathiefähiger Mensch findet die Balance zwischen Nähe und Distanz, und ihm ist sowohl Egoismus als auch Verzicht um des Verzichtes willen fremd

Ein empathiefähiger Mensch ist weder gleichgültig noch aufdringlich

Bei C. S. Lewis gibt im 26. Brief der *Screwtape Letters* der Oberteufel Screwtape dem Unterteufel Wormwood die Dienstanweisung, Streit zwischen Mann und Frau zu schaffen, indem er sie auf das Thema *Selbstlosigkeit* bringen soll. Darunter verstünden beide nämlich Unterschiedliches:

> »Eine Frau versteht unter der Selbstlosigkeit hauptsächlich: sich um anderer willen zu mühen; ein Mann versteht darunter: andere nicht zu bemühen. Daraus ergibt sich, dass eine Frau [...] anderen in viel größerem Umfang lästig fallen kann als irgendein Mann [...]. Umgekehrt kann ein Mann lange Zeit [...] zubringen, ehe er freiwillig anderen zu Gefallen nur so viel unternimmt, wie eine ganz gewöhnliche Frau täglich tut. Dadurch also, dass die Frau nur daran denkt, Gutes zu tun, und der Mann, die Rechte der anderen zu respektieren, wird jedes Geschlecht das andere ohne jeden sichtlichen Grund als durch und durch selbstsüchtig ansehen.« (Lewis 1942/1975, S. 112-113)

Auch wenn man dahingestellt lassen kann, ob die Geschlechtsrollen heute noch so klar zuzuweisen sind wie in den 1940er Jahren, gibt es noch genügend interindividuelle Unterschiede, was den Wunsch nach *Nähe* oder *Distanz* betrifft. Manch einer empfindet als *Anteilnahme*, was für einen anderen eine *Einmischung* bedeutet. *Distanz* ist auch deshalb wichtig, weil man manchmal etwas Abstand braucht, um den Überblick gewinnen und sinnvoll für den anderen tätig werden zu können. Zuviel *Distanz* bedeutet jedoch Gleichgültigkeit und lässt den rechten Augenblick zur Hilfeleistung verpassen. Das Empathievermögen selbst muss hier die richtige Mitte zwischen ungenügender emotionaler Abgrenzung und mangelnder Sensibilität finden, auch indem es auf die Signale des Gegenübers achtet.

Ein empathiefähiger Menschen handelt nach dem Grundsatz »Liebe deinen Nächsten wie dich selbst«

In einer kleinen Geschichte aus der *chassidischen* Weisheitslehre gibt ein Zaddik eine Antwort darauf, wie die Mitte zwischen übertriebener Triebbefriedigung und Selbstkasteiung zu finden ist:

> »Ein junger Mann gab dem Riziner einen Bittzettel, darauf stand, Gott möge ihm beistehn, damit es ihm gelänge, die bösen Triebe zu brechen. Der Rabbi sah ihn lachend an: ›Triebe willst du brechen? Rücken und Lenden wirst du brechen, und einen Trieb wirst du nicht brechen. Aber bete, lerne, arbeite im Ernst, dann wird das Böse an deinen Trieben von selber verschwinden‹.« (Buber 1963, S. 453; vgl. auch Betz 2010, S. 62)

Sowohl das *Alles-für-sich-haben-Wollen* als auch das *Nichts-für-sich-haben-Wollen* werden hier als Ausdruck einer *Selbstbezogenheit* gesehen, die nur durch Hinwendung zu den Menschen und zur Welt überwunden werden kann. Der jüdische Weisheitslehrer rät, für bestehende Antriebe positive Ziele zu suchen, und hierfür gibt es in der modernen Psychologie insofern eine Parallele, als der Begriff der Aggression meist *neutral* für jede Form gerichteter menschlicher Aktivität verwendet wird. Neben *destruktiven* gibt es auch *konstruktive* Aggressionen, die etwa den *Selbsterhaltungstrieb* unterstützen (vgl. Meier 2004, S. 18), aber auch an die Verstärkung von *Empathie* denken lassen.

Die Gefahr des *Egoismus* gewinnt angesichts eines ausufernden Konsums, der die globale Zerstörung der Umwelt und damit der Lebensgrundlage jetziger und nachfolgender Generationen bewirken kann, heute neue Dimensionen. Manchmal zeigen kleine Änderungen von Gewohnheiten, die nicht viel kosten, schon sichtliche Erfolge. Aus Liebe sind Menschen auch zu größeren Verzichtleistungen bis zum Selbstopfer in der Lage. Immer muss es aber darum gehen, anderen zu helfen und sie glücklich zu machen. Ein Verzicht um des Verzichtes willen ist problematisch zu sehen, denn dahinter kann sich der Wunsch verbergen, sich selbst loszuwerden.

Auf den ersten Blick scheint heute eine ich- und leibfeindliche *Askese* weniger die Gefahr zu sein. Doch tritt sie etwa im profanen Gewand der Auto-Aggressionen auf, wie z. B. der Selbstverletzung und der Magersucht (vgl. in Kap. 3.1.2 den ersten Abschnitt). In schwächerer Form gibt es die Neigung, sich selbst nichts zu gönnen, auch wenn das niemandem etwas bringt. Das biblische Gebot *Liebe deinen Nächsten wie dich selbst!* enthält die psychologisch wichtige Komponente, dass man oft erst lernen muss, sich selbst zu mögen, bevor man sich voll und ganz anderen zuwenden kann.

5.2 Beispiele

5.2.1 Unterrichtsvorschläge zum Thema Empathie

Ein Beispiel: Das Programm Zammgrauft – von Anti-Gewalt bis Zivilcourage. Ein Polizei-Kurs für Jugendliche

Andrae, B., Kranz, J. (o. J.). Polizeiprojekt »Zammgrauft«. Selbstbehauptungskurse für Kids in Bayern. Verfügbar unter: http://www.polizei-dein-partner.de/themen/zivilcourage/detailansicht-zivilcourage/artikel/polizeiprojekt-zammgrauft.html.

Frey, D. u. a. (2007). ›Zammgrauft‹. Ein Training von Anti-Gewalt bis Zivilcourage für Kinder und Jugendliche. In K. Jona, M. Boss & V. Brandstätter (Hrsg.), Zivilcourage trainieren! Theorie und Praxis (S. 137–205). Göttingen.

Exemplarisch für viele Spiel-Vorschläge, wie im Rahmen einer ganzheitlichen Werteerziehung *Empathie-* und *Reflexionsvermögen* gleichermaßen gestärkt werden können, sollen drei Übungen aus dem so genannten Anti-Gewalt- und Zivilcourage-Programm *Zammgrauft* dargestellt werden. Die Übungen stammen aus dem *Zammgrauft*-Arbeitsordner des Polizeipräsidiums München (2001).

Das Programm wendet sich weder spezifisch an Täter oder an Opfer von Gewalt, sondern an eine ganze Gruppe (z. B. eine Klasse) und schließt vor allem den wichtigen Teil der Unbeteiligten ein. Sowohl primäre als auch sekundäre Präventionsmaßnahmen sind vorgesehen: Es kann angewendet werden, damit Gewalt, Ausgrenzung und Diskriminierung gar nicht erst auftreten, dient aber auch zur Reduktion bereits vorhandener kritischer Verhaltensmuster bei Kindern und Jugendlichen. *Zammgrauft* ist schularten-unspezifisch vor allem für Jugendliche von 11 bis 18 Jahren konzipiert. (Das ähnliche Programm *Aufgschaut* bildet das Pendant für die Grundschule.)

U. a. gibt es folgende Zielsetzungen:

- Stärkung des Gemeinschaftsgefühls,
- Auseinandersetzung mit Gewalt und deren verschiedenen Formen,
- Sensibilisierung für die Verletzlichkeit des menschlichen Körpers,
- Sensibilisierung für die Opferperspektive,
- Erlernen eines optimalen Opfer-, Helfer- und Zeugenverhaltens,
- Förderung von Zivilcourage,
- Selbst-Erarbeitung eines allgemein akzeptierten Regelwerks.

Bei den Übungen wird durch ein realitätsnahes Rollenspiel zunächst Betroffenheit erzeugt, anschließend sollen in einer Nachbesprechung Handlungsoptionen in Eigenaktivität erarbeitet werden. Durch Leitfragen seitens der Moderatoren (Lehrkräfte) wird auf die Ziele der Übung hingeführt. Auf einer Flipchart oder Tafel müssen nach jedem Spiel möglichst viele Arbeitsergebnisse der Diskussion festgehalten werden. Dann soll ein Leitsatz als zusammenfassende Erkenntnis zum Themenbereich gemeinsam formuliert werden. Wichtig ist, dass sich alle Teilnehmer mit diesem Leitsatz identifizieren können. Am Ende des Trainings werden alle Leitsätze visualisiert und z. B. im Klassenzimmer auf Dauer aufgehängt, so dass die Lehrkraft später im Falle von aufkommenden Konflikten die Möglichkeit hat, auf diese zu verweisen. Die Schülerinnen und Schüler sollen auch dazu angeregt werden, Leitsätze, die für sie individuell wichtig geworden sind, als Klebezettel zu Hause oder am Arbeitsplatz zu befestigen. Nach etwa vier Wochen erfolgt eine nochmalige Reflexion in ein oder zwei Schulstunden über die Inhalte des Trainings. Außerdem werden zur effektiven Nachbereitung regelmäßige Diskussionsrunden empfohlen, die den Schülerinnen und Schülern die Möglichkeit geben, Erlebnisse des Alltags in Zusammenhang mit den Trainingsinhalten zu bringen. Ebenso können weitere Rollenspiele im Interventionsfall kurzfristig angesetzt werden. Da während der Schulzeit oft wenig Zeit ist, bietet sich die Durchführung solcher Programme als Projekt z. B. bei so genannten Besinnungstagen an.

Erstes Spiel: Gewalt-Meinungsskala – Tumult erwünscht (ca. 45 Min.)

Ziele:

- Auseinandersetzung mit Gewalt und deren verschiedenen Formen (z. B. körperliche und psychische Gewalt, Gewalt gegen Sachen und Menschen, Ausgrenzung, Fremdenfeindlichkeit und Mobbing);
- Gewinn der Erkenntnis, dass es darüber, was Gewalt ist bzw. welcher Intensitätsgrad von Gewalt vorliegt, unterschiedliche Einschätzungen gibt. Deshalb bestimmt immer das Opfer, ob ein Fall von Gewalt vorliegt oder nicht.

Eine Tapetenrolle mit einer Gewalt-Meinungsskala von 0 bis 100 wird ausgelegt. Jedem wird ein Blatt mit der Schilderung eines kurzen Sachverhalts, mit einem Begriff oder einem Bild, die jeweils verschiedene Arten von Gewalt thematisieren, ausgehändigt. Nacheinander lesen die Schülerinnen und Schüler den Text oder Begriff vor bzw. erläutern das Bild und ordnen den Sachverhalt auf der Skala ein. Eine Meinungsbegründung ist zunächst nicht gefordert. Liegen alle Blätter entlang der Gewalt-Skala auf dem Boden, stellt der Moderator die Frage, ob alle mit der Anordnung einverstanden sind. In der Regel haben die Schülerinnen und Schüler Einwände und bekommen nun die Möglichkeit, die eigene Meinung zu begründen und die Sachverhalte neu zu ordnen. Erfahrungsgemäß wird dabei kein übereinstimmendes Ergebnis erzielt, so dass das Spiel nach einiger Zeit abgebrochen wird.

Bei der *Nachbesprechung* werden die unterschiedlichen Auffassungen von Gewalt thematisiert, wobei sich folgende *Leitfragen* anbieten:

- Wie haben die Teilnehmer die Übung erlebt?
- Wie erfolgte der Umgang mit den verschiedenen Meinungen und ihren Begründungen während der Übung?
- Welche Konsequenzen und Bedeutungen haben die Unterschiede im subjektiven Empfinden von Gewalt?
- Welche Gewaltarten gibt es generell?
- Wer bestimmt, wann Gewalt vorliegt und wann nicht bzw. deren Intensität?
- Wer bestimmt die Grenzen von Gewalt (Regeln, Verstöße, Opferempfinden)?

Zur *Vertiefung* bieten sich noch die Themen des staatlichen Gewaltmonopols (z. B. Polizeigewalt, Gewaltenteilung), Notwehr und Nothilfe an.

Die Arbeitsergebnisse der Diskussion werden auf einer Flipchart oder Tafel festgehalten. Der zusammenfassende *Leitsatz*, der auf ein gesondertes Papier geschrieben wird, könnte z. B. lauten: *Der Betroffene legt fest, ob Gewalt vorliegt!*

Zweites Spiel: Menschen ertragen (ca. 20 Min.)

Ziele:

- Sensibilisierung für die Verletzlichkeit des menschlichen Körpers;
- Gewinn der Erkenntnis, dass nur der Betroffene entscheiden darf, wer seinen Körper anfassen darf und wo;
- Gewinn der Erkenntnis, dass unerwarteter Körperkontakt unerwartete Reaktionen zur Folge haben kann.

Eine Schülerin oder ein Schüler wird gebeten, sich mit dem Rücken auf eine Gymnastikmatte in der Mitte des Raums zu legen. Die Person wählt sich jemanden aus, der sich mit seinem ganzen Körpergewicht auf sie stellen darf. Bevor dieser das tut, wird die oder der am Boden Liegende befragt, auf welche Körperteile sich der andere stellen darf, wobei der Moderator alle Teile von den Füßen bis zum Kopf durchgeht. Dabei werden vor allem die besonders verletzlichen Stellen genannt: *Soll sich X gleich auf deine Knie stellen? Oder auf deine Nase?*
Dies dient dazu, dass auch die Zuschauenden sich in die Situation des ›Opfers‹ hineinversetzen und bewusst überlegen, welchem ihrer Körperteile sie zumuten würden, das Gewicht eines anderen Menschen auszuhalten. Hat die Schülerin oder der Schüler einen Körperteil gewählt, so stellt sich die ausgewählte Person ggf. mit Hilfestellung des Moderators darauf.
 Am wichtigsten ist, dass die oder der am Boden Liegende während des gesamten Spiels die völlige Kontrolle hat. Es gilt: Freiwilligkeit der Teilnahme, freie Partnerwahl, freie Wahl des Körperteils und Zustimmung zur Durchführung. Das Spiel wird mit Applaus beendet.
 Bei der *Nachbesprechung* wird zunächst die Person, die am Boden lag, zu ihren Gefühlen befragt. Es wird sich auch nach dem Empfinden der Person, die sich auf ihn gestellt hat, erkundigt. Für das Plenum bieten sich folgende *Leitfragen* an:

- Welche Körperteile sind ›in Ordnung‹, welche nicht, und wer entscheidet das?
- Was passiert, wenn Menschen dennoch an Körperteilen angefasst werden, die für sie nicht ›in Ordnung‹ sind?
- Auf welche alltäglichen Situationen lassen sich die Erfahrungen dieser Übung übertragen?

Die Arbeitsergebnisse der Diskussion werden auf einer Flipchart oder Tafel festgehalten. Zusammenfassende *Leitsätze*, die wiederum auf das Haupt-Flipchartpapier übertragen werden, auf welchem bereits die aus den anderen Übungen stammenden Leitsätze stehen, könnten z. B. lauten: *Unser Körper ist verletzlich! Gib nie die Kontrolle über deinen Körper ab!*

Drittes Spiel: Beeinflussung durch Zuschauer (ca. 20 Min.)

Ziele:

- Förderung von Zivilcourage;
- Gewinn von Erkenntnissen über gruppendynamische Prozesse in Konfliktsituationen, besonders über die Rolle, die scheinbar Unbeteiligte dabei einnehmen.

Zwei Schülerinnen oder Schüler werden ausgewählt, die vor der Tür jeweils einen Schaumstoffschläger ausgehändigt bekommen. Sie erhalten (mit der Mahnung zur Vorsicht) den Auftrag, im Klassenzimmer damit aufeinander einzuschlagen. Die Nicht-Schlaghand soll dabei auf den Rücken gelegt werden.

Zur selben Zeit werden die übrigen Schülerinnen und Schüler im Klassenraum vom zweiten Moderator in zwei Gruppen eingeteilt. Sie bekommen die Aufgabe, auf ein Zeichen des Moderators hin jeweils im Wechsel einen der beiden Kontrahenten anzufeuern. Auf ein weiteres Zeichen sollen beide gleichzeitig angefeuert werden, und bei einem letzten Zeichen sollen die Rufe abrupt verstummen. Nach einer kurzen Einübung der Reaktionen auf die verschiedenen Zeichen werden die beiden Kontrahenten ins Klassenzimmer geholt und beginnen den Kampf. Derjenige Mitspieler, der angefeuert wird, steigert in der Regel seine Angriffsbemühungen. Nachdem beide angefeuert wurden und auf ein letztes Zeichen hin die Rufe ganz aufhören, stellen die Gegner häufig ganz von allein ihren Kampf ein. Das Spiel wird mit Applaus beendet und ein Moderator fordert die Kontrahenten auf, sich gegenseitig die Hand zu reichen.

In der *Nachbesprechung* werden sowohl die beiden Gegner als auch die Gruppe der Anfeuernden zunächst befragt, wie sie die Übung erlebt haben. Die Moderatoren fragen die Kontrahenten gezielt, ob ihnen aufgefallen ist, wann es Veränderungen in den Zurufen gegeben hat und was die Anfeuerungen bei ihnen bewirkt haben.

Für die anschließende Diskussion bieten sich folgende *Leitfragen* an:

- Welche Eingriffmöglichkeiten in eine Auseinandersetzung haben die Beobachter?
- Welche Folgen haben Anfeuerungen bzw. unterlassene Hilfeleistung?

Zur *Vertiefung* bei der zweiten Frage schlägt die Polizei z. B. folgende Paragraphen aus dem StGB zur rechtlichen Rolle der Zuschauer vor. (Warum nicht? Man kann auch einmal einen Gesetzestext lesen.)

§ 26 StGB Anstiftung
   Als Anstifter wird gleich einem Täter bestraft, wer vorsätzlich einen anderen zu dessen vorsätzlich begangener rechtswidriger Tat bestimmt hat.

§ 27 StGB Beihilfe
Als Gehilfe wird bestraft, wer vorsätzlich einen anderen zu dessen vorsätzlich begangener Tat Hilfe geleistet hat.
Die Strafe für den Gehilfen richtet sich nach der Strafandrohung für den Täter.

§ 323c StGB Unterlassene Hilfeleistung
Wer bei Unglücksfällen oder Not nicht Hilfe leistet, obwohl dies erforderlich und ihm den Umständen nach zuzumuten, insbesondere ohne erhebliche Gefahr und ohne Verletzung anderer wichtiger Pflichten möglich ist, wird mit Freiheitsstrafe bis zu einem Jahr oder mit Geldstrafe bestraft.

Den Schülerinnen und Schülern soll z. B. bewusst gemacht werden, dass Zuschauer sich der *unterlassenen Hilfeleistung* schuldig machen, wenn ein Beteiligter einer Schlägerei derart zusammengeschlagen wird, dass er in eine für seine Gesundheit kritische Situation gebracht wird. In einer solchen Notsituation sind Beobachter verpflichtet, wenigstens die Polizei zu rufen. Feuern die Zuschauer die Schläger sogar noch an, kann es zur Anzeige wegen *Anstiftung* kommen. Wer Schmiere steht, macht sich der *Beihilfe* strafbar. Es sollte darauf hingewiesen werden, dass nach deutscher Rechtsprechung eine Körperverletzung auch dann strafbar ist, wenn sie mit Einwilligung der verletzten Person vorgenommen wird, weil die Tat gegen die guten Sitten verstößt.
Die Arbeitsergebnisse der Diskussion werden wiederum auf einer Flipchart oder Tafel festgehalten. Der *Leitsatz*, welcher wiederum auf das Haupt-Flipchartpapier mit den bereits aus den anderen Übungen stammenden Leitsätzen geschrieben wird, könnte z. B. lauten: *Ich habe nichts gemacht – gibt's nicht mehr!*

5.2.2 Literarische Texte über die Empathie

Die Maske des Bösen von Bertolt Brecht (1967, S. 850)

An meiner Wand hängt ein japanisches Holzwerk
Maske eines bösen Dämons, bemalt mit Goldlack.
Mitfühlend sehe ich
Die geschwollenen Stirnadern, andeutend
Wie anstrengend es ist, böse zu sein.

Leitfragen zum Gedicht:

1. Was stellt die Maske dar? Woran erkennst du das?
2. Was ist denn z. B. böses Verhalten?
3. Warum ist es anstrengend, böse zu sein? Fandest du es schon einmal anstrengend, böse zu sein?

4. Welche Gefühle hast du, wenn jemand zu dir böse ist?
5. Kann man Mitleid mit dem Bösen haben?

In Kapitel 5.2.4 befindet sich ein ausgeführtes Unterrichtsbeispiel.

Eine Erinnerung Ingeborg Bachmanns an die eigene Kindheit in ihrem Roman *Malina* (Bachmann 2013, S. 294–295)

»In einer Großaufnahme steht die kleine Glanbrücke da, nicht das abendliche Seeufer, nur diese mittäglich übersonnte Brücke mit den zwei kleinen Buben, die auch ihre Schultaschen auf dem Rücken hatten, und der ältere, mindestens zwei Jahre älter als ich, rief: »Du, du da, komm her, ich geb dir etwas!« Die Worte sind nicht vergessen, auch nicht das Bubengesicht, der wichtige erste Anruf, nicht meine erste wilde Freude, das Stehenbleiben, Zögern, und auf dieser Brücke der Schritt auf einen anderen zu, und gleich darauf das Klatschen einer harten Hand ins Gesicht: »Da, du, jetzt hast du es!« Es war der erste Schlag in mein Gesicht und das erste Bewusstsein von der tiefen Befriedigung eines anderen, zu schlagen. Die erste Erkenntnis des Schmerzes. Mit den Händen an den Riemen der Schultasche und ohne zu weinen und mit gleichmäßigen Schritten ist jemand, der einmal ich war, den Schulweg nach Hause getrottet, dieses eine Mal ohne die Staketen des Zauns am Wegrand abzuzählen, zum ersten Mal unter die Menschen gefallen, und manchmal weiß man also doch, wann es angefangen hat, wie und wo, und welche Tränen zu weinen gewesen wären.«

Leitfragen zum Textausschnitt:

1. Welchen Schmerz empfindet das kleine Mädchen?
2. Warum sagt Ingeborg Bachmann, dass *jemand, der einmal ich war, den Schulweg nach Hause getrottet* ist?
3. Was bedeutet: *Manchmal weiß man also doch, wann es angefangen hat*?

5.2.3 Zitate zum gemeinsamen Nachdenken über die Empathie

Erkennt *das Herz* oder *die Vernunft* tiefer? (Pascal, *Pensées* IV, 277 – 1670/1994, S. 141)

»Das Herz hat seine Gründe, die die Vernunft nicht kennt, das erfährt man in tausend Fällen. Ich behaupte, dass das Herz von Natur das allumfassende Wesen und sich selbst natürlich liebt, je nachdem, wem es sich hingibt, und es verschließt sich gegen den einen oder den andern, je wie es wählte. Den einen habt ihr abgewiesen, den andern bewahrt; ist die Vernunft der Grund, dass ihr euch selbst liebt?«

Besteht zwischen *Empathie* und *Mitgefühl* doch ein Unterschied? (Nussbaum 2016, S. 224–225)

»Empathie allein ist noch kein Mitgefühl, denn ein Sadist kann beträchtliche Empathie mit der Situation eines anderen Menschen haben und sie benutzen, um diesem Menschen Schaden zuzufügen. [...] Mitgefühl ist häufig ein Ergebnis von Empathie. [...] [Doch:] Wir können prinzipiell Mitgefühl für das Leiden von Lebewesen empfinden, deren Erfahrungen wir uns nicht gut oder vielleicht gar nicht vorstellen können. [...] [W]ir können sicher sein, dass Tiere beispielsweise in der fabrikmäßigen Nahrungsmittelherstellung leiden, ohne uns vorzustellen, wie es ist, ein Schwein oder ein Huhn zu sein. Mithin ist Empathie keine notwendige Bedingung für Mitgefühl. [...] Wir sollten auch davon ausgehen, dass Empathie an sich etwas moralisch Wertvolles enthält: nämlich die Erkenntnis, dass der andere ein Zentrum des Erlebens ist. Der empathische Folterer ist etwas sehr Schlimmes, aber vielleicht ist es noch schlimmer, den anderen nicht als ein Zentrum des Erlebens wahrnehmen zu können.«

5.2.4 Ausgeführtes Unterrichtsbeispiel

Bertolt Brechts Gedicht *Die Maske des Bösen* (vgl. Kap. 5.2.2) eignet sich, um Fragen wie *Was heißt: böse sein?* und *Kann man Mitleid mit dem Bösen haben?* zu diskutieren. Ich führte ein Unterrichtsgespräch mit Zweitklässlern durch. Zur Präsentation des Gedichts kann eine japanische No-Maske gezeigt werden.

Interpretation

a. Spontane Interpretation

Den Kindern fällt zunächst einmal auf: Die Maske, von der im Gedicht die Rede ist, ist keine Faschingsmaske. Es ist eine »dem Bösen nachgemachte« Maske. Sie soll dem Betrachter zeigen, was das ist, das Böse, und was es für einen Menschen heißt, böse zu sein. Ein erster Kommentar lautet:

»Man kann richtig sehen, wie anstrengend es ist, böse zu sein.« (Valentin, 8 Jahre)

Nachdem die Kinder Beispiele nannten, wann sie einmal böse waren und dies richtig anstrengend fanden, überlegen sie: Warum ist man denn böse, wenn es doch so anstrengend ist? Bei ihren Antworten kreisen sie um den Begriff ›Dämon‹.

> »Das ist, wenn ich eigentlich gar nicht will, aber mein Gehirn will es so.« (Simon, 7 Jahre)
> »Der Mensch will nicht böse sein, sondern er wird vom Dämon ›übernommen‹.« (Martin, 8 Jahre)

Auf dem ›Übernommen-Werden‹ durch einen Dämon insistiert Martin noch mehrmals. Ein anderes Wort für Dämon sei »böser Geist«. Wenn ein böser Geist einen beherrscht, dann kann man nicht mehr anders. Martin, der selbst oft unkontrollierte Wutanfälle hat, weiß, was es bedeutet, einer fremden Macht zu unterliegen.

Die Kinder denken nun darüber nach, welche Gefühle die ›Maske des Bösen‹ bei ihnen auslöst. Zwei Empfindungen finden sie plausibel, das *Erschrecken* vor dem Bösen und das *Mitleid*, welches sie begründen:

> »Man muss Mitleid mit dem Bösen haben, weil er das Gute gar nicht kennt. Eigentlich will der Mensch ja das Gute.« (Martin, 8 Jahre)
> »Der Böse tut nicht nur den anderen, sondern zugleich sich selber weh. Auch, weil er allein bleibt.« (Annette, 8 Jahre)

Die Kinder scheinen die Intention Brechts hier sehr gut nachzuvollziehen: Das Böse ist das *Unmenschliche* in dem Sinne, dass der Mensch hier *gegen seine menschliche Natur* handelt, die im Wollen des Guten und in der Gemeinschaftlichkeit mit anderen liegt. Wer angestrengt nicht das ihm Gemäße tut, ist zu bemitleiden.

b. Ausweitung auf eine ethisch-philosophische Reflexion des Bösen

Fragen

- Lehrende selbst sollten sich fragen:

Ist Mitleid als grundsätzliche Haltung gegenüber allem Bösen angebracht? Sollte man Kinder und Jugendliche in dieser Regung bestärken? Oder vermittelt man hier fahrlässig eine verharmlosende Sichtweise des Bösen, eine Sichtweise, die die jungen Menschen auf ihrem Weg zum Erwachsenwerden notgedrungen verlieren werden? Dann wäre es schnell um die Mitleidshaltung geschehen.

- Mit Kindern und Jugendlichen können folgende Fragen überlegt werden (evtl. Diskussion anhand von *Fallbeispielen*):

Kann man nur Mitleid mit jemandem haben, von dessen Unschuld man überzeugt ist, oder auch mit einem vorsätzlich, schuldhaft böse Handelnden? Gibt es denn überhaupt Böses, also echte Schuldhaftigkeit beim Menschen? Oder gibt es bei genauerem Nachdenken gar keinen wirklich Schuldigen, wenn Böses geschieht? Was sagt das Strafgesetz dazu? Wenn es vorsätzlich, schuldhaft böse Handlungen gibt, kann man sie im konkreten Fall immer erkennen oder bleibt

Unsicherheit darüber? Wenn man mit einem vorsätzlich, schuldhaft böse Handelnden Mitleid hat, wie sieht diese Mitleidshaltung dann aus? Macht Mitleid Sanktionen unmöglich?

Philosophische Hintergrundinformation: Kann man Mitleid mit dem Bösen haben?

Um diese Frage zu beantworten, muss zunächst geklärt werden:

- Sind Menschen verantwortlich für ihr Tun?

Exemplarisch sollen hier zwei Menschenbilder einander entgegengesetzt werden, das *materialistisch-marxistische* und das *jüdisch-christliche*, die die Frage unterschiedlich beantworten.

Die *materialistisch-marxistische* Auffassung formuliert Karl Marx im Vorwort seines Werkes *Zur Kritik der politischen Ökonomie*:

»Es ist nicht das Bewusstsein der Menschen, das ihr Sein, sondern umgekehrt ihr gesellschaftliches Sein, das ihr Bewusstsein bestimmt.« (Marx 1859/1971, S. 9)

Das Menschenbild, dem hier Ausdruck verliehen wird, ist ein eher *passives*. Das Denken und Handeln wird von den äußeren Umständen geformt, d.h., nicht der Mensch ist primär für sein Tun verantwortlich, sondern die Gesellschaft. Ähnlich findet sich dieser Gedanke bei Rousseau.

Das *jüdisch-christliche* Denken geht vom freien, also auch schuldfähigen Menschen aus:

»Will man der Wahrheit aufrichtig die Ehre geben, dann muss man bekennen, schicksalhaft nicht an Drähten gezogen, sondern angerufen zu sein und antworten zu sollen.« (Splett 1996, S. 146)

Das *antike* Bild vom Menschen, der nach dem Guten strebt, bleibt bestehen, wird im jüdisch-christlichen Denken aber *dialogisch erweitert*. Es besagt, dass im Laufe seines Lebens jeder Mensch immer wieder *auf das Gute hin angesprochen wird* – von Gott, von anderen Menschen oder auch einfach durch Situationen, die er gut zu bewältigen hat. Ein Beispiel für eine Aufforderung von großer Unmittelbarkeit, die sogar alle ›Verbauungen‹ des Gewissens durchdringt, ist in Mark Twains Roman *Huckleberry Finns Abenteuer* zu finden. Huck Finn erkennt im weggelaufenen schwarzen Sklaven Jim einen leidenden Menschen und verhilft ihm zur Flucht, obwohl ihm dies starke moralische Skrupel bereitet (vgl. Kap. 6.1.1).

Als Antwortender hat der Mensch die Wahl, zum Guten ›ja‹ oder ›nein‹ zu sagen. Da er nur einer der beiden Dialogpartner ist, ist seine Rolle aber *nicht rein aktiv*, der andere kommt ihm ja auch entgegen (oder auch nicht). Aufgabenbewährung ist somit ein »Sich Ergreifen-lassen von dem, was mich ergreift« (Splett 2014, S. 312; vgl. Kap. 3.1.4). Man kann sich also ansprechen lassen oder sich verweigern. Sieht man den Menschen auf diese Weise als *aktiven* Mitgestalter eines Dialogs an, gesteht man ihm eine (Teil-)Verantwortung für das

Geschehen zu. Jede Freiheit beinhaltet jedoch immer auch die Möglichkeit einer (schuldhaften) Verfehlung andern gegenüber. Wie gesagt, ist man als Dialogpartner nur teilweise autonom, da man auf *Ansprache angewiesen* ist. Und hier kommen die oben genannten *Umstände* ins Spiel, in denen der einzelne Mensch sich vorfindet. Sie können so inhuman und dialogfeindlich sein, dass sie ihm das Gute bis zur Unkenntlichkeit verdunkeln. In solcher Lage der Orientierungslosigkeit lässt man sich entweder dahintreiben oder richtet seinen Willen auf falsche Ziele, die man *irrtümlich* für die richtigen hält. Daran ist man dann aber nicht selbst schuld, sondern eben die *widrigen Umstände*, die *mangelnde Ansprache*. Was der Mensch nicht kennt, was ihm von anderen nicht eröffnet worden ist, das kann er auch nicht anstreben. Dass Kennen und Wollen hier fast identisch sind, begreifen sogar Kinder manchmal intuitiv, wie der oben bereits zitierte Ausspruch zeigt:

> »Man muss Mitleid mit dem Bösen haben, weil er das Gute gar nicht kennt. Eigentlich will der Mensch ja das Gute.« (Martin, 8 Jahre)

Mehr als eine nachträgliche Beurteilung, ob Menschen verantwortlich für ihr Tun sind, muss also zunächst *das Vorfeld* interessieren: Was kann getan werden, dass sich für einen Menschen das Gute nicht bis zur Unkenntlichkeit verdunkelt? Wer in widrigen Verhältnissen sich selbst überlassen wird, kann sich oft kaum selbst herausarbeiten. Gutes Handeln als *Antwort* setzt voraus, gut *angesprochen* worden zu sein. Es braucht empathiefähige Dialogpartner, mit denen gute Erfahrungen gemacht werden können. *Erziehung* kann als eine Form *persönlicher Ansprache* angesehen werden. Sie wäre überflüssig, könnte die Übernahme von Verantwortung nicht gelernt werden. Nicht ohne Grund steckt im Begriff *Verantwortung* das Wort *Antwort*. Ein junger Mensch muss gute Erfahrungen mit den Erziehenden machen können und Vertrauen zu ihnen entwickeln. Das kann er, wenn er merkt, dass es diesen wirklich um das Gute, und d. h. in diesem Fall um den jungen Menschen selbst, geht. Das ist sicherlich die wichtigste Erfahrung: Ich bin gemeint. Ich werde gemocht. Mein Wohlergehen liegt den andern am Herzen.

- Kann man Mitleid mit dem Bösen haben?

Im Zusammenhang der *nachträglichen Beurteilung* einer bösen Handlung stellt sich die Frage, ob man nur Mitgefühl mit einem Täter haben kann, von dessen Unschuld man überzeugt ist, oder ob auch Mitleid mit dem vorsätzlich, schuldhaft böse Handelnden angebracht ist.

Wer davon ausgeht, dass der Mensch prinzipiell (beschränkte) Freiheit hat, kann zwar nicht leugnen, dass er prinzipiell auch verantwortungs- und schuldfähig ist. Doch ist sich eine reflektierte Haltung der komplexen Bedingungen menschlichen Handelns bewusst. Die Einschätzung der individuellen Leistungsfähigkeit, d.h. die Beurteilung, ob ein bestimmter Mensch ethischen Anforderungen hätte gerecht werden können oder nicht, gestaltet sich schwierig, denn hier gibt es sehr viele blinde Flecke. So muss man sich vorschneller Schuldzuweisungen enthalten. Wenn uns schon unsere eigenen Motive oft dunkel bleiben, um wie viel mehr ist uns das Handeln anderer eine *Black Box*.

Abgesehen davon, dass widrige Verhältnisse, in die jemand verstrickt ist, dazu führen können, dass er keinen freien Blick auf das für andere offensichtlich Gute bekommt, ergibt sich eine Schwierigkeit mit dem Guten selbst: Es kann sein, dass es *allgemein* weder leicht zu erkennen noch zu tun ist. Oft sind Situationen kaum zu durchschauen, so dass es tatsächlich sehr schwierig sein kann zu beurteilen, was das Richtige zu tun ist (vgl. das Biosprit-Beispiel in Kap. 6.1.1, S. 153). Manch einer wird fälschlich zur Verantwortung gezogen, der nur ein sinnvolles Wagnis einging und damit Pech hatte. Auch ist es manchmal nicht einfach, den hohen Ansprüchen des Guten zu genügen.

»Seit zweitausend Jahren geht dieses Geschrei, es gehe nicht weiter mit der Welt, so wie sie ist. Niemand auf ihr könne gut bleiben.« (Brecht 1982, S. 596)

Wie die Gerechtigkeit ist das Gute ein *Ideal* (vgl. Kap. 6.1.1), d. h. sehr umfassend und kein einfacher, begrenzter (Lern-)Gegenstand. Zwar ist es einerseits dem Menschen nie völlig unbekannt, wie schon Sokrates sagt, und manchmal ist auch ganz klar, was zu tun ist. Doch kommt man andererseits mit dem Guten nicht so leicht an ein Ende. Es gibt immer höhere Ansprüche. Wenn sie unkenntlich oder überfordernd waren, entschuldigt das natürlich den Täter. Griechische Tragödien erregen *Schrecken* und *Jammer*, oder wie es in der irrtümlichen Übersetzung Lessings heißt, *Furcht* und *Mitleid*, indem sie unschuldige, den Schicksalsmächten ausgelieferte Menschen vor Augen stellen. Den *irrtümlich falsch Handelnden*, der unverschuldet Leiden verursacht, kann man nicht zur Verantwortung ziehen. So kann man auch Mitgefühl für den Täter und nicht nur für sein Opfer haben.

Es ist jedoch auch möglich, mit dem *bewusst und schuldhaft böse Handelnden* Mitleid zu haben, und zwar deshalb, weil das Böse als ein Misslingen des Menschseins angesehen werden kann, das in jedem Fall zu bedauern ist. Einen Ansatzpunkt dafür bietet die Philosophie des deutschen Idealismus, die den Ursprung des Bösen in der Gegensätzlichkeit von Besonderem und Allgemeinem sieht. Nach Johann Gottlieb Fichte (1762–1814) äußert sich diese Zweiheit beim einzelnen Menschen als innerer leib-geistiger Konflikt. »Das Vermögen und die höhere Bestimmung zur Reflexion steht einer Naturtendenz entgegen, die sich als Selbsterhaltungstrieb dieser Reflexion widersetzt« (Schmidt 2001, S. 800). Mit Rousseau könnte man sagen, die *Selbstliebe* weitet sich nicht zum *Mitleid* aus, sondern gerät mit ihr in Widerstreit und schlägt in *Eigenliebe* um (vgl. Kap. 5.1.1), d. h., der einzelne Mensch ist nur auf sein Wohlergehen bedacht, obwohl er sich als Teil einer Gemeinschaft weiß und ihm das Wohl aller am Herzen liegen müsste. Indem er sich so aus der Gemeinschaft ausschließt, bleibt er in seiner Lebensführung hinter einem Anspruch zurück, den er mit Hilfe seiner Vernunft gleichzeitig genau erkennt. Man könnte sagen, er ist nicht ganz der Mensch, der er sein könnte. Er verletzt sein Menschsein, und dies ist sein Misslingen.

Erstaunlicherweise können Kinder dafür sensibel sein. Sie begründen ihr Mitgefühl mit dem bewusst und vorsätzlich böse handelnden Menschen, indem sie seine Tat mit schmerzvoller Einsamkeit assoziieren. So sei der oben bereits zitierte Ausspruch nochmals aufgeführt:

>»Der Böse tut nicht nur den anderen, sondern zugleich sich selber weh. Auch, weil er allein bleibt.« (Annette, 8 Jahre)

Anzumerken bleibt, dass richtig verstandenes *Mitgefühl* keine passive, willfährige Haltung gegenüber Gewalttätern bedeutet. So überlegen die Kinder im Anschluss, wie man versuchen könnte, aggressive Menschen zur Vernunft zu bringen. Schön wäre es, wenn man durch Schulung von Empathiefähigkeit mit den Opfern vermitteln könnte, dass sie den anderen und zugleich – durch ihre Inhumanität – »sich selber weh tun«. Solche Überzeugungsversuche widersprechen dem Mitleid nicht, sondern geschehen auf seinem Boden, denn jemand, der hier in seinen Bemühungen nicht nachlässt, *leidet* nicht, dass manche sich selbst aus der Menschengemeinschaft verabschieden. Eine solche Abkapselung lässt man nicht einfach *mitleidlos* zu.

6 Gerechtigkeit

»Warum muss ich mehr Aufgaben machen als Anna?« »Wieso darf Paul sich schon in die Leseecke setzen, obwohl er sein Blatt noch nicht fertig ausgefüllt hat?« Solche Fragen wurden mir von Kindern oft gestellt, wenn ich mir ihrer Meinung nach eine Ungleichbehandlung hatte zuschulden kommen lassen. ›Gerechtigkeit‹ wird sofort genannt, fragt man Kinder nach den wichtigsten Eigenschaften einer guten Lehrerin oder eines guten Lehrers.

Suum cuique – Jedem das Seine! – lautet die klassische Gerechtigkeitsformel. Die Tradition des *Suum cuique* reicht bis in die neuzeitliche Rechtsphilosophie, und noch heute ist die Gerechtigkeitsformel an Zimmerdecken von Gerichtsgebäuden zu lesen. Ihren Anfang hatte sie im antiken Griechenland (vgl. Platon, *Politeia* [*Der Staat*] IV, 433a; vgl. auch Aristoteles, *Nik. Eth.* V, 6, 1131) und wurde etwa über Cicero (z. B. *De officiis* [*Von den Pflichten*] I, 15) weitertradiert.

Im *Corpus iuris civilis*, dem 528–534 n. Chr. zusammengestellten und die Hauptquelle des Römischen Rechts bildenden zivilrechtlichen Gesetzeswerk des oströmischen Kaisers Justinian I., steht zu Beginn folgenden Satz:

> »Iuris praecepta sunt haec: honeste vivere, alterum non laedere, suum cuique tribuere. – Die Gebote des Rechts sind diese: Ehrenhaft leben, den anderen nicht verletzen, jedem das Seine gewähren.« (*Corpus Iuris Civilis, Institutiones* 1, 1, 3)

Zitiert wird hier der römische Jurist Ulpian (gest. 223 oder 228 n. Chr.), bei dem es hieß:

> »Iustitia est constans et perpetua voluntas ius suum cuique tribuendi. – Gerechtigkeit ist der beständige und dauerhafte Wille, jedem das Seine zukommen zu lassen.« (Ulpian, *Corpus Iuris Civilis, Digestes* 1, 1, 10)

Um *jedem das Seine* zukommen zu lassen, ist es nötig, Gleiches gleich und Ungleiches ungleich zu behandeln (vgl. Aristoteles, *Nik. Eth.* V, 6, 1131). Die Idee der *Gerechtigkeit* hat also diejenige der *Gleichheit* zur Voraussetzung. Hierin steckt die Problematik des *Suum cuique*, denn der Spruch definiert *Gleichheit* nicht. Wer oder was ist gleich bzw. ungleich? Wir gehen heute von den Menschenrechten aus, die alle gleichermaßen besitzen. Doch für Aristoteles waren die Menschen nicht gleich, es gab Freie und Sklaven. Dass sie unterschiedliche Rechte und Pflichten besaßen, wurde in der Antike nicht als ungerecht empfunden. Wir sehen die Zwei-Klassen-Gesellschaft heute als *blinden Fleck* in den damaligen Gerechtigkeitsvorstellungen an, so wie wir selbst heute unempfänglich für manchen gegenwärtigen Missstand sein mögen. Unsere Ignoranz mag dann bei späteren Generationen Kopfschütteln auslösen. Ständegesellschaften ließen sich durch den Spruch des *Suum cuique* nie in Frage stellen, dazu ist er viel zu vage. Einen traurigen Höhepunkt missbräuchlicher Verwendung fand die Gerechtigkeitsformel im Nationalsozialismus: *Jedem das Seine* stand von innen lesbar über dem Haupttor des Konzentrationslagers Buchenwald und verhöhnte die Lagerinsassen.

Schülerinnen und Schüler pochen in der Regel auf Gleichbehandlung, und es bedarf häufig einiger Überzeugungsarbeit um klarzustellen, dass Lehrende ihnen oft besser *gerecht* werden, wenn sie *nicht* alle gleichbehandeln. Manchmal meinen sogar Lehramts-Studierende, dass es schlecht sei, jemandem einen ›Sonderstatus‹ zu gewähren. Doch ist nur wichtig, dass prinzipiell jeder berechtigt ist, einen solchen aufgrund bestimmter Schwächen zuerkannt zu bekommen. Ungleichbehandlungen stehen insofern im Dienst der *(Chancen-)Gleichheit* oder *-Gerechtigkeit*, als sie bestehende ungerechte Ungleichheiten *ausgleichen* wollen – durch eine besondere Förderung Benachteiligter, die nur diese erfahren. Das Unterrichtsprinzip *Differenzierung* ist also ein *Gerechtigkeits*prinzip. Zu beachten ist jedoch, dass es auch gerechte Ungleichbehandlung ohne Homogenisierungsbestrebungen gibt, z. B. die Förderung individueller Stärken. Darauf haben alle Individuen jedoch *gleichermaßen* Anspruch.

Die Frage gerechter Gleich- oder Ungleichbehandlung ist Gegenstand letztlich wohl unabschließbarer bildungspolitischer und schulischer Diskussionen. In konkreten Anforderungssituationen stehen Lehrende in der Zerreißprobe, denn sie haben es mit einmaligen Individuen zu tun:

> »Soll der Fleiß oder die Begabung honoriert werden? Das Ergebnis oder das Verdienst? Oder beides? […] Die Lehrkräfte antworten, so gut sie können, sie müssen es; nur die Gerechtigkeit tut es nicht. […] Eingebildete Tröpfe tun es in der unerschütterlichen Überzeugung zu *wissen*, was Gerechtigkeit ist. Doch mir scheint, die Gerechten sind eher jene, die es nicht wissen, die das auch zugeben und ihre Aufgabe erfüllen, so gut es eben geht, nicht gerade blind, das wäre zuviel gesagt, aber mit dem Risiko des Irrtums […] und der Unsicherheit. Hierher passt wieder ein Pascal-Zitat: ›Es gibt nur zwei Arten von Menschen: die Gerechten, die sich für Sünder halten, und die Sünder, die sich für gerecht halten‹.« (Comte-Sponville 2004, S. 84)

6.1 Was versteht man unter Gerechtigkeit?

6.1.1 Ein gerechter Mensch bemüht sich um die Kenntnis und Umsetzung gerechter Maßnahmen

Gleichheits- und Gerechtigkeitssinn gehören zusammen

Der *gerechte* Mensch verschafft weder sich selbst Vorteile, noch hat er ›Lieblinge‹, die er vor anderen Gruppenmitgliedern bevorzugt. Er ist *unparteilich*. Die *Gleich*behandlung *aller* ist eine Forderung der allgemeinen Vernunft (des *kate-*

gorischen Imperativs Kants, vgl. Kap. 1.2.1) und deshalb eine *universalistische* Idee:

> »Diese erkennt an, dass etwas nicht deswegen gilt, weil *ich* zufällig ein entsprechendes Privileg habe, sondern weil ein [...] allgemeinerer, nicht nur mich erfassender Grund dafür besteht. So kann ein absoluter Monarch, der vom Gottesgnadentum überzeugt ist, schwerlich als Universalist bezeichnet werden, da der Universalismus radikale Ungleichheiten unter den Menschen nicht durch Zufälle der Geburt legitimieren würde [...].
> Der Grundgedanke des Universalismus findet seinen Ausdruck im Generalisierbarkeitspostulat. Etwas ist einem Vernunftwesen geboten, erlaubt oder verboten genau dann, wenn es allen Vernunftwesen geboten, erlaubt oder verboten ist.« (Hösle 1997, S. 147–148)

Durch die Verfassung werden jedem Bürger *gleiche* Grundrechte gewährt und *gleiche* Pflichten auferlegt. Die *Göttin Justitia* hat verbundene Augen, denn vor dem Gesetz sind alle *gleich*. In einem Rechtsstaat werden alle *gleich* behandelt, ohne Ansehen der Person, so, als seien sie irgendwer. Das Strafmaß soll nach der Handlung, nicht nach der Person bemessen werden. Von Richtern wird *Unparteilichkeit* erwartet, im Zweifelsfall kann ein Antrag auf Befangenheit gestellt werden.

Dem instinktgebundenen Tier fehlt schon der Gleichheitssinn als Voraussetzung für Gerechtigkeitsempfinden. Sein Handeln ist darum weder gut noch böse. Die Sehnsucht nach Gerechtigkeit und der Wille, sich für sie einzusetzen, sind zutiefst menschlich.

Den Gleichheits- und Gerechtigkeitssinn hat der Mensch von Anfang an

> »Menschen gelten insofern als gerecht, als sie als bleibende Charaktereigenschaft den beständigen und wirksamen Wunsch haben, gerecht zu handeln.« (Rawls 1971/1979, S. 27)

Schon Platon weist darauf hin, dass *Gleichheits*sinn und *Gerechtigkeits*empfinden dem Menschen nicht von außen zugetragen werden müssen, wie etwa die Kenntnis historischer Fakten. Sie sind untrennbar mit seinem Menschsein verbunden, er weiß um sie *wie von selbst*. Platon ordnet sie deshalb der *Ideen*welt zu. Er schildert anhand eines konkreten Beispiels (zweier Hölzer oder Steine), wie dem Lernenden das Prinzip der *Gleichheit* aufgeht. Dasselbe gelte für *Gerechtigkeit*. Das Phänomen ist Grundlage seiner so genannten *anámnesis*-Theorie, aus der sich ergibt, dass Lernen Wieder-Erinnerung ist:

Gleichheitssinn und *Gerechtigkeitsempfinden* sind Teil der *Ideenwelt* (vgl. Platon, zit. n. Pieper 1993, S. 154–155)

Kebes: Es gibt folgendes Argument, und es ist gar nicht schlecht, scheint mir: Du brauchst die Menschen nur richtig zu befragen, über Dinge, versteht sich, die sie nicht schon kennen, zum Beispiel in der Mathematik; du bringst es ihnen gar nicht bei, sondern du fragst nur, und siehe da – sie geben die

> richtige Antwort selbst! Also wussten sie es doch schon, auf irgendeine Weise. Sie hatten es nur vergessen.
> [...]
> Sokrates: *Gut. Wir sehen zwei Stücke Holz oder zwei Steine. Und wir sagen: Sie sind ›gleich‹ groß; oder: Sie haben die ›gleiche‹ Farbe. Wissen wir nicht schon, was ›gleich‹ bedeutet – bevor wir irgendetwas mit den Augen sehen?*
> Simmias: *Ja, so scheint es zu sein.*
> Sokrates: *Also: ehe wir anfingen, zu sehen und zu hören, und das heißt: ehe wir geboren wurden, haben wir schon erkannt, was Gleichheit ist, aber auch, was Schönheit ist, Gutheit, Gerechtigkeit – und so fort!*

Die Gerechtigkeitsidee reicht nicht nur in die *Vergangenheit* – von Anfang an ist sie da –, sondern sie richtet sich auch als *Sehnsucht* auf die *Zukunft*.

Ein Beispiel für einen solchen Denkanfang gibt Mark Twain in *Huckleberry Finns Abenteuer*. Der gleichnamige Protagonist wird durch den unmittelbaren Umgang mit Jim, dem geflohenen schwarzen Sklaven, dazu gebracht, entgegen der ihm vermittelten Normen zu handeln. Er kann ihn nicht mit einem Brief verraten, sondern verhilft ihm zur Flucht, obwohl ihm dies starke moralische Skrupel bereitet.

> **Huck Finns Fluchthilfe, die nicht im Sinne der amerikanischen Sklavenhaltergesellschaft ist (vgl. Twain 1884/1971, S. 383–384)**
>
> »Mir fiel unsre Fahrt den Fluss runter ein, und ich sah Jim vor mir, wie er die ganze Zeit über gewesen war, tagsüber und nachts, manchmal bei Mondschein, manchmal bei Sturm, und wie wir weitergetrieben waren und geredet, gesungen und gelacht hatten. Aber irgendwie schien mir nichts einfallen zu wollen, was mich gegen ihn verhärtete, sondern im Gegenteil. Ich sah vor mir, wie er meine Wache noch neben seiner übernahm, anstatt mich zu wecken, damit ich weiterschlafen konnte, und ich sah vor mir, wie er sich freute, als ich aus dem Nebel zurückkam [...]; wie er mich immer ›mein Herzchen‹ nannte und mich streichelte und alles für mich tat, was er sich nur ausdenken konnte, und wie gut er immer war, [...] und wie dankbar [...] und wie er sagte, ich wäre der beste Freund, den der alte Jim jemals auf der Welt gehabt hätte, und der einzige, den er jetzt noch hätte, und dann sah ich mich zufällig um, und mein Blick fiel auf das Papier.
> Da saß ich in der Klemme. Ich hob's auf und hielt's in der Hand. Ich zitterte, weil ich mich jetzt für immer und ewig für eine von zwei Sachen entscheiden musste und das wusste. Ich dachte ›ne Minute lang nach, hielt sozusagen den Atem an und sagte mir dann: ›Na schön, dann komm ich eben in die Hölle!‹ und zerriss das Papier.«

Hier gelingt es einem Kind, entgegen der Meinung seiner Umwelt und trotz Androhung von Strafe nach seinem *inneren Gerechtigkeitssinn* zu handeln. Dass es besser ist, Jim zu verbergen als ihn auszuliefern, ist Huck Finn selbst zwar höchstens intuitiv bewusst, mit Kant gesprochen ist dies aber dennoch eine Leistung der *autonomen* Vernunft, ein Hören auf den inneren *kategorischen Imperativ*.

John Rawls, der als einer der bedeutendsten politischen Philosophen des 20. Jahrhunderts gilt, verwendet den Begriff des *Gerechtigkeitssinns* für die menschliche Antriebskraft, die auf die *Utopie* einer gerechten Ordnung zielt. Für den amerikanischen Südstaatler war das Unrecht der Sklaverei und die selbst miterlebte, durch Rassentrennung und Klassengegensätze verursachte Ungleichverteilung der Erträge des Wirtschaftsbooms nach dem Zweiten Weltkrieg ein Anlass, 1971 sein Hauptwerk *Eine Theorie der Gerechtigkeit* (1971/1979) zu veröffentlichen (vgl. Stepanians 2009, S. 146).

Rawls sieht ganz im Sinne Platons und Kants »Menschen als freie und gleiche vernünftige Wesen« (Rawls 1971/1979, S. 284) an. Im *Urzustand* seien sie »mit einer Vorstellung von ihrem Wohl und einem Gerechtigkeitssinn« (ebd., S. 36–37) ausgestattet, was ihnen die Schaffung einer gerechten demokratischen Grundordnung ermöglicht.

> »Der Eigennutz zwingt zwar die Menschen, voreinander auf der Hut zu sein, doch ihr gemeinsamer Gerechtigkeitssinn ermöglicht es ihnen, sich in sicherer Form zusammenzutun.« (Ebd., S. 21)

Der *Gerechtigkeitssinn* bewirkt, dass Menschen das Gesellschaftssystem nicht als »unveränderliche Ordnung, sondern [als] ein menschliches Handlungsmuster [wahrnehmen]« (ebd., S. 123), zunehmend gerechtere Systeme zu entwickeln. Im Gegensatz dazu gilt:

> »Aristokratische und Kastengesellschaften sind ungerecht, weil sie aufgrund [...] [von] Zufälligkeiten die Menschen mehr oder weniger abgeschlossenen und privilegierten gesellschaftlichen Klassen zuweisen.« (Ebd., S. 123)

Die Gerechtigkeitstheorie Rawls' wird später noch im Einzelnen dargestellt.

Gleichheit und Gerechtigkeit sind orientierende, aber prinzipiell unerreichbare Ideale

Das Beispiel Huck Finns sollte illustrieren, dass Menschen über Gerechtigkeit nachdenken und dabei gegenüber Erziehung und Sozialisation Unabhängigkeit entwickeln können. So kann sich ein Drang zur Verwirklichung von Utopien bilden, und Gemeinschaften müssen nicht im einmal gefundenen Ist-Zustand verharren. Im besten Fall setzen sich kollektive Vernunftentscheidungen, die dem allgemeinen *Gleichheits-* und *Gerechtigkeits*sinn entsprechen, durch, und es ergibt sich so eine gesellschaftliche Dynamik zu immer größerer Humanität. Diese ist aufgrund einer dialektischen Situation prinzipiell unabschließbar: Einerseits finden Menschen *Gleichheit* und *Gerechtigkeit* schon immer als Kategorien ihres Denkens vor, durch die sie ihr Handeln leiten lassen können. Andererseits erfahren sie, dass es *Gleichheit* und *Gerechtigkeit* nur *approximativ* geben kann. Das ist für Lehrende, die gerecht sein wollen und oft in die Zerreißprobe der Ansprüche geraten, besonders wichtig sich bewusst zu machen (vgl. das Beispiel zur Leistungsbeurteilung in diesem Kap. 6.1.1). Akzeptiert man, dass es schon ein Fortschritt ist, sich auf den Weg zu machen, vermeidet man sowohl Frustration als auch Selbstgerechtigkeitstendenzen.

Damit »Versagensbewusstsein« produktiv bleibt, statt zu lähmen, schlägt Hartmut von Hentig vor, ethische Maximen *nicht positiv* (wie z. B. »Streben nach Menschlichkeit«), sondern *negativ* zu formulieren. Sein erster Bildungsmaßstab lautet deshalb »Abscheu und Abwehr von Unmenschlichkeit« (v. Hentig 2007b, S. 74). Sensibilität für Unmenschlichkeit fordert oft mehr zum Handeln heraus als vage Humanitätsideale und gewährt Sicherheit im Einschreiten gegen Ungerechtigkeit.

Hentigs erster Bildungsmaßstab entspricht dem Phänomen, dass Gerechtigkeitshandlungen meistens aus dem Versuch der *Wiedergutmachung*, der *Korrektur* vorgefundener Ungerechtigkeiten bestehen (vgl. dieses Kap. 6.1.1).

Gleichheitsgerechtigkeit als ausgleichende und verteilende Gerechtigkeit

Wie bereits erwähnt, bezieht sich Aristoteles in den Gerechtigkeitskapiteln der *Nikomachischen Ethik* auf den Gedanken der *Gleichheit*. Als Formen nennt er die *ausgleichende* und die *verteilende* Gerechtigkeit (vgl. Aristoteles, *Nik. Eth.* V, 5–7). Dabei fundiert die erste die zweite, da *Verteilung* mit der Absicht des *Ausgleichs* geschieht und es eine *Verteilungs*instanz geben muss, d. h., es wird eine institutionalisierte Gemeinschaftsbildung vorausgesetzt.

Ausgleichende Gerechtigkeit

Das Symbol *ausgleichender Gerechtigkeit* ist die *Waage*. Anders als das Tier sind Menschen zu Handelsbeziehungen noch vor jeder institutionalisierten Gemeinschaftsbildung fähig, weil sie die Idee des *Ausgleichs*, der *Gleichwertigkeit* von Gütern entwickeln können.

Es gibt zwei Formen *ausgleichender Gerechtigkeit*:

Die *erste* Form *ausgleichender Gerechtigkeit* ist die *Tauschgerechtigkeit*. Die ausgetauschten Güter sollen möglichst *gleich*wertig sein, das Preis-Leistungs-Verhältnis soll stimmen. Die Gleichwertigkeit ist allerdings allein schon deshalb *uneinholbar*, weil jedem Partner *subjektiv* am Ertauschten mehr liegt als an dem, was er dafür hergibt (vgl. Splett 2009, S. 44). So besteht beiderseits Anlass zur *Dankbarkeit* (vgl. Kap. 8.1.3).

Zur *Tauschgerechtigkeit* braucht es zuerst nur eine Vorstellung von *Gleichheit*, nicht den ethischen Anspruch der *Gerechtigkeit*, d. h., um beiderseitige Zufriedenheit herzustellen, genügt meistens das eigennützige Interesse jedes Beteiligten.

Gerechtigkeit kommt vor allem dann ins Spiel, wenn einer der beiden Partner *schwächer* ist und der starke Partner dies ausnützen könnte. *Unparteilich-*

keit bedeutet hier, sich selbst nicht vor anderen den Vorzug zu geben. Der gerecht Handelnde muss also *Empathievermögen*, die Fähigkeit zu einem Perspektivenwechsel haben (vgl. Kap. 5). Der gerechte Partner achtet z. B. darauf, dass der andere einen Handel *freiwillig* eingeht. Wer in Notzeiten Preziosen hergibt, handelt unter Zwang. Auch nützt der Gerechte die *Unkenntnis* seines Gegenübers über den Wert der Tauschobjekte nicht aus. Er muss sich die Frage stellen: Würde ich an seiner Stelle den Handel abschließen? So wird der stärkere Partner zum Berater und Beschützer des schwächeren. Das Problem der faktisch bestehenden ungleichen Verhandlungsmacht, die benachteiligte Partner zu Konzessionen zwingt und ungerechten Vertragsabschlüssen Vorschub leistet, versucht der amerikanische Philosoph John Rawls zu lösen – seine »Theorie der Gerechtigkeit als Fairness sieht die Gesellschaft als ein Unternehmen der Zusammenarbeit zum gegenseitigen Vorteil« (Rawls 1971/1979, S. 105) an. Hiervon ist in den nächsten Unterkapiteln die Rede.

Die *zweite* Form *ausgleichender Gerechtigkeit* ist die *Wiedergutmachung*, die *Korrektur* vorgefundener Ungerechtigkeit. Belohnungen erbrachter Leistungen oder Sanktionen gelten als solche Berichtigungen. Wenn – wie meistens – Gerechtigkeit erst *im Nachhinein* stattfindet, können Menschen durch gegenseitige Ausgleichsleistungen niemals quitt miteinander werden, d. h., der Paradieszustand vollkommener Gerechtigkeit ist *uneinholbar*. Hierzu passt auch folgender Hinweis:

> »[...] [J]edes Mal, wenn man eine Ungleichheit beseitigen will, besteht die Gefahr, dass man, ohne es zu beabsichtigen, an anderer Stelle eine neue Ungleichheit produziert.« (Kesselring 2012, S.131)

Man denke etwa an den vermehrten Einbau von Biosprit-Motoren in Autos zur Schonung der Umwelt, die zur unbeabsichtigten Ausweitung von Hungerkatastrophen in der Dritten Welt führten, da Raps als Treibstoff verwendet wurde und als Grundnahrungsmittel zu wenig zur Verfügung stand.

Verteilende Gerechtigkeit

Anders als die *ausgleichende Gerechtigkeit* setzt die *verteilende Gerechtigkeit* eine *institutionalisierte Gemeinschaftsbildung* voraus. Die Demokratie ist die Staatsform, die am besten Recht mit Macht verbindet. Sie folgt der Idee des *Gesellschaftsvertrages* zwischen *freien* und *gleichen* Bürgern von Thomas Hobbes (1588–1679), an die später Locke, Rousseau, Kant und in der Moderne auch Rawls anknüpfen.

Hobbes ist mit der Sentenz »*Auctoritas, non veritas facit legem. – Die Staatsgewalt, nicht die Wahrheit schafft das Recht*« (Hobbes, *Leviathan* II, 26) ein Vordenker der Gewaltenteilung. Für Kant ist die »*republikanische* Verfassung die einzige, welche dem Recht der Menschen vollkommen angemessen [ist]«, denn sie bietet die Chance, dass die Vernunft sich trotz der »selbstsüchtigen Neigungen« der Menschen durchsetzt. Zur Etablierung gerechter Verhältnisse bräuchte es also keinen »Staat von Engeln«, wie »viele behaupten« (Kant 1795/1993, S. 223):

> »Das Problem der Staatserrichtung ist, so hart es auch klingt, selbst für ein Volk von Teufeln (wenn sie nur Verstand haben) auflösbar und lautet so: ›Eine Menge von vernünftigen Wesen, die insgesamt allgemeine Gesetze für ihre Erhaltung verlangen, deren jedes aber in Geheim sich davon auszunehmen bereit ist, so zu ordnen und ihre Verfassung einzurichten, dass, obgleich sie in ihren Privatgesinnungen einander entgegen streben, diese einander doch so aufhalten, dass in ihrem öffentlichen Verhalten der Erfolg eben derselbe ist, als ob sie keine solche böse Gesinnungen hätten‹.« (Ebd., S. 224)

Interessant ist, dass Kant dem modernen *minimalistischen* Ansatz von John Rawls erstaunlich nahekommt, wenn er andeutet, ein gerechtes System könne auch von Menschen mit eigennützigen Gesinnungen aufgebaut werden. Brächte es »ein Volk von Teufeln (wenn sie nur Verstand haben)« aber wirklich fertig, einen stabilen Rechtsstaat zu schaffen? Aktuelle rechtspopulistische Tendenzen zeigen, dass überall auf der Welt der Umschlag in eine Diktatur drohen kann. Es braucht wohl immer eine nicht zu kleine Gruppe uneigennützig denkender, gerecht handelnder Menschen, die Einfluss zu gewinnen versucht. Bildung und Erziehung zu demokratischen Werten tragen dazu bei, die Anzahl verantwortungsvoller Menschen zu vergrößern.

Da heute auf positive Erfahrungen mit etablierten *republikanischen* Staatsformen zurückgegriffen werden kann, ist die Ansicht, die *repräsentative Demokratie* sei die gerechteste, konsensfähig geworden. Dabei ist zu beachten, dass Mehrheitsentscheidungen nicht unbegrenzte Geltung haben dürfen. Sie sind im Rechtsstaat an die Verfassung, und diese an die unantastbaren Menschenrechte gebunden. Die durch die Menschenrechte gesicherten Grundrechte sind dem Mehrheitsbeschluss entzogen – Vordenker war hier Kant (vgl. Kap. 1.2.1).

John Rawls: Eine Theorie der Gerechtigkeit

Rawls möchte eine Theorie für die gerechte Grundstruktur einer Gesellschaft, die durch *Freiheit* und *Gleichheit* gekennzeichnet ist, entwickeln. Gesellschaft versteht er dabei als *Kooperation unter fairen Bedingungen*, d. h. zum Vorteil und Wohl aller Beteiligten. Es soll ein vernünftiges und deshalb von allen akzeptiertes Verfahren der *Verteilungsgerechtigkeit* von allen Vertragspartnern ausgehandelt werden, selbst wenn alle nur von ihrem *Eigeninteresse* ausgehen. Zu den *Grundgütern*, von denen alle lieber mehr als weniger haben wollen, gehören *Grundrechte* und *Grundfreiheiten*, *Freizügigkeit* und *freie Berufswahl*, *Macht* und *Privilegien*, *Einkommen* und *Vermögen* sowie *Selbstachtung*.

Die gerechte Grundstruktur der *Freiheit* und *Gleichheit* wird durch einen *demokratisch-rechtsstaatlichen Verfassungsstaat* verwirklicht. In einer solchen *konstitutionellen Demokratie* werden Grundrechte oder -freiheiten geschützt, indem sie den Mehrheitsentscheidungen entzogen sind. Die gerechte Grundstruktur einer konstitutionellen Demokratie lässt sich durch unterschiedliche politische Systeme verwirklichen. Akzeptabel sind eine *Demokratie mit Privateigentum*, nicht aber *ein kapitalistischer Wohlfahrtsstaat*, oder ein *demokratischer Sozialismus*, nicht aber ein *Staatssozialismus*. Die Wahl eines der beiden gerechten Systeme hängt von den jeweiligen historisch-kulturellen Bedingungen der Gesellschaft ab.

- In einer *Demokratie mit Privateigentum* sind die Produktionsmittel in privatem Besitz. Im Gegensatz zu einem *kapitalistischen Wohlfahrtstaat* ist der Besitz von Kapital und Vermögen aber so weit gestreut, dass die Steuerung von Politik und Wirtschaft durch eine kleine Anzahl sehr reicher Menschen verhindert wird. Rawls kritisiert, dass die meisten westlichen Demokratien *kapitalistische Wohlfahrtstaaten* sind. Es fehlen Maßnahmen, um *faire Chancengleichheit*, insbesondere bei Bildung und Ausbildung, zu gewährleisten. Auch wenn Einrichtungen der sozialen Fürsorge bestehen, entsteht eine Unterschicht, die arm ist und zu wenig an der öffentlichen Debatte partizipiert.
- In einem *demokratischen Sozialismus* sind die Produktionsmittel in öffentlichem Besitz, die Vermögensverteilung ist dadurch egalitärer. *Staatssozialismus* geht zu Lasten der *Grundfreiheiten*. Es gibt auch keine *Chancengleichheit*, weil Parteimitglieder bevorzugt werden. Der Zugang zu politischer und wirtschaftlicher Macht ist sehr ungleich.

> **Wie kann eine gerechte Verteilung nach Rawls stattfinden?**
>
> »Mehrere Leute wollen einen Kuchen aufteilen. Angenommen, die faire Aufteilung sei die gleichmäßige; welches Verfahren, wenn es überhaupt eines gibt, liefert dieses Ergebnis? Abgesehen von technischen Einzelheiten ist die naheliegendste Lösung die, dass einer den Kuchen teilt und das letzte Stück bekommt, nachdem sich alle andern eines genommen haben. Er wird den Kuchen in gleiche Teile teilen, denn so sichert er sich den größtmöglichen Anteil.« (Rawls 1971/1979, S. 106)
>
> (Kind- und jugendgerecht ist Rawls' Kuchenbeispiel bei YouTube dargestellt: Schekker: das Jugendmagazin der Bundesregierung. *Was ist eigentlich gerecht?* Ausgabe 130 – Gerechtigkeit.)

Von keinem der Kuchenesser wird Altruismus verlangt. Rawls erscheint es unrealistisch, dass man schlechtere Lebensaussichten um anderer willen akzeptiert – wie der *Utilitarismus*, der sich an der Maximierung des *durchschnittlichen* Nutzens orientiert, seiner Meinung nach nahelegt –, doch sind alle Menschen für den Gerechtigkeitsgedanken prinzipiell aufgeschlossen. In der gesellschaftlichen Realität werden *wohlüberlegte Urteile* allerdings durch Angst und persönliche Interessen stark behindert. Wie kann die Fähigkeit zu *unparteilichem Denken* wiedergewonnen werden? Rawls Verfahren hierfür ist die Imagination des *hypothetischen Urzustands der Gleichheit aller* (»original position«). In diesem befinden sich die Vertragspartner in einem *Schleier des Nichtwissens* (»veil of ignorance«) über ihren späteren gesellschaftlichen Status.

> »Der Gedanke ist einfach der, uns die Einschränkungen lebhaft vor Augen zu führen, die für die Argumentation über Gerechtigkeitsgrundsätze und damit für diese selbst als vernünftig erscheinen.« (Ebd., S. 36)

Im *Urzustand* können von freien und gleichen Vernunftwesen die Grundsätze einer (kantisch geprägten) autonomen Moral entwickelt werden. Durch das *Gedankenexperiment* soll also – ähnlich wie bei der *sokratischen Mäeutik* (vgl. in

Kap. 2.2.1 den ersten Abschnitt) – der den Menschen innewohnende, aber unter realen Verhältnissen getrübte *Gerechtigkeitssinn* ›hervorgelockt‹ werden. Wenn die Einschränkungen des Eigeninteresses ausgeblendet werden können, wird jeder daran interessiert sein, das Los der Schwächsten erleichtern zu helfen, denn er könnte ja zufällig dieser Gruppe angehören. Auf diese Weise kann eine gerechte politische Grundordnung gefunden werden.

> **Die zwei Gerechtigkeitsprinzipien der *Theorie der Gerechtigkeit* von John Rawls**
>
> Nach Rawls werden sich freie, vernünftige Individuen unter den ideal angenommenen, fairen Bedingungen des *Urzustands der Gleichheit aller* in ihrem eigenen Interesse einstimmig für *zwei Gerechtigkeitsprinzipien* entscheiden, die das Grundverhältnis ihrer Verbindung bestimmen sollen:
>
> 1. Das *Freiheitsprinzip* lautet: »Jedermann hat gleiches Recht auf das umfangreichste Gesamtsystem gleicher Grundfreiheiten, das für alle möglich ist« (ebd., S. 336).
> 2. Das *Prinzip gerechtfertigter Ungleichheiten* zerfällt in zwei Teile, das *Unterschiedsprinzip* (a) und das *Prinzip der Chancengleichheit* (b). Sie lauten: (a) »Soziale und wirtschaftliche Ungleichheiten müssen [...] den am wenigsten Begünstigten den größtmöglichen Vorteil bringen, und (b) sie müssen mit Ämtern und Positionen verbunden sein, die allen gemäß fairer Chancengleichheit offen stehen« (ebd.).
>
> Anzumerken ist noch, dass »der Grundsatz der gleichen Freiheit für alle dem der Regelung wirtschaftlicher und sozialer Ungleichheiten vorgeordnet sein soll« (ebd., S. 62), weil »Menschen im Urzustand keine geringere Freiheit um größerer wirtschaftlicher Vorteile willen hinnehmen« (ebd., S. 587).

Interpretation

Rawls' Konzept des *Egalitarismus* richtet sich an der Sicherung eines befriedigenden Mindestmaßes des Wohlergehens der *schwächsten* Gruppe aus und wendet sich damit gegen einen in der Moderne dominanter werdenden *Utilitarismus*, der an der Maximierung des *durchschnittlichen* Nutzens orientiert ist und damit die Rechte des Individuums vernachlässigt.

Nach Rawls ist der Freiheitswille, der Wille zur Selbstbestimmung des Lebensplanes, bei Menschen fundamental. Der Vorrang dieses ersten Prinzips folgt auch aus dem Vorrang der »gegenseitigen Achtung« (ebd., S. 555). »Jeder Mensch besitzt eine aus der Gerechtigkeit entspringende Unverletzlichkeit, die auch im Namen des Wohles der ganzen Gesellschaft nicht aufgehoben werden kann« (ebd., S. 19) – Rawls spricht hier ganz im Sinne der kantisch geprägten *Menschenwürde*. Sie fundiert die *Verteilungsgerechtigkeit*, die »Gleichheit in

Verbindung mit der Verteilung bestimmter Güter« (ebd., S. 555). Individuen im *hypothetischen Urzustand* entscheiden sich erst einmal für das Prinzip der Gleichverteilung, denn alle Menschen haben die gleichen Grundbedürfnisse. Ungleichheiten – z. B. eine Geringerbezahlung Leistungsschwächerer oder körperlich hart Arbeitender gegenüber Akademikern – werden nur dann allgemein akzeptiert, wenn dadurch alle profitieren, weil eine allgemeine Anhebung des Lebensstandards erreicht wird, und insbesondere dann, wenn eine Verminderung dieser Ungleichheit die Schwächsten noch schlechter stellen würde. Andersherum gesagt:

> »Wenn es Ungleichheiten des Einkommens und Vermögens und der Macht und Verantwortung gibt, die dahin führen, dass jeder besser gestellt ist als in der Ausgangssituation der Gleichheit, warum sollte man sie nicht zulassen?« (Ebd., S. 175)

Die Stärkeren stehen also immer in der sozialen Verantwortung gegenüber den Schwächeren:

> »Wer von Natur aus begünstigt ist, sei es, wer es wolle, der darf sich der Früchte nur so weit erfreuen, wie das auch die Lage der Benachteiligten verbessert. Die von der Natur Bevorzugten dürfen keine Vorteile haben, bloß weil sie begabter sind, sondern nur zur Deckung der Kosten ihrer Ausbildung und zu solcher Verwendung ihrer Gaben, dass auch den weniger Begünstigten geholfen wird.« (Ebd., S. 122)

Das *Leistungsprinzip* (unterschiedliche Berufsmöglichkeiten, Einkommen und soziale Akzeptanz je nach Fleiß, Begabung, Arbeitsdauer, Länge der Ausbildung ...) kann mit Rawls' Theorie also in Einklang gebracht werden, wenn dessen soziale Rückkopplung (Nutzen für jedermann) beachtet wird. Sind die Regeln des Systems solchermaßen vernünftig, verweigert niemand seine Kooperationsbereitschaft. Die so erzielte allgemeine Motivation nützt wiederum allen (vgl. ebd., S. 124–125).

> **Zusammenfassung der *Theorie der Gerechtigkeit* von John Rawls**
>
> »Alle sozialen Werte – Freiheit, Chancen, Einkommen, Vermögen und die sozialen Grundlagen der Selbstachtung – sind gleichmäßig zu verteilen, soweit nicht eine ungleiche Verteilung jedermann zum Vorteil gereicht. Ungerechtigkeit besteht demnach einfach in Ungleichheiten, die nicht jedermann Nutzen bringen.« (Ebd., S. 83)

John Rawls' Bezugnahme auf klassisch-abendländisches Gerechtigkeitsdenken

Bezugnahme auf Kants universalistischen Ansatz einer unparteilichen allgemeinen Vernunft

Nach Rawls' eigenen Worten steht seine Theorie »nicht im Gegensatz zur Tradition« (ebd., S. 27) und »trägt stark kantische Züge« (ebd., S. 12). Seine beiden Gerechtigkeitsprinzipien entsprechen dem *kategorischen Imperativ*, denn *freie und gleiche Vernunftwesen* müssen sich auf sie einigen (vgl. ebd., S. 285).

> »Mir scheint, nach Kant handelt jemand autonom, wenn er die Grundsätze seiner Handlung als bestmöglichen Ausdruck seiner Natur als eines freien und gleichen Naturwesens gewählt hat, nicht wegen seiner gesellschaftlichen Stellung oder seiner natürlichen Gaben oder wegen der Eigenart der Gesellschaft oder wegen seiner zufälligen Wünsche. Nach solchen Grundsätzen handeln heißt heteronom handeln. Nun fehlen den Menschen im Urzustand wegen des Schleiers des Nichtwissens die Kenntnisse, die es ihnen ermöglichen würden, heteronome Grundsätze zu wählen.« (Ebd., S. 284)

Wie Kant (und Platon) vertritt Rawls in seinem Hauptwerk den *universalistischen* Ansatz einer unparteilichen allgemeinen Vernunft. Gleichzeitig ist ein *vernünftiger Pluralismus* (also nicht jede Weltanschauung!) zu *tolerieren*. Dabei erkennt man an, dass andere Theorien vernünftig sein können, auch wenn man die eigene Sichtweise für richtiger hält (vgl. Kap. 1.2.4; Kap. 7 zur *Toleranz*). Eine vernünftige religiöse Weltanschauung ist nach Rawls daran zu erkennen, dass sie *eigene Argumente* für die *Prinzipien* der *Freiheit* und *Gleichheit*, z. B. für *Toleranz* und *Religionsfreiheit* entwickelt. Nicht zu tolerieren ist demnach z. B. ein Islamismus, der Gräueltaten begeht und sich dabei auf die Stimme Allahs beruft.

> »Man könnte gegen den Grundsatz der gleichen Freiheit einwenden, religiöse Sekten zum Beispiel könnten keinem Grundsatz zur Beschränkung ihres Absolutheitsanspruchs zustimmen. Da die Pflicht gegenüber dem religiösen und göttlichen Gesetz absolut sei, sei vom religiösen Standpunkt aus kein Kompromiss zwischen den Anhängern verschiedener Glaubensrichtungen zulässig. Gewiss haben sich die Menschen oft so verhalten, als verträten sie diese Auffassung. Doch es ist überflüssig, sie zu kritisieren. Es genügt, dass die einzige überhaupt mögliche Übereinkunft nur den Grundsatz der gleichen Freiheit für alle in Kraft setzen kann.« (Ebd., S. 236–237)

Bezugnahme auf die klassisch-abendländische Verbindung von Glück und Liebe mit Gerechtigkeit

Im Gegensatz zum kantisch geprägten Bewusstsein der Moderne, dass die Pflicht dem persönlichen Glück entgegenstehen kann, sah die klassisch-griechische Ethik das natürliche Glücksstreben des Menschen im Einklang mit seinem moralischen Handeln. Wirklich glücklich sei nur der, der auch gut ist. Rawls neigt im Grunde der antiken Auffassung zu. Doch besagt moralisches Verhalten mehr, als sich Güter nach dem »Grundsatz des gegenseitigen Vorteils« (ebd., S. 123) zuzugestehen. Menschen wissen, dass sie auch dann gut handeln sollen, wenn es dem persönlichen Glück zuwiderläuft. So gilt – wie schon gesagt –,

> »dass die Pflicht, moralisch zu sein, auf keine subjektiven Interessen zurückführbar ist: Es handelt sich hier um einen kategorischen, nicht um einen hypothetischen Imperativ. Man sollte nicht deswegen moralisch sein, weil das langfristig im wohlverstandenen Eigeninteresse ist, weil man dadurch glücklich werden kann, weil man in einem anderen Leben dafür belohnt werden wird usw. usf., sondern man hat moralisch zu handeln, selbst wenn dies alles nicht der Fall sein sollte.« (Hösle 1997, S. 129; vgl. Kap. 1.2.1)

6.1 Was versteht man unter Gerechtigkeit?

Das Gedankenexperiment vom *Schleier des Nichtwissens* (»veil of ignorance«) ist bei Rawls der zentrale Gedanke seiner politischen Theorie. Diese ist *minimalistisch* angelegt: Die moralischen Grundregeln einer Gesellschaft werden durch *Konsens* vernünftiger Wesen aufgestellt. Die Behauptung, dass etwa die Menschenrechte *objektive* universale Geltung unabhängig von der Zustimmung der Menschen hätten und dies auch eingesehen werden kann, wird dadurch obsolet. Die Kritik an der *Konsenstheorie* wurde in diesem Buch bereits dargestellt. Ich möchte hier auf sie verweisen, da sie auch für den Rawls'schen Ansatz gilt (vgl. in Kap. 1.1.3 den ersten Abschnitt). Rawls' politische Theorie ist attraktiv, weil sie an den *Menschenrechten* ausgerichtet ist und deren universale Geltung – auch in seinem Buch *Recht der Völker* (1999/2002) – zu stützen versucht. Andererseits denke ich, dass aufgrund des *pragmatischen* Ansatzes ihrer Begründung mit dem *Konsens im Urzustand* wohl doch die *faktische* Gefahr der zu geringen Einmischung bei konkreten Menschenrechtsverletzungen besteht (vgl. Kap. 1.2.4).

Rawls knüpft nicht nur an die klassische Verbindung von *Glück* und *Gerechtigkeit*, sondern auch an die von *Gerechtigkeit* und *Liebe* an. Wie bereits ausgeführt (vgl. Kap. 3.1.1) disponiert die Haltung der *vernünftigen Liebe* (= der von sich selbst absehenden menschlichen Fähigkeit, einen anderen als Selbstsein wahrzunehmen) für gerechte Handlungen (vgl. Spaemann 1990, S. 127). Der Gerechte liebt den andern im Grunde bereits. Auch reagiert mit *Dankbarkeit*, wer gerecht behandelt wird, und so entsteht ein wechselseitiges *liebendes* Wohlwollen.

Für die französische Philosophin Simone Weil (1909–1943) ist *vollkommene Gerechtigkeit* letzter *Sehnsuchts-* und *Zielpunkt* des Menschen. Gerechtigkeit besagt also mehr als z. B. *Ausgleich*:

> »Es gibt zwei Arten des Guten mit demselben Namen, die aber radikal verschieden sind; das eine ist das Gegenteil des Bösen und das andere ist das Absolute – denn das Absolute kann nichts anderes sein als das Gute. Das Absolute hat kein Gegenteil. [...] Was wir wollen, ist das absolute Gute. Was wir erreichen können, ist das zum Bösen in Beziehung stehende Gute. Wir halten es irrtümlich für das, was wir wollen.« (Weil, zit. n. Betz 2009, S. 128)

Gerechtigkeit findet erst in der *Liebe* oder *Freundschaft* ihre wahre Verwirklichung. Weil bezieht sich hierbei auf die Antike:

> »Platon weist im ›Gastmahl‹ auf diese Wesensgleichheit zwischen der vollkommenen Gerechtigkeit und der Liebe hin. [...] Zwei vollkommene Freunde sind zwei Menschen, die in zahlreichen Beziehungen während eines beträchtlichen Teil ihres Lebens gegeneinander immer vollkommen gerecht sind. Ein Akt von Gerechtigkeit ist ein Aufblitzen von Freundschaft.« (Ebd., S. 149)

Auch bei Aristoteles schließen *Liebe und Freundschaft* als ›höhere‹ Prinzipien *Gerechtigkeit* mit ein:

> »Auch bedarf es unter Freunden der Gerechtigkeit nicht, wohl aber unter Gerechten der Freundschaft als einer Ergänzung der Gerechtigkeit, und das höchste Recht wird unter Freunden angetroffen.« (Aristoteles, *Nik. Eth.* VIII, 1, 1155a)

Eine ähnliche Bedeutung hat der bereits (in Kap. 3, S. 87) zitierte Satz des Augustinus: »*Liebe, und dann tue, was du willst.*« Er beinhaltet keine Aufforderung zur Willkür, sondern bringt zum Ausdruck, dass Liebende mit Selbstverständlichkeit, mit traumwandlerischer Sicherheit das Richtige tun. In Schillers Drama *Maria Stuart* z. B. ist Maria die liebenswertere Königin, denn sie handelt aus Neigung und nicht nur aus Pflichtbewusstsein. Doch wird auch der pflichtbewusst Gerechte um seiner Verlässlichkeit willen geliebt (vgl. Kap. 6.1.3).

Der Auffassung, dass Liebe immer auch gerecht sei, da das Niedere im Höheren inbegriffen sei, ist sicherlich zuzustimmen. So ist der Gedanke, man könne aus Liebe ungerecht sein, zu verwerfen. Dies ist nicht als Liebe, sondern als Parteilichkeit zu bezeichnen (vgl. Comte-Sponville 2004, S. 95 u. 79). Hier ergibt sich wiederum ein Bezug auf den Begriff der *vernünftigen Liebe*, die sich nicht von Emotionen zu Ungerechtigkeiten verleiten lässt (vgl. Kap. 3.1.1). Aus einer Vorliebe heraus die Lieblingsschülerin oder den Lieblingsschüler besser zu behandeln als andere, ist also weder eine Handlung der Gerechtigkeit noch der Liebe. Eine gerechte Behandlung, die niemanden bevorzugt, wird dagegen als Form der Zuneigung, und zwar *zu allen gleichermaßen*, angesehen – wie bei der *Nächstenliebe* (vgl. Kap. 4.1.1).

Den Zusammenhang zwischen Empathie- und Reflexionsfähigkeit (vgl. Kap. 1.2.2) greift in der Moderne Martha Nussbaum in ihrem Buch *Politische Emotionen. Warum Liebe für Gerechtigkeit wichtig ist* (2016) auf. Sie sieht sich dabei in Einklang mit dem Denken Rawls', doch hat der Aspekt des *umfassenden Mitgefühls*, durch das Rechtsstaatlichkeit und Demokratie erst Stabilität bekommen würden, für sie eine höhere Bedeutung als für ihn:

> »Rawls stellt sich vor, wie Gefühle, die zunächst in der Familie entstehen, sich zu Gefühlen entwickeln können, die auf die Prinzipien der gerechten Gesellschaft gerichtet sind. Seine bestechende und kenntnisreiche Darstellung [...] ist meiner Konzeption nicht unähnlich, der zufolge Gefühle kognitive Bewertungen enthalten.« (Nussbaum 2016, S. 23)

Man kann sich also in Rawls' Theorie auf Spurensuche nach der Beziehung von *Gerechtigkeit* und *Liebe* begeben. So werden mit dem *Gerechtigkeitssinn* und dem *Unterschiedsprinzip* Kategorien eingeführt, die eigentlich mit reinem Eigennutz nicht erklärt werden können. Rawls fragt sogar explizit, welche Bedeutung der *Gedanke der Brüderlichkeit* für eine Gerechtigkeitstheorie hat. Einerseits scheine

> »das Unterschiedsprinzip einer natürlichen Bedeutung der Brüderlichkeit zu entsprechen: dem Gedanken nämlich, dass man keine Vorteile haben möchte, die nicht auch weniger Begünstigten zugute kommen.« (Rawls 1971/1979, S. 127)

Andererseits habe

> »[g]egenüber der Freiheit und Gleichheit [...] der Gedanke der Brüderlichkeit in der Demokratie weniger Gewicht gehabt. [...] Das Brüderlichkeitsideal verbindet man manchmal mit dem Gedanken an Gefühle, die man zwischen den Mitgliedern der größeren Gesellschaft nicht erwarten kann. Das ist sicher ein weiterer Grund für seine Vernachlässigung in der Demokratietheorie.« (Ebd., S. 126–127)

Jedoch weist Rawls selbst darauf hin, dass die Entwicklung von *Gerechtigkeitssinn* auf der Erfahrung *familiärer Liebe* basiert. Er schildert diesen Gedanken in drei psychologischen Gesetzen:

»Erstes Gesetz: Falls die Familieninstitutionen gerecht sind und die Eltern das Kind lieben und das in ihrer Sorge für es deutlich ausdrücken, dann wird im Kinde, indem es ihre offensichtliche Liebe erkennt, Liebe zu ihnen geweckt.
  Zweites Gesetz: Hat sich die Fähigkeit eines Menschen zum Gemeinschaftsgefühl in Bindungen gemäß dem ersten Gesetz verwirklicht und ist ein soziales Gebilde gerecht und allen öffentlich als gerecht bekannt, dann entwickelt dieser Mensch Freundschafts- und Vertrauensbindungen gegenüber anderen Gruppenmitgliedern [...].
  Drittes Gesetz: Hat sich die Fähigkeit eines Menschen zum Gemeinschaftsgefühl in Bindungen gemäß den ersten beiden Gesetzen verwirklicht, und sind die Institutionen einer Gesellschaft gerecht und allen öffentlich als gerecht bekannt, dann erwirbt dieser Mensch den entsprechenden Gerechtigkeitssinn, wenn er erkennt, dass er wie auch die, die ihm wichtig sind, von diesen Verhältnissen Vorteil haben.« (Ebd., S. 532–533)

Wenn der *Gerechtigkeitssinn* die Erfahrung von *Liebe* zur Voraussetzung hat, dann umfasst er mehr als instrumentelles Denken und Handeln nach dem *Grundsatz des gegenseitigen Vorteils*, ebenso wie das *Unterschiedsprinzip*, das vom Gedanken der *Brüderlichkeit* getragen ist.

Auch bezüglich des zentralen Gedankenexperimentes vom *Schleier des Nichtwissens* (»veil of ignorance«) muss man sich folgende miteinander zusammenhängende Fragen stellen:

- Aus welchen Motiven sollte ein Mensch, der seine (privilegierte) gesellschaftliche Rolle kennt, sich darauf einlassen, sich einen *hypothetischen Urzustand* vorzustellen, der ihn zum Prinzip der Gleichverteilung führt?
- Warum halten wir Menschen *Unparteilichkeit* für ein erstrebenswertes Ziel?
- Wie kommt ein Mensch auf die Idee, den anderen als Person mit gleichen Rechten anzuerkennen?

Rawls begründet den Verzicht auf den *Ein-Mann-* und *Schwarzfahrer-Egoismus*, der im täglichen Leben dem einzelnen mitunter größere Vorteile bringen kann als die Einhaltung vernünftiger Vereinbarungen, mit dem *Gerechtigkeitssinn* (vgl. ebd., S. 539–547). Dieser ist dann aber als eine Fähigkeit anzusehen, die das Wohl des anderen im Blick haben kann, ohne an das eigene Interesse zu denken.

Fazit: Erziehung zielt auf die Befähigung zu gerechtem *und* liebevollem Handeln gleichermaßen

Rawls' Theorie zeigt, dass sich Gerechtigkeitsdenken nicht ganz aus der Kategorie des *Eigennutzes* ableiten lässt. In ihr finden sich Hinweise darauf, dass *Liebesfähigkeit* für das Gerechtigkeitsempfinden wichtig ist, wie schon in antiker Tradition nahegelegt wurde. Das bestätigt den Ansatz dieses Buches, *Empathie-* und *Reflexionsfähigkeit* in der Werteerziehung stets miteinander zu verknüpfen (vgl. Kap. 1.2.2).

Rawls' Konzept ist *minimalistisch*. Es geht ›realistisch‹ von *egozentrischen Interessen* aus, um ein gerechtes System darauf aufzubauen. Damit gewährt es mehr Chancen für die Einhaltung der Menschenrechte als die *utilitaristische* Theorie, die mit Selbstverständlichkeit persönliche Opfer zugunsten der

größeren Nutzensumme für alle fordert, was »der Selbstachtung der Benachteiligten Abbruch tun dürfte« (Rawls 1971/1979, S. 543) und den gesellschaftlichen Zusammenhalt nicht fördert.
Erziehung sollte jedoch darauf bauen, dass Menschen das Wohl anderer im Blick haben können, ohne an das eigene Interesse zu denken, d. h. zu mehr als der Verfolgung egozentrischer Motive fähig sind. Sie stabilisiert den Rechtsstaat, wenn sie idealistischere Züge aufweist als eine absichtlich minimalistisch gehaltene politische Theorie. An entwicklungsfähige junge Menschen müssen höhere Ansprüche gestellt werden, als vernünftig nach dem *Grundsatz des gegenseitigen Vorteils* zu handeln. Kierkegaard und Goethe seien hier nochmals zitiert (vgl. Kap. 2.2.2, S. 84):

> »Erziehen beginnt damit, dass man den, der erzogen werden soll, so betrachtet, dass er der Fähigkeit nach schon sei, was er werden soll; und indem man mit dieser Betrachtung auf ihn zielt, weckt man es in ihm auf.« (Kierkegaard 1832–1839/2004, S. 126)

> »Wenn wir [...] die Menschen nur nehmen, wie sie sind, so machen wir sie schlechter; wenn wir sie behandeln, als wären sie, was sie sein sollten, so bringen wir sie dahin, wohin sie zu bringen sind.« (Goethe 1795/1979, *Wilhelm Meisters Lehrjahre*, 8. Buch, 4. Kap., S. 575)

So kann der *Gerechtigkeitssinn* womöglich durch Appelle an das *Empathievermögen* und die Solidaritätsfähigkeit ›einfach so hervorgelockt‹ werden, d. h. auch ohne *eigene* mögliche Nachteile bewusst zu machen, wenn man sich mit einer schlechten Lage *anderer* zufriedengibt.

Wie lässt sich Chancengleichheit oder -gerechtigkeit im Bildungssystem herstellen? Exkurs über eine konkrete gesellschaftliche Gerechtigkeitsfrage

Von *Chancengleichheit* war im *zweiten Gerechtigkeitsprinzip* Rawls' schon die Rede. Auf die diesbezügliche Debatte nahm Rawls großen Einfluss. *Bildung* ist hier das Gut, das gleichermaßen an alle *verteilt* werden muss.

Eine Definition von Chancengleichheit oder -gerechtigkeit

Chancengleichheit oder -gerechtigkeit bezeichnet den Versuch, Ausgangsbedingungen *vor* einem *Verteilungs*prozess für jeden Menschen anzugleichen. Im schulpädagogischen Bereich gilt, dass äußere Faktoren wie schichtspezifische Unterschiede, die ethnische Zugehörigkeit oder die Geschlechterdifferenz keinen Einfluss auf Bildungs- und Berufswahlmöglichkeiten sowie Aufstiegschancen, die mit einem höheren Anteil an sozialen und ökonomischen Gütern verbunden sind, nehmen sollten. Dies erfordert die Berücksichtigung des *Differenzierungsprinzips*, d. h. die Ungleichbehandlung zur Förderung Benachteiligter, schließt aber auch das *Leistungsprinzip* nicht aus, nach dem alle gleich fähigen und gleich tüchtigen Personen die gleichen Möglichkeiten haben sollten.

In *kapitalistischen Wohlfahrtsstaaten*, wie ihn die meisten westlichen Demokratien darstellen, ist nach Rawls *faire Chancengleichheit* zu wenig gewährleistet. Diese ist nötig, damit alle an der Gesellschaft partizipieren können und ein ausreichendes Einkommen erzielen, um nicht auf die Wohlfahrt angewiesen zu sein. Es ist also staatliche Hilfe *ex ante* (am Anfang des Lebens) statt *ex post* nötig bzw. präventive statt interventive Maßnahmen. Weil eine in einer bestimmten Dimension bestehende Ungleichheit (z. B. Einkommensverhältnisse) eine Ungleichheit in einer anderen Dimension (z. B. Bildungschancen) leicht nach sich zieht und es so zum Problem der Kumulation von Ungleichheiten kommt, schlägt Rawls vor allem zwei staatliche Maßnahmen zur Verbesserung der *Chancengleichheit* vor, nämlich ökonomisch die »Verhinderung übermäßiger Vermögenskonzentrationen« und bildungspolitisch die Ausrichtung des Schulsystems auf den »Abbau von Klassenschranken« (ebd., S. 93–94). Hier besagt das *Ausgleichsprinzip*,

> »dass unverdiente Ungleichheiten ausgeglichen werden sollten. Da nun Ungleichheiten der Geburt und der natürlichen Gaben unverdient sind, müssen sie irgendwie ausgeglichen werden. Das Prinzip besagt also, wenn alle Menschen gleich behandelt werden sollen, wenn wirkliche Chancengleichheit herrschen soll, dann müsse die Gesellschaft sich mehr um diejenigen kümmern, die mit weniger natürlichen Gaben oder in weniger günstige gesellschaftliche Positionen geboren werden. Der Gedanke ist der, die zufälligen Unterschiede möglichst auszugleichen. Nach diesem Prinzip würde man vielleicht mehr für die Bildung der weniger Begabten als der Begabteren aufwenden, jedenfalls in einem bestimmten Lebensabschnitt, etwa den ersten Schuljahren.« (Ebd., S. 122)

Doch lässt die Theorie Rawls' auch *Hochbegabten-Förderung* zu, sofern dies die »langfristigen Aussichten der am wenigsten Bevorzugten [verbessert]« (ebd., S. 121). In der Regel ist dies der Fall, da »im allgemeinen nicht dem Vorteil der weniger Begünstigten dient, wenn die Fähigkeiten anderer gesenkt werden« (ebd., S. 129).

Das Beispiel der Förderung Hochbegabter oder schwächer Begabter zeigt, dass es oft nicht so leicht ist, angemessene Maßnahmen *ausgleichender Gerechtigkeit* zu finden. Die Nicht-Vergleichbarkeit der Menschen und ihrer Situationen ist ein Grund dafür, dass Gerechtigkeitsfragen oft umso schwieriger zu beantworten sind, je konkreter sie gestellt werden. Rawls' Theorie bezieht sich aus diesem Grund lediglich auf die *Grundstruktur* einer sozialpolitischen Ordnung (vgl. ebd., S. 78). In diesem rechtsstaatlichen Rahmen finden dann weitere Gerechtigkeitsdiskussionen um konkrete Probleme in den verschiedenen Systemen, z. B. dem der Bildung, statt.

Die *Inklusionsdebatte* als Beispiel einer Gerechtigkeitsdiskussion im System der Bildung

Aktuell soll z. B. durch *Inklusion* der als benachteiligt angesehenen Gruppe der leistungsschwachen Kinder und der Kinder mit Lernbehinderungen eine Förderung möglichst aller erreicht werden. Dass die Vorstellungen, was gerecht ist, höchst unterschiedlich sein können, sieht man dann aber an den unterschiedlichen Inklusionsmodellen. Konkrete Gerechtigkeitsfragen stellen sich, z. B.: Ist eine (zeitweilige) Leistungsseparierung förderlich oder nicht? Wenn ja, profitieren alle oder nur die Leistungsstarken/nur die Leistungsschwachen davon? Könnte das dreigliedrige Schulsystem mancher Bundesländer, also die *Leistungsselektion*, die Gerechtigkeit ebenfalls fördern?

Ich möchte diese Frage offen lassen für eine Diskussion.

Gerechtigkeit ist ›mehr‹ als Gesetzlichkeit (Legalität)

Da Gleichheit und Gerechtigkeit orientierende, aber prinzipiell unerreichbare Ideale sind (vgl. S. 152–153), ist evident, dass *Gerechtigkeit* von *Gesetzlichkeit (Legalität)* unterschieden werden muss. Wie ist das Verhältnis zwischen beiden zu sehen?

Gesetze beanspruchen Gerechtigkeit (›Rechtmäßigkeit‹), können aber faktisch ungerecht sein

Im Falle *ungerechter* Gesetze oder Rechtsurteile stellt sich die Frage, inwieweit das Individuum, das in die Mühlen der Justiz gerät, sich gegen die Gesetze auflehnen sollte. Hierüber haben sich die kulturellen Vorstellungen sehr gewandelt.

Beispiel: Sokrates' Umgang mit seinem ungerechten Todesurteil (vgl. den Sokrates-Text in Kap. 6.2.2)

Ein berühmtes Beispiel ist das Todesurteil der Stadt Athen gegen Sokrates. Obwohl es ungerecht ist, verwirft Sokrates den von seinen Freunden vorgeschlagenen Fluchtplan mit der Begründung, er schulde den Gesetzen der Polis, die ihm lebenslang Schutz gewährte und ihm viel Gutes tat, Gehorsam. Auch würde er durch Flucht an Glaubwürdigkeit einbüßen. Schon damals versuchten die Freunde, Sokrates auszureden, dass das Selbstopfer nötig sei.

Interpretation

Sokrates steht mit eigener Person für seine lebenslang vertretene Überzeugung ein, nicht auf *Überleben* komme es an, sondern auf (ethisch) *gutes Leben*. Was das Beispiel des Selbstopfers betrifft, könnte man meinen, Sokrates sei von der

Vorstellung *legaler Gerechtigkeit* geprägt. Da er sich jedoch *bewusst* dafür entscheidet, die bestehenden Gesetze und das erfolgte Urteil zu akzeptieren, auch wenn er weiß, dass ihm Unrecht widerfährt, denkt und handelt er – nach dem Moralstufen-Modell Kohlbergs – keineswegs auf konventionellem, sondern auf *autonomem* Niveau (vgl. Kap. 2.2.2).

Das moderne Bewusstsein assoziiert hingegen *Autonomie* (= *Selbstgesetzgebung*) meist mit Auflehnung einer Einzelperson gegen geltende Gesetze, weil sie mit ihrer Einsicht in Widerspruch stehen, die sie für ungerecht halten muss und deshalb *nicht* befolgt (manchmal *auch* bis in den Tod, wie die Geschwister Scholl u. a.).

Wir wüssten allerdings heute nichts mehr von Sokrates, hätte er nicht dieses *andere* Beispiel menschlicher Widerstandsfähigkeit bis in den Tod gegeben. Er akzeptiert die ungerechten Gesetze ja nur zu seinem Nachteil, nicht zu Lasten anderer. Deshalb ist seine Entscheidung höchst moralisch.

Angesichts der Erfahrungen mit der Nazi-Diktatur gab der Rechtsgelehrte Gustav Radbruch (1878–1949) seine ursprüngliche Position eines wertrelativistischen Rechtspositivismus auf und formulierte zur Lösung des Problems, ob ungerechten Gesetzen Folge zu leisten sei oder nicht, eine Regel, die als so genannte *Radbruch'sche Formel* heute noch in der Justiz Bedeutung hat.

Radbruch'sche Formel

Wenn der Widerspruch des positiven Gesetzes zur Gerechtigkeit ein *unerträgliches Maß* erreicht oder das Gesetz die im Begriff des Rechts grundsätzlich angelegte *Gleichheit aller Menschen* bewusst *verleugnet* (d. h. Gerechtigkeit nicht einmal anstrebt), hat das Gesetz als unrichtiges Recht der Gerechtigkeit zu weichen.

Radbruch, G. (1946). Gesetzliches Unrecht und übergesetzliches Recht. *Süddeutsche Juristenzeitung*, S. 105–108. Verfügbar unter: http://www.uni-potsdam.de/fileadmin/projects/jur-zimmermann/LV_2010_2011/Koll_Radbruch_Aufsatz-SJZ_1946_105.pdf.

Die *Radbruch'sche Formel* wurde mehrfach von der bundesdeutschen höchstrichterlichen Rechtsprechung angewandt. Da sie aber der Interpretation des Richters bedarf, ist fraglich, ob im konkreten Fall immer die richtige Entscheidung getroffen wird.

Auch im Falle gerechter Gesetze (= Rechtsstaatlichkeit) übersteigt die Gerechtigkeit die Gesetzlichkeit (Legalität)

Gesetze und Gerechtigkeit erreichen niemals Deckungsgleichheit. Der Rechtsstaat zeichnet sich dadurch aus, dass hier das erträgliche Maß nicht überschritten wird. *Gesetzlichkeit* (*Legalität*) ist ein *realer status quo*, während *Gerechtigkeit* als *orientierendes Ideal* immer über die geltenden Gesetze, und seien sie noch so gerecht, hinausgeht.

Zur Erklärung kann das bereits erwähnte Drei-Stufen-Modell sozialen Handelns, der *Sitte*, des *Rechts* und der *Moral* herangezogen werden (vgl. Schroer 1999; 2004; vgl. dazu auch Kap. 2.2.2). *Gesetze* entsprechen einem höheren Bewusstheitsgrad als ungeschriebene *Sitten und Gebräuche*. Sie werden begründet, haben damit einen größeren Allgemeingültigkeits- und Verbindlichkeitsanspruch und meist einen weiteren und Zeit überdauernden Geltungsbereich (Beispiel: das Römische Recht). Sittliche Gewohnheiten und rechtliche Vorschriften sind als gesellschaftliche Verwirklichungen menschlicher Gerechtigkeitsvorstellungen reale, oft kulturabhängige Tatbestände, während der Mensch im Hören auf den inneren *kategorischen Imperativ* (Stufe der *Moral*) über faktisches Recht hinausgeführt werden sollte – das sind jedoch oft einsame, »hochmoralische« Entscheidungen, wie das Beispiel Huck Finns zeigt (vgl. S. 150–151). Sitte und Gesetz entlasten das Individuum, das nicht das ganze Normensystem, das ihm vermittelt wurde, in Frage stellen kann (vgl. Gerl 1993, S. 45; vgl. Kap. 1, S. 27). Rechtsstaatlichkeit macht möglich, dass viele Menschen gerecht handeln, sowohl *dem Gesetz gemäß* als auch – hoffentlich! – *um des Gesetzes willen* (Kant).

*Allgemein*gültige Gesetze beruhen auf dem Konstrukt der *Gleichheit* aller Menschen. Faktisch besteht diese aber nicht, weshalb Gesetze selbst in einem Rechtsstaat keine vollkommene Gerechtigkeit widerspiegeln. Zwei Gründe dafür sollen hier genannt werden. Beide hängen mit der Individualität der Menschen, also ihrer *Ungleichheit,* zusammen.

- Bezüglich der *Entstehung* von Gesetzen:
Aus der Diskussion um Rawls' Gerechtigkeitskonzept ergab sich bereits, dass der *gerechte Gesellschaftsvertrag* zwischen *freien* und *gleichen* Bürgern ein anzustrebendes, aber letztlich uneinholbares Ideal ist. Der Urzustand der *Gleichheit* besteht nur hypothetisch, ist höchstens ein gefasster Vorsatz. Interessengebundenheit und Machtverhältnisse sind faktisch nie völlig zu eliminieren und auch im Denken nie ganz zu überwinden. Sie nehmen einen kontraproduktiven Einfluss auf die Herstellung von Gerechtigkeit. Dem wirkt *Empathievermögen* und die individuelle sowie vor allem die kollektive Vernunft (= der demokratische Prozess) entgegen.
- Bezüglich der *Anwendung* von Gesetzen:
Ein Gesetzeswerk ist ein *allgemein*gültiges Konstrukt, das dem wirklichen *individuellen* Fall nie ganz gerecht wird. Weniger noch als sittliche Vorschriften ergeben Gesetze ein lückenloses Netz der Verhaltensorientierung. So handelt auch in einem Rechtsstaat nicht unbedingt derjenige recht, der nur tut, was ihm das Gesetz erlaubt oder nicht verbietet.

»Es lässt sich zeigen, dass keine Gemeinschaft fortbesteht, wenn alle auf all ihren Rechten bestehen und nicht mehr zu tun bereit sind, als wozu verbriefte Pflicht sie nötigt. Man denke daran, wie Beamte [...] durch Dienst nach Vorschrift zu ›Sand im Getriebe der Welt‹ (G. Eich) werden können [...]. Man könnte [...] das bekannte Wort John F. Kennedys anführen: ›Frage nicht, was dein Land für dich tun kann, sondern was du für dein Land tun kannst‹.« (Splett 2009, S. 47)

Die höchste Möglichkeit verwirklichter Gerechtigkeit ist darum nicht das Handeln nach Gesetz, sondern nach *Billigkeit*. Hier ergibt sich ein Anknüpfungspunkt an die platonische Auffassung der Wesensgleichheit von vollkommener *Gerechtigkeit* und *Liebe* bzw. an die aristotelische von der Höhergewichtung der *Freundschaft* gegenüber der *Gerechtigkeit* (vgl. S. 159–160).

Billigkeit als höhere Form der Gerechtigkeit

> Es allen Menschen recht getan
> Ist eine Kunst, die niemand kann.
>
> (Volksweisheit)

Die Einführung des juristischen Begriffs der *Billigkeit* ist notwendig, weil selbst gerechte Gesetze in ihrer Allgemeinheit nicht hinreichend sind, um dem Einzelfall gerecht zu werden. Billigkeit ist konkret angewandte Gerechtigkeit. Das Billige ist zwar ein Recht, aber nicht im Sinne des gesetzlichen Rechts, sondern als eine Korrektur desselben (vgl. Aristoteles, *Nik. Eth.* V, 1137b–1138a). Dass Gleiches gleich und Ungleiches ungleich behandelt werden muss, berücksichtigt der *billig* Handelnde in besonderem Maße, indem er souverän mit dem geschriebenen Gesetz umgeht.

Über das, was im Einzelfall gerecht ist, gibt es oft Meinungsverschiedenheiten, auch in der Schule. Eine Maßnahme kann in einer Situation gerecht, in einer anderen aber unangemessen sein. Für den Aufklärer Johann Friedrich Herbart ist eine gerechte Lehrperson nicht diejenige, die nach allgemeinen Gesetzen handelt, sondern diejenige, die *Pädagogischen Takt* besitzt.

Der *Pädagogische Takt* (Herbart 1802/1986) als Prinzip der *Billigkeit* in der Schule

Pädagogischen Takt nannte Johann Friedrich Herbart bereits vor über 200 Jahren die Fähigkeit einer Lehrperson, eine realisier- und verantwortbare Entscheidung für den *individuellen* Fall zu treffen. Herbart bezeichnete mit *Pädagogischem Takt* ein schnelles, flexibles und intuitives Beurteilungsvermögen, das sich als »Mittelglied« (ebd., S. 56) zwischen Theorie (z. B. erziehungswissenschaftliches Wissen oder die Gesetze einer allgemeinen Schulordnung) und Praxis (konkrete Erziehungssituation) schiebt. Die Berufung auf den *Pädagogischen Takt* bedeutet nicht, auf beliebige Weise, nach eigenem Gutdünken verfahren zu können. Die geltenden Regeln sind immer in die Entscheidung mit einzubeziehen. Lehrende befinden sich dabei häufig in einer für ihren Beruf typischen *Unsicherheitssituation*, die durch eine *antinomische Handlungsstruktur* (Helsper 2002) gekennzeichnet ist. Vorschriften, mit denen sie umgehen, erweisen sich in der konkreten Interaktion mit Individuen als fragil. Sie sind nicht einfach anwendbar, sondern geben Anlass

> zur Kommunikation und zum Überdenken. Eine Sicherheit richtigen Handelns kann häufig nicht gewährleistet werden.

Die Unsicherheit bei ethisch relevanten Handlungen wird dadurch verstärkt, dass – gemäß der philosophischen Ethik – dem Handelnden zwei prinzipielle Argumentationsweisen zur Verfügung stehen: das *deontologische* und das *teleologische* Begründungsmuster. Mit diesen kommt man bei der Beurteilung konkreter Situationen oft zu unterschiedlichen Ergebnissen.

> **Das *deontologische* und das *teleologische* Begründungsmuster der Ethik**
>
> Die *deontologische* Position (altgriech. ›to deon‹: das Erforderliche, Nötige, die Pflicht) geht davon aus, dass es *in sich* gute bzw. schlechte Handlungen gibt – diese sind *prinzipiell*, also *unter allen Umständen* gut bzw. schlecht, unabhängig davon, welche Folgen sich aus ihnen ergeben mögen; z. B. sind Menschenrechtsverletzungen nach *deontologischem* Begründungsmuster unter keinerlei Umständen rechtfertigbar.
>
> Die *teleologische* Position (altgriech. ›telos‹: das Ziel) hält dagegen, dass die *Folgen* einer Handlung erst abgewogen werden müssen, bevor entschieden werden kann, ob eine Handlung ethisch gut oder schlecht ist – aus ihr selbst heraus könne sich das nicht ergeben.
>
> Die *deontologische* Position wird dem individuellen Fall häufig nicht gerecht. Schwachstelle der *teleologischen* Position ist vor allem, dass Folgen in der Zukunft liegen und für ihr Eintreten oft nur Wahrscheinlichkeiten bestehen. *Teleologisch-instrumentelle* Begründungsmuster haben eine Neigung zum *utilitaristischen Denken*, welches zu wenig berücksichtigt, dass, »die auf der Gerechtigkeit beruhenden Rechte kein Gegenstand politischer Verhandlungen oder sozialer Interessenabwägungen sind« (Rawls, 1971/1979, S. 20).
>
> Wichtig ist zu sehen, dass die *deontologische* und die *teleologische* Position sich nicht völlig diametral gegenüber stehen, »denn es gibt keine ethisch vertretbare Haltung, der die Folgen einer Entscheidung oder Absicht einerlei sein könnten. Allerdings sind [...] auch die Folgen [...] als ethisch gut oder schlecht zu bewerten« (Keller 2010, S. 220).

Allein schon, weil keines dieser zwei Begründungsmuster eindeutig zu bevorzugen ist, ist oft unsicher, welche Entscheidung in einem konkreten (schulischen) Fall die gerechtere ist. Dilemma-Situationen bleiben häufig unauflösbar und führen zu einem Probierverhalten, das sich seiner Revidierbarkeit je nach erfahrener Rückmeldung bewusst ist.

Um als gerechte Lehrperson in einer solchen Dilemma-Situation vor Schülerinnen und Schülern bestehen zu können, und zur Entschärfung des Dilemmas ist es von Vorteil, zwei Grundsätze einzuhalten:

- *Transparenz*: Regeln und Verbote sollen erklärt werden, und Lehrende müssen ihr Handeln möglichst nachvollziehbar begründen. Indem sie Schülerinnen und Schülern die Möglichkeit zum Feedback einräumen, setzen sie sich bewusst deren Kritik aus, die ggf. zu Handlungsrevisionen führen kann.
- *Vernünftige Sanktionen*: Falls Schüler-Fehlverhalten präventiv nicht verhindert werden konnte und Sanktionen als notwendig erachtet werden sollten, müssen diese *angemessen* und (zuvor) *klar definiert*, d. h. absehbar sein. So kann die Vernunft, der *Logos* (Heitger, vgl. Kap. 1.2.2) statt faktischer Machtverhältnisse herrschen.

Ethisch nicht eindeutigen Situationen wird Rechnung getragen, indem Lehrenden *institutionell* ein *pädagogischer Freiraum* (auch bei der Leistungsbeurteilung) eingeräumt wird. Die Erfahrung zeigt, dass diese ihrem pädagogischen Auftrag häufig nicht ganz gerecht werden, wenn sie sich einfach nur *deontologisch* auf geltende Schulgesetze oder Bestimmungen berufen und sich selbst lediglich als deren ausführendes Organ betrachten. Schulgesetze werden deshalb zunehmend als sehr allgemeine, auszudeutende Handlungsrichtlinien formuliert, sie bilden somit nur den Rahmen für eigenverantwortliche Entscheidungen des *Pädagogischen Takts*.

Beispiel einer unauflöslichen Dilemma-Situation, die nur mit *Pädagogischem Takt* angegangen werden kann, mag folgender Fall einer Leistungsbeurteilung sein. Die Gymnasiallehrerin hat die Wahl zwischen einer eher *deontologischen* oder einer eher *teleologischen* Position. Für beide Varianten gibt es gute Gründe.

Fall: Allgemeine Leistungsmaßstäbe oder individuelle Beurteilung?

Gymnasiallehrerin: *Jetzt habe ich eine sehr schwierige Situation in der zehnten Klasse in Spanisch. Es geht darum, dass eine Schülerin in Spanisch eigentlich auf einer Fünf steht und es darum geht, ob sie durchfällt oder nicht. Es hat sich die Frage gestellt, ob man ihr noch mehr mündliche Noten gibt, damit sie sich noch retten kann. Eigentlich hat sie die Kurve zu spät gekriegt, nämlich erst drei Wochen vor Notenschluss. Es haben viele Gespräche stattgefunden, in denen sie gesagt hat, dass sie unbedingt eine Vier braucht, weil sie auf die Fachoberschule will und sonst eine Nachprüfung machen muss. Ich kann von ihren Leistungen her aber eigentlich nur eine Fünf geben. Sie sind nicht ausreichend, sondern mangelhaft.*
Interviewerin: *Beurteilt man danach, ob die Schülerin das nächste Gymnasialjahr schaffen könnte oder nicht?*
Gymnasiallehrerin: *Das war genau das Problem. Das ist die zehnte Klasse. Es ist schwer einzuschätzen, wer die Oberstufe schafft und wer nicht. Es haben sowohl Klassenlehrer als auch Betreuungslehrer gesagt, dass die Schülerin die Oberstufe wohl nicht schaffen würde, weswegen es besser wäre, wenn sie wiederholen würde. Sie will aber gar nicht wiederholen, sondern sie will auf die FOS (Fachoberschule). Das wiederum glauben ihr einige der Lehrkräfte nicht. Ich glaube es ihr schon. Das hat mich viel beschäftigt, weil*

ich auch nicht so viel Vorgeschichte mit ihr hatte, sondern nur jetzt mit ihr zu tun habe. Ich nehme ihr ab, was sie mir sagt. Sie steht aber mit dem Klassenlehrer und der Betreuungslehrerin auf keinem so guten Fuß. Bei ihnen hat sie auch nicht das Gefühl, dass sie ihnen vertrauen kann. Bei mir hat sie Vertrauen gefasst, aber ich habe letztendlich nicht das letzte Wort.

Interviewerin: *Angenommen, man gibt ihr die bessere Note und sie geht nicht auf die FOS, dann müsste man ihr an Ihrer Schule erlauben, vorzurücken?*

Gymnasiallehrerin: *Genau. Mit nur einer Fünf kann sie in die elfte Klasse vorrücken. Man kann sie weiter durch die Klassen ziehen, aber sie wird nur Probleme haben.*

Interpretation

Mit der *deontologischen* Begründung, eine Note müsse der gezeigten Leistung nach *allgemeingültigen* Maßstäben entsprechen, und mögliche Folgen dürften keinen Einfluss auf die Notenvergabe haben, sonst würde der Sinn des Notensystems in Frage gestellt, kann die Lehrerin die Schülerin mit Note Fünf durchfallen lassen. Bezieht die Lehrerin bei der Entscheidung, ob sie Note Vier oder Fünf gibt, die *Folgen* ihrer Handlung für die Schülerin mit ein, oder ist sie zu einer *individuelleren* Beurteilung bereit (z. B. durch Gewährung der Chance einer Leistungsverbesserung mittels zusätzlicher mündlicher Noten), nimmt sie eine eher *teleologische* Position ein.

Das *Billigkeitsprinzip* (z. B. Einbeziehung der individuellen Anstrengungsbereitschaft, etwa zusätzlicher Beiträge; Rücksicht auf ein individuelles Bedürfnis, z. B. die Versetzung; Berücksichtigung familiärer Umstände) wird der Forderung nach *Differenzierung* gerecht, bei der Notenvergabe wird es von vielen Menschen jedoch als ungerechter empfunden als das *Gleichheitsprinzip* (gleiche Noten für gleiche Leistungen).

Folgende Handlungsoptionen bieten sich für den Fall an:

- Sich bewusstwerden, dass man sich in einer für den pädagogischen Beruf typischen ethischen Unsicherheitssituation befindet, in der es keine eindeutig richtigen Lösungen (›Rezepte‹) gibt, weil weder die *deontologische* noch die *teleologische* Haltung klar zu bevorzugen ist.
- Noch einmal mit der Schülerin sprechen, evtl. deren Eltern einbeziehen oder erfahrene Kollegen weiterhin zu Rate ziehen.
- Die Note Vier und damit der Schülerin die Möglichkeit geben, auf die FOS zu gehen bzw. in die Oberstufe des Gymnasiums zu gelangen (d. h. die eher *teleologische* Position einnehmen).
- Die Schülerin mit Note Fünf durchfallen lassen (d. h. die eher *deontologische* Position einnehmen).

6.1.2 Ein gerechter Mensch bleibt sachlich und handelt nicht aus dem Affekt heraus

Gerechtigkeit erfordert die Gleichrespektierung und -behandlung aller ohne Ansehen der Person und kann insofern als sachlich-neutrale Haltung bezeichnet werden, die weder egozentrischen Antrieben folgt noch Sympathie- und Antipathiegefühle zum Entscheidungskriterium des Handelns macht.

Den anderen »als Selbstsein zu realisieren« fällt »dem naturhaft perspektivischen und selbst-zentrierten Lebewesen schwer« (Splett 2009, S. 43). Das Kohlberg'sche Stufenmodell (vgl. Kap. 2.2.2) schildert diesen Weg von »naturhaft«-kindlicher Egozentrik zur Erwachsenenhaltung der *Autonomie*. Im Laufe der moralischen Entwicklung wird der andere Mensch mehr und mehr als eigenständiges Subjekt (an)erkannt und fungiert nicht mehr nur als Objekt eigener Interessen. Dies bedeutet, zu dessen eigentlicher Wirklichkeit als Person, die mehr als die eines verfügbaren Dinges ist, durchzustoßen. Das ist ein Erkenntnisgewinn, weshalb Gerechtigkeit auch als »Wirklichkeitsgemäßheit« (Pieper 1996, S. 66) bezeichnet wird. Als Synonym für ›Gerechtigkeit‹, der autonomen Endstufe der moralischen Entwicklung, kann der bereits zitierte Begriff der *vernünftigen Liebe* (Spaemann) gelten (vgl. Kap. 3.1.1).

Die Haltung der Gerechtigkeit bevorzugt weder die eigene Person (›sich behandeln, als sei man irgendwer«), noch lässt sie sich von Gefühlen der Sympathie und Antipathie leiten. Wie bereits erwähnt, sind gerecht Richtende wie auch Lehrende unparteilich und urteilen nach der Handlung, nicht nach der Person, die sie begangen hat. Eine gerechte Lehrperson hat keine Lieblinge, die sie mit Privilegien ausstattet.

6.1.3 Ein gerechter Mensch wird geliebt

Gerechtigkeit ist eine so wichtige Tugend, dass man sie fast mit *Liebe* gleichsetzen kann (vgl. Kap. 6.1.1), zumindest mit deren sachlicher Komponente. Sie führt zum Frieden, und für den einzelnen unter einem Unrecht leidenden Menschen, dem plötzlich doch noch Gerechtigkeit widerfährt, ist sie eine solche Glückserfahrung, dass er fast gar nicht anders kann, als den Urheber seines Glücks zu lieben. Der Gleichsetzung der Gerechtigkeit mit *Liebe* und *Freundschaft* widerspricht eigentlich nur das Hierarchiegefälle zwischen dem gerecht Handelnden und dem unter Unrecht Leidenden. Doch der stärkere Partner verschafft dem Hilfsbedürftigen durch rechtes Eingreifen Freiheiten, es entsteht ein wechselseitiges Wohlwollen, woraus sich eine Freundschaftsbeziehung entwickeln kann, in der sich beide durch gegenseitige gerechte und freundliche Behandlung einander angleichen und lieben lernen.

Das Bewusstsein, mehr zu haben, als man durch eigene Gerechtigkeitsleistungen ausgleichen kann (›Ich hab das nicht verdient!‹), führt außerdem zu *Dankbarkeit* (vgl. Kap. 8) und *Großzügigkeit/Freigebigkeit* gegenüber anderen.

6.1.4 Gerechtigkeit ist die Bezeichnung für das rechte Maß

Die Gerechtigkeit als menschliche Fähigkeit zum *Ausgleich* findet nicht wie andere Tugenden das rechte Maß zwischen Extremen, sondern sie selbst *ist* die Bezeichnung für das rechte Maß, sie *ist* die menschliche Fähigkeit, die Mitte zu halten. Seit der Antike ist die *Gerechtigkeit* deshalb eine *Kardinal-* (= Grund- und Haupt-) Tugend.

In Platons Buch *Politea* (*Der Staat*; IX 580d–581e) wird die leib-geistige Seele *dreigestaltig* gesehen als *Begierde* (des Unterleibs), *Wille* (der Brust) und *Denken* (des Kopfes). Der untersten Stufe des körperlich geprägten Begehrens entspricht die Tugend der *Mäßigung* oder *Besonnenheit*, es folgt als Mittleres der *Mut* oder die *Tapferkeit*, geistigste Stufe ist die *Vernünftigkeit* oder *Weisheit*. Die drei Seelenteile können nun in Widerstreit miteinander geraten oder sich miteinander verbinden. Anzustreben ist natürlich eine *ausgeglichene* Grundverfassung des Menschen, wofür die *Gerechtigkeit* sorgt. Als leitendes Prinzip der *Vernunft* schafft sie Harmonie, indem durch sie *Mäßigung* und *Tapferkeit* erst die richtige Zielsetzung bekommen.

Nach Platon fand eine Ausdifferenzierung in *vier* Kardinaltugenden – *Maß, Tapferkeit, Gerechtigkeit* und *Klugheit* – statt. Die *Gerechtigkeit* bekam also einen eigenen Platz. Klugheit ohne Gerechtigkeit würde zu purer Taktik verkommen. Aristoteles nennt die Gerechtigkeit eine *vollkommene* Tugend, weil sie nicht primär auf die eigene Person, sondern

> »auf andere Bezug hat – deshalb gilt sie oft für die vorzüglichste unter den Tugenden, für eine Tugend so wunderbar schön, dass nicht der Abend- und nicht der Morgenstern gleich ihr erglänzt; daher auch das Sprichwort: In der Gerechtigkeit ist jegliche Tugend enthalten.« (Aristoteles, *Nik. Eth.* V, 3, 1129b)

Der sonst so sachlich bleibende Philosoph findet mit dem Stern-Vergleich eine auffallend poetische Formulierung. Das zeigt, für wie eminent wichtig er die gerechte Lebensführung hält. Ähnlich überschwänglich äußert sich auch Kant in seiner *Rechtslehre*: »Wenn die Gerechtigkeit untergeht, so hat es keinen Wert mehr, dass Menschen auf Erden leben« (Kant 1797/1993, S. 453).

Was für Platon die ausgleichende Kraft der Vernunft ist, nennt Kant in seiner *Grundlegung zur Metaphysik der Sitten* den *guten Willen*:

> »Es ist überall nichts in der Welt, ja überhaupt auch außer derselben zu denken möglich, was ohne Einschränkung für gut könnte gehalten werden als allein ein guter Wille. Verstand, Witz, Urteilskraft, und wie die Talente des Geistes sonst heißen mögen, oder Mut, Entschlossenheit, Beharrlichkeit [...] sind ohne Zweifel in mancher Absicht gut und wünschenswert; aber sie können auch äußerst böse und schädlich werden, wenn der Wille, der von diesen Naturgaben Gebrauch machen soll [...], nicht gut ist.« (Kant 1785/1996, S. 18)

Ohne den *Gerechtigkeitssinn* verlieren alle anderen menschlichen Qualitäten – und hier bezieht sich Kant auf die klassischen Tugenden – an Wert. Manch moderner Philosoph sieht das genauso:

> »Der Vorrang der Gerechtigkeit vor den anderen Tugenden erweist sich darin, dass man zwar zu Recht auf seine Besonnenheit, Tapferkeit usw. stolz sein darf, aber nur dann, wenn man erstens auch vergleichbare Leistungen anderer anerkennt und wenn

man zweitens niemanden daran hindert, derartige Tugenden auszubilden. Ja, nach dem weitestgehenden Gerechtigkeitsprinzip mag es sogar sein, dass eine Pflicht besteht, anderen bei der Ausbildung ähnlicher Tugenden zu helfen, etwa im Rahmen eines wohlfahrtsstaatlich organisierten Bildungssystems.« (Hösle, 1997, S. 373)

Insofern gehören Lehrende, wenn sie ihren Beruf nach bestem Wissen und Gewissen ausüben, zu den ›Gerechten‹.

6.2 Beispiele

6.2.1 Unterrichtsvorschläge zum Thema Gerechtigkeit

- Einstieg mit einer Gerechtigkeitsgeschichte, einem Zeitungsartikel, einem Film, einem Foto oder Bild
  - freie Meinungsäußerung
    Mögliche Leitfragen:
    - Welche der Personen findest du sympathisch? Welche unsympathisch? Warum?
    - Werden alle gerecht behandelt? Begründe deine Meinung!
    - Was wäre gerecht gewesen? Warum?
- Im Schulalltag können immer wieder bestehende Wünsche/Interessen/Handlungen kritisch (z. B. bezüglich ihrer Folgen) reflektiert werden.
  Kreative Herangehensweisen: Formulieren einer Redewendung, die gerechtes/ungerechtes Verhalten widerspiegelt; Darstellung einer Szene zum Thema Gerechtigkeit im *Dialog*, im *Rollenspiel* (Ermöglichung von Perspektivwechseln; dies dient dann als Einladung dazu, Partei für eine Gerechtigkeitsvorstellung zu ergreifen und weitere Argumente für sie zu finden), als *Pantomime* oder *Standbild* (die Zuschauenden äußern Vermutungen, welche Situation dargestellt wird; sie sprechen Kommentare, z. B. hinter den Standbildfiguren; die Situation wird als Gesprächsanlass genommen).
  - *Mögliche Leitfragen*:
    - Wie hast du dich gefühlt, als du so behandelt wurdest (oder: als Person X so behandelt wurde)?
    - Warum findest du die Behandlung ungerecht bzw. gerecht?
    - Was waren die Folgen der ungerechten/gerechten Behandlung?
    - Hast du etwas gegen die ungerechte Behandlung unternommen? Wenn ja, fiel es dir schwer? Wenn nein, was hättest du tun können? Wäre dir das schwergefallen?
- Die von Schülerinnen und Schülern geäußerten Gerechtigkeitserwartungen an Lehrende sollten ausdiskutiert werden. Besonders begrüßenswert ist, wenn Kinder und Jugendliche sich gegenseitig hinsichtlich zu geringer oder überzogener Ansprüche korrigieren. Statt nach Vorschrift zu handeln, lösen Lehrende viele Probleme mit *Pädagogischem Takt*. Auch darüber lassen sich

6 Gerechtigkeit

Meta-Gespräche führen. Lehrende können die Konflikte schildern, die sie beim Fällen eines gerechten Urteils haben. Das macht Schülerinnen und Schülern bewusst, wie schwierig es oft ist, im konkreten Fall gerecht zu sein. Die aktive Teilhabe an Lösungen sollte, soweit sinnvoll, ermöglicht werden. Geltende Regeln können hinterfragt und ggf. ein Antrag auf Regeländerungen gestellt werden.

- Was hat *Recht* (die *Recht*sprechung) mit *Gerechtigkeit* zu tun? Woran erkennst du, dass wir in einem Rechtsstaat leben? Was hältst du für nicht gerecht in unserer Gesellschaft? Wo haben sich Verhältnisse im Laufe der Zeit gebessert/verschlechtert?
- Wo (auf der Welt) bestehen ungerechte Verhältnisse? Zum Thema *gerechte Welt* sollte fächerübergreifendes Arbeiten zur Erkenntnis multikausaler Zusammenhänge initiiert werden. Was könnte z. B. gegen *Teufelskreise der Armut* unternommen werden? Welche Hilfsaktion ist *uns* möglich? Können wir andere zur Teilnahme motivieren?
- Es gibt typische Gerechtigkeitsfragen, die im Unterricht (zum Teil mit Pro- und Contra-Argumenten) diskutiert werden können, wie z. B.:
  – Wird mit Minderheiten oder in irgendeiner Form Schwächeren gerecht in der Gesellschaft umgegangen (Flüchtlinge, religiöse Gruppen, Männer und Frauen ...)?
  – Welche Rechte und Pflichten haben Kinder?
  – Welche Verpflichtungen bestehen gegenüber Tieren, der Umwelt?
  – Darf man für eine *gerechte Sache* Gewalt anwenden?

> **Tipp**
>
> Es ist meist sinnvoll, mit der Schilderung einer konkreten Situation zu beginnen. Beachtet werden sollte, dass Stellungnahmen (evtl. mit mehreren Argumenten) *begründet* werden.

- Kreative Herangehensweisen bieten sich an: Es können *Zukunftsvisionen* einer gerechten Gesellschaft entwickelt werden (z. B. durch Phantasiereisen: Was wäre, wenn ...?). Ideen können auch künstlerisch umgesetzt werden.
- Von Schülerinnen und Schülern selbst erlebte *Konflikt- oder Dilemma-Situationen*, semi-reale oder hypothetische Dilemmata, wie z. B. das im Folgenden geschilderte ›*Wunderpillen‹-Spiel*, sowie fach- und unterrichtsspezifische Konflikte/Dilemmata können ausdiskutiert werden. Dabei sollte auf Wertekollisionen, Gerechtigkeitsprinzipien oder unterschiedliche ethische Begründungsmuster aufmerksam gemacht werden.
Typische Beispiele für Dilemma-Situationen sind:
  – Konflikte zwischen Individuum und Kollektiv;
  – Konflikte zwischen persönlichen vitalen Interessen und ethischen Ansprüchen;

- Konflikte (auch Loyalitätskonflikte) zwischen den Interessen unterschiedlicher Parteien (die Familie, die Gesellschaft, Vorgesetzte, meine Bedürfnisse ..., Wirtschaft und Umwelt);
- Konflikte, ob man jemandem helfen soll, obwohl Vorschriften dagegenstehen.

> **Tipp**
>
> Manche Problemfälle sind so komplex, dass es sich anbietet, einen Konflikt auf ein einziges Entscheidungsproblem zuzuspitzen.

- Bei der Bearbeitung von Konflikten/Dilemmata ist es sinnvoll, zwischen den Phasen *Problemanalyse* und *Problembewertung* zu trennen.
  1. *Problemanalyse* (Herausarbeitung des Wertekonflikts):
     - Worin besteht der Konflikt/das Dilemma (Klärung)?
     - Warum? Wozu (Werte und Motive der Handlungsträger)?
     - Was passiert, wenn ... (Folgen der Handlungsalternativen)?
  2. *Problembewertung* (Reflexion, Diskussion):
     - Erste Abstimmung: Entscheide dich spontan für eine Meinung/Handlungsalternative!
     - Jeweils in der meinungs*homogenen* Gruppe: Argumente sammeln für eine Meinung/Handlungsalternative; Argumente hierarchisieren und Hierarchisierung begründen.
     - In der meinungs*heterogenen* Gruppe die Diskussion/Debatte führen: Hier ist die Fähigkeit gefragt, flexibel und schnell auf die Argumente der Gegenpartei einzugehen.
     - Zweite Abstimmung; Wie würdest du nun entscheiden?
     - Warum (Argumente, die für mich den Ausschlag geben, noch einmal nennen)?

> **Tipp**
>
> In dieser Phase lässt sich eine Vielfalt von Methoden einsetzen: Partner- und Gruppenarbeiten (zum Finden und Hierarchisieren von Argumenten) Debatten (Diskussionen in Form von Pro- und Contra-Argumenten), Rollen- und Simulationsspiele, Planspiele, Verhandlungen in Form des Tribunals ...

- *Zusammenfassend* ließe sich z. B. fragen:
  - Ist das Problem lösbar? Gibt es eine oder mehrere Lösungen?
  - Gäbe es Lösungen unter anderen Bedingungen?
  - Spielt der historisch-kulturelle Kontext eine Rolle?
  - Ist die individuelle Entscheidung verallgemeinerbar (Ziel ist, möglichst allgemein-gerechte Entscheidungen fällen)?

Das ›Wunderpillen‹-Spiel (Münchner Aids-Hilfe e. V. 2014)

Die Teilnehmenden erhalten die fiktive Möglichkeit, mittels einer ›Wunderpille‹, die in Form eines Symbols an jeden einzelnen ausgegeben wird, (leider nur) eine von sechs mit Aids infizierte Person zu ›retten‹ (oder keine bei Enthaltung). Zunächst werden die Personen auf Wortkarten vorgestellt (*Spalte 1*). Die Mitspielenden geben ihr Votum ab, indem sie ihr Symbol auf die Karte legen, und begründen es. Zu diesem Zeitpunkt wissen sie noch nicht, dass es noch zwei weitere Abstimmungsrunden nach erfolgter zusätzlicher Information zu jeder Person (*Spalte 2*, dann *Spalte 3*) geben wird. Nach jedem Informationsdurchgang haben sie Gelegenheit, ihr Votum zu ändern und wiederum zu begründen. Gibt man jedes Mal ›neue Wunderpillen‹ an die Teilnehmenden aus, lassen sich Änderungen der Häufungen erkennen.

Bei diesem Spiel handelt es sich um ein klassisches hypothetisches Dilemma. Die Gesprächsteilnehmenden versuchen mittels Reflexion eine möglichst gerechte Entscheidung in einer konstruierten Leben-oder-Tod-Situation zu treffen, die sie selbst nicht betrifft. Es geht auch nicht um die Klärung eines alltäglichen persönlichen Konfliktes zwischen Pflicht und Neigung. Allerdings hat das fiktive Spiel durchaus Wirklichkeitsbezug: In der Medizin bekommen vom Tod bedrohte Personen rare Spenderorgane durchaus nach ›Rangordnungen‹.

Tab.: Das ›Wunderpillen‹-Spiel

Spalte 1	Spalte 2	Spalte 3
junger Mann	schwul	hat sich mit Blutkonserve infiziert
Geschäftsmann	verheiratet, drei Kinder	Sex auf Geschäftsreise mit Prostituierter
junge Frau	schwanger, will heiraten	hat sich über Drogensucht infiziert und den Freund angesteckt
15-jähriges Mädchen	thailändische Prostituierte	wurde von Eltern an Zuhälter verkauft
Baby	Aids-Waise	lebt in afrikanischem Dürregebiet, hat kaum Überlebenschancen
Arzt	Alkoholiker	forscht nach HIV-Impfstoff, hat sich bei der Arbeit infiziert

In Kapitel 6.2.4 befindet sich ein ausgeführtes Unterrichtsbeispiel.

6.2.2 Literarische Texte über die Gerechtigkeit

Was Ungerechtigkeit ist, weiß der Mensch von Anfang an, vor allem, wenn er sie am eigenen Leib erfährt (Dickens 1861/2011, Band 1, Kap. VIII, S. 92–93)

»Die Erziehung durch meine Schwester hatte mich empfindlich gemacht. In der kleinen Welt, in der das Leben von Kindern stattfindet, unabhängig davon, wer sie aufzieht, wird nichts so deutlich wahrgenommen und so deutlich gespürt wie die Ungerechtigkeit. Die Ungerechtigkeit, die dem Kind widerfährt, mag nur eine Kleinigkeit sein, doch das Kind ist klein und seine Welt ist klein und sein Schaukelpferd ist im Verhältnis gesehen kaum kleiner als ein großes starkknochiges Jagdpferd. In meinem Innern hatte ich seit meiner frühesten Kindheit einen ununterbrochenen Krieg gegen die Ungerechtigkeit geführt. Seit ich sprechen konnte, wusste ich, dass meine Schwester mit ihrer launischen und gewalttätigen Zwangsherrschaft ungerecht zu mir war. Ich war zu der tiefen Überzeugung gelangt, dass der Umstand, dass sie mich von Hand aufgezogen hatte, sie nicht dazu berechtigte, mich mit Stößen und Klapsen zu erziehen. Alle Strafen, alle Schmach, alles Fasten und Wachen und alle übrigen Bußübungen hatten mich in dieser Sicherheit nicht beirren können; und dem engen Austausch mit ihr in meiner Einsamkeit und Schutzlosigkeit schreibe ich es großenteils zu, dass ich von ängstlichem Wesen und sehr empfindsam war.«

Leitfragen zum Textausschnitt:

1. Wann ist dir in deinem Leben eine Ungerechtigkeit widerfahren?
2. Hast du dich schon einmal gefreut, weil du gerecht behandelt wurdest?
3. Hast du schon einmal beobachtet, dass jemandem Gerechtigkeit widerfuhr?
4. Hast du schon einmal beobachtet, dass jemand ungerecht behandelt wurde?
5. Erinnerst du dich, jemandem einmal eine Ungerechtigkeit angetan zu haben?
6. Wann warst du gerecht? Wann hast du etwas wiedergutgemacht?
7. Was ist deiner Meinung nach die Folge, wenn ein Mensch sehr viele Ungerechtigkeiten erlebt?

Soll ein Mensch, der in die Mühlen ungerechter Justiz gerät, sich auflehnen? (Zwei Texte)

Sokrates leistet geistigen, aber nicht körperlichen Widerstand (Platon, zit. n. Pieper 1993, S. 134–145)

Sokrates: *Solange ich Atem habe, werde ich nicht aufhören, nach der Wahrheit zu forschen. Und auch nicht, euch ins Gewissen zu reden. Wer auch immer mir gerade in den Weg kommt – ich werde ihn, wie bisher, mahnen und fragen: Schämst du dich nicht, du, ein Athener, Bürger dieser berühmten Stadt, berühmt durch Geist und Macht – schämst du dich nicht,*

aufs bloße Geldverdienen aus zu sein und auf den großen Namen, aber um Wahrheit dich gar nicht zu sorgen, nicht um Einsicht und nicht darum, gut zu sein? [...] Und ich werde nicht versuchen, euer Mitleid zu erregen [...] ich werde euch nicht anbetteln um einen Freispruch. Ich gebe es euch selbst anheim [...], dass ihr so richtet über mich, wie es recht ist und gut – gut nicht nur für mich, sondern auch für euch selbst. [...]
Ihr habt den Sokrates umgebracht, so werden sie sagen, diesen weisen Mann! [...]
Kriton: *Begreifst du nicht, dass es für mich ein Unglück ist, wenn du stirbst? [...] Du tust ja genau das, was deine Feinde wollen. Aber deine Söhne? Die lässt du im Stich und gehst davon. – Dieser Prozess – wie ist er denn geführt worden? [...]*
Sokrates: *Deine Sorge um mich, lieber Kriton, ist schön und allen Dankes wert – vorausgesetzt, sie stimmt mit dem zusammen, was Recht ist. [...] Sollen wir also miteinander erwägen, ob ich wirklich so handeln soll oder ob ich nicht so handeln soll, wie du mir rätst? [...] Wie also steht es um unsere Überzeugungen, von denen wir so oft geredet haben? Waren sie nur richtig, solange es dies Todesurteil noch nicht gab? Während es sich jetzt herausstellt, dass sie nur eine Art Unterhaltung waren? Eine Spielerei? Geschwätz? [...] Gilt auch hier noch unser alter Spruch: ›Man darf niemals Unrecht tun.‹ [...] Also auch, wenn einem Unrecht geschehen ist, darf man dennoch nicht selber Unrecht tun? [...] Glaubst du, ein Staatswesen könne Bestand haben, wenn irgendjemand, ein einzelner, ein Gerichtsurteil außer Kraft setzen kann? [...] Sollen wir zur Antwort geben: Aber dieser Staat hat ja uns Unrecht getan?*
Kriton: *Genau das werden wir sagen, natürlich!*
Sokrates: *Aber die Gesetze würden erwidern: ›Offenbar bist du doch mit uns und dem Staate sehr einverstanden gewesen! Niemals hast du die Stadt Athen verlassen, außer zu den Feldzügen. Niemals hast du, wie sonst die Leute, eine Reise gemacht, anderswohin. [...] Und nun schlägst du dir das alles aus dem Sinn und willst dich, wie ein Sklave, heimlich fortstehlen, in irgendeiner lächerlichen Verkleidung?‹*

Der Pfarrer von Wakefield leistet geistigen, aber nicht körperlichen Widerstand (Goldsmith 1766/1985, S. 218)
 Der Pfarrer von Wakefield sagt seinem Gutsherrn mit deutlichen Worten, dass die sexuelle Verführung seiner Tochter Unrecht war, und er lässt ihn, als dieser nicht einlenkt, sondern sogar andeutet, dass er das Mädchen weiter zur Geliebten haben will, seine Verachtung spüren. Daraufhin veranlasst der Gutsherr unter einem Vorwand seine Festnahme.
 Der Pfarrer von Wakefield erzählt:
 »Wir waren nun ungefähr zwei Meilen von meinem früheren Zuhause entfernt, als wir eine Schar von Leuten schreiend hinter uns herrennen sahen, die etwa aus fünfzig meiner ärmsten Gemeindebewohner bestand. Diese griffen sogleich unter furchtbaren Flüchen die zwei Gerichtsdiener an und

schworen, sie würden nie zusehen, wie ihr Pfarrer ins Gefängnis gehe, solange sie noch einen Tropfen Blut zu seiner Verteidigung zu vergießen hätten, und sie machten sich mit größter Rohheit an die beiden heran. Die Folgen hätten verhängnisvoll sein können, wäre ich nicht sofort eingeschritten, um die Beamten mit einiger Mühe aus den Händen der erzürnten Menge zu retten. Meine Kinder, die meine Befreiung schon als sicher betrachteten, schienen vor Freude entzückt zu sein und konnten ihre Begeisterung nicht zurückhalten. Sie wurden aber bald enttäuscht, als sie mich zu den armen, irregeführten Leuten sprechen hörten, die, wie sie glaubten, gekommen waren, um mir einen Dienst zu erweisen.

›Was, meine Freunde?‹ rief ich. ›Liebt ihr mich auf solche Weise? Ist dies eure Art, der Lehre zu folgen, die ich euch von der Kanzel erteilt habe? Einfach der Gerechtigkeit Trotz zu bieten und das Verderben über euch selber und mich zu bringen?‹«

Leitfragen:

1. Sokrates und der Pfarrer von Wakefield leisten geistigen, aber nicht körperlichen Widerstand gegen ungerechte Justiz. Vergleichen Sie die Stellungnahmen Sokrates'/des Pfarrers von Wakefield mit derjenigen von John Rawls:

    »Verpflichtungen setzen gerechte Institutionen voraus, oder jedenfalls unter den gegebenen Umständen hinreichend gerechte. Man kann daher gegen die Gerechtigkeit als Fairness oder gegen Vertragstheorien im Allgemeinen nicht einwenden, sie führten zu Verpflichtungen gegenüber ungerechter Herrschaft, die Gehorsam erzwingt oder stillschweigendes Mitmachen auf weniger grobe Weise erzielt.« (Rawls 1971/1979, S. 134)

2. Sammeln Sie Argumente für die Positionen Sokrates'/des Pfarrers von Wakefield bzw. für diejenige John Rawls'.
3. Treffen Sie anschließend eine Entscheidung: Wer hat Ihrer Meinung nach Recht?

Liebe (Gnade) ist mehr als Gerechtigkeit (Shakespeare, *Der Kaufmann von Venedig*, IV, 1)

Porzia: *Die Art der Gnade weiß von keinem Zwang,*
Sie träufelt wie des Himmels milder Regen,
Zur Erde unter ihr; zwiefach gesegnet:
Sie segnet den, der gibt, und den, der nimmt;
Am mächtigsten im Mächt'gen, zieret sie
Den Fürsten auf dem Thron mehr als die Krone.
Das Zepter zeigt die weltliche Gewalt,
Das Attribut der Würd' und Majestät,
Worin die Furcht und Scheu der Kön'ge sitzt.
Doch Gnad' ist über diese Zeptermacht;

> *Sie thronet in den Herzen der Monarchen,*
> *Sie ist ein Attribut der Gottheit selbst,*
> *Und ird'sche Macht kommt göttlicher am nächsten,*
> *Wenn Gnade bei dem Recht steht; darum Jude,*
> *Suchst du um Recht schon an, erwäge dies:*
> *Dass nach dem Lauf des Rechtes unser keiner*
> *Zum Heile käm'; wir beten all' um Gnade,*
> *Und dies Gebet muss uns der Gnade Taten*
> *Auch üben lehren.*

Leitfragen:

1. Warum ist nach Shakespeare Gnade mehr als Gerechtigkeit?
2. Ist Gnade dasselbe wie Liebe? Argumentieren Sie!
3. Warum wird *Der Kaufmann von Venedig* in Deutschland so selten aufgeführt?

6.2.3 Zitate zum gemeinsamen Nachdenken über die Gerechtigkeit

Blaise Pascal als Vordenker der Gewaltenteilung (Pascal, *Pensées* V, 298 u. 301 – 1670/1994, S. 150–152)

»Es ist gerecht, dass befolgt wird, was gerecht ist; notwendig ist, dass man dem, was mächtiger ist, folgt. Das Recht ohne Macht ist machtlos; die Macht ohne Recht ist tyrannisch. Dem Recht, das keine Macht hat, wird widersprochen, weil es immer Verbrecher gibt; die Macht ohne Recht ist auf der Anklagebank. Also muss man das Recht und die Macht verbinden und dafür sorgen, dass das, was Recht ist, mächtig und das, was mächtig ist, gerecht sei.« (298)

»Weshalb unterwirft man sich der Mehrheit? Weil sie vernünftiger wäre? Nein, weil sie mächtiger ist.
Weshalb folgt man überkommenen Gesetzen und Meinungen? Tut man das, weil sie richtiger wären? Nein, aber [...] sie entheben uns den Anlässen der Meinungsverschiedenheiten.« (301)

John Rawls' Gedankenexperiment des *Schleiers der Unwissenheit* zur Verdeutlichung der Gleichheit bzw. Unparteilichkeit als Voraussetzung für Gerechtigkeit (Rawls 1971/1979, S. 160)

»Es wird also angenommen, dass den Parteien bestimmte Arten von Einzeltatsachen unbekannt sind. Vor allem kennt niemand seinen Platz in der Gesellschaft, seine Klasse oder seinen Status; ebenso wenig seine natürlichen

Gaben, seine Intelligenz, Körperkraft usw. Ferner kennt niemand seine Vorstellung vom Guten, die Einzelheiten seines vernünftigen Lebensplanes, ja nicht einmal die Besonderheiten seiner Psyche wie seine Einstellung zum Risiko oder seine Neigung zu Optimismus oder Pessimismus. Darüber hinaus setze ich noch voraus, dass die Parteien die besonderen Verhältnisse in ihrer eigenen Gesellschaft nicht kennen, d. h. ihre wirtschaftliche und politische Lage, den Entwicklungsstand ihrer Zivilisation und Kultur. Die Menschen im Urzustand wissen auch nicht, zu welcher Generation sie gehören.«

Tipp: Durchführung eines Rollenspiels

Da der Phantasieakt des Absehens von den eigenen Interessen schwerfällt, macht man den Schülerinnen und Schülern die Zufälligkeit des eigenen Platzes in der Gesellschaft (hier: der Schulklasse) bewusst, indem man sie Lose ziehen lässt: z. B. Klassenprimus, ADHS-Schülerin oder -schüler, Legastheniker, Migrant, Lehrperson … Welche Rolle zugeteilt wurde, behält jeder vorerst für sich. Anschließend werden Fragen diskutiert, z. B. zum Förderangebot, zur Inklusion, zur Gestaltung der Leistungsbewertung … Aus der Art, *wie* jemand argumentiert (= aus welchem persönlichen Interesse heraus), soll auf seine ›Rolle‹ geschlossen werden (Vermutungsäußerungen im Anschluss). Welche Interessengegensätze können ausgemacht werden? Gibt es für die festgestellten Konflikte Lösungsvorschläge?

6.2.4 Ausgeführtes Unterrichtsbeispiel

Das ›Wunderpillen‹-Spiel (vgl. Kap. 6.2.1) wurde mit einer Studentengruppe durchgeführt.

Interpretation

Die Situation des ›Wunderpillen‹-Spiels führt vor, dass konkrete ethische Entscheidungen häufig nur näherungsweise, *nicht aber vollkommen gerecht* getroffen werden können, z. B. weil unsere Ressourcen oft begrenzt sind. Den Mitspielenden wird ihre ›Endlichkeit‹ schmerzlich bewusst: Sie würden gerne allen helfen, können es aber nicht. Sich der Abstimmung und damit der Macht über Leben und Tod zu enthalten, führt ebenfalls zu keinem befriedigenden ethischen Ergebnis, weil dies keinem der Kranken zum Vorteil gereicht.

Um folglich größtmögliche *Verteilungsgerechtigkeit* zu erreichen, müssen die Teilnehmenden zwangsläufig Kriterien einer Rangordnung aufstellen. Dabei ist mir bei der Durchführung des Spiels mit Studierenden zweierlei aufgefallen:

1. Deutlich wurde die Neigung – vor allem wohl des modernen Menschen – zu *teleologischen* Begründungen ethischer Entscheidungen. Die Konzeption des Spielablaufs verleitet außerdem dazu: Die in der zweiten und dritten Runde zusätzlich gegebenen Informationen sollen ja zu Überlegungen führen, welche neuen *Konsequenzen* sich aus ihnen ergeben. Zu Beginn votierte die Mehrheit erwartungsgemäß für das Baby und das 15-jährige Mädchen. Wenn deutlich wird, dass das Baby schlechte Lebens- und Überlebensbedingungen und das Mädchen kaum Chancen hat, aus der Situation der Prostitution herauszukommen, womöglich sogar im Überlebensfall zur weiteren Verbreitung von Aids beiträgt, nimmt die Stimmenanzahl für diese beiden Personen ab. Eher *deontologische* Anfangsüberlegungen, wie z. B. die Schuldlosigkeit des Babys und der 15-jährigen sowie die vermutlich geringere Fähigkeit des jungen Mädchens, Krankheit und Todesangst geistig zu verarbeiten wie ein Erwachsener, der zudem ein Risiko womöglich bewusst eingegangen ist, treten dann in den Hintergrund. Das *teleologische* Argumentationsmuster hat seine Berechtigung, jedoch auch seine Schwächen. So sind Zukunftsprognosen immer ungewiss, schlimmstenfalls sogar handlungslähmend: Wer kann mit Sicherheit behaupten, dass dem Baby und der 15-jährigen nicht geholfen werden kann? *Teleologisches* Zukunftsdenken ist eher *instrumentell*, es vernachlässigt leicht die *Empathie* mit einer konkreten Person hier und jetzt.
2. Der Geschäftsmann und Familienvater bekam in keinem unserer drei Spieldurchgänge die ›Wunderpille‹. Alle hielten es für dringlicher, einer anderen Person die Pille zu geben. Vor allem nach der dritten Runde wurde geäußert, der Geschäftsmann sei das Risiko einer Ansteckung vermutlich bewusst eingegangen. Auch wurde sein Verhalten (»Sex auf Geschäftsreise mit Prostituierter«) wohl unterschwellig moralisch in Frage gestellt, denn der Arzt bekam im Gegensatz zu ihm immerhin einige wenige Stimmen, vor allem in der ersten und dritten Runde, da seine Tätigkeit als gesellschaftlich nutzbringend angesehen wurde. Interessant war jedoch, dass die Studierenden dazu neigten, ihre Unterscheidungen zwischen *unschuldig* und *schuldig* Infizierten während des Spiels im Nachhinein als falsches Vorurteil in Frage zu stellen. Hier folgten sie meiner Meinung nach ebenfalls einer Tendenz der Moderne, die Schuldfrage für antiquiert und gegenstandslos zu erklären. Vielleicht hilft der Hinweis, dass unsere *Rechtsprechung* bis heute die Unterscheidung zwischen schuldhaftem, grob und leicht fahrlässigem bzw. nicht schuldhaftem Handeln kennt. Sie aufzugeben bedeutet, die Verantwortungsfähigkeit des Menschen zu leugnen, zu der die Schule jedoch verfassungsgemäß erziehen soll. Auch wurde dem Geschäftsmann die ›Wunderpille‹ ja nicht zur Bestrafung verweigert, sondern es nur als vordringlicher erachtet, sie jemandem anderen zu verabreichen. (Liebend gern hätte man sie ja allen gegeben!) Außerdem zeigt das Beispiel des Arztes, dass die Vermutung der *Schuldhaftigkeit* im Sinne des bewussten Eingehens eines Risikos nicht unbedingt mit negativer moralischer Bewertung einhergeht. Auch er ging bei der Verteilung der ›Wunderpille‹ (fast) leer aus, womit geradezu honoriert wurde, dass er sich aus Verantwortung bewusst in Gefahr begeben hatte. Ihm wurde zugetraut,

den schlechten Ausgang seines riskanten Experimentierens um eines höheren Zieles willen seelisch zu verkraften, weil er von vornherein damit rechnen musste. Die wenigen Stimmen für die Verabreichung der »Wunderpille« an ihn folgten dem *teleologischen* Deutungsmuster: Überlebt der Arzt, könnte er den HIV-Impfstoff vielleicht noch entdecken.

7 Toleranz

»Darf ich mich neben Daniel setzen?« fragte mich Julian. Daniel litt unter Aufmerksamkeitsdefiziten und Hyperaktivität und hatte bisher keinen Banknachbarn gefunden, der es auf Dauer bei ihm aushielt. »Es kann aber sein, dass er dich stört, manchmal schlägt er auch um sich«, gab ich zu bedenken. »Macht nichts, ich würde es trotzdem gern versuchen«, meinte Julian, setzte sich neben ihn und verließ diesen Platz bis zum Schuljahresende nicht mehr.

Neben Daniel zu sitzen war zwar mit Unannehmlichkeiten verbunden, doch Julian nahm diese gerne in Kauf, weil er merkte, dass Daniel seine Hilfe brauchen konnte. Er wollte z. B. darauf aufpassen, dass Daniel seine Sachen in Ordnung hielt, und Ansprechpartner für ihn sein. Julian brachte Daniel gegenüber eine höhere *Toleranz* als alle anderen auf, weil er ihn mochte und *Mitgefühl* mit ihm empfand, als er ihn alleine sitzen sah. D. h. nicht, dass er sein Störverhalten einfach hinnahm. Vielmehr *ertrug* er seine spontanen Wutanfälle, um ihn auf Dauer davon abzubringen und ihn so besser in die Klassengemeinschaft zu integrieren. Julian trennte intuitiv zwischen Daniel und dessen Verhalten. Er zeigte ihm: Mir liegt an dir, ich will nicht, dass du ausgegrenzt wirst. Deshalb musst du dein Verhalten ändern. Das schaffst du nicht alleine, darum helfe ich dir.

Mancher hält sich für *tolerant*, der nicht über Menschen z. B. wegen ihres Aussehens, ihrer Kleidung oder ihrer vom Üblichen abweichenden Verhaltensweisen lästert. Es gibt aber überhaupt keinen Grund, jemanden, der sich unkonventionell kleidet oder andere Begrüßungsrituale hat, abzulehnen. Das sollte selbstverständlich sein! Bei reinen Geschmacksfragen ist Pluralität zu akzeptieren. Der Kernbereich von Toleranz ist damit noch gar nicht berührt. Echte Toleranz *duldet* aus *Menschenliebe bewusst* ein *Fehlverhalten*, das einem selbst nachteilig werden kann, wie man am Beispiel Julians sieht. Wie jede Tugend stellt auch die *Toleranz* viel höhere Ansprüche, als allgemein gedacht wird. Damit Schülerinnen und Schüler sich Gedanken machen, wie schwierig es ist, tolerant zu sein, könnten Lehrende Impulse setzen, z. B. sagen: »Also bestimmte Eigenschaften anderer, die einem nicht gefallen – zu dick, zu dünn etc. – zu akzeptieren ist eine Selbstverständlichkeit, darauf brauchen wir uns noch nichts einzubilden. Schwierig wird's erst, wenn ...«

Junge Menschen, die sich noch in der Phase der Identitätsfindung befinden, verurteilen nonkonformistisches Verhalten oft vorschnell. Man kann den Hang zu Konformität mit Kohlbergs Stufenmodell der moralischen Entwicklung erläutern: Nach diesem befinden sich Kinder und Jugendliche im Allgemeinen auf dem *konventionellen* Niveau, d. h., es besteht eine starke Neigung, sich an den

Normen der jeweiligen Gemeinschaft zu orientieren, ohne sie zu hinterfragen. (Erwachsene tun das auch oft, kaschieren es aber besser.) Die Entstehung von Gruppenzwang durch die Peer-Group lässt sich so ebenfalls leicht erklären.

Es ist also erzieherisch wichtig, gemeinsam mit jungen Menschen konkrete Beispiele ethisch relevanter bzw. ethisch irrelevanter Verhaltensabweichungen zu finden. Deren Unterscheidung hat mit derjenigen von (Grund-)Werten und Normen zu tun (vgl. Kap. 1.2.3). Darüber, ob nonkonformistisches Verhalten für andere Menschen eine Beeinträchtigung darstellt oder nicht, gibt es leicht Meinungsverschiedenheiten, sicher auch in einer Schulklasse.

7.1 Was versteht man unter Toleranz?

7.1.1 Ein toleranter Mensch achtet andere und setzt sich ohne Gewaltanwendung mit ihnen auseinander

Toleranz respektiert die unantastbare Würde aller Menschen

> »Es bedarf keiner großen Kunst, keiner gesuchten Beredsamkeit, um zu beweisen, dass die Christen einander zu dulden schuldig sind. Ich gehe weiter; ich sage, man muss alle Menschen wie seine Brüder ansehen. – Wie, der Türke mein Bruder? Der Chineser, der Jude, der Siameser mein Bruder? – Ja, zuverlässig. Denn sind wir nicht Kinder eines Vaters? Hat uns nicht ein Gott erschaffen?« (Voltaire 1764/2015, S. 176)[16]

Nach dem islamistisch motivierten Anschlag auf die Satirezeitschrift Charlie Hebdo im Januar 2015 waren in ganz Paris Voltaire-Plakate zu sehen, versehen mit dem Slogan Je suis Charlie. Der französische Aufklärer wandte sich schon vor 250 Jahren gegen die Intoleranz, »jenen finsteren Aberglauben, der schwache Seelen dazu bringt, jeden, der nicht denkt wie sie, des Verbrechens zu zeihen« (ebd., S. 197). Statt andere um ihrer Meinung willen zu hassen, sollte den Menschen klarwerden,

> »dass wir uns wechselseitig dulden müssen; denn alle sind wir schwach, schwankend und der Unbeständigkeit wie dem Irrtum verfallen. Wird ein Schilfrohr, das vom Wind in den Schlamm geduckt ist, zum andersherum geduckten Schilfrohr so sprechen: ›Kriech wie ich, du Elender; sonst will ich Klage führen, dass man die ausreißt und verbrennt‹?« (Ebd., S. 39)

Seine Schrift Über die Toleranz, »veranlasst durch Jean Calas, den der Geist der Intoleranz sterben ließ« (ebd., S. 189), bringt Voltaires Erschütterung über den fanatischen Protestantenhass zum Ausdruck, der zu seinen Lebzeiten zur grausamen Hinrichtung des Unschuldigen in der Stadt Toulouse führt, welche »noch jährlich mit einer Prozession und Freudengeschrei den Tag feiert, wo sie

---

16 Leider können auch große Philosophen unbeständig in ihrer Meinung sein: Von Voltaire gibt es auch judenfeindliche Äußerungen.

vor zweihundert Jahren viertausend ketzerische Bürger niedermetzelte« (ebd., S. 46; gemeint ist das Pogrom gegen Hugenotten in der Bartholomäusnacht). Voltaire vermutet, dass die Nähe des berüchtigten Festes die Verurteilung noch beschleunigte (vgl. ebd., S. 48).

Der leidenschaftliche Einsatz des berühmten fast 70-jährigen für die ihm unbekannte Familie Calas, bei dem er sein ganzes Ansehen aufs Spiel setzt, führt tatsächlich dazu, dass das Urteil drei Jahre später revidiert wird und die Familie finanzielle Entschädigung von Ludwig XV. erhält. Gegenüber einem der reuigen Verfolger plädiert Voltaire nun für den Verzicht auf Rache:

> »Er hat einen Familienvater auf dem Schafott verhöhnt. Diese Grausamkeit ist wohl unglaublich, aber da ja auch Gott vergibt, schulden die Menschen [...] Vergebung.« (Ebd., S. 189)

Das historische Beispiel zeigt, dass die Frage nach der Toleranz zunächst religiöser Natur war. Wenn es nur einen Gott gibt, wie können dann verschiedene Anschauungen über ihn nebeneinander bestehen? 250 Jahre vor Voltaire bringt Martin Luther im Deutschen den Begriff der Toleranz auf, indem er den lateinischen Begriff der *tolerantia* auf diese Weise übersetzt. Die Gewissensfreiheit des Einzelnen ist Urpostulat des Protestantismus. Dennoch ist die Haltung des Reformators gegenüber Andersgläubigen, also römischen Christen, Juden und Moslems, im Vergleich zu den etwas älteren Humanisten, wie z. B. Thomas Morus, ein Rückschritt. Luthers Antisemitismus ist bekannt. Er verlangt die Verfolgung der Juden und hält die Institutionalisierung des Konfessionspluralismus für »geistliche Tyranney« – so in seinem Brief an die Fürsten von Anhalt am 12.6.1541. Thomas Morus gibt dagegen in seinem Hauptwerk *Utopia* (1516) zu bedenken, dass Gott vielleicht eine mannigfaltige Verehrung wünsche. Diese Möglichkeit verböte in jedem Fall, eine andere religiöse Auffassung gehässig herunter zu machen, geschweige denn Gewaltanwendung gegen sie. Zweihundert Jahre später meint John Locke, ein wirklich religiöser Mensch befolge »die Pflichten der Friedfertigkeit und des guten Willens gegen alle Menschen, die im Irrtum befindlichen so gut als die rechtgläubigen« (Locke 1698/1990, S. 32) und wird dafür von Voltaire als »weise« gelobt (vgl. Voltaire 1764/2015, S. 71).

Der moderne Toleranz-Gedanke nimmt die Ideen der Gedankenfreiheit, der Gleichheit aller Menschen sowie ihrer Perspektivgebundenheit und Irrtumsanfälligkeit auf:

> »Es ist die Pflicht, einem Menschen die Achtung entgegenzubringen, die ihm als moralischem Subjekt zusteht, d. h. als einem Wesen mit Gerechtigkeitssinn und einer Vorstellung vom Guten. [...] Gegenseitige Achtung äußert sich [...] in der Bereitschaft, die Lage anderer von ihrem Standpunkt, aus der Sicht ihrer Vorstellung vom Guten zu sehen sowie Gründe für die eigene Handlung anzugeben [...], und zwar aufrichtig, in der Überzeugung, dass es vernünftige Gründe im Sinne einer beiderseitig annehmbaren Gerechtigkeitsvorstellung seien.« (Rawls 1971/1979, S. 372–373)

Der *tolerante* Mensch achtet den anderen als seinesgleichen. Seine Achtung zeigt sich in der Überzeugung, dass andere Menschen ebenso frei sein sollen und vernünftig denken und handeln können wie er selbst. Über befremdliches Verhalten denkt er nach, statt es vorschnell zu verurteilen. Andere Denkweisen müssen ja nicht sofort zugänglich sein. So hält er sich nicht für den Maßstab aller Dinge und weiß, dass er sich irren kann, wie andere auch. Für Gespräche ist er offen, weil er interessiert daran ist, andere besser zu verstehen. Wenn durch intensive Beschäftigung mit dem Gegenüber dessen Beweggründe plötzlich plausibel werden, kann aus *Toleranz Akzeptanz* erwachsen. Oder man kommt doch zu dem Schluss, dass das Tun des anderen unvernünftig ist. Aus Achtung für seine Person kann man ihm dennoch seinen Willen lassen. Vielleicht kann er ja auch nicht anders. Erwachsen einem aus egozentrischem Verhalten Nachteile – so wie es z. B. Julian geschah – zeigt sich erst die *eigentliche Toleranz*:

> »Toleranz heißt – wörtlich übersetzt – Duldung. Die Toleranz besteht aber nicht darin, dass ich etwas dulde, obwohl es mir aus irgendwelchen Gründen gegen den Strich geht. Wenn mir bei anderen etwas aus rein subjektiven Gründen nicht gefällt, so habe ich nicht das mindeste Recht, es deshalb zu unterbinden. […] Wir können also erst dann von Toleranz sprechen, wenn es sich um die Duldung eines Verhaltens handelt, […] das man der Sache nach für falsch hält.« (Schöndorf 2009, S. 126)

Schöndorf will verdeutlichen, dass das, was gemeinhin als *tolerant* gilt, nämlich den anderen auf seine Façon glücklich werden zu lassen, noch gar kein besonders tugendhaftes Verhalten darstellt, sondern selbstverständlich sein sollte. Reine Geschmacksfragen sind demnach keine Frage von Toleranz. »Wäre es anders, so müsste ich jeden schon dann als tolerant bezeichnen, wenn er sich nicht wie ein Despot aufführt« (ebd.).

Ein *wirklich toleranter* Mensch geht davon aus, dass der andere sich im *Irrtum* befindet – und duldet dessen Ansichten und Handlungen trotzdem, oftmals sogar dann, wenn ihm Nachteile daraus erwachsen. Aus Achtung der Freiheit lässt er zu, dass der andere Fehler begeht, und erträgt sogar den Schmerz, der sich daraus ergibt. Hier zeigt sich die Verwandtschaft der *Toleranz* mit der *Liebe*. Erinnert sei an ihre vorgängige Definition:

> »Jemanden lieben heißt wollen, dass er frei ist oder ihn als Freien bejahen.« (Keller, 2010, S. 259; vgl. Kap. 3.1.1)

Wer liebt, lässt sich auch durch Fehler, die der geliebte Mensch hat, nicht von seiner Liebe abbringen.

Vive la difference!

Der tolerante Mensch respektiert nicht nur die gleiche Würde aller Menschen, sondern er würdigt auch deren Unterschiedlichkeit, indem er sie positiv als Vielfalt ansieht:

> »Das geläufige Argument der Toleranz, alle Menschen […] seien gleich, ist ein Bumerang. Es setzt sich der bequemen Widerlegung durch die Sinne aus […]. […] Eine emanzipierte Gesellschaft […] wäre kein Einheitsstaat, sondern die Verwirklichung des Allgemeinen in der Versöhnung der Differenzen. Politik, der es darum im Ernst geht, sollte deswegen die abstrakte Gleichheit der Menschen nicht einmal als Idee propagieren. Sie sollte […] den besseren Zustand aber denken als den, in dem man ohne Angst verschieden sein kann.« (Adorno 1980, S. 113–114)

7 Toleranz

Nachdem erstmals in der Moderne die Idee der *Gleichheit wirklich aller Menschen* Grundlage staatlicher Verfassungen wurde (vgl. Kap. 1.2.1), bestand und besteht heute vielleicht immer noch die Gefahr, *Unterschiedlichkeit* als Mangel anzusehen.

> »Wir sind noch zu wenig kultiviert, um das Anderssein des anderen zu respektieren; nach wie vor wird Andersheit als Verneinung aufgefasst, und diese Negation wird dann als Mindersein interpretiert. So ist es verständlich, dass man der Abwertung [...] durch Leugnung oder Minimalisierung des Unterschieds zu begegnen versucht. Sollte dieser Unterschied aber gleichwohl bestehen, dann liefe gerade seine Bestreitung nur auf eine neue Unterdrückung [...] hinaus.« (Splett 1986, S. 53)

In einer offenen Atmosphäre, in der Differenzen nicht als Störfaktor und Streitpotential, sondern als Möglichkeit der Bereicherung angesehen werden, kann man »ohne Angst verschieden sein« (Adorno) und Interesse an Andersdenkenden entwickeln. Es kann sich eine Gesprächsdynamik ergeben, die Unterschiedlichkeiten erst klar zu Tage treten lässt. Eigene Gewohnheiten, die für selbstverständlich gehalten wurden, können im Diskurs plötzlich fragwürdig erscheinen. Man soll nun Gründe für sie angeben, die nicht immer leicht zu finden sind. Da die verschiedenen Standpunkte auf ihre Qualität hin überprüft werden, dient die Auseinandersetzung der eigenen Identitätsfindung. Eigene Positionen können entweder gestärkt oder aus gutem Grund aufgegeben werden. Das verlangt selbstbewusste Gesprächspartner, sonst herrscht entweder *Anpassung* oder *Abschottung* vor. Man sollte nicht nur nach Argumenten zur Stärkung der *eigenen* Position suchen, sondern auch nach guten Gründen für die *andere*. Diese fallen dem Gesprächspartner vielleicht gerade nur nicht ein. Dann ist es eine beglückende Erfahrung für ihn, Schützenhilfe zu bekommen. Auch das Erkennen bisher verdeckter Gemeinsamkeiten ist möglich.

Ziel des Austauschs über Unterschiedlichkeit ist

- einerseits *Gleichheit* – durch die Überwindung einer allzu simplen perspektivischen Sichtweise zugunsten einer »Verwirklichung des Allgemeinen« (Adorno),
- andererseits *Differenz* – die Argumenten standhält und deshalb größere Wertschätzung erfährt. So schafft ein gelungenes Gespräch eine Gemeinschaftlichkeit, bei der sich Toleranz bis zur *Akzeptanz* intensivieren kann.

In einer toleranten Atmosphäre werden Menschen offen für das Gespräch

Im *Dialog* stehen die Gesprächspartner auf derselben Stufe. Der Respekt äußert sich hier im Bewusstsein, dass die Eigenperspektive niemals die ganze Wahrheit erfasst und man andere Sichtweisen kennen lernen muss, um den Gesichtskreis zu weiten. Außerdem zeigt sich die eigene Begrenztheit in der Möglichkeit des Irrtums (ein Irrtum wäre allein schon, die Selbstperspektive für das Umfassende zu halten).

Hier deutet sich wie bei der *Gerechtigkeit* (vgl. in Kap. 6.1.1 den achten Abschnitt) auch bei der *Wahrheit* deren orientierende, aber uneinholbare *Idealität* an. Platon wies durch sein Höhlengleichnis darauf hin, dass unsere normale Alltagserkenntnis nur ein Schatten von etwas viel Größerem ist (vgl. Kap. 1, S. 24). Die klassisch-mittelalterliche Lehre bezeichnete das Wahre wie das Gute als *Transzendentalien*. Wahrheitssuche enthält deshalb eine eigentümliche Dialektik: Einerseits stehen wir immer schon in einem Bezug zur Wahrheit, andererseits müssen wir stets nach höherer Wahrheit suchen. »Eigentlich ermöglicht gerade die höchste Wahrheit die größtmögliche Toleranz. Denn sie zeigt uns, dass wir immer hinter ihrer Forderung zurückbleiben und dass wir dies darum auch anderen zubilligen müssen« (Schöndorf 2009, S. 130).

Toleranz ist (noch) nicht Akzeptanz

Fremde Auffassungen und Lebensentwürfe als *gleichwertig den eigenen* ansehen, dürfte selten sein. Das ist für eine *tolerante* Haltung auch gar nicht nötig. Oft werden die Begriffe *Toleranz* und *Akzeptanz* synonym verwendet, doch es ist sinnvoll, sie unterschiedlich zu definieren. Wie schon gesagt: »Wir können [...] dann von Toleranz sprechen, wenn es sich um die *Duldung* eines Verhaltens handelt, [...] das man der Sache nach für falsch hält« (Schöndorf 2009, S. 126), d. h., dulden kann man nur das, was man aus guten Gründen *nicht* billigt, *nicht* für gleichwertig hält (oder worüber man sich in der Bewertung noch unsicher ist und darum lieber Vorsicht walten lässt).

Im Unterschied dazu bedeutet *Akzeptanz*, die andere Position *gutzuheißen*. Der Spruch »Über Geschmack lässt sich nicht streiten« dringt auf *Akzeptanz*, nicht Toleranz.

Akzeptiert man von vornherein alle Möglichkeiten, ohne sie auf ihre unterschiedliche Qualität hin zu prüfen, wäre dies *Gleichgültigkeit* (›Gleich-Gültigkeit‹). Tut man dies deshalb, weil man glaubt, Qualitätsunterschiede seien in Wirklichkeit keine, sondern nur eine Frage der *subjektiven Präferenz* (= des Geschmacks), vertritt man einen *Wertrelativismus*.

Den Unterschied zwischen *Toleranz* und *Akzeptanz* zu wissen, entlastet Menschen emotional, die im Sinne der Freiheit und des guten Zusammenlebens *tolerante* Entscheidungen treffen wollen: Sie müssen – anders als das bei *Akzeptanz* der Fall wäre – das Tun der anderen nur zulassen, aber keine Sympathie dafür entwickeln. Man sollte von Versuchen der ›Selbst-Verbiegung‹ absehen und sich nicht einreden, man hielte eine andere Haltung für genauso gut wie seine eigene. Dadurch findet man nicht zur *Toleranz*. Eine andere Position wider besseres Wissen als gleichwertig zu akzeptieren, hat eher mit Selbstbetrug und Heuchelei oder mit Konformismus, Gleichgültigkeit und Bequemlichkeit zu tun als mit echter, begründeter Toleranz.

Vielleicht erkennt man aber auch mit der Zeit, dass man das fremde Verhalten anfangs zu negativ gesehen hat, so dass aus *Toleranz* allmählich *Akzeptanz* erwächst.

Toleranz hat Grenzen

> »Die Menschen müssen [...] vor allen Dingen keine Fanatiker sein, wenn sie der Toleranz wert sein wollen. [...] Wenn ihr wollt, dass man eure Lehren hier dulden soll, so seid selbst erst verträglich und erträglich.« (Voltaire 1764/2015, S. 164 u. 169)

Wenn »mit Ungestüm und Gewalt räsoniert [wird]« (ebd., S. 170), wenn Zerstörungswut entwickelt wird, sind nach Voltaire die Grenzen der Toleranz erreicht. Verbrechen wie Mord muss durch die Obrigkeit bestraft werden (vgl. ebd., S. 164–166).

Es gibt Schülerinnen und Schüler, die im Gespräch für allumfassende *Toleranz* oder sogar *Akzeptanz* ohne Abstriche plädieren. Anhand geeigneter provokanter Beispiele ist ihnen deutlich zu machen, dass auch sie selbst nicht alles dulden würden. Handlungen, die den Grundwerten nicht entsprechen, sind nicht zu tolerieren. Die Grenze der Toleranz ist spätestens dann erreicht, wenn Menschenrechte verletzt werden bzw. die Intoleranz die Oberhand gewinnen und die Toleranz zugunsten eines *Rechts des Stärkeren* abschaffen würde: »Eine grenzenlose Toleranz wäre selbstzerstörerisch« (Schöndorf 2009, S. 132).

In Diktaturen wird das Grundrecht auf Meinungsfreiheit torpediert, indem Machthaber berechtigte Kritik als *Diskriminierung* ihrer Person (oder Gefährdung der öffentlichen Ordnung) bezeichnen. In der Demokratie werden Diskussionen darüber, welche Handlungsweisen zu tolerieren sind und welche nicht, auf politischer Ebene geführt. Verfassungsfeindliche Gruppierungen berufen sich in der Demokratie oft auf das Toleranzgebot, in ihrer Ausrichtung sind sie jedoch intolerant. In der Vielfalt unterschiedlicher Parteien werden sie deshalb nicht zugelassen (vgl. ebd., S. 126–128). Es spricht jedoch für die Stärke der Demokratie, dass intolerante Kräfte, solange sie keine fundamentale Bedrohung für die freiheitliche Grundordnung darstellen, häufig sogar toleriert werden können. Das Für und Wider eines Verbots radikaler Parteien wird oft in langwierigen Auseinandersetzungen abgewogen. Illustrierend soll eine Textstelle aus der *Theorie der Gerechtigkeit* von John Rawls angeführt werden. Dessen Frage lautet:

> »Unter welchen Bedingungen haben tolerante Sekten das Recht, intolerante nicht zu dulden?« (Rawls 1971/1979, S. 246)

Rawls argumentiert: In einer freien Gesellschaft hat man nicht ohne weiteres das Recht, Intoleranten die Freiheit zu verweigern:

> »Da eine gerechte Verfassung besteht, haben vielmehr alle Bürger die natürliche Gerechtigkeitspflicht, sie einzuhalten. Von dieser Pflicht ist man nicht jeweils dann entbunden, wenn andere zu ungerechten Handlungen bereit sind. Es ist eine schärfere Bedingung nötig: die eigenen berechtigten Interessen müssen erheblich gefährdet sein. [...] Die Gerechtigkeit verlangt nicht, dass die Menschen untätig zusehen, wenn ihre Existenzgrundlage von anderen zerstört wird. [...] Doch wenn die Verfassung selbst nicht in Gefahr ist, gibt es keinen Grund, den Intoleranten die Freiheit zu verweigern.« (Ebd., S. 248–249)

Es zeugt von demokratischem Selbstbewusstsein, intolerantes Verhalten nicht zu schnell und zu hart zu verfolgen. Die Erfahrung, im Rechtsstaat trotz der eigenen Intoleranz toleriert zu werden, kann für ihn einnehmen. Diese optimistische Hoffnung äußerte in den 1970er Jahren zumindest der Gerechtigkeitstheoretiker John Rawls. Nach ihm könnten Demokratien als politische Form praktizierter Toleranz eine friedliche Anziehungskraft entwickeln, die totalitäre Regimes auf Dauer zusammenbrechen lässt.

> »Die Frage der Toleranz gegenüber Intoleranten hängt unmittelbar zusammen mit der der Stabilität einer wohlgeordneten Gesellschaft. [...] Die Bürger einer freien Gesellschaft sollten einander den Gerechtigkeitssinn nicht absprechen, es sei denn, es wäre um der gleichen Freiheit selber willen nötig. [...] Die Freiheiten der Intoleranten könnten diese von der Freiheit überzeugen, und zwar nach dem psychologischen Grundsatz, dass diejenigen, deren Freiheiten und deren Wohlergehen von einer gerechten Verfassung geschützt werden, unter sonst gleichen Umständen im Laufe der Zeit ihr gegenüber eine Treue entwickeln. [...] Ob die Freiheit der Intoleranten um des Schutzes der Freiheit unter einer gerechten Verfassung willen zu beschränken ist, das hängt von den Umständen ab. [...] Bei seiner Verfolgung darf man die natürliche Stärke freier Institutionen nicht vergessen und meinen, abweichenden Kräften stünde nichts im Wege, und sie würden stets die Oberhand gewinnen.« (Ebd., S. 249)

Toleranz setzt die Möglichkeit von Wahrheitserkenntnis voraus

Wie bereits gesagt, hat Toleranz nichts mit einer *wertrelativistischen* Position zu tun. Wer einer echten Beeinträchtigung durch andere ausgesetzt ist, kann sie tolerieren, doch er will nicht, dass sie als ›persönliche Empfindlichkeit‹ abgetan wird. Seine Schmerzempfindung ist real, nicht subjektiv.

Menschenrechte sind universal gültige Werte, die Würde des Menschen ist überall und zu jeder Zeit unantastbar. Menschenrechtsverletzungen sind wirkliche Verbrechen und keine Sache der Interpretation. Ihre Verurteilung beansprucht deshalb nicht nur subjektive oder historisch-kulturell bedingte Gültigkeit. Sie können niemals, unter keinen Umständen toleriert werden. Folter und Todesstrafe sind immer ein Unrecht, auch wenn immer wieder versucht wurde und wird, sie zu rechtfertigen. Ebenso ist z. B. die Beschneidung der Genitalien von Frauen keine Angelegenheit regionaler kultureller Eigenheiten. Körperliche Strafen in der Schule verstoßen auch in den Ländern gegen Kinderrechte, die solche Disziplinierungsmittel allgemein akzeptieren. Proteste dagegen sind deshalb berechtigt und kein ›Kulturimperialismus‹. Wer Handlungsweisen, die auf keinen Fall, d. h. zu keiner Zeit und nirgends zu tolerieren sind, von denjenigen abzugrenzen versucht, die toleriert werden sollten, der versucht *in beiden Fällen* im Sinne größtmöglicher Humanität zu denken und zu handeln. Eine solche ethische Haltung beruht auf der unbewussten oder bewussten Überzeugung, dass Wahrheit erkennbar ist. So gilt:

> »[...] [E]chte Toleranz steht nicht im Gegensatz zur Wahrheit; sie ist vielmehr überhaupt nur möglich, wenn sie auf den Grundwahrheiten über die Freiheit und Würde des Menschen beruht.« (Schöndorf 2009, S. 135)

Irrtümer über die Wahrheit, von einzelnen oder ganzen Gruppen, dürfen nicht zu dem Fehlschluss verleiten, auf den Wahrheitsanspruch müsse im Namen des Humanen verzichtet werden. Im Gegenteil: Auch die Aufklärung eines Irrtums setzt wiederum die Wahrheit als Beurteilungsmaßstab der Korrektur voraus.

Wird der Wahrheitsanspruch dagegen aufgegeben, ist der Inhumanität Tür und Tor geöffnet, denn dann werden unverblümt geäußerte Egoismen salonfähig.

Da Menschen oftmals ihre Perspektive für die ganze Wahrheit halten, irren sie sich auch immer wieder in ihren ethischen Überzeugungen. Was ihre Toleranzhaltung betrifft, so kann die Täuschung in zu großer oder zu geringer Toleranz bestehen, d. h., es wird entweder ein zu starker Laissez-faire- oder ein zu autoritärer, intoleranter Stil praktiziert. Traditionell wird der Wahrheitsanspruch allerdings meist mit Intoleranz, Dogmatismus oder Fanatismus als angeblich »furchterregender Wahrheitsliebe« (Comte-Sponville 2004, S. 194) in Verbindung gebracht und nicht mit laissez-faire, obwohl dies der Sache nach genauso möglich ist. Die Unwahrheit kann in beiden Extremen liegen. Dass einen Fanatiker, ob unter religiösem Vorzeichen oder nicht, wirklich Wahrheitsliebe treibt, ist allerdings zu bezweifeln. Menschen kaschieren mit dem Wahrheitsanspruch oft vor anderen und sogar vor sich selbst, dass es ihnen um persönliche Machtansprüche, um die Durchsetzung ihrer partikulären Interessen zu tun ist (vgl. Schöndorf 2009, S. 131). So ist der Irland-Konflikt zwischen Katholiken und Anglikanern wohl kaum religiös motiviert, sondern eher als eine soziale Auseinandersetzung zu betrachten. Das Motiv islamistischer Kämpfer ist Machtgewinn durch Terror, nicht das Bestreben, den Willen Gottes zu tun, auch wenn ihnen selbst dies nicht bewusst ist.

7.1.2 Ein toleranter Mensch bleibt sachlich und handelt nicht aus dem Affekt heraus

Was über die Kardinaltugend der Gerechtigkeit gesagt wurde, gilt auch für die Toleranz. Ein toleranter Mensch überlegt möglichst sachlich, handelt zielbezogen und versucht affektiv geprägte, egozentrische Haltungen zu überwinden. *Vorurteilsverhaftete Einseitigkeit* (Herbart), die sich als Angst vor dem Fremden, Missachtung und Ablehnung ungewohnter Perspektiven und bequemen Insistieren auf persönlichen Überzeugungen wider alle Vernunftargumente zeigt, versucht er durch Überlegungen zu kontrollieren und so zu überwinden. Deshalb zieht er sich auch nicht vorschnell aus dem Gespräch zurück. Er kann bewusst Nachteile für die eigene Person in Kauf nehmen, wenn dies aus guten Gründen angebracht erscheint. Ihm geht es z. B. darum, andere als Freiheitswesen zu achten und eine offene freundschaftliche Beziehung herzustellen, in der Menschen einen Vertrauensvorschuss bekommen, so dass sie ihre Kräfte entfalten können. Erziehende müssen oft Toleranz für das Verhalten von Kindern und Jugendlichen aufbringen. Sie versuchen z. B. zu vermitteln: »Ich sehe dich nicht nur als Störfaktor in der Gruppe. Ich fühle mich nicht nur genervt von dir, sondern mir liegt persönlich an dir. Du entwickelst dich noch, da gehört ein Über-die-Stränge-Schlagen manchmal dazu. Aber setze dich mit mir auseinander, dann kann ich dir helfen, einen guten Weg zu finden.« Erziehende verwechseln dabei Toleranz nicht mit Akzeptanz. Sie versuchen klug und geduldig zu agieren, um negative Verhaltensdispositionen bei ihren Schülerinnen und Schülern zu eliminieren und positive aufzubauen. Sie zwingen sich dabei nicht zu falscher Sympathie. Wenn es angebracht erscheint, zeigen sie durchaus einmal, dass sie sich über Fehlverhalten ärgern, und kritisieren es möglichst sachlich, um den Urheber nicht in die Opposition zu zwingen und ihm Chancen der Besserung zu geben.

7.1.3 Offenes Zugehen auf andere Menschen und Frustrationstoleranz sind Eigenschaften, die soziale Wertschätzung erfahren

Wer aus angstfreier Gelassenheit handelt und sich zurücknehmen kann, auf Annehmlichkeiten und Vorteile verzichtet, ohne dies zu müssen und um anderen Menschen Freiräume zu gewähren, der wirkt auf andere oft anziehend. Die Stärke der Toleranz besteht in ihrer sichtlichen Aggressionslosigkeit, Rationalität sowie dem Interesse am Denken und Wohlergehen anderer Menschen. Der tolerante Mensch ist bestrebt, in Kommunikation mit anderen Menschen zu treten und ihnen (Rede-)Freiheiten zu gewähren. Im Gespräch zeigt er sich durchaus selbstbewusst, er neigt aber nicht zur Selbstüberschätzung, sondern ist gewillt, sich in Frage stellen zu lassen. Fremde Argumente nimmt er ernst, setzt sich sachlich mit ihnen auseinander und ändert ggf. seine Meinung. Auch wenn er in einer Machtposition ist, geht er lieber den zeitintensiveren Weg der diskursiven Auseinandersetzung als den autoritär-kurzen des Verbots oder der Unterdrückung. Auch Intoleranten gegenüber kann er Geduld und Freundlichkeit aufbringen. Selbst wenn Argumente nicht fruchten, hat er die selbstbewusste Hoffnung, ihnen ein überzeugendes, attraktives Beispiel zu geben, so dass diese auf Dauer von sich aus ihre Haltung ändern. So stiften tolerante Menschen lebendige Gemeinschaft in friedlicher Pluralität.

7.1.4 Ein toleranter Mensch meidet die Extreme Fanatismus und Gleichgültigkeit

Der tolerante Mensch tendiert weder zu simplen, fanatisch verfochtenen Lösungen noch zu bequemer Gleichgültigkeit. Er spürt und erkennt, dass weder Intoleranz noch oberflächliche, oft konformistische Akzeptanz echtes Interesse für den Mitmenschen aufbringen. In der Erziehung plädiert er für die Gewährung von *Freiheit in Grenzen* (Schneewind), die sowohl autoritäres als auch Laissez-faire-Verhalten meidet (vgl. Kap. 1.1.2) Für das Gespräch zeigt er sich offen. Hat er sich selbst ein sachliches Urteil gebildet, versucht er andere von ihren Vorurteilen oder ihrem Desinteresse abzubringen. Dabei macht er einerseits von seinem *Recht auf freie Meinungsäußerung* Gebrauch und appelliert an die Vernunft seiner Mitmenschen, andererseits möchte er diese nicht durch Zurechtweisungen kränken. Manche autoritäre (aber auch selbstzufrieden gleichgültige) Menschen reagieren jedoch leicht beleidigt. Ihnen muss klargemacht werden, dass Toleranz nicht bedeutet, an intoleranten oder Laissez-faire-Positionen keine Kritik zu üben.

7.2 Beispiele

7.2.1 Unterrichtsvorschläge zum Thema Toleranz

- Einstieg mit einem Text (z. B. über eine rassistische Gewalttat), einem Film (z. B. Günter Wallraff: *Schwarz auf Weiß*), einem Foto oder Bild zum Thema *Toleranz*:
  - freie Meinungsäußerung
  Mögliche Leitfragen:
  - Was denkst du über die Meinung/das Verhalten von Figur X?
  - Mit welchem Begriff könnte man die Meinung/das Verhalten von Figur X charakterisieren?
  - Ist die Meinung/das Verhalten von Figur X zu tolerieren?
  - Woran zeigt sich, dass Figur X tolerant/ intolerant ist?
  - Stichwort auf Wortkarte zu *Toleranz*: Was verstehst du unter Toleranz? (Statt Gruppendiskussionen zu führen oder in Einzelarbeit Sätze aufschreiben zu lassen, bietet sich auch die Möglichkeit assoziativ vorzugehen: Zu den einzelnen Buchstaben des Wortes *Toleranz* sollen passende Begriffe gefunden und anschließend mit Toleranz in Beziehung gesetzt werden: also z. B. Treue, Offenheit, Lernen, Ehrlichkeit, Respekt, Akzeptanz, Nachsicht, Zusammenleben.)
  - Welchen Sinn hat Toleranz?
  - Welche Folgen hat Toleranz/Intoleranz?
- Sammeln von Beispielen aus der Lebenswelt zu tolerantem/intolerantem Verhalten mit anschließender Diskussion darüber.
  Beispiele möglicher Ideen: »einen Menschen aufgrund seiner Frisur/seiner Hautfarbe ausgrenzen«, »Raucher rauchen im Nichtraucher-Bereich«, »Gewalt auf dem Pausenhof«, »ein homosexuelles Paar zeigt öffentlich seine Liebesbeziehung«, »in der Klasse über jemanden schlecht reden, weil er nicht die gleiche Meinung teilt«, »eine Muslima trägt in der Schule ein Kopftuch«, »Nazi-Parolen stehen an der Toilettenwand«, »Migranten werden für gesellschaftliche Probleme verantwortlich gemacht«.
  Kreative Herangehensweisen: Formulieren einer Redewendung, die tolerantes/intolerantes Verhalten widerspiegelt; Schreiben eines Beratungsbriefes zu einem geschilderten Problem (»Dr. X antwortet«); Darstellung einer Szene zum Thema Toleranz im *Dialog*, im *Rollenspiel* (Ermöglichung von Perspektivwechseln; dies dient dann als Einladung dazu, Partei für eine Position zu ergreifen und weitere Argumente für sie zu finden), als *Pantomime* oder *Standbild* (die Zuschauenden äußern Vermutungen, welche Situation dargestellt wird; sie sprechen Kommentare, z. B. hinter den Standbildfiguren; die Situation wird als Gesprächsanlass genommen).

> **Tipp**
>
> Die Mitteilung von Sachinformationen ist oft unabdingbar für eine anspruchsvoll geführte Diskussion (z. B. zum Thema sexuelle Vielfalt, zur Bedeutung von Migranten/Flüchtlingen für die Gesellschaft). Beispiel einer Internet-Adresse mit Antworten gegen bekannte Vorurteile gegenüber Flüchtlingen: http://www.ksta.de/politik/-sote-so-argumentieren-sie-gegen-rechte-hetze-,15187246.31596578.html.

> **Tipp**
>
> Vor allem mit älteren Schülerinnen und Schülern lässt sich anhand der selbst gefundenen Beispiele über den Unterschied zwischen *Toleranz* und *Akzeptanz* diskutieren: Geschmacksfragen sind im eigentlichen Sinne keine Frage der Toleranz. So sind z. B. Kleidung, Aussehen und ethisch irrelevante Interessen von Menschen einfach zu akzeptieren, nicht zu tolerieren (vgl. Kap. 7.1.1).

- Reflexion des eigenen Verhaltens
  - Welche Unterschiede von Menschen/zwischen euren Mitschülerinnen und Mitschülern sind einfach zu akzeptieren und keine Frage der Toleranz oder Kritik?
  - Sammelt Situationen, in denen es euch schwerfällt, tolerant zu sein! In welchen dieser Situationen wäre es aber gut, tolerant zu sein? Warum?
  - Warst du schon einmal tolerant? Wie hast du dich verhalten?
  - Hast du ein Verhalten schon einmal nicht toleriert? Findest du das heute noch richtig oder sagst du im Nachhinein, du hättest toleranter sein sollen?
  - Welche Verhaltensweisen würdest du nicht tolerieren?
  - Hattest du schon einmal den Eindruck, du seist zu tolerant (oder zu gleichgültig)?
  - Kann man nur so tun, als sei man tolerant? Woran merkt man das?
  - Hast du schon einmal deine Meinung gesagt und dabei befürchtet, jemanden zu kränken? Oder reagierte jemand gekränkt? Hast du dann bereut, ein offenes Wort gesagt zu haben?
  - Warst du schon einmal zu ängstlich, um deine Meinung zu sagen? Warum? Hättest du sie sagen sollen?
- Spiele zur Antidiskriminierung (vgl. Pates, Schmidt & Karawanskij 2010, S. 178f.) durchführen, z. B.

Wer bin ich?

Die Hälfte der Klasse sitzt auf Stühlen und bekommt Zettel mit ›Rollen‹ auf die Stirn geklebt, ohne zu wissen, welche: z. B. Migrantin mit vielen Kindern,

Obdachloser, Skinhead ... Die anderen Schülerinnen und Schüler bewegen sich im Kreis und sollen auf die Sitzenden zugehen und Gespräche aufbauen. Die Teilnehmer mit ›Rollen‹ äußern anschließend ihre Vermutungen, für wen sie gehalten wurden. Es schließt sich eine Diskussion über offen sichtbare, nicht sichtbare oder nur indirekt sichtbare Eigenschaften einer Person an. Warum haben wir von Personen bestimmte Vorstellungen und auch Vorurteile? Sind diese begründet? Sind sie kritisch zu sehen?

- Dilemmasituationen, z. B. zum Thema »Wer muss wen tolerieren?«, können ausdiskutiert werden. Für beide Seiten sollten Argumente gefunden werden. Welche Lösung wäre angebracht (zur Methodik der Dilemma-Diskussion vgl. Kap. 6.2.1)?

Wer muss wen tolerieren?

Vor einiger Zeit wurde eine Debatte über das Beschneidungsritual jüdischer oder islamischer Gemeinschaften geführt. Deutsche Juristen sahen darin eine Verletzung des Grundrechts auf körperliche Unversehrtheit, die Religionsgemeinschaften im Verbot eine Beschränkung freier Religionsausübung.
(Das Urteil schließlich tolerierte die Beschneidungspraxis unter bestimmten medizinischen Auflagen, ohne sie zu billigen.)

- An Antidiskriminierungsprojekten teilnehmen, die von externen Experten für Schulen angeboten werden, z. B. an der europäischen Jugendinitiative *Schule ohne Rassismus – Schule mit Courage*: www.schule-ohne-rassismus.org/startseite/; https://de.wikipedia.org/wiki/Schule_ohne_Rassismus_-_Schule_mit_Courage
- Jugendaustauschprogramme, bei interkulturellen Festen mitmachen.

7.2.2 Ein literarischer Text über die Toleranz

Eine pessimistische Äußerung über Toleranz (Twain 2012, S. 168)

Mark Twain galt als ein recht toleranter Mensch. Er schrieb aber 1906 in sein Tagebuch:
All das Gerede über Toleranz, wo und wann auch immer, ist schlichtweg eine sanfte Lüge. Es gibt sie nicht.

Leitfragen zum Tagebucheintrag:

1. Was veranlasste Mark Twain wohl zu dieser pessimistischen Äußerung?
2. Was meinst du: Hat er recht? Oder: Inwiefern könnte er recht haben, inwiefern nicht?

7.2.3 Zitate zum gemeinsamen Nachdenken über die Toleranz

Was ist Toleranz? (Voltaire 1764/1844, Philosophisches Wörterbuch)

»Was ist das: Toleranz? Es ist die schönste Gabe der Menschlichkeit. Wir sind alle voller Schwächen und Irrtümer; vergeben wir uns also gegenseitig unsere Torheiten. Das ist das erste Gebot der Natur.«

Das Paradox der Toleranz (Popper 1944/1975, S. 359)

»Weniger bekannt ist das Paradox der Toleranz: Uneingeschränkte Toleranz führt mit Notwendigkeit zum Verschwinden der Toleranz. Denn wenn wir die unbeschränkte Toleranz sogar auf die Intoleranten ausdehnen, wenn wir nicht bereit sind, eine tolerante Gesellschaftsordnung gegen die Angriffe der Intoleranz zu verteidigen, dann werden die Toleranten vernichtet werden und die Toleranz mit ihnen.

Damit wünsche ich nicht zu sagen, dass wir z. B. intolerante Philosophien auf jeden Fall gewaltsam unterdrücken sollten; solange wir ihnen durch rationale Argumente beikommen können und solange wir sie durch öffentliche Meinung in Schranken halten können, wäre ihre Unterdrückung sicher höchst unvernünftig. Aber wir sollten für uns das Recht in Anspruch nehmen, sie, wenn nötig, mit Gewalt zu unterdrücken; denn es kann sich leicht herausstellen, dass ihre Vertreter nicht bereit sind, mit uns auf der Ebene rationaler Diskussion zusammenzutreffen, und beginnen, das Argumentieren als solches zu verwerfen; sie können ihren Anhängern verbieten, auf rationale Argumente – die sie ein Täuschungsmanöver nennen – zu hören, und sie werden ihnen vielleicht den Rat geben, Argumente mit Fäusten und Pistolen zu beantworten.

Wir sollten daher im Namen der Toleranz das Recht für uns in Anspruch nehmen, die Unduldsamen nicht zu dulden. Wir sollten geltend machen, dass sich jede Bewegung, die Intoleranz predigt, außerhalb des Gesetzes stellt, und wir sollten eine Aufforderung zur Intoleranz und Verfolgung als ebenso verbrecherisch behandeln wie eine Aufforderung zum Mord, zum Raub oder zur Wiedereinführung des Sklavenhandels.«

8 Dankbarkeit

> Mein Schüler Dimitri konnte sich kaum konzentrieren, lenkte andere ständig von der Arbeit ab und war leistungsschwach. Doch er kam regelmäßig nach Schulschluss zu mir und gab mir die Hand mit den Worten: »Danke für den Unterricht!«

Dimitri brachte zum Ausdruck, dass er meine Bemühungen nicht einfach hinnahm, sondern sie als eine freiwillige Zuwendung verstand, obwohl ich ja verpflichtet war ihn zu unterrichten. Vielleicht handelte Dimitri im Auftrag seiner alleinerziehenden Mutter. Dann versuchte sie ihm wohl zu vermitteln: »Dass die Lehrerin zu dir freundlich ist und etwas für dich tut, ist nicht selbstverständlich.« Es ging ihr vermutlich nicht nur um Höflichkeit, sondern sie wollte, dass Dimitri eine positive Einstellung zu mir und dem Lernen gewann.

Dimitri und seine Mutter handelten entgegen einem verbreiteten Anspruchsdenken. Das Dankritual trug dazu bei, dass ich in meinen Bemühungen um Dimitri nicht so leicht nachließ und ihn nicht für einen desinteressierten Schüler hielt, obwohl er manchmal störte.

8.1 Was versteht man unter Dankbarkeit?

8.1.1 Ein dankbarer Mensch erkennt, dass es nicht selbstverständlich ist, dass andere ihm etwas Gutes tun

> Ewig
>
> Zwischen einer gepflückten Blume und der geschenkten
> das unausdrückbare Nichts
>
> Giuseppe Ungaretti (1961, S. 9)

Dankbarkeit hat eine objekt- und eine subjektbezogene Seite

In der Kindheit kann sich eine Haltung der Dankbarkeit nur aus der Erfahrung heraus entwickeln, immer wieder Gutes durch andere zu erhalten und dabei zu erkennen, dass man als ›Adressat‹ gemeint ist. Die Erziehung zur Dankbarkeit zielt auf eine bewusste Aufmerksamkeitshaltung dem Leben und vor allem wohlwollenden anderen Menschen gegenüber. Dankbarkeit hat also zwei Vorbedingungen, nämlich

- eine *objektbezogene*: Es muss einem wirklich etwas Gutes widerfahren sein (Beispiel: Der Schüler lernt etwas Sinnvolles);
- eine *subjektbezogene*: Das Gute muss als freiwillige Gabe erscheinen (Beispiel: Der Schüler merkt, dass die Lehrerin ihm etwas Sinnvolles beibringen möchte). Fällt einem etwas Gutes zufällig oder absichtslos zu, besteht kein Anlass zur Dankbarkeit.

Erziehung hat somit zwei Aufgaben, eine *situations-* und eine *personenbezogene*.

- *Situationsbezogen*: Erziehung muss dafür sorgen, dass das Kind wirklich *gute Erfahrungen* (mit Menschen) macht, damit überhaupt ein Anlass zu seiner Dankbarkeit gegeben ist. (Manche Filme oder literarische Texte thematisieren das Perfide autoritärer Dankbarkeitsforderungen angesichts bitterer Kindheiten.)
- *Personenbezogen*: Die Erziehung muss dazu beitragen, dem Kind das Erhaltene als nicht selbstverständliche *Gabe* bewusst zu machen. Wie Dimitris Mutter kann man Hinweise auf *Gebende* machen, doch kann eine Dankbarkeitshaltung nicht erzwungen werden. Gute Erziehung zielt hier wie immer auf *freie Einsicht*.

Schon vom kleinen Kind möchten Eltern, dass es sich bedankt (*Wie sagt man?*). Eigentliches Ziel der Erziehung ist hier nicht die Einübung von Gewohnheiten oder gar die Förderung egozentrischen Zweckdenkens (*Das Kind solle einmal in der Gesellschaft nicht anecken, schließlich sei es auf Hilfe anderer angewiesen, wenn es ihm später gut gehen solle, usw.*), sondern letztlich der Wunsch, das Kind möge verstehen, dass das Erhaltene frei von einer Person gewährt wurde, die es gut mit ihm meint. Dankbarkeit hat somit eine *emotionale* und eine *rationale* Seite, die zusammengehören:

- Einerseits wird sie *gefühlt* und äußert sich spontan als Freude über das Erhaltene und als Sympathie der/dem Gebenden gegenüber.
- Das Gefühl setzt jedoch die *Erkenntnis* voraus, dass das Erhaltene gut ist und dass jemand mich als Adressaten bewusst im Auge hatte. Martin Heidegger (1889–1976) verweist auf den (nicht nur etymologischen) Zusammenhang zwischen *Danken* und *Denken* (vgl. Heidegger 1971, 2. Teil, III, S. 91–95).

8 Dankbarkeit

Dank ist geteiltes Glück

Dankbar zu sein macht froh und glücklich. Man freut sich über das Geschenk und darüber, dass jemand es gut mit einem meint. Dank und Glück sind ein eng zusammenhängendes Begriffspaar, denn beide haben eine Passiv- (oder Widerfahrnis-) und eine Aktiv- (oder Erkenntnis-) Komponente. Glück ist etwas, über das man selbst nicht verfügen kann, doch ist nur glücklich, wer erkennt, dass er Glück hatte. Dankbarkeit meint noch mehr als *glücklich sein*, sie verlangt eine weitere Erkenntnis und Aktivität: Der Dankbare begreift, dass eine *andere Person* Urheber seines Glückes ist, und er *will* sich ihr dankbar erweisen. Das eigene Glücksempfinden wird mit dem anderen wiederum durch den Dank geteilt. Aus *geteiltem Glück* kann gegenseitige *Freundschaft* und *Liebe* erwachsen.

Adressat der Dankbarkeit kann nur eine andere Person sein

»Finde ich vor meiner Tür ein Geschenk, so frage ich nach dem Absender« (Haeffner 2006, S. 210). Danken kann man nur einem anderen Menschen, nicht sich selbst, nicht einem Tier oder dem Schicksal.

Zwar meint man *jemanden*, wenn man sagt: »Das verdanke ich mir selbst!«, doch wird hier *danken* nur im *analogen* Sinn gebraucht. Einer meiner Studenten sagte einmal treffend, nur eine schizophrene Existenz könne sich selbst danken. Dankbarkeit setzt immer einen von mir selbst unabhängigen freien Willen voraus, jemanden, der mich meint, und der Urheber meines Glücks sein will. Tieren, deren Verhalten als instinktgebunden angesehen wird, kann man deshalb ebenfalls nur in *analoger* Form dankbar sein.

> »Aber auch wenn es nicht sinnvoll scheint, den Tieren selbst dankbar zu sein, so ist doch sicher angemessen, *für* das, was sie uns bedeuten oder was wir von ihnen haben, dankbar zu sein. In dieser Hinsicht ist unsere Kultur durch eine gewisse Gedankenlosigkeit geprägt.« (Ebd., S. 208)

Auch religiöses Loben und Danken kann sich nur an Gott als *jemanden* richten. Er wird dadurch natürlich gleichzeitig zum Adressaten der (Theodizee-)Frage: Warum sind manche glücklich, während andere leiden? Dank und Anklage lassen sich nicht an das ›blinde Geschick‹, an ein anonymes Weltgesetz richten:

> »›Ich bin dankbar, *weiß* aber nicht, *wem*.‹ Da dieses Nicht-Wissen, wenn die Dankbarkeit groß ist, unbefriedigend ist, geht die so genannte adressatenlose Dankbarkeit wie von selbst über die teils emotionale und teils rationale Suche nach der Quelle des Guten und damit nach jenem rätselvollen Gegenüber, dem uns die Dankbarkeit entgegenträgt.« (Ebd., S. 210)

8.1.2 Ein dankbarer Mensch schätzt das Wohlwollen anderer richtig ein und überwindet egozentrische Affekte

Ein dankbarer Mensch erkennt wohlmeinende Motive anderer

Der Dankbare verkennt die freundlichen Absichten anderer nicht. Ein Geschenk, eine Hilfeleistung müssen als wohlmeinend erkannt werden, sonst werden sie als ›Fakten‹ gleichgültig hingenommen oder gar als Versuch der Bestechung oder der Schaffung von Abhängigkeit abgelehnt. Die Handlungsmotive anderer Menschen sind natürlich immer möglichst zutreffend einzuschätzen, doch geht Dankbarkeit eher mit einer offenen *vertrauenden* Aufmerksamkeitshaltung einher als mit übertriebener Skepsis. *Empathievermögen* (vgl. Kap. 5) ist förderlich, Konzentration auf sich selbst und Trägheit stehen der Dankbarkeit entgegen. Von kontraproduktiven egozentrischen Affekten ist im Folgenden die Rede.

Dankbarkeit überwindet den eigenen Stolz

> »Qui nimis cupit solvere, invitus debet; qui invitus debet, ingratus est. – Wer allzusehr eine Dankesschuld abzutragen wünscht, ist ungern etwas schuldig; wer ungern etwas schuldet, ist undankbar.« (Seneca, *De beneficiis* [*Über die Wohltaten*], IV, 40, 5)

Seneca charakterisiert hier den Stolzen, der nicht gerne von anderen etwas annimmt. »Annahme aber ist – vor aller ausdrücklichen Danksagung – der Grundvollzug von Dank« (Splett 2016, S. 154). Anders als der Unaufmerksame ist derjenige, der eine Dankesschuld abzutragen wünscht, sich durchaus bewusst, dass er anderen Menschen etwas zu verdanken hat. Die Annahme eines Geschenkes möchte er deswegen durch eine möglichst gleichwertige Gegengabe ausgleichen. Die Idee des *Ausgleichs*, des Miteinander-quitt-Werdens gehört jedoch eher in den Bereich der *Gerechtigkeit* (vgl. Kap. 6.1.1, S. 152–153). »Dankbarkeit kann in diesem Kontext nur noch als Ersatzleistung, d. h. ihren innersten Möglichkeiten nach gar nicht, auftreten« (Haeffner 2006, S. 214). Andererseits ist das Gegengeschenk oft auch einfach Ausdruck der spontanen Freude über die freundliche Gabe des anderen und des Wunsches, Gutes mit Gutem zu vergelten, wie in der *Freundschaft*.

Der Ausdruck *jemandem seine Dankbarkeit erweisen* wird häufig synonym mit *sich revanchieren* gebraucht. Es ist wohl kein Zufall, dass der Begriff *Revanche* dem militärischen Bereich entstammt und die Abwehr eines Angriffs meint (vgl. ebd., S. 204). Der Blick auf archaische Gesellschaftsordnungen zeigt, dass die Furcht, durch Annahme von Geschenken in eine Abhängigkeitssituation zu geraten, ein normaler menschlicher Impuls ist.

> »Zwischen Häuptlingen und Vasallen und deren Dienern etabliert sich mittels [...] Gaben die Hierarchie. Geben heißt Überlegenheit beweisen, zeigen, dass man mehr [*magis*] ist und höher steht, *magister* ist; annehmen, ohne zu erwidern oder mehr zurückzugeben, heißt sich unterordnen, Gefolge oder Knecht werden, tiefer sinken, *minister* werden.« (Mauss 1923–24/1968, S. 170–171)

8 Dankbarkeit

Menschen trachten oft danach, niemandem etwas schuldig zu sein und einen vorhergehenden Gleichheitszustand durch Gegengeschenke wiederherzustellen. Manche Weigerung, Geschenke anzunehmen, aus Angst, in ein Schuldverhältnis zu geraten, kann jedoch auch als übertriebener *Stolz* interpretiert werden. Dieser hat eine gute Seite: Wer stolz ist, achtet sich selbst und vermeidet es, andern zur Last zu fallen. Andererseits hat der rein Stolze etwas Negatives: Er interpretiert die Geste des Schenkens womöglich grundlos als schlechte Absicht, Ungleichheit zu schaffen und seine Freiheit zu beschneiden. Sein Denken bewegt sich in den Kategorien von *Macht* und *Ohnmacht*, und auch dem wohlwollend Gebenden traut er nichts anderes zu. Daher will er sich lieber alles *selbst verdanken*. Mit dem Signal »Auf dich bin ich nicht angewiesen!« weist er Hilfsangebote zurück und zeigt sich damit als nicht ganz so souverän, wie er zu sein glaubt. Er will mit anderen nichts zu tun haben, ist oft einsam und weniger fürsorglich. Als Gegenbeispiel zum Stolz kann man die Haltung der buddhistischen Mönche anführen, von denen es heißt, sie lebten bewusst in Armut und bettelten, um bei zufällig Begegnenden *Mitleid* hervorzurufen und damit deren Karma zu verbessern (vgl. Kap. 5.1.1). Man kann das so interpretieren: Indem die buddhistischen Mönche sich freiwillig in Abhängigkeit begeben, zeigen sie ›höhere‹ Souveränität als stolze Menschen, denn sie überwinden das ursprüngliche menschliche Bedürfnis nach Unabhängigkeit und ›Selber-Tun‹. Sie haben also weniger sich selbst (und ihre mögliche ›Würdelosigkeit‹) im Blick als ihre Mitmenschen, denen sie Gutes erweisen wollen. Hier zeigt sich, dass Werte wie *Stolz* (*Autonomiestreben*) teilweise kulturabhängig interpretiert werden. Westliche Kulturen idealisieren augenscheinlich eher den individuellen Selbststand, östliche betonen dagegen den gemeinschaftlichen Zusammenhalt. Man kann sich sogar fragen, ob innerhalb einer Kultur geschlechtsspezifische Unterschiede bezüglich der Gewichtung von Werten bestehen können und z. B. der Wunsch nach *Unabhängigkeit* oft eher mit Männlichkeit verbunden wird. Eine einseitige Hochschätzung dieses Wertes birgt jedoch die Gefahr der Blindheit für andere menschliche Qualitäten wie die der *Dankbarkeit* und *Fürsorge*, die dann manchmal eher als Sache der Frauen angesehen werden. Lehrende handeln übrigens oft ein wenig wie buddhistische Mönche, wenn sie verhaltensauffällige oder schüchterne Schülerinnen und Schüler zu ihren ›Assistenten‹ ernennen, ihnen Sonderaufgaben zuteilen und sich von ihnen helfen lassen, um deren Selbstwertgefühl zu steigern. Sie fördern deren Autonomieentwicklung, indem sie sich selbst möglichst zurücknehmen.

Der Stolze dagegen befürchtet den Verlust der eigenen Unabhängigkeit und sieht Mitmenschen eher als potentielle Bedrohung an. Abgesehen davon, dass diese Haltung nicht von wahrer Souveränität zeugt, übersieht sie, dass Freiheit sich primär *anderen verdankt*, die sich uns frei und wohlwollend zugewendet haben. Ein verbreiteter Autonomie-Begriff, der sich »leider vor allem als Anti-Heteronomie begreift« und dem es hauptsächlich um »Positionen der Verteidigung und d. h. der Angst um das Eigene« (Haeffner 2006, S. 214) geht, kann demnach als *einseitig* kritisiert werden. Tatsächlich lässt sich feststellen, dass das Autonomie-Denken der Aufklärung (z. B. das Rousseaus) das Individuum zu sehr als *Solitaire* ansah. Unterschätzt wird, wie wichtig es für den (kindlichen) Selbstentfaltungsprozess ist, in sozialen Beziehungen zu leben (vgl. in Kap. 1.2.2 den zweiten Abschnitt). Die Gemeinschaft als Ermöglichungsgrund und Beschützerin individueller Selbstständigkeit und Freiheit kommt dabei gar nicht in den Blick.

Wenn (Klein-)Kinder mit Nachdruck Hilfe ausschlagen, ist dies im Zuge ihrer Autonomie- und Kompetenzentwicklung als positiv anzusehen. So rannte ein Dreijähriger einmal zielstrebig auf den Roller zu, den ich mit einer Hand hielt, und versuchte stumm und energisch meine Hand vom Griff zu lösen, weil er das Gefährt alleine ausprobieren wollte. In der *autoritären* Erziehung wurde solches Tun häufig als eigensinnig, trotzig und unhöflich interpretiert. Schon Kant wies jedoch darauf hin: Wer bei Kindern »den Eigenwillen [...] brechen« (Kant 1803/1995, S. 723) will, erzeuge »eine sklavische Denkungsart« (ebd., S. 740), Abhängigkeit und Trägheit (vgl. in Kap. 1.2.2 den zweiten Abschnitt).

Dankbarkeit überwindet Misstrauen oder sogar Hass

Stolz unterbindet zwar die Möglichkeit einer sozialen Beziehung, ist aber als Autonomiestreben noch kein destruktiver Affekt wie *Hass*. Der Stolze hat zwar mehr die eigene Person im Blick und bleibt alleine, er entwickelt aber keine Aktivitäten, um anderen zu schaden. Das ändert sich womöglich, wenn er in eine Situation gerät, in der er sich als dauerhaft Schwächerer fühlt, weil er eine Gabe annehmen musste, ohne eine adäquate Gegenleistung erbringen zu können. Er misstraut der angeblich großzügigen Geste und befürchtet, einen niederen Rang zugewiesen zu bekommen oder in Abhängigkeit zu geraten. Gekränktes Selbstwertgefühl kann in Hass umschlagen, der am liebsten das Geschehene und den Gebenden gleich mit dazu eliminieren würde. Schon Kant bemerkte in seiner Tugendlehre, »man könne sich durch erzeigte Wohltaten wohl gar einen Feind machen« (Kant 1797/1993, S. 597).

> »Klassisch ist dieser Fall in Schillers *Wilhelm Tell* illustriert: Tell erzählt seiner Frau an einer Stelle, wie er seinem Feind, dem Landvogt, das Leben rettete, obwohl er ihn leicht hätte töten können, und meint wohl naiv, der Landvogt werde ihn nun weniger hassen. Seine Frau aber ist eine bessere Psychologin. Sie antwortet ihm: ›Er hat vor dir gezittert – Wehe dir! / Dass du ihn schwach gesehn, vergibt er nie‹.« (Haeffner 2006, S. 205, der sich auf Schiller, *Wilhelm Tell*, III, 1, bezieht)

Aus dem Teufelskreis destruktiver Affekte von stolzer Beharrung auf sich selbst, ohnmächtigem Schuldig-Bleiben und Selbstverkapselung in *Hass* kann nur die Haltung der *Dankbarkeit* befreien. Sie hält für möglich, dass ein Gebender aus reiner Freude schenkt, ohne eine Gegengabe zu erwarten. Dankbarkeit ist also eine Vertrauenshaltung, die an das Gute im Menschen glaubt und darum selber gut ist. Sie korrespondiert mit *Großzügigkeit*.

> »Ist es eine menschliche Möglichkeit, so selbstlos zu geben, sich von dem Geschenkten so radikal zu trennen, dass der Beschenkte damit wirklich machen darf, was er will? Es ist sicher keine alltägliche Fähigkeit, die hier angesprochen wird. Sie wird normalerweise selten sein, eingebettet in ein Leben des Gebens, das *auch* an sich selber denkt. [...] Die Frage, ob es ein solch reines Schenken gibt, stellt sich vor allem für denjenigen, der mit dem Eindruck konfrontiert ist, so beschenkt worden zu sein. Es ist für ihn

eine Entscheidungsfrage. Ist diesem Geber wirklich eine reine Absicht zuzutrauen? Und prinzipieller: ist sie überhaupt jemandem zuzutrauen? Da man dies nie mit letzter Sicherheit nachprüfen kann, impliziert diese Entscheidungssituation auch eine Glaubensfrage [...]. Soll ich das Wagnis dieses Vertrauens eingehen, oder, um mich vor Enttäuschungen zu schützen, lieber versteckte egoistische Absichten vermuten? Und selbst wenn ich zu einiger Sicherheit darüber gelange, dass der Andere wirklich vorbehaltlos schenkt, ist es dann für mich nicht vielleicht doch besser, die ganze Sache auf die Ebene eines distanzierten *do-ut-des* herabzuschrauben, um selbst nicht allzu sehr berührt zu werden?

Man sieht: nicht nur das reine Geben muss erkämpft werden, sondern auch das reine Nehmen. Und doch lebt wohl in allen Menschen eine tiefe Sehnsucht nach einem solchen Nehmen-können und Nehmen-dürfen, für das keine Rechnung nachgeliefert wird.« (Ebd., S. 211–212)

Erinnern wir uns: Der erste Fall in diesem Buch thematisierte bereits die Möglichkeit selbstlosen Gebens (Einleitung, S. 9). Die Schülerin Anja stellt hier die ›wahren‹ Motive Sophias, die sich für Flüchtlinge engagiert, in Frage, indem sie ihr vorwirft, ein ›Helfersyndrom‹ zu haben. Das Beispiel zeigt, dass schon Kinder davor zurückschrecken können, naiv an das Gute im Menschen zu glauben. Diese Fähigkeit zur *Skepsis* wurde einerseits als Entwicklungsfortschritt bezeichnet (= Stufe 2 der Mündigkeitserziehung), andererseits gilt es, das kindliche Grundvertrauen, das durch gute Erfahrungen mit Menschen entstanden ist (= Stufe 1), auf reflektierter Ebene wiederzugewinnen (= Stufe 3). Ob in der frühen Kindheit die »tiefe Sehnsucht nach einem [...] Nehmen-können und Nehmen-dürfen, für das keine Rechnung nachgeliefert wird« immer wieder erfüllt wurde, stellt für das Erwachsenenleben wesentliche Weichen. Der Glaube, dass die Wirklichkeit einen guten Kern hat und reines Geben und Nehmen möglich ist, wird also nicht nur »erkämpft«, wie es im Zitat heißt, sondern kann durch eine Erziehung, die selbstlos am Wohl des Kindes interessiert ist, befördert werden. ›Kampf‹ ist dann oft die Sache derjenigen, die in der Kindheit erlebte menschliche Enttäuschungen verarbeiten müssen. So lässt sich für die Befähigung zum reinen Dank (auch durch gute Erziehende) noch einmal danken.

»Wer Wohlwollen, Zuwendung, Freude erfährt, dankt darum doppelt, einmal dafür dass ihm solches begegnet, sodann dass ihm gegeben wird, es anzunehmen, statt es in Misstrauen (›Kleinglauben‹) von sich zu weisen.« (Splett 2014, unveröff. Text)

8.1.3 Ein dankbarer Mensch erfährt soziale Wertschätzung

Der Dankbare sieht die Präsenz des Gebenden in der Gabe

Ein dankbarer Mensch ist weniger auf den materiellen Wert eines Geschenks oder den Nutzen, den die Leistung eines anderen für ihn hat, und damit auf sich selbst konzentriert, sondern mehr auf die Liebenswürdigkeit seines Wohltäters.

»Denn wenn ein wahrer Geber insbesondere sein Geben gibt, darin sein Zugewandtsein, sein Da-sein für uns, also *sich*, dann heißt recht danken, wie es Franz von Baader ausdrückt: ›die Präsenz des Gebers in der Gabe anerkennen.‹« (Splett 2016, S. 156)

Der Dankende will für das Gute, das er erhalten hat, Gutes zurückgeben. Gegenseitiges Wohlwollen aber nennt man *Freundschaft* (Aristoteles), und so entsteht aus bezeigter Dankbarkeit eine Atmosphäre, in der freundschaftliche Beziehungen wachsen können. Statt anstrengendem Einzelkämpfertum wird ein Miteinander geschaffen, das Anforderungen gemeinsam besser bewältigt.

> »Denn die Tugendhaften sind gleichzeitig schlechthin gut und einander nützlich, und in der gleichen Weise sind sie lustbringend.« (Aristoteles, *Nik. Eth.* VIII, 4, 1156b; vgl. Kap. 4.1.1)

Für die entstehenden Freundschaftsbeziehungen gilt:

> »Je mehr sich, in einem Akt des Gebens, die Gewichte von der sachlichen Ebene zur personalen Ebene verschieben, so dass das Interpersonale nicht mehr nur Hintergrund des sachlichen Austauschs, sondern der Austausch von Sachen zu einem Symbol zwischenmenschlicher Zuneigung wird, desto mehr tritt diese neue, reinere Form der Dankbarkeit auf.« (Haeffner 2006, S. 212)

Der Dankbare stiftet Gemeinschaft

Die übliche Beziehung der Menschen untereinander ist die überlebensdienliche Tauschgemeinschaft. Tiere sind dazu noch nicht in der Lage, denn Handel basiert auf der geistigen Fähigkeit, eine (auf der Idee von Gleichheit beruhende) Vorstellung von Gerechtigkeit zu entwickeln. Die ausgetauschten Güter sollen ja möglichst gleichwertig sein, das Preis-Leistungs-Verhältnis muss stimmen (vgl. Kap. 6.1.1).

Man könnte nun denken, beim Tauschhandel spiele nur *Gerechtigkeit*, nicht *Dankbarkeit* eine Rolle. Niemand schulde dem anderen Dank, wenn die ausgetauschten Güter gleichwertig sind. Bei genauerer Betrachtung finden sich jedoch einige Anlässe zur Dankbarkeit:

- Dem stärkeren Partner ist zu danken, wenn er sich freiwillig an die Spielregeln hält und nicht versucht, dem schwächeren etwas wegzunehmen oder ihn zu betrügen, auch wenn er nicht dafür bestraft würde. Diese Fairness ist keineswegs selbstverständlich, weshalb Handelsbeziehungen weitestgehend durch Gesetze geregelt werden. Wählt jemand unter mehreren möglichen Partnern den bedürftigsten aus, ohne dies mit einem Vorteil für sich zu verbinden, ist ihm zu danken.
- Selbst beim noch so gerechten Ausgleich zwischen Geben und Nehmen finden sich Ungleichheiten: Der zuerst Gebende gibt *mehr* als die Ware, nämlich den Vertrauensvorschuss, etwas Angemessenes in absehbarer Zeit wiederzubekommen. Er geht auch auf den anderen zu. Dafür sollte der andere ihm dankbar sein. *Subjektiv* liegt jedem am Ertauschten mehr als an dem, was er dafür hergibt. So macht jeder, *subjektiv gesehen*, ein Geschäft zu seinem Vorteil, was zu beiderseitigem Dank verpflichtet (vgl. Splett 2009, S. 44; vgl. Kap. 6.1.1).
- In einer reinen Geschäftsbeziehung versuchen Partner oft zu signalisieren, dass es ihnen um ›mehr‹ als den reinen Profit geht: »Geld [wird] manchmal

als unpassende Gegengabe betrachtet und gegebenenfalls stolz zurückgewiesen, während ein ›Gegengeschenk‹ (auf dessen äquivalenten Wert durchaus geachtet werden kann) willkommen ist« (Haeffner 2006, S. 203). Die Höflichkeit verlangt, dass, wer ein Geschäft vereinbart, nicht sofort auf die Bezahlung zu sprechen kommt, sondern zunächst seine Freude am zustande gekommenen zwischenmenschlichen Kontakt äußert, und wenn das Finanzielle anschließend doch noch geregelt wird, so wird nicht von Kosten oder dem Preis gesprochen, sondern allenfalls vom *Honorar*. Z. B. für Babysitting oder Nachhilfestunden wird Geld unauffällig in einem Umschlag übergeben, um auszudrücken, dass die erbrachten Leistungen der Betreuungs- oder Lehrperson mit Bezahlung gar nicht aufgewogen werden können. Selbst in einer Zweckgemeinschaft haben Menschen also den Hang, über diese hinauszugehen und dem Partner *Respekt*, *Wertschätzung* und *Dankbarkeit* zu bekunden. Hierzu passt auch die folgende, bereits zitierte Beobachtung:

> »[Geschäftsbeziehungen z. B. können sich] manchmal zu wirklichen Freundschaften vertiefen; und es entbehrt nicht einer tieferen Bedeutung, dass man auch dann, wenn man im Bereich des Nutzens bleibt, so tut, als sei mehr im Spiele: Das soziale Klima, und damit auch das Geschäft, wird dadurch verbessert.« (Hösle 1997, S. 377; vgl. Kap. 4.1.1)

8.1.4 Ein dankbarer Mensch zeigt weder übertriebenes noch mangelndes Eigenständigkeitsstreben

Wie schon gesagt, überwindet der Dankbare egozentrische Affekte wie *Stolz*, *Misstrauen* und *Hass*, indem er Hilfsangebote freudig annimmt und sich erkenntlich erweist. Dabei kann er so weit gehen wie die buddhistischen Mönche, die Mitmenschen gerne die Gelegenheit geben, sinnvoll für sie tätig zu werden. Man könnte diese bei großzügiger Interpretation als ein Beispiel anführen für *Erziehung zur Autonomie* (im Sinne von Ermöglichung von Verantwortungsübernahme), die die *eigene Autonomie* (im Sinne materieller Unabhängigkeit) freiwillig einschränkt und sich dadurch als *wahrhaft autonom* (Verzicht auf Sicherung der eigenen Würde durch äußeren Besitz) erweist.

Übertriebenem Eigenständigkeitsstreben steht als anderes Extrem mangelndes Selbstvertrauen gegenüber. Manche Menschen nehmen alles von anderen an, ohne zu sehen, dass sie selbst etwas leisten könnten. Wer sich hilflos fühlt, dem fällt es nicht schwer, sich zu bedanken, doch bekommt der Dank leicht eine falsche Tonart: »Man bedankt sich lediglich, um noch mehr zu bekommen (man sagt ›danke!‹ und meint ›bitte!‹)« (Comte-Sponville, 2004, S. 164). Die Anstrengungen anderer Menschen werden zu leichtfertig angenommen und dadurch zu wenig gewürdigt.

8.2 Beispiele

8.2.1 Unterrichtsvorschläge zum Thema Dankbarkeit

- Praktische Übungen zur Dankbarkeit
  - auf jemanden zugehen, ihm die Hand geben: Wofür ich dir dankbar bin ...
  - Sätze aufschreiben und sammeln: Wofür ich dankbar bin ... Ich bin Person X dankbar, weil ...
- Einstieg mit einem Text, einem Film, einem Foto oder Bild zum Thema *Dankbarkeit*
  - freie Meinungsäußerung
- *Kreative* Herangehensweisen: Formulieren einer Redewendung, die dankbares/undankbares Verhalten widerspiegelt; Darstellung erlebter Situationen im *Dialog*, im *Rollenspiel* (Ermöglichung von Perspektivwechseln; dies dient dann als Einladung dazu, Partei für eine Position zu ergreifen und weitere Argumente für sie zu finden), als *Pantomime* oder *Standbild* (die Zuschauenden äußern Vermutungen, welche Situation dargestellt wird; sie sprechen Kommentare, z. B. hinter den Standbildfiguren; die Situation wird als Gesprächsanlass genommen); Schreiben eines Dankgebetes/Dankgedichtes (nach Vorlage, siehe das folgende Kap. 8.2.2)

8.2.2 Literarische Texte über die Dankbarkeit

Täglich zu singen von Matthias Claudius (zit. n. Piontek 1981, S. 461–462)

Ich danke Gott und freue mich
Wie's Kind zur Weihnachtsgabe,
Dass ich bin, bin! Und dass ich dich,
Schön menschlich Antlitz! habe,

Dass ich die Sonne, Berg und Meer
Und Laub und Gras kann sehen
Und abends unterm Sternenheer
Und lieben Monde gehen,
[...]

Früh im September von Heinz Piontek (1982, S. 330)

Landauf, landab lichtet sich der Schleier.
Zuverlässig tauchen die Dinge auf,
die keiner Worte bedürfen.

Aber auch ein Brief
von warmer, kräftiger Hand
trifft ein

und macht mir die Liebe
eines Mannes zu einer Frau
von neuem klar.

Nichts in der Ortschaft
(und darüber hinaus),
was auf einer Anstrengung von mir beruhte!

Ohne mein Tun leuchtet die Welt –

Vom blauen Himmel
bis zu den Wurzeln der Eichen
und dem wie Erz schimmernden Boden.

Ich aber verdanke alles
diesem hellfließenden Leben.

Empfänger unbekannt – **Retour á l' expéditeur von Hans Magnus Enzensberger (1995, S. 124)**

Vielen Dank für die Wolken.
Vielen Dank für das Wohltemperierte Klavier
Und, warum nicht, für die warmen Winterstiefel.
Vielen Dank für mein sonderbares Gehirn
Und für allerhand andre verborgne Organe,
für die Luft, und natürlich für den Bordeaux.
Herzlichen Dank dafür, dass mir das Feuerzeug nicht ausgeht,
und die Begierde, und das Bedauern, das inständige Bedauern.
Vielen Dank für die Jahreszeiten,
für die Zahl e und für das Koffein,
und natürlich für die Erdbeeren auf dem Teller,
gemalt von Chardin, sowie für den Schlaf,
für den Schlaf ganz besonders,
und, damit ich es nicht vergesse,
für den Anfang und das Ende
und die paar Minuten dazwischen
inständigen Dank,
meinetwegen für die Wühlmäuse draußen im Garten auch.

Vergnügungen von Bertolt Brecht (1967, S. 1022)

Der erste Blick aus dem Fenster am Morgen
Das wiedergefundene alte Buch
Begeisterte Gesichter
Schnee, der Wechsel der Jahreszeiten
Die Zeitung
Der Hund
Die Dialektik
Duschen, Schwimmen
Alte Musik
Bequeme Schuhe
Begreifen
Neue Musik
Schreiben, Pflanzen
Reisen
Singen
Freundlich sein.

Vergnügungen von Pauline (8 Jahre, zum Gedicht Brechts)

Meine Brüder, mein Papa, meine Mama
Im Schnee spielen
Die frische Luft genießen
Lesen
In den Wald gehen
Mundharmonika spielen
Basteln
Malen
Schreiben
Seil springen
Hüpfen
Turnen
Himmel und Hölle spielen
Das Abendrot
Schlafen

Was es heißt, zu Dank verpflichtet zu sein (Roth 1927/1975, Kap. XXIX, S. 198–202)

Joseph Roth (1894–1939) erzählt die Geschichte des Soldaten Tunda, der aus dem Ersten Weltkrieg heimkehrt und sich im normalen bürgerlichen Leben nicht mehr zurechtfindet. Er hat keine Arbeit.
»Eines Tages fasste Tunda den Entschluss, den würdigen Präsidenten um Hilfe zu bitten. [...] Erschienen ihm aber Vorzimmer und Diener noch wie in

8 Dankbarkeit

alten Zeiten – [...] so empfand er im Anblick des Herrn Präsidenten doch die ganze Veränderung seiner Lage. Denn die Besitzenden, die Ruhigen, die Sorglosen, ja, auch die nur mäßig Versorgten entwickeln einen Abwehrinstinkt gegen jeden Einbruch in ihre geschützte Welt, sie scheuen auch nur die Berührung mit einem Menschen, von dem sie eine Bitte erwarten dürfen, und ahnen die Nähe der Hilflosigkeit mit jener Sicherheit, die den Tieren der Prärie vor einem Waldbrand zu eigen wird. [...]
›Es geht mir schlecht, Herr Präsident!‹ sagte Tunda.

Der Präsident [...] saß da wie der Ewige, im Schatten wie in einer Wolke, während auf Tunda durch das Fenster ein breiter Sonnenstreifen fiel, so dass seine Knie beleuchtet waren und das Licht vor ihm stand wie eine goldene, durchsichtige Wand, hinter welcher der Herr Präsident saß und hörte oder auch nicht hörte. Dann aber geschah das Merkwürdige, dass der Herr Präsident aufstand – die Wand aus gläsernem Gold war bis zu ihm vorgerückt, er durchbrach sie, da wurde sie ein goldener Schleier, der sich seinen Körperformen anpasste, auf seiner Schulter lag und ein paar weiße Haarschuppen auf seinem blauen Anzug sichtbar machte. Der Präsident stand, menschlich geworden, streckte Tunda die Hand entgegen und sagte: ›Vielleicht kann ich etwas für Sie tun.‹

Tunda ging durch die heiteren Straßen mit der großen Leere im Herzen, wie sie ein entlassener Sträfling auf seinem ersten Gang in die Freiheit fühlt. Er wusste, dass der Präsident ihm nicht helfen konnte, auch wenn er ihm die Möglichkeit verschaffte, zu essen und einen Anzug zu kaufen. Ebenso wenig macht man einen Sträfling frei, wenn man ihn aus dem Gefängnis entlässt. Ebenso wenig macht man ein elternloses Kind frei, wenn man ihm einen Platz im Waisenhaus sichert. In dieser Welt war er nicht zu Hause. [...]

Nach einigen Tagen ließ ihn der Präsident kommen.

Zwischen beiden war nunmehr eine Distanz, die zwischen dem Helfer und dem Hilflosen besteht, eine andere Distanz als die zwischen dem Älteren und dem Jüngeren, dem Heimischen und dem Fremden, dem Mächtigen und dem Schwachen, aber Selbstständigen. In den Blicken des Präsidenten lag zwar keine Geringschätzung, aber auch nicht mehr jene stille Bereitschaft zur Hochachtung, die noble Menschen für jeden Fremden übrig haben, die Gastfreundschaft der Vorurteilslosigkeit. Vielleicht war Tunda sogar seinem Herzen näher gekommen. Aber sie waren nicht mehr gleich Freie. Vielleicht hätte der Alte von nun an sogar eines seiner Geheimnisse Tunda anvertraut; aber nicht mehr eine seiner Töchter.«

Leitfragen zum Textausschnitt:

1. Bitten und danken – welche zwischenmenschlichen Probleme können sich daraus ergeben?
2. Lassen sich diese Probleme überwinden?
3. Gibt es auch in der heutigen Gesellschaft Gruppen, die eher Bittsteller sind? Wie ist ihnen zu begegnen?

8.2.3 Zitate zum gemeinsamen Nachdenken über die Dankbarkeit

Es geht nicht um Lohn (Seneca, *Moralische Briefe an Lucilius* – Schumacher 1942, S. 128)

»Der Lohn einer guten Handlung liegt darin, dass man sie vollbracht hat. Ich bin dankbar – aber nicht, damit der andere sich von meinem Beispiel angespornt fühlt und sich mir nun besonders gefällig zeigt. Ich will nur eine Tat vollbringen, die sich an Liebenswürdigkeit und Schönheit nicht übertreffen lässt. Ich bin dankbar – aber nicht, weil es vorteilhaft ist, sondern weil es mir Freude macht.«

Dankbarkeit – international

Wenn dein Freund dich mit Linsen bewirtet hat, bewirte ihn mit Fleisch. Warum? Weil er dich als erster bewirtet hat (aus Israel).
Der Teufel ist nur sich selber dankbar (aus Ägypten).
Die Kuh sagt nicht Danke! zur Weide (aus Haiti).
Gedenke der Quelle, wenn du trinkst (aus China).
Was du mit Geld nicht bezahlen kannst, bezahle wenigstens mit Dank (aus Deutschland).

(Anmerkung: Das Wort *gratis* stammt vom Lateinischen *gratiis – für bloßen Dank*.)

9 Heiterkeit und Humor

Jonas störte immer wieder den Unterricht und verweigerte die Arbeit. Weil er auf Ermahnungen nicht reagierte, gab ich ihm eine Extra-Hausaufgabe auf, um das Versäumte am Nachmittag nachzuholen. Er übergab mir diese am nächsten Tag mit den Worten: »Hat Spaß gemacht. Darf ich noch eine machen?«

Jonas interpretierte die ›Strafarbeit‹ einfach zu einer angenehmen Tätigkeit um, die er freiwillig auszuführen gerne bereit war. Er verzichtete damit auf offene Zuwiderhandlung, befreite sich aber mit seiner souveränen Frage dennoch geschickt aus der Rolle eines ›fremdbestimmten Befehlsempfängers‹. Gleichzeitig übte er damit eine verhaltene Kritik an der disziplinarischen Maßnahme. Sie wurde allein schon dadurch in Frage gestellt, dass sie anscheinend nicht die beabsichtigte Wirkung hatte. Dadurch forderte Jonas mich indirekt auf, die Rolle des ›Befehlshabers‹ aufzugeben und wieder mehr auf gleich und gleich mit ihm zu verkehren. Auf dieses freundliche Angebot konnte ich eigentlich nur mit Lachen eingehen.

Statt zu sanktionieren, plädiert Heitger (2004) für den *Dialog*, da hier weder Lehrende noch Schülerinnen und Schüler herrschen, sondern der zur Begründung und damit zur *Selbstbestimmung* auffordernde *Logos* (vgl. Kap. 1.2.2, S. 52). Wenn die Initiative dazu von Schülerseite kommt, ist dies eine der erfreulichsten Erfahrungen im Lehrerleben.

Mit *Heiterkeit* wird eine frohe, gelassene Grundstimmung bezeichnet. *Humor* ist *Heiterkeit*, meint aber im engeren Sinn die Fähigkeit, den Unzulänglichkeiten der Welt und der Menschen lustige Aspekte abzugewinnen und so zum Ausdruck zu bringen, dass dadurch auch andere zum Lachen gebracht werden. Der *Humor* will ganz frei sein, er lässt sich nicht einmal ein Abgleiten in den Blödsinn verbieten. (Er will auch nicht, dass man länger ernsthaft über ihn spricht. Deshalb ist es von vornherein aussichtslos, ein Kapitel über ihn zu schreiben, das ihm einigermaßen gerecht wird.)

Menschliche Sinndeutungen, die Endgültigkeit beanspruchen, stacheln den Humorvollen dazu an, Kreativität zu entfalten, um ihre Vorläufigkeit zu entlarven. Dies ist mit Freiheitsgewinn verbunden, worauf Friedrich Nietzsche in seiner Schrift *Menschliches, Allzumenschliches* (Kap. 213) hinweist:

»Wie kann der Mensch Freude am Unsinn haben? Soweit nämlich auf der Welt gelacht wird, ist dies der Fall; ja man kann sagen, fast überall wo es Glück gibt, gibt es Freude am Unsinn. Das Umwerfen der Erfahrung ins Gegenteil, des Zweckmäßigen ins Zwecklose, des Notwendigen ins Beliebige, doch so, dass dieser Vorgang keinen Schaden macht und nur einmal aus Übermut vorgestellt wird, ergötzt, denn es befreit uns momentan von dem Zwang des Notwendigen, Zweckmäßigen und Erfahrungsgemäßen, in denen wir für gewöhnlich unsere unerbittlichen Herren sehen; wir spielen und lachen dann, wenn das Erwartete (das gewöhnlich bange macht und spannt) sich ohne zu schädigen entladet. Es ist die Freude des Sklaven am Saturnalienfeste.« (Nietzsche 1878/1954, S. 572)

Durch seinen Hang zur Opposition scheint der *Humor* schlecht geeignet, *Teil* eines Systems, auch eines Katalogs ethischer Haltungen zu sein. Kann man genauso »Sei humorvoll!« wie »Sei gerecht!« sagen? Während jeder nach *Gerechtigkeit* streben sollte, könnte man *Heiterkeit* und *Humor* als *Begabungen* auffassen. Manch einer neigt nicht zur Heiterkeit, sondern eben zur Schwermut, und *schlagfertig sein* kann auch nicht jeder. Weil es »humorvolle Schurken und humorlose Helden [gibt]« (Comte-Sponville 2004, S. 247), ist Humor auf jeden Fall keine Kardinaltugend. Wie die *Höflichkeit* können *Heiterkeit* und *Humor* verdecken, dass es an höheren Qualitäten mangelt:

»O Schurke! Lächelnder, verdammter Schurke!
Schreibtafel her! Ich muss mir's niederschreiben,
Dass einer lächeln kann, und immer lächeln
Und doch ein Schurke sein«[17]

So kommen *Heiterkeit* und *Humor* auch erst in diesem letzten Kapitel zur Sprache. Immerhin haben sie ethische Komponenten: Sie lassen sich nicht so leicht unterkriegen, sondern kommen ganz unerwartet und immer wieder in ihrer oft ansteckenden Positivität zum Durchbruch. Auch nimmt der *Humor* trotz seiner Kritiklust Rücksicht auf andere, er will, im Gegensatz zum *Sarkasmus* und *Zynismus*, nicht verletzen.

In seinem Interesse an der Wahrheit liegt ein weiterer ethischer Aspekt: Denn wenn der *Humor* mit kreativer Energie »anscheinende Notwendigkeit[en], die sich [...] immer als Garanten des Sinns aufspielen« (Keller 2006, S. 25) überraschend außer Kraft setzt, will er eigentlich nicht rein destruktiv sein, sondern eher den Weg freimachen für die Entdeckung eines höheren Sinns. Dessen Erkenntnis ist dann nicht von einer kurzlebigen *Freude am Unsinn* (Nietzsche) begleitet, sondern von einer nachhaltigeren Freude am *Sinn im Unsinn* (Keller 2006). Da es gut ist, diese Freude zu erleben und zu vermitteln, soll man sich im Leben um *Heiterkeit* und *Humor* bemühen.

---

17 Shakespeare, W., Hamlet, Prinz von Dänemark I, 5.

9.1 Was versteht man unter Heiterkeit und Humor?

9.1.1 Für einen heiteren oder humorvollen Menschen ist die traurige Realität nicht unbedingt unabänderlich

Heiterkeit und Humor sind Haltungen geistiger Freiheit

> Ich leb und waiß nit wie lang,
> ich stirb und waiß nit wann,
> ich far und waiß nit wahin,
> mich wundert das ich [so] frölich bin.[18]

Voll Bewunderung beschreibt David Copperfield im gleichnamigen Buch von Charles Dickens die *fröhliche Gemütsverfassung* eines seiner Klassenkameraden, die trotz schlimmster Umstände immer wieder zum Durchbruch kommt:

> »Armer Traddles! In seinem engen, himmelblauen Anzug, der seine Arme und Beine wie Würste oder Teigrollen erscheinen ließ, war er der lustigste und zugleich unglücklichste unter den Schülern. Er wurde immer mit dem spanischen Rohr gehauen, ich glaube, jeden Tag im ganzen Semester, mit Ausnahme eines Montags, wo er nur mit dem Lineal eines über beide Hände bekam. [...] Wenn er den Kopf eine Weile auf das Pult gelegt hatte, wurde er wieder lustig, fing an zu lachen und zeichnete auf seine Schiefertafel Gerippe, ehe noch seine Augen ganz trocken waren. Ich konnte mir lange Zeit nicht erklären, welchen Trost Traddles im Zeichnen dieser Gerippe finden mochte, und sah in ihm eine Art Einsiedler, der sich durch solche Symbole der Sterblichkeit vor Augen halten will, dass auch Prügel nicht ewig dauern können. Aber jetzt glaube ich, er zeichnete sie nur, weil sie so leicht waren und er ihnen keine Gesichter zu machen brauchte.« (Dickens 1859–1850/2012, Kap. 7, S. 129)

Traddles überwindet seine Niedergeschlagenheit, indem er kurz seinen Kopf ausruht und dann zeichnet. Dabei muss er wohl gar nicht daran denken, dass seine traurige Lage nicht von Dauer sein kann. Andere Menschen brauchen solche Phasen innerer Sammlung, um wieder aufbauende Gedanken fassen zu können. Vom Gründer des Jesuitenordens und spanischen Heiligen Ignatius von Loyola heißt es, er empfand so großen Trost (consolación) beim Gedanken an den Tod, dass er vor Freude weinen musste. (Aber auch der Anblick seiner Mitbrüder und des Sternenhimmels oder das Hören von Musik in Krankheitstagen stimmten ihn fröhlich.)

Während man grundlos fröhlich, einfach von eher *heiterem* Charakter sein kann wie Traddles, gehören zum *Humor* wohl eher einzelne Geistesblitze, die einer traurigen Realität eine überraschend andere Deutung geben. Eine heitere Grundhaltung ist wahrscheinlich ein guter Boden für solche Einfälle. Findige Menschen sind zu Perspektivwechseln in der Lage, durch die manche widrige Sachlage in einem neuen Licht gesehen werden kann und sich dann vielleicht nicht mehr ganz so bitter und aussichtslos darstellt, wie sie zunächst wirkte.

---

18 Der Spruch wird dem Magister Martinus von Biberach (gest. 1498) zugeschrieben.

Humor ist somit eine kreative Interpretationsfähigkeit mit positiver, befreiender Wirkung.

Aristoteles und Thomas von Aquin nennen den Menschen das *animal rationale*, weshalb er zugleich das Lebewesen ist, das lachen kann (Interpretation von Keller 2006, S. 25). Anders als das Tier ist der Mensch nicht völlig durch Reiz-Reaktions-Mechanismen in seine Umwelt eingebunden. Geistig kann er sich von fast jeder betrüblichen Lebenslage distanzieren. Thomas Morus, der Heinrich VIII. den Gehorsam verweigerte und deshalb sterben sollte, kommentierte das Todesurteil mit den Worten, ein Mann könne seinen Kopf verlieren, ohne an seiner Seele Schaden zu nehmen. Bei seiner Hinrichtung auf dem Londoner Tower Hill 1535 soll er seinen Henker gebeten haben, beim Zuschlagen mit dem Beil auf seinen Bart zu achten, da dieser ja nicht Hochverrat begangen hatte.

Humor ist oft mutig und wirkt (in autoritären Ordnungen) subversiv

In seiner Schrift *Der Witz und seine Beziehung zum Unbewussten* (1905) schätzt Sigmund Freud (1856–1939) den Humor als Befreiung des *Ich* vom *Es*, d. h. den Trieben, oder vom *Über-Ich*, d. h. den internalisierten Sollens-Anforderungen anderer. Ähnlich wie der Traum bediene sich auch der Witz der »Abweichung vom normalen Denken, der Verschiebung und des Widersinns« (Freud 1905, S. 46).

> »Er ermöglicht die Befriedigung eines Triebes (eines lüsternen und feindseligen) gegen ein im Weg stehendes Hindernis, er umgeht dieses Hindernis.« (Ebd., S. 83)

So kann das Ich z. B. auch aus Kränkungen Lustgewinn ziehen und diese überwinden. Zu beachten ist, dass nach Freud der Witz auch die Auslebung *aggressiver* Triebe ermöglicht, weshalb *Sarkasmus* oder *Zynismus* sich ebenfalls des Witzes bedienen (vgl. Kap. 9.1.4). *Mobbing* ist möglich, indem der Täter sich über das Opfer lustig macht.

Eine Autorität wird oft als Hindernis empfunden und ist dadurch prädestiniert, zur Zielscheibe zu werden. Es macht Spaß, sie durch eine Bananenschale zu Fall oder durch einen Reißnagel in die Luft gehen zu lassen. Der humorvolle Mensch geht gegen Höhergestellte vor, indem er sich durch den Witz mit Gleichgesinnten solidarisiert. Er enttarnt so Amtsautoritäten, die als Person hinter der ihnen institutionell verliehenen Würde zurückbleiben. In der Filmkomödie *Der Pauker* z. B. setzt sich ein Lehrer dem Spott aus, weil er in dem Moment, als der Vorgesetzte den Raum betritt, in die Schülerrolle zurückfällt und bei der Examinierung seiner Klasse einzusagen versucht. Es geht ihm also mehr um sein Prestige als darum, Bildung zu vermitteln.

Die Schule ist überhaupt eine Institution, in der *Humor*, vor allem Schülerhumor, eine *subversive Kraft* entwickeln kann, weil deren Normen und Regeln von Menschen gemacht und darum nicht unantastbar sind (siehe Anfangsbeispiel). Schülerhumor ist oft mit *Schlagfertigkeit* sowie *Mut* gegenüber den Vertretern der Institution verbunden. Lehrende beweisen bei guten Witzen auf ihre Kosten Humor, wenn sie mitlachen können. Indirekt honorieren sie mit dieser souveränen Reaktion den Einfallsreichtum und die Charakterstärke ihrer Schülerinnen und Schüler, was im Sinne von *Mündigkeitserziehung* ist.

Autoritäre Ordnungen fürchten den Humor aufgrund seiner unterminierenden Wirkung. Wer im Nationalsozialismus Witze machte (z. B. »Wo es Führer gibt, gibt es auch Angeführte« (P. Mario von Galli, zit. nach Keller 2006, S. 40) kann im Gefängnis landen. Manchmal ist ein Komiker wie Karl Valentin aber auch einfallsreich genug, um durch ein geistiges Schlupfloch zu entkommen.

Karl Valentin verzichtet auf die nähere Bekanntschaft Adolf Hitlers (Maier 2012, S. 53)

Auch mit einem Überrumplungsversuch von Hitlers Leibfotograf Heinrich Hoffmann gelang es nicht, den Münchner Komiker Karl Valentin dazu zu bewegen, mit Hitler in freundschaftlichen Kontakt zu treten. Hoffmann wollte den mit ihm befreundeten Valentin vor vollendete Tatsachen stellen, indem er ohne dessen Wissen gleichzeitig Adolf Hitler einlud, der ein Bewunderer Valentins war. In dem erzwungenen kurzen Gespräch gelingt der Schlagfertigkeit Valentins eine Gratwanderung, die ihn weder in die Lüge aus Höflichkeit noch in die offene Brüskierung abgleiten lässt.

»Adolf Hitler ging auf den – durch Hoffmanns ›Verrat‹ verärgerten – Karl Valentin zu und rief überschwänglich: ›Welche Überraschung: Herr Valentin! Wie mich das freut. Sie sind mir kein Unbekannter.‹ ›Ich kenn' Eahna auch‹, brummte Valentin. Darauf Hitler: ›Ich war schon einige Male bei Ihnen in der Vorstellung.‹ – ›Des hab' i g'spannt‹, bestätigte Valentin, ›jedesmal wenn Sie ins Lokal kemma san, war die Stimmung beim Teifi …‹ Der erschrockene Hoffmann versuchte einzulenken: ›Herr Valentin meint natürlich, dass sich durch Ihr Erscheinen die Aufmerksamkeit von der Bühne abwandte.‹ ›Ich habe oft genug über Ihre Aussprüche herzlich gelacht‹, versicherte Hitler. ›Über Eahnane Reden hab' i no nie lacha kenna‹, erwiderte Valentin. ›Und jetzt muss i leider gehen. – Grüaß God, Herr Hitla …‹ Adolf Hitler besuchte nach dieser missglückten Begegnung nie mehr eine Vorstellung von Karl Valentin.«

Humor hat Grenzen

Manchmal lässt sich dem eigenen Unglück noch eine komische Seite abgewinnen, lacht man aber über fremdes Pech, kränkt dies den anderen (außer er ist sehr humorvoll und weiß, dass man es nicht böse meint). Außerdem ersetzt der humorvolle Umgang mit den Fakten das *Handeln* nicht. Man kann es nicht bei einem Scherz belassen, wenn man ein Übel verhindern oder bekämpfen kann. Dieses nicht ernst zu nehmen, wäre nicht Humor, sondern *Sarkasmus* oder *Zynismus* (vgl. Kap. 9.1.4). Anders als z. B. die *Gerechtigkeit* hat der *Humor* Grenzen und ist deshalb keine Kardinaltugend – auch wenn er im England des 19. Jahrhunderts von humorigen Köpfen dazu erhoben wurde!

9.1.2 Ein heiterer oder humorvoller Mensch widersteht Anflügen von Traurigkeit, weil er glaubt, dass der Optimismus letztlich Recht behält

Galgenhumor ist pessimistisch – gilt er nur vorläufig?

»Gibt es etwas, das für einen klaren Blick nicht zum Verzweifeln wäre?« (Comte-Sponville 2004, S. 248). In der vorklassischen griechischen Überlieferung verkörpert Silen, der Begleiter des Dionysos, diese pessimistische Grundstimmung. Auf die Frage des Königs Midas, was für den Menschen das Beste sei, antwortet er, das Allerbeste sei gänzlich unerreichbar, nämlich nicht geboren zu sein. Das Zweitbeste sei, bald zu sterben. Letzterer Gedanke korrespondiert mit dem Werbespruch eines amerikanischen Beerdigungsinstituts, den Freud in einem Brief von 1937 zitiert: »Wozu leben, wenn man sich für zehn Dollar bestatten lassen kann?« (Freud 1960, S. 429). Am Leben Bleibende haben angesichts der hoffnungslosen Perspektive die Wahl zwischen zwei möglichen Lebenshaltungen, dem Lachen Demokrits und den Tränen Heraklits:

> »Demokrit und Heraklit waren zwei Philosophen, von denen der erste, da er das Los der Menschen nichtswürdig fühlte, sich nie anders als mit spöttischem und lachendem Gesicht den Leuten zeigte. Heraklit, der über eben dieses unser Los Mitleid und Erbarmen fühlte, trug darüber ein beständig verdüstertes Gesicht und mit Tränen erfüllte Augen.« (Montaigne 1953, S. 291–292)

Das Lachen Demokrits lässt sich allerdings eher als *Galgenhumor* bezeichnen:

> »›Galgenhumor ist die Kunst, sich den Ast zu lachen, auf dem man sitzt‹, meint der Kabarettist Wolfgang Neuss. Der Vorteil eines solchen Fassadenhumors einem resignierenden Pessimismus gegenüber läge darin, dass sich die unerschrockene äußere Fröhlichkeit allmählich doch auch ins Innere fortsetzt. Dann käme eine Art optimistischer Glaube wider besseres Wissen zustande – besser gesagt: wider das schlechtere Wissen vom unheilvollen Ende, der – fürchte ich – diesem Ende eben doch nicht in die Augen sehen kann, weil er sonst zusammenbricht.« (Keller 2006, S. 19)

Man muss jedoch keinesfalls wie Demokrit und Heraklit annehmen, dass das menschliche Los endgültig nichtswürdig ist. *Heiterkeit* und *Humor* können selber als Anzeichen dafür gelten, dass Optimismus das letzte Wort hat.

Heiterkeit und Humor sind optimistisch – haben sie das letzte Wort?

»Gibt es etwas, das für einen klaren Blick nicht Hoffnung böte?« könnte man in Umkehrung des obigen Zitats fragen. Durch *Heiterkeit* und *Humor* wird »Zerrissenheit [...] in gewisser Weise akzeptiert und überwunden«, gibt sogar ein atheistischer Philosoph zu, und gerade, weil »es nichts zu begreifen gibt [...] bleibt nur das Lachen« (Comte-Sponville 2004, S. 253). Letzteres bestreitet der Christ Albert Keller: Das Lachen geschieht nicht angesichts eines letzten Nicht-Begreifens, sondern – im Gegenteil – angesichts eines (impliziten) Begreifens von letztem Sinn (Keller 2006, S. 21–27). Die überraschende Wende von Schwarz zu Weiß, die der Humor auf sprachlich-geistiger Ebene fertigbringt, ist für Keller ein Anzeichen dafür, dass auch der gesamten Wirklichkeit dieser »Umschlag« widerfahren könnte. In *Heiterkeit* und *Humor* stecke ein *unbewusstes* Wissen um eine bessere Welt, sonst würde der Witzereißer nicht scharfsichtig die Schlupflöcher zu ihr entdecken. Der Pessimist entwickelt dagegen keine Perspektiven, doch: »Durch Tränen sieht man nicht klar« (Keller 2006, S. 21). Als bewusste oder unbewusste Haltung der *Hoffnung* haben Heiterkeit und Humor Ähnlichkeit mit der *Frömmigkeit*, die an den endgültigen Sieg der Liebe über den Tod glaubt. Der *Heitere* sieht die Wirklichkeit in einem positiven Licht, der *Humorvolle* entdeckt, dass sie geistige Rettungsinseln bietet, der *Fromme* sieht in ihr Anzeichen einer letzten transzendenten Geborgenheit. Das erlösende Lachen deutet auf die Möglichkeit endgültiger Erlösung. So sind *Freiheit, Klarheit, Fröhlichkeit* schon in der Bibel Sinnbilder der *Auferstehung*.

Freies Geleit von Heinz Piontek (1982, S. 258–259)

Da wird ein Ufer
zurückbleiben.
Oder das End eines
Feldwegs.

Noch über letzte Lichter hinaus
wird es gehen.

Aufhalten darf uns
niemand und nichts!

Da wird sein
unser Mund
voll Lachens –

Die Seele
reiseklar –

Das All
nur eine schmale
Tür,

angelweit offen –

9.1.3 Ein heiterer oder humorvoller Mensch ist beliebt

»Nun, aller höherer Humor fängt damit an, dass man die eigene Person nicht mehr ernst nimmt«, schreibt Hermann Hesse in seinem Buch *Der Steppenwolf* (1974, S. 193). Humorvolle und heitere Menschen sind beliebt, weil sie weder sich noch die Situation allzu ernst nehmen und andern dadurch ggf. Beistand leisten können.

Wer Humor hat, gibt für treffende Witze auch gerne einmal selbst die Zielscheibe ab. Er kann verkraften, dass Schwächen an ihm entdeckt werden, und entgegnet vielleicht mit sokratischer Souveränität: Kümmert euch nicht um mich, kümmert euch um die Wahrheit (vgl. Platon, z. B. nach Pieper 1993, S. 162).

Der Narr in Shakespeares *Was ihr wollt* bemüht sich darum, durch seine Geistesblitze das Weinen seiner Herrin in Lachen zu verwandeln. So versucht er Olivia durch den Nachweis aufzuheitern, dass ihre Traurigkeit nur auf unstimmigem Denken beruht.[19]

> Narr: *Gute Madonna, warum trauerst du?*
> Olivia: *Guter Narr, um meines Bruders Tod.*
> Narr: *Ich glaube, seine Seele ist in der Hölle, Madonna.*
> Olivia: *Ich weiß, seine Seele ist im Himmel, Narr.*
> Narr: *Desto größer ist Eure Narrheit, darüber zu trauern, dass Eures Bruders Seele im Himmel ist.*

Der humorlose Haushofmeister Malvolio honoriert nicht, dass der Narr Olivia trösten will. Er hält dessen Bemerkungen für reinen Unsinn, ärgert sich darüber, dass dieser bei der Herrin statt seiner an Sympathie gewinnt, und versucht ihn deshalb vor ihr herunterzumachen.

> Olivia: *Was denkt Ihr von diesem Narren, Malvolio? Wird er nicht besser?*
> Malvolio: *Jawohl, und wird damit fortfahren, bis er in den letzten Zügen liegt. Die Schwachheit des Alters, die den vernünftigen Mann herunterbringt, macht den Narren immer besser.*
> Narr: *Gott beschere Euch frühzeitige Schwachheit, damit Eure Narrheit desto besser zunehme! [...]*
> Olivia: *Was sagt Ihr dazu, Malvolio?*
> Malvolio: *Ich wundre mich, wie Euer Gnaden an solch einem ungesalznen Schuft Gefallen finden können. Ich sah ihn neulich von einem gewöhnlichen Narren, der nicht mehr Gehirn hat als ein Haubenstock, aus dem Sattel gehoben. Seht nur, er ist schon aus seiner Fassung: Wenn Ihr nicht lacht und ihm Gelegenheit zutragt, so ist ihm der Mund zugenäht. Auf meine Ehre, ich halte die vernünftigen Leute, die über diese bestallten Narren so vor Freuden krähen, für nichts besser als für die Hanswurste der Narren.*
> Olivia: *Oh, Ihr krankt an Eigenliebe, Malvolio, und kostet mit einem verdorbenen Geschmack. Wer edelmütig, schuldlos und von reiner Gesinnung ist, nimmt diese Dinge für Vögelbolzen, die Ihr als Kanonenkugeln anseht. Ein privilegierter Narr verleumdet nicht, wenn er auch nichts tut als verspotten; so wie ein Mann, der als verständig bekannt ist, nicht verspottet, wenn er auch nichts tut als tadeln.*

---

19 Shakespeare, W., *Was ihr wollt*, I, 5.

Narr: *Nun, Merkur verleihe dir die Gabe des Aufschneidens, weil du so gut von den Narren sprichst!*

9.1.4 Ein heiterer oder humorvoller Mensch ist weder humorlos noch albern, er vermeidet die Lüge aus Höflichkeit und die offene Brüskierung

Ein heiterer oder humorvoller Mensch ist weder sarkastisch oder zynisch noch albern

Shakespeares Narr versucht, sowohl Olivias Trauer als auch der Humorlosigkeit Malvolios etwas entgegenzusetzen. Obwohl der Haushofmeister ihm das Gegenteil unterstellen will, steckt in seinen Worten durchaus ein höherer Sinn. Das Beispiel zeigt, dass der *Humor* etwas anderes meint als *puren Blödsinn*, obwohl er in seinem Drang nach *Freiheit* sich gewiss nicht darauf festlegen lassen will, *hintersinnig* zu sein.

Allgemein braucht der Humor zu seiner Herausforderung oft den Gegenpart des Ernstes, der Traurigkeit oder der Humorlosigkeit. So tritt der Narr bevorzugt in Gesellschaft eines Malvolio auf. Wodurch lässt sich ein solch humorloser Mensch charakterisieren?

Er beharrt z. B. auf der Einhaltung althergebrachter Regeln, selbst wenn sich erweist, dass diese nicht unantastbar sind. Zu sachlichen Argumenten ist er kaum fähig, denn es geht ihm häufig gar nicht um Achtung für ein Gesetz, sondern um Achtung der gesetzgebenden Autorität, auch in Form seiner eigenen Person. Ihr, nicht der Verordnung, soll Respekt erwiesen werden. »Dem Humorlosen mangelt es an Demut, an klarem Verstand, an Leichtigkeit, er ist zu sehr von sich eingenommen« (Comte-Sponville 2004, S. 247).

Als eine Form mangelnden Humors könnte auch der *Sarkasmus* bezeichnet werden. Im Gegensatz zum Humor, der in Konfliktsituationen deeskalierend wirken kann, nennt Thomas Gordon die Strategie *sarkastisch sein* als zwölfte und letzte *Straßensperre auf dem Weg zur Kommunikation*. Sie gehört zur *Sprache der Nicht-Annahme* (vgl. Gordon 1974/1989, S. 52–55). Wie jeder andere Humorlose spielt auch der Sarkastische sich in den Vordergrund und schätzt andere gering ein, wenn auch im Gewand des Humors. Er ist aber nicht lustig, sondern macht sich über andere lustig, nimmt deren Probleme nicht ernst, lähmt die Kräfte und schafft bzw. verschärft Konflikte. Zur Unterscheidung kann man *Humor* als Spott über den, den man liebt, *Sarkasmus* dagegen als Spott über den, den man verachtet, bezeichnen (vgl. Comte-Sponville 2004, S. 259). Lehrende müssen ein Abgleiten in den *Sarkasmus* vermeiden. Manchmal kommt eine ›Aufmunterung‹ als Herabsetzung an, weil das Selbstvertrauen des Gegenübers überschätzt wurde. Dann müssen Lehrende ggf. klären, dass ihre Äußerung nicht verletzend gemeint war.

Zyniker halten alles, was gut ist, für lächerlich, sie wirken also rein destruktiv. Da Pädagogen immer aufbauend sein sollen, ist es besonders schlimm, wenn Lehrende zu *Zynikern* werden, denn damit verstoßen sie gegen ihr Berufsethos.

Der autoritären Strenge des *Humorlosen* und dem beißenden Spott des *Sarkastischen* oder sogar *Zynischen* steht als Laissez-faire-Extrem die *Quatschmacherei* des Klassenkaspers gegenüber. Schülerinnen und Schüler beklagen sich zu Recht über manchen Lehrer als besten Clown. Längeres Herumalbern trägt in der Regel ebenfalls nicht zur Steigerung von Wohlbefinden und Leistungsfähigkeit bei. Dagegen hat eine offene, humorvolle Atmosphäre eine motivierende Wirkung und lässt weitere kreative Einfälle zu.

Ein humorvoller Mensch lügt nicht aus Höflichkeit und handelt nicht verletzend

Einem Komiker gelingt es, sowohl die Lüge aus Höflichkeit wie auch die offene Brüskierung zu vermeiden. Das kann die Selbstachtung, im Falle Karl Valentins auch das Leben retten, und gibt einem selbstkritischen Opfer einen indirekten Hinweis auf sein Fehlverhalten, ohne es zu kränken und bloßzustellen.

9.2 Beispiele

9.2.1 Unterrichtsvorschläge zum Thema Heiterkeit und Humor

- Lustige Redewendungen und Witze sind kurze Texte, die bereits für jüngere Grundschulkinder einen Leseanreiz bieten. Manchmal muss man ihre Doppelbödigkeit klären. Sinnvoll ist es, die in der Klasse kursierenden Witze zu sammeln. Mittels Multiple-Choice-Verfahren (ein lachendes, ein neutrales, ein weinendes Smiley-Gesicht) lassen sich Witze bewerten: Findest du den Witz *lustig, unsinnig, verletzend*? Die Entscheidung sollte im Plenum mündlich begründet werden. So wird nicht nur Sinn-verstehendes Lesen gefördert, sondern auch ein Beitrag zur Werteerziehung geleistet. Kinder erzählen manchmal diskriminierende Witze, ohne sich dessen recht bewusst zu sein (Eine Blondine ... Ein Russe, ein Franzose und ein Deutscher ...).
- *Kreative* Herangehensweisen: Lustige Redewendungen, Witze, humorvolle Szenen lassen sich erfinden und im *Dialog*, im *Rollenspiel, als Pantomime oder Standbild* darstellen.

9.2.2 Literarische Texte über die Heiterkeit und den Humor

Ein Gedicht von Wilhelm Busch (1874, S. 495):

Es sitzt ein Vogel auf dem Leim,
er flattert sehr und kann nicht heim.
Ein schwarzer Kater schleicht herzu,
die Krallen scharf, die Augen gluh.
Am Baum hinauf und immer höher
Kommt er dem Vogel immer näher.
Der Vogel denkt: Weil das so ist
Und weil mich doch der Kater frisst,
so will ich keine Zeit verlieren,
will noch ein wenig quinquillieren
und lustig pfeifen wie zuvor.
Der Vogel, scheint mir, hat Humor.

Leitfrage zum Gedicht:
Hat der Vogel Humor?

Dankesbrief an Mr. Laurel und Mr. Hardy von Ludwig Steinherr (2005, S. 78–79)

Seit früher Kindheit
zähle ich auf euch
auf die glänzende Zuversicht
eurer schwarzen Melonen
die ihr selbst im Taifun
nie verliert –

Vor aller Philosophie
habt ihr mir
die Welt erklärt –

Ehern der kategorische
Imperativ der euch befiehlt
Weihnachtsbäume zu verkaufen
im Hochsommer
oder mit Kontrabass und Harmonium
ein Konzert zu geben
vor einer Taubstummenanstalt –

Im aufgeräumtesten
Frühlingsmorgen
entfacht ihr unweigerlich

das dialektische Streichholz
dass euch und uns
die Fetzen
samt Gasherd und Teekanne
um die
Ohren fliegen –

Homo homini lupus –
wer zweifelt
zwischen schießwütigen Gattinnen
und cholerischen Schankkellnern?

Und doch überbietet ihr Leibniz
mit eurem Optimismus
wenn ihr
nichts in der Tasche als
einen falschen Tausender
im Grandhotel
das beste aller möglichen
Diners bestellt –

Klarer als Schopenhauer
seht ihr:
das Leben ist eine
morsche Hängebrücke
über die man
betrunken
ein Klavier schieben muss
während von drüben
ein wütender Gorilla
entgegenkommt –

Wenn ihr mich nicht hinüberstoßt
hinüberschleift
kopfüber kopfunter
mit Hängen und Würgen –

Platon
schafft es gewiss nicht

Das Lachen als höchste Vollendung des Menschen? (Eco 1984, S. 602–604)

»»Das Lachen ist die Schwäche, die Hinfälligkeit und Verderbtheit unseres Fleisches. Es ist die Kurzweil der Bauern, die Ausschweifung des Betrunkenen, auch die Kirche in ihrer Weisheit hat den Moment des Festes gestattet, den Karneval und die Jahrmarktsbelustigung, jene zeitlich begrenzte Verunreinigung zur Abfuhr der schlechten Säfte und zur Ablenkung von anderen Begierden, anderem Trachten ... Aber so bleibt das Lachen etwas Niedriges und Gemeines, ein Schutz für das einfache Volk, ein entweihtes Mysterium für die Plebs. Sagte nicht auch der Apostel: Es ist besser zu freien denn Brunst zu leiden? Statt euch aufzulehnen gegen die gottgewollte Ordnung, lacht lieber und ergötzt euch an euren unflätigen Parodien auf die Ordnung, am Ende des Mahles, wenn ihr die Krüge und Flaschen geleert, wählt euch einen König der Narren, verliert euch in der Liturgie des Esels und der Sau, spielt eure verkehrten Saturnalien! Aber hier, hier ...‹, Jorge pochte mit steifem Finger auf den Tisch dicht neben das Buch, das William vor sich hielt, ›hier wird die Funktion des Lachens umgestülpt und zur Kunst erhoben, hier werden ihm die Tore zur Welt der Gebildeten aufgetan, hier wird das Lachen zum Thema der Philosophie gemacht, zum Gegenstand einer perfiden Theologie ...[...] Das Lachen befreit den Bauern von seiner Angst vor dem Teufel, denn auf dem Fest der Narren erscheint auch der Teufel als närrisch und dumm, mithin kontrollierbar. Doch dieses Buch könnte lehren, dass die Befreiung vor der Angst vor dem Teufel eine Wissenschaft ist! Der lachende Bauer, dem der Wein durch die Gurgel fließt, fühlt sich als Herr, denn er hat die Herrschaftsverhältnisse umgestürzt. [...] Gewiss ist das Lachen dem Menschen eigentümlich, es ist das Zeichen unserer Beschränktheit als Sünder. Aus diesem Buch aber könnten verderbte Köpfe wie deiner den äußersten Schluss ziehen, dass im Lachen die höchste Vollendung des Menschen liege! Das Lachen vertreibt dem Bauern für ein paar Momente die Angst. Doch das Gesetz verschafft sich Geltung mit Hilfe der Angst, deren wahrer Name Gottesfurcht ist. Und aus diesem Buch könnte leicht der luziferische Funke aufspringen, der die ganze Welt in einen neuen Brand stecken würde, und dann würde das Lachen zu einer neuen Kunst, die selbst dem Prometheus noch unbekannt war: zur Kunst der Vernichtung von Angst! Der lachende Bauer fürchtet sich nicht vor dem Tod, solange er lacht, doch sobald die Ausschweifung vorüber ist, auferlegt ihm die Liturgie wieder nach dem göttlichen Plan die Angst vor dem Tod. Aus diesem Buch aber könnte das neue und destruktive Trachten nach Überwindung des Todes durch Befreiung von Angst entstehen.‹«

Literatur

Adorno, T. W. (1971). Erziehung zur Mündigkeit. Vorträge und Gespräche mit Hellmut Becker 1959–1969. Frankfurt a. M.
Andresen, S., Brumlik, M. & Koch, C. (Hrsg.) (2010). Das ElternBuch. Wie unsere Kinder geborgen aufwachsen und stark werden. 0–18 Jahre. Weinheim/Basel.
Aristoteles (1995). Nikomachische Ethik. Übers. v. E. Rolfes u. überarb. v. G. Bien. In ders., Philosophische Schriften in 6 Bänden (3. Band). Hamburg.
Bachmann, I. (2013). Malina. Frankfurt a. M.
Baumrind, D. (1991). Parenting Styles and Adolescent Development. In R. M. Lerner, A. C. Petersen & J. Brooks-Gunn (Hrsg.), Encyclopaedia of Adolescence (II. Band) (S. 746–758). New York.
Baumrind, D. (1995). Child Maltreatment and Optimal Caregiving in Social Contexts. New York.
Betz, O. (Hrsg.) (2009). Schönheit spricht zu allen Herzen. Das Simone-Weil-Lesebuch. München.
Betz, O. (2010). Allen Dingen wohnen Funken inne. Die Symbolwelt der chassidischen Frömmigkeit. In H. Jung & M. A. Rappenglück (Hrsg.), Symbolon. Jahrbuch der Gesellschaft für wissenschaftliche Symbolforschung e. V., 17, S. 59–74.
Bieri, P. (2005). Wie wäre es, gebildet zu sein? NZZ am Sonntag, 6. Nov., S. 31.
Bono, E. de (1989). Das Sechsfarben-Denken. Ein neues Trainingsmodell. Düsseldorf.
Bordt, M. (1999). Platon. Freiburg.
Braunmühl, E. v. (2006). Zeit für Kinder. Theorie und Praxis von Kinderfeindlichkeit-Kinderfreundlichkeit-Kinderschutz. Leipzig.
Brecht, B. (1967). Gesammelte Gedichte (3. Band). Frankfurt a. M.
Brecht, B. (1982). Die Stücke von Bertolt Brecht in einem Band. Frankfurt a. M.
Brezinka, W. (1990). Grundbegriffe der Erziehungswissenschaft. München/Basel.
Brezinka, W. (1993). Familienerziehung heute. In ders. (Hrsg.), Erziehung in einer wertunsicheren Gesellschaft (S. 219–226). München.
Brüning, B. (2001). Philosophieren in der Grundschule. Grundlagen, Methoden, Anregungen. Berlin.
Brugger, W. & Schöndorf, H. (Hrsg.) (2010). Philosophisches Wörterbuch. Freiburg/München.
Buber, M. (1923/1983). Ich und Du. Heidelberg.
Buber, M. (1939/1986). Über Charaktererziehung. In ders., Reden über Erziehung. Heidelberg.
Buber, M. (1963). Schriften zum Chassidismus (3. Band). München/Heidelberg.
Cicero, M. T. (1987). De officiis (Vom rechten Handeln). Lat./dtsch., übers. u. hrsg. v. C. Schäublin. München/Zürich.
Cicero, M. T. (2012). Laelius de amicitia (Über die Freundschaft). Übersetzung, Anmerkungen. u. Nachwort v. M. Biastoch. Stuttgart.
Claudius, M. (1775/1975). Der Wandsbecker Bote. Frankfurt a. M.
Collins, A., Brown, J. S. & Newman, S. E. (1989). Cognitive Apprenticeship: Teaching the Crafts of Reading, Writing and Mathematics. In L. B. Resnick (Hrsg.), Knowing, Learning and Instruction. Essays in the Honour of Robert Glaser (S. 453–494). Hillsdale, NJ.
Comenius, J. A. (1657/1993). Große Didaktik. Übers. u. hrsg. v. A. Flitner. Stuttgart.

Comte-Sponville, A. (2004). Ermutigung zum unzeitgemäßen Leben. Ein kleines Brevier der Tugenden und Werte. Hamburg.
Copei, F. (1930/1962). Der fruchtbare Moment im Bildungsprozess. Heidelberg.
Corpus Iuris Civilis. 1889, hrsg. v. T. Mommsen & P. Krüger. Hildesheim.
Dewey, J. (1899). The School and Society. Chicago.
Dewey, J. (1916/2000). Demokratie und Erziehung. Eine Einleitung in die philosophische Pädagogik. Hrsg. v. J. Oelkers. Weinheim.
Dickenberger, D. (1985). Reaktanz in der Erziehung. Bildung und Erziehung, 38, S. 441–453.
Dickens, Ch. (1861/2011). Große Erwartungen. München.
Dickens, Ch. (1849–1850/2012). David Copperfield. München.
Dostojewskij, F. (1869/1980). Der Idiot. München, S. 105–107.
Düwell, M., Hübenthal, C. & Werner, M. H. (Hrsg.) (2006). Handbuch Ethik. Stuttgart.
Eco, U. (1984). Der Name der Rose. München/Wien.
Eich, G. (1970). Rede vor den Kriegsblinden. In S. Müller-Hanpft (Hrsg.), Über Günter Eich. Frankfurt a. M.
Enzensberger, H. M. (1995). Kiosk. Neue Gedichte. Frankfurt a. M.
Freud, S. (1905). Der Witz und seine Beziehung zum Unbewussten. Leipzig/Wien.
Freud, S. (1940). Gesammelte Werke (14. Band). London.
Freud, S. (1960). Briefe. Fischer.
Frey, D., Winkler, M., Fischer, P., Bruckmeier, N., Glöckner, P., König, W., Mutz, D. & Spies, R. (2007). ›Zammgrauft‹. Ein Training von Anti-Gewalt bis Zivilcourage für Kinder und Jugendliche. In K. Jona, M. Boss & V. Brandstätter (Hrsg.), Zivilcourage trainieren! Theorie und Praxis (S. 137–205). Göttingen.
Funiok, R. (2011). Werteerziehung in der Schule. TV Diskurs 39, 11(1), S. 46–49.
Gehlen, A. (1940). Der Mensch. Seine Natur und seine Stellung in der Welt. Berlin.
Münchner Aids-Hilfe e. V. (2014). Das ›Wunderpillen‹-Spiel. In Mitmachaktion Ideenpool. München.
Gerl, H.-B. (1993). Nach dem Jahrhundert der Wölfe. Werte im Aufbruch. Einsiedeln.
Giesecke, H. (1995). Wozu ist die Schule da? Neue Sammlung, 35(3), S. 93–104.
Goethe, J. W. v. (1771/1982). Goethes Gedichte in zeitlicher Folge. Sonderausgabe zum 150. Todestag. Hrsg. v. H. Nicolai. Frankfurt a. M.
Goethe, J. W. v. (1795/1979). Wilhelm Meisters Lehrjahre. In ders., Goethes Werke (4. Band) (S. 113–643). Frankfurt a. M.
Goldsmith, O. (1766/1985). Der Pfarrer von Wakefield. Zürich.
Gontscharow, I. (1859/2009). Oblomow. Frankfurt a. M./Leipzig.
Gordon, T. (1974/1989). Lehrer-Schüler-Konferenz. Wie man Konflikte in der Schule löst. München.
Grüner, T. & Hilt, F. (2008). Bei STOPP ist Schluss! Werte und Regeln vermitteln. Lichtenau.
Haeffner, G. (2006). Wege in die Freiheit. Philosophische Meditationen über das Menschsein. Stuttgart.
Heckmann, G. (1980). Das sokratische Gespräch. Erfahrungen in philosophischen Hochschulseminaren. Hannover.
Heidegger, M. (1971). Was heißt Denken? Tübingen.
Heitger, M. (2004). Bildung als Selbstbestimmung. Hrsg. v. W. Böhm & V. Ladenthin. Paderborn.
Helsper, W. (2002). Lehrerprofessionalität als antinomische Handlungsstruktur. In M. Kraul, W. Marotzki & C. Schweppe (Hrsg.), Biographie und Profession (S. 64–102). Bad Heilbrunn.
Hentig, H. v. (2007a). Ach, die Werte! Über eine Erziehung für das 21. Jahrhundert. München/Wien.
Hentig, H. v. (2007b). Bildung. Ein Essay. München/Wien.
Herbart, J. F. (1802/1986). Die erste Vorlesung über Pädagogik. In D. Benner, Johann Friedrich Herbart: Systematische Pädagogik (S. 55–58). Stuttgart.

Herbart, J. F. (1804/1986). Über die ästhetische Darstellung der Welt als das Hauptgeschäft der Erziehung. In D. Benner, Johann Friedrich Herbart: Systematische Pädagogik (S. 59–70). Stuttgart.
Herbart, J. F. (1806/1986). Allgemeine Pädagogik aus dem Zweck der Erziehung abgeleitet. In D. Benner, Johann Friedrich Herbart: Systematische Pädagogik (S. 71–191). Stuttgart.
Hesse, H. (1974). Der Steppenwolf. Frankfurt a. M.
Hobbes, T. (1651/2011). Leviathan oder Stoff, Form und Gewalt eines kirchlichen und bürgerlichen Staates. Hrsg. von L. Waas. Übers. v. W. Euchner. Berlin.
Höffe, O. (1996). Praktische Philosophie. Das Modell des Aristoteles. Berlin.
Hösle, V. (1997). Moral und Politik. Grundlagen einer politischen Ethik für das 21. Jahrhundert. München.
Hösle, V. (2013). Eine kurze Geschichte der deutschen Philosophie. München.
Hume, D. (1740/1978). Traktat über die menschliche Natur. Hamburg.
Hoffman, M. L. (1983). Vom empathischen Leiden zur Solidarität. In G. Schreiner (Hrsg.), Moralische Entwicklung und Erziehung (S. 235–266). Braunschweig.
Horkheimer, M. & Adorno, T. W. (1947/2003). Dialektik der Aufklärung. Philosophische Fragmente. Frankfurt a. M.
Inoue, Y. (1964). Das Jagdgewehr. Frankfurt a. M.
Jonas, H. (1979). Das Prinzip Verantwortung. Frankfurt a. M.
Jehle, S. (2013). Philosophieren mit Kindern. Eine pädagogisch-didaktische Herausforderung. In E. Matthes, G. Pollak & W. Wiater (Hrsg.), Pädagogik und Ethik (5. Band). Würzburg.
Kant, I. (1803/1923). Logik, Physische Geografie, Pädagogik. In Königlich Preußische [jetzt: Berlin-Brandenburgische] Akademie der Wissenschaften (Hrsg.), Kants gesammelte Schriften (9. Band), Berlin/Leipzig.
Kant, I. (1797/1993). Die Metaphysik der Sitten. In W. Weischedel (Hrsg.), Immanuel Kant: Werkausgabe in 12 Bänden (8. Band). Frankfurt a. M.
Kant, I. (1783/1993). Schriften zur Anthropologie, Geschichtsphilosophie, Politik und Pädagogik, 1. Band: Was ist Aufklärung? In W. Weischedel (Hrsg.), Immanuel Kant: Werkausgabe in 12 Bänden (11. Band). Frankfurt a. M.
Kant, I. (1795/1993). Schriften zur Anthropologie, Geschichtsphilosophie, Politik und Pädagogik, 1. Band: Zum ewigen Frieden. In W. Weischedel (Hrsg.), Immanuel Kant: Werkausgabe in 12 Bänden (11. Band). Frankfurt a. M.
Kant, I. (1803/1995). Schriften zur Anthropologie, Geschichtsphilosophie, Politik und Pädagogik, 2. Band: Über Pädagogik. In W. Weischedel (Hrsg.), Immanuel Kant: Werkausgabe in 12 Bänden (12. Band). Frankfurt a. M.
Kant I. (1785/1996). Grundlegung zur Metaphysik der Sitten. In W. Weischedel (Hrsg.), Immanuel Kant: Werkausgabe in 12 Bänden (7. Band). Frankfurt a. M.
Keller, A. (2006). Sinn im Unsinn. Worüber Jesuiten lachen. Würzburg.
Keller, A. (2010). Philosophie der Freiheit. Landshut.
Kerschensteiner, G. (1917/1964). Das Grundaxiom des Bildungsprozesses und seine Folgerungen für die Schulorganisation. München/Düsseldorf.
Kesselring, T. (1999). Jean Piaget. München.
Kesselring T. (2012). Handbuch Ethik für Pädagogen. Darmstadt.
Kesselring T. (2014). Ethik und Erziehung. Darmstadt.
Kiel, E. (1997). Die Entwicklung interkultureller Kommunikationskompetenz aus der Sicht der interkulturellen Didaktik. In W. Börner & K. Vogel (Hrsg.), Kulturkontraste im universitären Fremdsprachenunterricht (S. 3–20). Bochum.
Kiel, E., (2001). Grundstrukturen wissenschaftlicher Diskurstätigkeit. Beschreiben, Interpretieren, Bewerten, Erklären, Begründen, Beweisen, Rechtfertigen, Bestreiten. In T. Hug (Hrsg.), Einführung in das wissenschaftliche Arbeiten (1. Band) (S. 56–68). Hohengehren.
Kiel, E. (Hrsg.) (2012). Unterricht sehen, analysieren, gestalten. Bad Heilbrunn.
Kierkegaard, S. (1843/1986). Furcht und Zittern. In E. Hirsch, H. Gerdes (Hrsg.), Sören Kierkegaard. Gesammelte Werke (Abt. 4). Gütersloh.

Kierkegaard, S. (1847/1989). Der Liebe Tun. (1. u. 2. Band). In E. Hirsch, H. Gerdes (Hrsg.), Sören Kierkegaard. Gesammelte Werke (Abt. 19). Gütersloh.
Kierkegaard, S. (1832–1839/2004). Die Tagebücher (2. Band). In E. Hirsch, H. Gerdes (Hrsg.), Sören Kierkegaard. Gesammelte Werke (Abt. 38). Gütersloh.
Klafki, W. (1983). Zur Frage nach der Pädagogischen Bedeutung des Sokratischen Gesprächs und neuerer Diskurstheorien. Bemerkungen zur Problemgeschichte und zur sokratischen Gesprächsführung. In D. Horster & D. Krohn (Hrsg.), Vernunft, Ethik, Politik. Festschrift für Gustav Heckmann (S. 285–287). Hannover.
Klafki, W. (2007a). Neue Studien zu Bildungstheorie und Didaktik. Zeitgemäße Allgemeinbildung und kritisch-konstruktive Didaktik. Weinheim/Basel.
Klafki, W. (2007b). Abschied von der Aufklärung? In F. Baumgart (Hrsg.), Erziehungs- und Bildungstheorien. Erläuterungen – Texte – Arbeitsaufgaben (S. 267–279). Bad Heilbrunn.
Kluckhohn, F. R. & Strodtbeck, F. L. (1961). Variations in Value Orientations. Evanston, Illinois.
Kohlberg, L. (1981). The Philosophy of Moral Development: Moral Stages and the Idea of Justice. In Essays on Moral Development (Vol. 1), San Francisco.
Kohlberg, L. (1996). Die Psychologie der Moralentwicklung. Frankfurt a. M.
Kohlberg, L. (2001). Moralstufen und Moralerwerb: Der kognitiv-entwicklungstheoretische Ansatz (1976). In W. Edelstein, F. Oser & P. Schuster (Hrsg.), Moralische Erziehung in der Schule. Entwicklungspsychologie und pädagogische Praxis (S. 35–61). Weinheim/Basel.
Kürzinger, K. (2011). ›Das Wissen bringt einem nichts, wenn man keine Werte hat‹. Wertebildung und Werteentwicklung aus der Sicht von Jugendlichen. Göttingen.
Kunze, R. (1984). gespräch mit der amsel. Frankfurt a. M.
Landesinstitut für Schule und Weiterbildung (Hrsg.) (1991). Schule und Werteerziehung. Ein Werkstattbericht. Erfahrungen und Materialien aus dem Modellversuch des Landes Nordrhein-Westfalen. ›Demokratie und Erziehung in der Schule – Förderung moralisch-demokratischer Urteilsfähigkeit‹. Soest.
Lewis, C. S. (1942/1975). Dienstanweisung für einen Unterteufel. Freiburg.
Locke, J. (1698/1990). Ein Brief über Toleranz. Hamburg.
Loska, R. (1995). Lehren ohne Belehrung. Leonard Nelsons neosokratische Methode der Gesprächsführung. Bad Heilbrunn.
Luhmann, N. (2004). Schriften zur Pädagogik. Hrsg. und mit einem Vorwort von Dieter Lenzen. Frankfurt a. M.
Maccoby, E. E. & Martin, J. A. (1983). Socialization in the Context of the Family. Parent-Child Interaction. In M. E. Hetherington (Hrsg.), Handbook of Child Psychology 4: Socialization, Personality and Social Development. New York.
Malter, R. (Hrsg.) (1990). Immanuel Kant in Rede und Gespräch. Hamburg.
Mann, T. (1924/2015). Der Zauberberg. Frankfurt a. M.
Marx, K. (1859/1971). Zur Kritik der politischen Ökonomie. In Karl Marx, Friedrich Engels, Werke (MEW) (13. Band). Berlin.
Mauss, M. (1923-1924/1968). Die Gabe. Frz.: Essai sur le don, forme et raison de l'échange dans les sociétés archaique. Frankfurt a. M.
Meier, U. (2004). Aggression und Gewalt in der Schule. Münster.
Merleau-Ponty, M. (1967). Éloge de la philosophie et autre essais. (Keine dt. Übers. vorliegend). Paris.
Michalik, K. & Schreier, H. (2006). Wie wäre es, einen Frosch zu küssen? Philosophieren mit Kindern im Grundschulunterricht. Braunschweig.
Montaigne, M. de (1953). Essays. Frz.: Essais. Auswahl und Übertragung v. H. Lüthy. Zürich.
Nietzsche, F. (1878/1954). Menschliches, Allzumenschliches. Ein Buch für freie Geister. In ders., Werke in drei Bänden (1. Band). München.
Novalis (1802/1977). Novalis Schriften. Das Werk Friedrich von Hardenbergs (2. Band). Hrsg. v. P. Kluckhohn & R. Samuel, unter Mitarbeit v. H. Ritter & G. Schulz. Darmstadt.

Nunner-Winkler, G. (2008). Zur Entwicklung moralischer Motivation. In W. Schneider (Hrsg.), Entwicklung vom frühen Kindes- bis zum frühen Erwachsenenalter. Befunde der Längsschnittstudie LOGIC (S. 103–123). Weinheim/Basel.
Nussbaum, M. (2016). Politische Emotionen. Warum Liebe für Gerechtigkeit wichtig ist. Frankfurt a. M.
Oelkers, J. & Lehmann, T. (1990). Antipädagogik. Herausforderung und Kritik. Weinheim/Basel.
Oelkers, J. (1992). Pädagogische Ethik. Eine Einführung in Probleme, Paradoxien und Perspektiven. Weinheim/Basel.
Oelkers, J. (2001). Theorien der Erziehung – Erziehung als historisches und aktuelles Problem. In L. Roth (Hrsg.), Pädagogik. Handbuch für Studium und Praxis (S. 266–276). München.
Oser F. (2001). Acht Strategien der Wert- und Moralerziehung. In W. Edelstein, F. Oser, P. Schuster (Hrsg.), Moralische Erziehung in der Schule. Entwicklungspsychologie und pädagogische Praxis (S. 63–89). Weinheim/Basel.
Pascal, B. (1670/1994). Gedanken (Pensées). Über die Religion und über einige andere Gegenstände. Gerlingen.
Pates, R., Schmidt, D. & Karawanskij, S. (Hrsg.) (2010). Antidiskriminierungspädagogik. Konzepte und Methoden für die Bildungsarbeit mit Jugendlichen. Wiesbaden.
Philipp T. (2015). Bildung und Menschenbild. Stimmen der Zeit, 140(6), S. 375–384.
Piaget (1932/1973). Das moralische Urteil beim Kinde. Frankfurt a. M.
Pieper, J. (1972). Über die Liebe. München.
Pieper, J. (1993). Kümmert euch nicht um Sokrates. Drei Fernsehspiele. Einsiedeln.
Pieper, J. (1996). Menschliches Richtigsein. In H. Fechtrup, F. Schulze, T. Sternberg (Hrsg.), Nachdenken über Tugenden (S. 65–80). Münster.
Piontek, H. (Hrsg.) (1981). Lieb, Leid und Zeit und Ewigkeit. Deutsche Gedichte aus tausend Jahren. Hamburg.
Piontek, H. (1982). Früh im September. Die Gedichte. Gedichte aus fremden Sprachen. München.
Platon (1998). Sämtliche Dialoge (7 Bände). Hrsg. v. O. Apelt. Hamburg.
Polizeipräsidium München Kommisariat 105 (2001). Zammgrauft-Arbeitsordner. Nicht veröffentlicher Arbeitsordner des Gewaltpräventionsprogramms ›Zammgrauft‹. München.
Popper, K. (1944/1975). Die offene Gesellschaft und ihre Feinde. München.
Rawls (1971/1979). Eine Theorie der Gerechtigkeit. Übers. v. H. Vetter. Frankfurt a. M.
Rawls, J. (1999/2002). Das Recht der Völker. Übers. v. W. Hinsch. Berlin.
Rosenzweig, F. (1921/1976). Der Stern der Erlösung. Den Haag.
Roth, J. (1927/1975). Flucht ohne Ende. In ders., Romane (1. Band). Köln.
Rousseau, J.-J. (1755/1984). Diskurs über die Ungleichheit – Discours sur l'inégalité. Zweisprachige kritische Ausgabe. Hrsg. u. übers. v. H. Meier. Paderborn.
Rousseau, J.-J. (1762/1998). Emil oder über die Erziehung. Paderborn.
Schmidt, J. (2001). Das Problem des ›Bösen‹ in der Philosophie des deutschen Idealismus. Revista Portuguesa de Filosofia, 57, S. 791–817.
Schmidt, J. (2008). Ein Dialog, in dem es nur Gewinner geben kann. In M. Reder & J. Schmidt (Hrsg.), Ein Bewusstsein von dem, was fehlt. Eine Diskussion mit Jürgen Habermas. Frankfurt a. M.
Schneewind, K. A. (2002). Freiheit in Grenzen. Wege zu einer wachstumsorientierten Erziehung. In H.-G. Krüsselberg & H. Reichmann (Hrsg.), Zukunftsperspektive Familie und Wirtschaft (S. 213–262). Grafschaft.
Schneewind, K. A. & Böhmert. B. (2009, 2010). Freiheit in Grenzen. Der interaktive Elterncoach. (3 Bände: Jugendliche/Kinder im Grundschulalter/Kinder im Vorschulalter kompetent erziehen; jeweils mit DVD). Bern.
Schneewind, K. A. (2012). ›Freiheit in Grenzen‹ – Begründung eines integrativen Medienkonzepts zur Stärkung elterlicher Erziehungskompetenzen. Verfügbar unter: http://¬www.paed.uni-muenchen.de/~ppd/freiheit/freiheit3/F-i-G_Medienkonzept.pdf [25.09.2012].

Schöfthaler, T. (1984). Multikulturelle und transkulturelle Erziehung: Zwei Wege zu kosmopolitischen kulturellen Identitäten. International Review of Education, 30, S. 11–24.
Schöndorf, H. (2009). Ist die Wahrheit intolerant? Stimmen der Zeit, 134(2), S. 125–135.
Schroer, C. (1999). Sitte. In Lexikon der Bioethik (S. 351–355). Gütersloh.
Schroer, C. (2004). Gerechtigkeit als Abwägungsproblem. In F.-J. Bormann & C. Schroer (Hrsg.), Abwägende Vernunft (S. 402–425). Berlin.
Selman, R. L. (1984). Die Entwicklung des sozialen Verstehens. Entwicklungspsychologische und klinische Untersuchungen. Frankfurt a. M.
Seneca, L. A. (1942). Moralische Briefe an Lucilius. In ders., Mächtiger als das Schicksal. Ein Brevier. Übertr. u. hrsg. v. W. Schumacher. Leipzig.
Seneca, L. A. (1989). De clementia/De beneficiis (Über die Milde/Über die Wohltaten). Deutsch und lateinisch. In ders., Philosophische Schriften (5. Band). Hrsg. v. M. Rosenbach. Darmstadt.
Shakespeare, W. (1974). Sämtliche Werke (1. Band: Komödien). Übers. v. A. W. v. Schlegel, D. Tieck, W. Graf Baudissin & N. Delius nach der 3. Schlegel-Tieck-Gesamtausgabe v. 1843/1844. Stuttgart.
Shakespeare, W. (1974). Sämtliche Werke (3. Band: Tragödien). Übers. v. A. W. v. Schlegel & L. Tieck, nach der 3. Schlegel-Tieck-Gesamtausgabe v. 1843/1844. Stuttgart.
Shakespeare, W. (1980). Ausgewählte Sonette. Englisch-Deutsch. Ausgewählt u. übertragen v. E.-E. Keil. Bonn.
Spaemann, R. (1990) Glück und Wohlwollen. Versuch über Ethik. Stuttgart.
Spaemann R. (1994/1995). Wer ist ein gebildeter Mensch? Scheidewege. Jahresschrift für skeptisches Denken, 24, S. 34–37.
Spaemann, R. (2009). Philosophische Ethik oder: Sind Gut und Böse relativ? In ders., Moralische Grundbegriffe (S. 11–23). München.
Spitz, R. (1945/1957). Die Entstehung der ersten Objektbeziehungen. Stuttgart.
Splett, J. (1986). Der Mensch: Mann und Frau. Perspektiven christlicher Philosophie. Freiburg.
Splett, J. (1996). Denken vor Gott. Philosophie als Wahrheits-Liebe. Frankfurt a. M.
Splett, J. (2003). Gott-ergriffen. Grundkapitel einer Religionsanthropologie. Köln.
Splett, J. (2008). Leibhaftig lieben. Leiblichkeit, Geschlechtlichkeit und Würde der Person. Köln.
Splett, J. (2009). ›Weder Abendstern noch Morgenstern sind derart wundervoll‹ – Gerechtigkeit. Lebendiges Zeugnis, 64(1), S. 40–51.
Splett, J. (2011). Was hat Religion mit Philosophie zu tun? In T. Gutknecht, H. Bennent-Vahle & T. Polednitschek (Hrsg.), Lust am Logos. Jahrbuch der Internationalen Gesellschaft für Philosophische Praxis (4. Band). Berlin.
Splett, J. (2014). Ein Wer ohne Was? Sex und Gender aus der Sicht christlicher Philosophie. In G. Augustin & I. Proft (Hrsg.), Ehe und Familie. Wege zum Gelingen aus katholischer Perspektive (S. 303–320). Freiburg.
Splett, J. (2016). Philosophie für die Theologie. Hrsg. v. P. Hofmann & J. C. Pech. Heiligenkreuz.
Steinberg, L., Lamborn, S. D., Darling, N., Mounts, N. S. & Dornbusch, S. M. (1994). Over-Time Changes in Adjustment and Competence among Adolescents from Authoritative, Authoritan, Indulgent, and Neglectful Families. Child development, 65, S. 754–770.
Steinherr, E. (2012). ›Wie kultiviere ich die Freiheit bei dem Zwange?‹ In E. Kiel (Hrsg.), Erziehung sehen, analysieren, gestalten (S. 57–61). Bad Heilbrunn.
Steinherr, L. (2005). Die Hand im Feuer. München.
Steinherr, L. (2016). Alpenüberquerung. München.
Stepanians, M. (2009). Gerechtigkeit als Fairness. Die Theorie der Gerechtigkeit von John Rawls. In H.-G. Nissing & J. Müller (Hrsg.), Grundpositionen philosophischer Ethik. Von Aristoteles bis Jürgen Habermas (S. 145–166). Darmstadt.
Stephens, J. (1936). Fionn der Held und andere irische Sagen und Märchen. Übers. v. I. F. Görres. Freiburg.

Tausch, R. & Tausch, A.-M. (1973). Erziehungspsychologie. Psychologische Prozesse in Erziehung und Unterricht. Göttingen.
Tenorth, H.-E. & Tippelt, R. (Hrsg.) (2007). BELTZ Lexikon Pädagogik. Weinheim/Basel.
Tenorth, H.-E. (2010). Geschichte der Erziehung. Einführung in die Grundzüge ihrer neuzeitlichen Entwicklung. Weinheim/München.
Twain, M. (1884/1971). Huckleberry Finns Abenteuer. In ders., Werke in drei Bänden (2. Band) (S. 189–454). München/Wien.
Twain, M. (2012). Meine geheime Autobiographie. Berlin.
Ulpian (1995). Corpus Iuris Civilis. Hrsg. v. O. Behrends, R. Knütel, B. Kupisch & H. H. Seiler. Heidelberg.
Ungaretti, G. (1961). Gedichte. Italienisch und deutsch. Übertragung und Nachwort von Ingeborg Bachmann. Frankfurt a. M.
Voltaire (1764/2015). Über die Toleranz. Mit einem Vorwort von L. Joffrin. Berlin.
Voltaire (1764/1844). Philosophisches Wörterbuch. Übers. v. A. Ellissen. Genf/London.
Waldenfels, B. (1971). Das Zwischenreich des Dialogs. Sozialphilosophische Untersuchungen im Anschluss an Edmund Husserl. Den Haag.
Walser, M. (2000). Ein springender Brunnen. Frankfurt a. M.
Weinert, F. E. (Hrsg) (2001). Leistungsmessungen in Schulen. Weinheim/Basel.
Wiater, W. (2010). Terminologische Vorüberlegungen. In K. Zierer (Hrsg.), Kompendium Schulische Werteerziehung (S. 6–22). Hohengehren.
Wiater, W. (2013). Bildung und Erziehung als Aufgaben der Schule. In H.-J. Apel & W. Sacher (Hrsg.), Studienbuch Schulpädagogik (S. 301–326). Bad Heilbrunn.

Wilfried Schubarth
Christina Gruhne
Birgitta Zylla

Werte machen Schule
Lernen für eine offene Gesellschaft

*2017. 208 Seiten
Kart. € 29,-
ISBN 978-3-17-028743-3*

Brennpunkt Schule

Gemeinsam geteilte Werte sind die Grundlage für den Zusammenhalt einer Gesellschaft. Angesichts von Wertewandel und zunehmendem Wertepluralismus steigen die Anforderungen an Werteerziehung und Wertebildung der heranwachsenden Generation. Dabei kommt der Institution Schule zentrale Bedeutung zu. Doch es herrscht eine gewisse Verunsicherung hinsichtlich pädagogisch angemessener Methoden in der Wertebildung unter der Lehrer- und Elternschaft. Das Buch schließt diese Lücke. Es führt die begrifflich-theoretischen und empirischen Grundlagen ein und diskutiert bewährte Konzepte.

Dr. Wilfried Schubarth hat die Professur für Erziehungs- und Sozialisationstheorie am Department Erziehungswissenschaft der Universität Potsdam. **Birgitta Zylla** ist dort Projektmitarbeiterin. **Christina Gruhne** ist Gymnasiallehrerin und Fachseminarleiterin am Studienseminar Potsdam.

Leseproben und weitere Informationen unter www.kohlhammer.de

W. Kohlhammer GmbH
70549 Stuttgart

Kohlhammer